Werner H. Krause

KOSAKEN und WEHRMACHT

Der Freiheitskampf eines Volkes

Leopold Stocker Verlag
Graz – Stuttgart

Umschlagbild und Bilder im Textteil: Archiv Ernst W. von Mossner und Archiv des Leopold Stocker Verlages

Bibliografische Information Der Deutschen Bibliothek
Die Deutsche Bibliothek verzeichnet diese Publikation in der Deutschen Nationalbibliografie; detaillierte bibliografische Daten sind im Internet über http://dnb.ddb.de abrufbar.

Hinweis:
Dieses Buch wurde auf chlorfrei gebleichtem Papier gedruckt.
Die zum Schutz vor Verschmutzung verwendete Einschweißfolie ist aus Polyethylen chlor- und schwefelfrei hergestellt. Diese umweltfreundliche Folie verhält sich grundwasserneutral, ist voll recyclingfähig und verbrennt in Müllverbrennungsanlagen völlig ungiftig.

ISBN 3-7020-1015-7

Printed in Austria
Layout: Klaudia Aschbacher, A-8101 Gratkorn
Gesamtherstellung: Druckerei Theiss GmbH, A-9431 St. Stefan

INHALT

Vorwort 5

Der Ruf des „Batjuschka General" 7
Ein Plan nimmt Gestalt an 19
Kampf gegen die Widersacher 23
Das Massaker von Feodossija 31
Kosakenpersönlichkeiten in Mielau 39
Die Kosaken in der russischen Geschichte 52
Kosaken verteidigen ihre Rechte 58
Die Stunde des Generals Wrangel 87
Eine eigene Dienststelle für Freiwilligenverbände ... 96
Freiwilligenverbände in der Wehrmacht 116
Aufbruch in Mielau 120
Der erste Kampfauftrag 129
Graf zu Eltz gerät in eine gefährliche Situation 135
Kosaken erstmals im Wehrmachtsbericht erwähnt... 143
Tito wird in seinem Felsennest aufgestöbert 156
Eine Ordensverleihung im Luftschutzkeller 166
Wehrmacht und Ustascha geraten aneinander 171
Himmler will Pannwitz für sich gewinnen 202
Eine Deklaration um Jahre zu spät 220
Das XV. Kosaken-Kavallerie-Korps entsteht 228
Pannwitz wird Feldataman aller Kosakenheere 231
Die letzte Attacke der Kosaken 233
Rückführung in deutsches Reichsgebiet 242
Ein Stück Rußland in Italien 248
Die Stunde der Wahrheit bricht an 263

Der Schlußakkord 286
Die große Täuschung 292
Lügen bis zum bitteren Ende 298
Anthony Eden als Handlanger Stalins 305
Stärker als das Vergessen ist die Erinnerung 313

Der Autor 317
Literatur 319

VORWORT

Dieses Buch spiegelt das Schicksal der Kosaken wider, die während des Zweiten Weltkrieges auf deutscher Seite gegen die Sowjetunion gekämpft haben.

Die Dramatik dieses Geschehens fand ihren Höhepunkt in den Maitagen 1945 auf österreichischem Boden, als dort 50.000 Kosaken unter Anwendung von Gewalt durch die britischen Besatzungsbehörden in Judenburg an die Rote Armee ausgeliefert wurden, was für die meisten von ihnen einem Todesurteil gleichkam.

Lügen, Täuschungen, Wortbrüche, Verrat begleiteten die Zwangsrepatriierung von Menschen, deren einzige Sehnsucht es gewesen war, ein Leben in Freiheit führen zu dürfen. Nach der Oktoberrevolution 1917 in Rußland hatten sich die Kosaken vom Don, Terek und Kuban verzweifelt gegen die Bolschewisten zur Wehr gesetzt, die ihnen das Recht auf ihre eigene Lebensform und die Bewahrung ihrer Unabhängigkeit nehmen wollten.

Lange bevor sich in der westlichen Welt die Erkenntnis über die Unmenschlichkeit des sowjetischen Systems Bahn brach, hatten die Kosaken am eigenen Leibe die Erbarmungslosigkeit eines Regimes zu spüren bekommen, das sich anschickte, der Welt seinen Willen aufzuzwingen. Wie viele andere Völkerschaften in Rußland wurden die Kosaken auf grausamste Weise unterdrückt, machten ihnen Verfolgung und Deportation das Leben zur Hölle.

Als 1941 die deutsche Wehrmacht bis in die Gebiete der Kosaken vordrang, empfanden dies die Menschen dort als eine Befreiung von der Schrekkensherrschaft Stalins. Nachdem die deutschen Truppen durch dic Nicderlage in Stalingrad sich gezwungen sahen, den Rückzug anzutreten, schlossen sich ihnen Zehntausende von Kosaken, Kalmücken, Tscherkessen mit ihren Familien an. Nicht eine Stunde länger gedachten sie in der Unfreiheit des Kommunismus zuzubringen. Sie brachen nicht mit ihrem Land, sondern mit einem Staatswesen, das den Menschen die Luft zum Atmen raubte.

Aus den Reihen dieser Kosaken formierten sich im Herbst 1943 auf dem Truppenübungsplatz Mielau im südlichsten Teil Ostpreußens die ersten Freiwilligen-Regimenter. Aus ihnen entstand dann später das XV. Kosaken-Kavallerie-Korps unter Führung des Generalleutnants Helmuth von Pannwitz. Es war die wohl ungewöhnlichste Einheit in der deutschen Wehrmacht.

Kampf und Untergang dieser Kosaken schildert das vorliegende Buch, das sein Entstehen der Mitarbeit des früheren Chefs der Schimmelreiterschwadron im Terekkosaken-Reiterregiment 6, Ernst Walter von Mossner, verdankt. Ausführliche Zeitzeugenbefragungen gingen der Niederschrift voraus. Ernst Walter von Mossner stehen noch heute all die Geschehnisse von einst so vor Augen, als hätten sie sich gerade erst gestern zugetragen. Auch die Tragödie im Drautal, wo viele Kosakenfamilien freiwillig in den Tod gingen, um nicht noch einmal in Stalins Hände zu geraten, vermochte er all die Jahre nicht über einen einzigen Tag aus seinem Gedächtnis zu löschen.

Die engen kameradschaftlichen Beziehungen, welche sich zwischen den Kosaken und den Offizieren des deutschen Rahmenpersonals im Zweiten Weltkrieg anbahnten, haben die Jahre überstanden. Die heute noch lebenden hochbetagten Angehörigen des Korps stehen einander so nahe wie eh und je. Sie helfen sich untereinander, so wie sie dies immer getan haben.

Ernst Walter von Mossner ist besonders stolz darauf, vor einigen Jahren eine hohe Auszeichnung der Kosakenunion erhalten zu haben, mit der ihm Dank für seine Treue zu der Geschichte und Tradition des Kosakentums ausgesprochen wurde. Ich schätze mich glücklich, diesem Mann begegnet zu sein. Bedanken möchte ich mich auch für die Unterstützung, die ich durch Herrn Sieghard von Pannwitz erfahren habe. Weiters gilt mein Dank dem Bundesarchiv – Militärarchiv in Freiburg/Breisgau, dessen Mitarbeiter mir bei meiner Recherchetätigkeit sehr geholfen haben.

Werner H. Krause

DER RUF DES „BATJUSCHKA GENERAL“

Ein warmer Sommertag empfängt in Mielau, der kleinen Stadt südlich der ostpreußisch-polnischen Berge, Oberleutnant Ernst Walter von Mossner. Nach der langen Zugfahrt von Berlin hierher ist er erst einmal froh, Atem schöpfen zu können. Noch vor kurzem war er in Südfrankreich stationiert, wo nach dem Debakel in Stalingrad die Aufstellung einer neuen sechsten Armee erfolgte. Doch dann erreichte ihn der Befehl, sich auf den Weg nach Mielau zu machen, einer ehemals polnischen Kreisstadt, die früher den Namen Mława trug.

Für den Oberleutnant war es eine ziemliche Überraschung gewesen, als er erfuhr, was ihn dort für eine neue Aufgabe erwarten würde. Major von Kalben hatte ein wenig das Geheimnis seiner Versetzung gelüftet: „Jetzt geht's unter die Kosaken, lieber Mossner, schon demnächst werden Sie ganz einer der ihren sein“, hatte er ihm augenzwinkernd mit auf dem Weg gegeben. Aus einer Mitteilung des Heerespersonalamtes ging dann hervor, daß in Mielau die Vorbereitungen zur Aufstellung der 1. Kosaken-Division getroffen würden, für welche ein entsprechendes deutsches Rahmenpersonal benötigt werde.

Oberleutnant von Mossner, Kavallerist mit Leib und Seele, war von Neugierde erfüllt auf das, was ihn jetzt in Mielau erwarten würde. So schwenkte er dann vom Bahnhof in Richtung eines nahegelegenen Feldlagers ein, welches einst ein Truppenübungsplatz der polnischen Armee gewesen war. Das Lager glich einer riesigen Stadt, nur daß sie sich aus langen Reihen von Holzbaracken zusammensetzte, den Unterkunfträumen für Soldaten und Offiziere.

Mit jedem Schritt, mit dem er sich diesem Lager näherte, ließ er ein Stück seines früheren Soldatenlebens hinter sich. Eine völlig neue Welt schien ihn plötzlich zu umgeben. Taras Bulba ließ grüßen!

Kosaken jeglichen Alters, die Kubanka (Kosakenmütze) keck auf den Kopf gestülpt, so daß sich ein Stück ihrer Haartolle verwegen hervorschob, schritten an ihm gekleidet im Feldgrau der Wehrmacht vorüber; am auffälligsten waren jedoch ihre Hosen, welche mit Lampassen (Streifen) versehen waren, die je nach Farbe oder Breite kundtaten: Schaut her, so sieht ein Kosak vom Don oder vom Terek aus.

Der deutsche Wehrmachtsoffizier kam aus dem Staunen nicht mehr heraus. Noch bevor ihn jemand mit seiner neuen Aufgabe vertraut gemacht hatte, lernte er die einzelnen Regimenter an ihren Lampassen und Armschildern zu unterscheiden. Wer ihm da mit auffälligen roten Streifen an der Uniformhose entgegenkam, war nicht etwa ein deutscher General, dem es besondere Achtung zu zollen galt, sondern in Verbindung mit einem blauroten Schild am Oberarm wies ihn dies als Angehörigen eines der beiden Donkosaken-Reiterregimenter aus.

Obwohl zu den deutschen Uniformen eine feldgraue Schirmmütze oder die Feldmütze gehörte, zogen es die meisten Kosaken vor, die Papacha oder die Kubanka zu tragen. Die Papacha, eine hohe, nach oben schmaler werdende schwarze oder weiße Pelzmütze, wurde von den Don- und Sibirkosaken bevorzugt. Vollständig war sie allerdings erst mit einem Stoffdeckel in den traditionellen Farben der einzelnen „Kosakenheere“.

Die Kosaken der beiden Donregimenter glichen sich im Aussehen haargenau bis auf das Armschild, das sich bei Don 1 auf der rechten und bei Don 5 auf der linken Seite befand. Dies hing wie auch bei den anderen Regimentern mit ihrer Zugehörigkeit zu den beiden Brigaden Don und Kaukasus zusammen. So trug das zur 1. Reiterbrigade (Don) gehörende Kubankosaken-Reiterregiment 4 das Ärmelzeichen auf dem rechten Arm und das zur 2. Reiterbrigade (Kaukasus) gehörende Kubankosaken-Reiterregiment 3 auf dem linken Oberarm.

Kubankosaken und Terekkosaken bevorzugten meist die Kubanka, eine etwas niedrigere, gleichmäßig geschnittene pechschwarze Pelzmütze, die von ihren Besitzern des schickeren Aussehens wegen nach obenhin oft breiter gezogen wurde. Ein leuchtend roter Deckel verwies auf die Kubankosaken, ein kornblumenblauer deutete auf einen Angehörigen des Terekkosaken-Regiments hin.

Doch das Bild, das sich Oberleutnant von Mossner in dem Feldlager auftat, war noch weit martialischer. Kosaken mit dichten Augenbrauen und kühn gewirbeltem Schnauzbart schritten gravitätisch daher. Jedes Wort und jede Geste schienen zu unterstreichen: Wir sind Kosaken, wer ist mehr. Zu Pferde, zu Wagen, zu Fuß trafen immer wieder neue Kosaken ein; Alte, Frauen, Kinder, Jünglinge, Greise, ein Zug, der schier kein Ende nehmen wollte.

Wer immer ein bißchen Russisch beherrschte, und viele der deutschen Offiziere, die ebenso wie Mossner bereits an der Ostfront gestanden hatten, vermochten sich ein wenig zu verständigen, vernahm jetzt aus dem Munde der Kosaken immer wieder die Worte „Batjuschka General“. Darin schwangen Hochachtung, Wertschätzung und Liebe mit. Alle waren sie dem Ruf des Batjuschka General gefolgt, nach Mielau zu kommen. Die ehrerbietende Bezeichnung aber galt Helmuth von Pannwitz, Kommandeur der ersten Kosakendivision, vergöttert von seinen Soldaten, die spürten, wie sehr er sich mit ganzem Herzen der Sache der Kosaken verbunden fühlte, als wäre er selber einer der ihren. Und eigentlich war er auch bis zur letzten Stunde seines Lebens ein Kosak, der das Schicksal seiner Waffengefährten bis in den Tod hinein teilte.

Als Oberleutnant von Mossner ihm gegenüberstand, bedeutete dies für ihn die Begegnung mit einem Offizier, den er vom ersten Augenblick an als eine Ausnahmeerscheinung empfand. In seinen Erinnerungen steht ihm ein Mann vor Augen mit breitem bäuerischem Gesicht, ein paar Augen, die Offenheit und sogleich Warmherzigkeit signalisierten. Dies war kein verbissener Durchhaltekrieger, weder von Arroganz noch Machtdünkel gekennzeichnet, sondern ein Mann voller Mut und Entschlossenheit, der sich unsinnigen Anordnungen widersetzte, mochten sie selbst aus dem Führerhauptquartier in Rastenburg kommen. Wohl kein anderer wäre geeigneter gewesen, die Führung der 1. Kosakendivision zu übernehmen, welche künftig am Kampf der deutschen Wehrmacht gegen die Sowjetunion teilnehmen sollte.

Helmuth von Pannwitz, so schildert ihn Mossner, war eine Persönlichkeit, die Menschen für sich einzunehmen verstand. Wem er einmal sein Herz geöffnet hatte, dem erwies er sich in allen Situationen als ein verläßlicher Freund. Oberleutnant Ernst Walter von Mossner stand diesem Mann wie kein anderer nahe, und er schämt sich nicht es auszusprechen, daß selbst heute, nachdem mehr als ein halbes Jahrhundert seit dem Zweiten Weltkrieg vergangen ist, noch immer seine Gedanken um den „Batjuschka General" kreisen, der wie kein anderer so nachhaltig sein Leben beeinflußt hat.

Wer war Helmuth von Pannwitz? Was prägte sein Denken und seinen Glauben? Viele ehemalige deutsche Wehrmachtsoffiziere, die seinem Befehl unterstanden, haben ein Bild von ihm gezeichnet, das uns hilft zu verstehen, worum es diesem Mann letztlich gegangen ist. Er war zu keiner Zeit der NS-Ideologie verhaftet, sah sich aber durchaus als Kämpfer für Volk und Vaterland. Dies vor allem in der letzten Phase des Krieges, als die Bedrohung Deutschlands durch die Sowjetunion immer stärker wurde und dieser Gedanke bei den meisten Angehörigen der Wehrmacht alles andere überwog.

Helmuth von Pannwitz wurde am 14. Oktober 1898 auf der Domäne Bodzanowitz im oberschlesischen Kreis Rosenberg geboren. Das Gutshaus seiner Eltern, in welchem er aufwuchs, befand sich unweit des Flusses Lisswarthe. Dieses kleine Gewässer war die Grenze zum kaiserlichen Rußland. Wenn der Junge bei heißem Sommerwetter kopfüber in den Fluß sprang, um sich abzukühlen, taten es ihm am anderen Flußufer die dort stationierten Angehörigen einer Kosakenabteilung nach, die hier ihren Dienst für die Grenzsicherung des Zarenreiches verrichteten.

Es blieb nicht aus, daß sich zwischen dem kleinen Buben und den Kosaken so etwas wie eine Freundschaft anbahnte. Besonders fasziniert war der Junge, wenn die Kosaken eigens für ihn am anderen Flußufer eine Dschigitowka veranstalteten. Dies waren Reiterspiele, so tollkühn und verwegen, daß jeder, der sie einmal miterlebte, bald so in ihrem Bann stand, daß er die Augen davon nicht zu lassen vermochte. Wenn die Kosaken gar eine Pyramide auf ihren Pferden bildeten und mit geschwungenen Säbeln herankamen, konnte einem schon das Blut in den Adern gefrieren, weil man erstmals so etwas wie eine Vorstellung davon gewann, wie sie im Kampf ihre Gegner attackieren würden.

Diese ersten Eindrücke seines Lebens waren zweifellos entscheidend für das enge Verhältnis, das sich später zwischen Helmuth von Pannwitz und den Kosaken anbahnte. Vielleicht aber wurde der Junge auch dadurch angeregt, seinen Vater solange zu bedrängen, bis er dem Zwölfjährigen gestattete, in die Kadettenschule Wahlstatt einzutreten, und ihn sogar zur Aufnahme dorthin begleitete.

Wahlstatt lag in Niederschlesien, war als Kadettenanstalt sehr geschätzt, vermochte aber mit jener in Berlin-Lichterfelde nicht mitzuhalten. Wer als Kadett etwas gelten wollte, der mußte sich den Weg dorthin erkämpfen. Ostern 1912 hatte es der Vierzehnjährige geschafft. Zwei Jahre später, im August, brach der Erste Weltkrieg aus. Sein Wunsch, in das königlich preußische Heer einzutreten, war derart groß, daß sich der Vater dem nicht verweigern wollte. Mit 16 Jahren, so blutjung wie die preußischen Kadetten zur Zeit Friedrichs II., wurde er als Fahnenjunker in die Ersatzschwadron des Ulanenregimentes „Kaiser Alexander III." in Lüben bei Liegnitz aufgenommen.

Die Bezeichnung dieses Regiments rührte noch aus der Zeit her, als zwischen dem deutschen Kaiser und dem Zar aller Russen über lange Zeit fast so etwas wie freundschaftliche Gefühle herrschten, die sich in Tauroggen angebahnt hatten, wo der preußische General Yorck von Wartenburg mit dem russischen General von Diebitsch eine Konvention abgeschlossen hatte, die zum Fanal der Volkserhebung gegen Napoleon 1813 führte.

Jetzt also befand sich dieses Regiment mit dem Namen eines russischen Kaisers im Kampf gegen Rußland, was den Wandel markierte, dem jegliches Zeitgeschehen unterworfen ist. Im März 1915 wurde Fähnrich von Pannwitz zum Leutnant befördert, wobei dies mit seiner vor dem Feind bewiesenen Tapferkeit begründet wurde. Auch bei den Kämpfen in den Karpaten zeichnete sich der junge Offizier aus, so daß ihm das EK I verliehen wurde.

Bei Kriegsende wurde er in die Quartiermeisterabteilung der 14. Armee versetzt. Als sich nach der Novemberrevolution 1918 das deutsche kaiserliche Heer aufzulösen begann und in der Folgezeit viele Grenzgebiete Deutschlands, insbesondere in Schlesien, polnischen Okkupanten preisgegeben waren, sah es Helmuth von Pannwitz als seine Pflicht an, sich in den entstandenen Freikorps für den Schutz des deutschen Reichsgebietes einzusetzen. Eine Verwundung zwang ihn dann im Jahre 1923, den Dienst als Offizier zu beenden, ohne indes die Hoffnung aufzugeben, daß sich eines Tages vielleicht die Rückkehr in den aktiven Dienst wieder anbieten würde.

Pannwitz nahm ein Angebot der Fürstin Radziwill an, sich als Intendant um ihre in der Nähe von Warschau gelegenen Güter zu kümmern. Die Arbeit als Landwirt sagte ihm zu, immerhin war sie ihm vom elterlichen Gutshof her bestens vertraut. Doch die Liebe zum Offiziersberuf erwies sich als stärker, so daß er sich zur Rückkehr nach Deutschland entschloß, wo er beharrlich das Ziel verfolgte, seine Reaktivierung durchzusetzen.

Im Reiterregiment 7 in Breslau nahm er an verschiedenen Reserveübungen teil, stellte dabei fest, daß er nichts von seinen kavalleristischen Fähigkeiten eingebüßt hatte. 1935 war es dann geschafft, seiner Reaktivierung wurde entsprochen und ihm die Führung einer Schwadron im Reiterregiment 2 in Angerburg anvertraut.

Angerburg lag in Ostpreußen, und in der Weite dieser Landschaft, deren fast völlige Unberührtheit sich naturverbundenen Menschen auf einzigartige Weise erschließt, fühlte Helmuth von Pannwitz sich von einer seelischen Harmonie ergriffen, die er als Quell neuer Kraft empfand. Eine glückliche Zeit verbrachte er in Ostpreußen. 1938 erreichte ihn der Befehl zur Übernahme einer neuen Aufgabe. Pannwitz, der inzwischen zum Major befördert worden war, wurde nach Stockerau unweit von Wien versetzt, wo die Aufstellung des Kavallerieregiments 11 im Gange war.

Der Kriegsbeginn am 1. September 1939 bedeutete für ihn eine neue Herausforderung. Pannwitz trat an die Spitze der Divisionsaufklärungsabteilung 45, die der Truppe weit vorauseilend Erkundigungen über die Bewegungen des Gegners vornahm, welche dann als Grundlage operativer Entscheidungen der eigenen Verbände dienten. Ein Ischiasleiden zwang ihn im November 1941 zur Aufgabe dieses Kommandos.

Pannwitz, inzwischen zum Oberst avanciert, wurde Anfang des darauffolgenden Jahres ins Oberkommando des Heeres (OKH) versetzt. Hier befaßte er sich vor allem mit der Ausarbeitung von Vorschriften für die schnelle Truppe.

Während seines Einsatzes an der Ostfront hatte Pannwitz wiederholt ergreifende Szenen miterlebt, die sich immer dann abspielten, wenn die Wehrmacht bei ihrem Vormarsch Gebiete am Don, Kuban und Terek erreichte, wo überwiegend Kosakengemeinschaften ansässig waren.

Mit der Aufstellung der 1. Kosaken-Division in Mielau verbinden sich für Rittmeister Ernst Walter von Mossner viele Erinnerungen. Während tagsüber die Kosaken im Schießen sowie an den verschiedensten Waffen ausgebildet wurden, bestand während der Freizeit ihre größte Freude darin, allerlei Reiterkunststücke vorzuführen. Natürlich wollten sie damit auch ein wenig ihre deutschen Waffengefährten beeindrucken.

Einen Höhepunkt stellte stets die Dschigitowka dar, eine tollkühne Pyramide, zu der sich Reiter und Pferde vereinten. Drei Pferde und sechs Reiter gehörten dazu. Die Pferde mußten direkt nebeneinander stehen und sich gegenseitig berühren. Sollte die Pyramide der auf deren Leibern einen Spagat bildenden Kosaken gelingen, durften sich die Tiere nicht von der Stelle rühren. Wenn sich dann der sechste Mann zunächst auf die Pferde und dann noch auf die Schultern der Kosaken schwang und seinen Säbel im letzten Sonnenlicht des Tages aufblitzen ließ, kannte die Begeisterung keine Grenzen mehr. Sie steckte auch die deutschen Offiziere des Rahmenpersonals an, denen sich hier Geist und Welt der Kosaken in einmaliger Weise auftat.

Das Verhältnis des Kosaken zu seinem Pferd war das eines Freundes, der mit ihm alles teilt, selbst das letzte Stück Brot und auch die Unterkunft, wenn es an einem Stall oder einem anderen geeigneten Platz mangelte. Der deutsche Oberleutnant hat nie vergessen, welches Erstaunen eines Tages während des Einsatzes auf dem Balkan bei ihm der Anblick von zwei Pferdeköpfen hervorrief, die aus den Fenstern im ersten Stockwerk eines Hauses neugierig auf die Dorfstraße lugten. Aus Fürsorglichkeit hatten die Kosaken ihren Pferden einen Platz in ihrem eigenen Quartier verschafft. Daß es hierfür eine Treppe emporzusteigen galt, schien Reitersmann wie Pferd nicht sonderlich gestört zu haben.

Die Kosaken hingen an ihren Pferden mit einem Gefühl, das sich fast als Zärtlichkeit bezeichnen läßt. Es machte ihnen wenig aus, wenn das Tier keine besondere Schönheit war, mochte es auch struppig und häßlich sein, die Liebe des Kosaken gehörte ihm, als wäre es das edelste Roß aus bestem Geblüt.

Viele Kosaken hatten aus ihrer Heimat am Don, Kuban oder Terek die dort von ihnen gezüchteten Steppenpferde mitgebracht. Diese Tiere besaßen sowohl Anmut als auch eine unvorstellbare Härte, die sie jede Witterung ertragen ließ. Auf diesen urwüchsigen Pferden waren einst die Kalmücken auf ihren Streifzügen durch die Steppe bis nach Südrußland gelangt. Diese Tiere mit ihren so hervorragenden Eigenschaften, wozu auch die Ausdauer gehörte, faszinierten die Kosaken derart, daß sie alles daran setzten, eine Anzahl davon in ihren Besitz zu bringen und in ihren Stanizen zu züchten.

Berühmtheit erlangten die später auch mit arabischem Vollblut veredelten Kosakenpferde während der Verfolgung der napoleonischen Armee nach deren katastrophalem Rückzug aus Rußland. Unaufhaltsam folgten die Kosaken den gepeinigten französischen Soldaten, hefteten sich wie eine Klette an sie, gönnten dem Feind weder Rast noch Ruh.

Die deutschen Kavalleristen mußten sich erst allmählich in Mielau daran gewöhnen, daß die Kosaken wohl hervorragende Naturreiter waren, aber meist von einer in den westlichen Armeen geübten, zugegebenermaßen manchmal übertriebenen, dressurmäßigen Ausbildung der Pferde nicht viel hielten. So wurden ihre Pferde seit Jahrhunderten fast ausschließlich nur auf Trense geritten. Die Gewichtsverlagerung des Reiters spielte dabei in allen Gangarten eine besondere Rolle. In der deutschen Kavallerie war aus hier nicht näher zu erläuternden Gründen die Kandare etwa im Jahre 1941 abgeschafft worden.

Unwegsame Stellen umritten sie normalerweise, kamen aber jederzeit mit dem schwierigsten Gelände zurecht. Kein Kosak, der nicht schon im Jünglingsalter auf einem Pferd gesessen und den Umgang mit ihm gelernt hatte. Ein Pfiff oder ein kurzer Zuruf genügte den Kosaken, sich mit ihren Pferden zu verständigen.

Der zum Rahmenpersonal der 1. Kosaken-Division gehörende Major Heinrich Detloff von Kalben zeigte sich in Mielau besonders erstaunt über seine Beobachtung, daß ein abgesessener Kosak sich durchaus von seinem Pferd fortbewegen konnte, ohne daß das Tier Anstalten machte, ihm zu folgen. Erst ein Ruf brachte es dazu, wieder aufzuschließen. Sogenannte klebende Pferde, die sich immer wieder an andere Pferde herandrängten und nur schwer von diesen wegzubringen waren, kannten die Kosaken überhaupt nicht.

Ein kurzer Befehl des Kosaken genügte, um das Pferd zu veranlassen, sich hinzulegen und damit dem Feind ein schlechteres Ziel zu bieten. Jetzt gab es mit seinem Körper dem Kosaken Deckung, der sich dahinter niederstreckte und seinen Karabiner gestützt auf den Leib des Tieres in Anschlag brachte. Preschten die Kosaken mit ihren Pferden vorwärts, richteten sich die Reiter dabei in den Steigbügeln hoch empor. Dies erleichterte es den Pferden, sich noch schneller zu bewegen, und zugleich demonstrierte es ein Stück Kühnheit des Reiters.

Die Kosaken tanzten und sangen auch gern, viele konnten ihre Stimmen bis in die höchsten Tonlagen emporschrauben. Von ihrem fröhlichen Naturell ließen sich die schwerblütigeren Deutschen gern anstecken. Einige Probleme bereitete es ihnen dagegen, sich mit den „Trinksitten" der Kosaken anzufreunden, die jederzeit ein „Wässerchen" zu schätzen wußten und gar nicht einsehen wollten, daß sich die deutschen Offiziere damit schwer taten.

Von dem späteren Oberst von Kalben stammte die ergötzliche Geschichte einer sich zum Abmarsch bereitstellenden Kosakenschwadron, in der schon alle Reiter bis auf einen aufgesessen waren. Der Schwadronschef bemerkte, wie einer der Kosaken immer wieder von seinem Pferd fiel. Kaum hatte er sein Pferd bestiegen, rutschte er auf der anderen Seite wieder herunter. Dies wiederholte sich so einige Male, ohne daß die anderen Kosaken auch nur eine Miene verzogen. Der Kosak schwankte, das Pferd schwankte gleichfalls, und dem Schwadronschef schwante Übles. Als der Kosak es endlich doch fertiggebracht hatte, auf dem Pferd sein Gleichgewicht zu bewahren, hielt es ein alter Kosakenwachtmeister für angebracht, zu dem Vorfall eine kurze Erklärung abzugeben. Es klang fast treuherzig, als er meinte: „Der Kosak hat zehn Liter Schnaps geschenkt bekommen, die er brüderlich mit seinem Pferd geteilt hat. Jetzt schwanken beide." Also nichts sonderlich Aufregendes nach Meinung dieses väterlichen Kosaken.

Die Ausbildung der Kosaken in Mielau währte etwa drei bis vier Monate. Neben den Schießübungen u. a. auch mit Granatwerfern und Maschinengewehren wurde viel Zeit darauf verwandt, das richtige Verhalten im Gelände unter Feindberührung immer wieder zu üben. Dabei stellten die deutschen Ausbilder fest, daß die Kosaken geradezu ein Gespür dafür besaßen, Bodenniederungen, Gebüsche, Baumstümpfe zur Erlangung von Vorteilen im Gelände zu nutzen.

Auch mit dem Schießen kamen die Kosaken während jedes weiteren Tages ihrer Ausbildung immer besser zurande. Es war unverkennbar, daß ihnen das kriegerische Blut ihrer Vorfahren in den Adern steckte.

Zur Aufstellung der Division dienten Richtlinien, die im Jahre 1940 bei der Umorganisation der ostpreußischen Kavalleriebrigade zur ersten Kavalleriedivision zur Anwendung gekommen waren. Ein Teil der Geschütze dieser Division ging jetzt in die Hände der Kosaken über. Auch die Gliederung der Kosakeneinheiten lehnte sich an das Vorbild der Ostpreußen an.

Zwischen April und Mai 1943 konnte Pannwitz melden, daß die Aufstellung der ersten drei Regimenter abgeschlossen sei. Es handelte sich hierbei um das Donkosaken-Reiterregiment 1, zu dessen Kommandeur Oberstleutnant d. R. Graf zu Dohna-Schlobitten ernannt worden war; das Kubankosaken-Reiterregiment 4 unterstand Oberstleutnant Paul Freiherr von Wolff, während das Terekkosaken-Reiterregiment 6, dem auch der spätere Rittmeister und Schwadronschef Ernst Walter von Mossner angehörte, von dem zu diesem Zeitpunkt noch im Majorsrang stehenden Heinrich Detloff von Kalben geführt wurde. Außerdem gab es zwei Brigaden: Die I. Brigade (Don) unter Oberstleutnant Hans Freiherr von Wolff (Eichenlaubträger) und die II. Brigade (Kaukasus) unter Oberst von Bosse.

Im August 1943 zählte die Division bereits zehntausend Mann. Nicht darin enthalten war die Mannschaftsstärke des Freiwilligen Lehr- und Ersatzregimentes 5, das im benachbarten Modowo aufgestellt worden war. An der Spitze dieses Regimentes, welches ebenfalls einen Teil der Division bildete, stand Major Stabenow. Dieser Einheit gehörten etwa 1.500 Mann an. Sie wies etliche Besonderheiten auf, so beispielsweise gab es hier eine Schwadron, die ausschließlich aus Jungkosaken bestand. Die meisten von ihnen hatten ihre Väter im Bürgerkrieg verloren und waren von Verwandten in den Stanizen liebevoll großgezogen worden. Mit ihnen zusammen verließen sie dann die Heimat und schlossen sich dem langen Treck an, welcher den Deutschen nach Westen folgte, als die Front zurückgenommen wurde.

Diese Jungkosaken waren zumeist zwischen 14 und 18 Jahre alt, und ihre Ausbildung geschah nach dem Vorbild der preußischen Kadettenanstalten. Helmuth von Pannwitz, der, wie bereits erwähnt, selbst seinen militärischen Weg über eine preußische Kadettenanstalt genommen hatte, lagen diese Jungkosaken besonders am Herzen. Jeden Moment Zeit, den er erübrigen konnte, weilte er unter ihnen, achtete auch stets darauf, daß die Ausbilder den jungen Leuten etwas aus der glorreichen Geschichte des Kosakentums vermittelten. Es sollte alles getan werden, damit sie niemals aus den Augen verloren, wo ihr Volk verwurzelt war. Einem der Jungkosaken namens Boris versuchte er den fehlenden Vater zu ersetzen. Nach dem Krieg wollte er ihn sogar adoptieren.

Einer speziellen Abteilung im Lehr- und Ersatzregiment war die Aufgabe übertragen, für die Ausbildung entsprechenden Offiziersnachwuchses Sorge zu tragen. Allein aus dieser Tatsache ergibt sich, daß die Kosaken zu keiner Zeit als reine Söldner betrachtet wurden, wie man sie nach Kriegsende von mancher Seite verunglimpfte. Für eine Söldnertruppe hätte wohl niemand einen derartigen militärischen Aufwand ins Auge gefaßt.

Die Ausbildung des Offiziersnachwuchses oblag Major d. R. Lehmann. Zu dem Zeitpunkt, da die Kosaken-Division im Herbst 1943 an die Front aufbrach, wurde das Ersatzregiment aufgeteilt und auf mehrere Truppenübungsplätze in Deutschland wie auch in Frankreich verlegt. Einige der Kosaken kamen später zum Atlantikwall, von ihnen geriet nach der Invasion der amerikanischen und britischen Truppen im Juni 1944 eine größere Anzahl in die Gefangenschaft der Westalliierten.

Die Aufstellung weiterer Regimenter und Einheiten nahm im Sommer 1943 Gestalt an. Oberstleutnant Kononow meldete das Donkosaken-Reiterregiment 5 gefechtsbereit. Entstanden war inzwischen auch das Sibirkosaken-Reiterregiment 2, über welches Major Freiherr von Nolcken die Befehlsgewalt ausübte. Oberstleutnant d. R. Jungschulz von Roebern war das Kubankosaken-Reiterregiment 3 anvertraut worden.

Ferner waren zwei reitende Kosaken-Artillerie-Abteilungen, ein Kosaken-Pionier-Bataillon, eine Kosaken-Nachrichtenabteilung, eine Divisions-Nachschubabteilung mit zwei mot. und drei pferdebespannten Kolonnen sowie eine Divisions-Sanitätsabteilung geschaffen worden. Eine Aufklärungsabteilung der Division wurde erst im November 1943 bereits im Aufmarschgebiet ins Leben gerufen, die sich ausschließlich aus deutschen Soldaten zusammensetzte, die zuvor ihren Dienst als Rahmenpersonal in den einzelnen Regimentern versehen hatten. Statt Pferden gab man in dieser Aufklärungsabteilung Fahrrädern den Vorzug.

Kommandeur der 1. Kosaken-Division – der Zusatz „Kavallerie“ erfolgte erst später – war Generalmajor Helmuth von Pannwitz. Als I a stand ihm Major von Schultz zur Seite, später an der Front kam als I c Graf zu Eltz hinzu. Zu erwähnen sind auch ein Begleit-Konvoi des Divisions-Kommandeurs, ein berittenes Trompeterkorps auf Schimmeln, ein Trupp Feldgendarmerie, ein Kradmeldezug und ein sogenannter Kultur- und Betreuungszug, in dessen Händen u. a. die Herausgabe der Kosakenzeitung „Kosaken-Post“ lag, die sich als Frontblatt verstand, von denen es eine größere Zahl in allen Wehrmachtsgliederungen gab.

Was die Ausrüstung mit Waffen anging, so war man bei der Aufstellung der Truppenverbände in Mielau darauf bedacht, daß sie einheitlich erfolgte. Später, nach den ersten Einsätzen in den Partisanengebieten Südosteuropas, fielen der Division zunehmend Beutewaffen in die Hände, die dann alsbald ebenfalls zur Anwendung kamen.

Jedes Reiterregiment der Kosaken bestand aus zwei Abteilungen zu je drei Reiterschwadronen und je einer schweren Schwadron. Außerdem gehörte zu einem Regiment noch die 9. (schwere) Schwadron. Eine Reiterschwadron setzte sich aus dem Schwadronstrupp, drei Zügen mit je drei Gruppen zu je 16 Reitern sowie einem leichten Granatwerfertrupp mit zwei Granatwerfern vom Kaliber 5 cm und dem Schwadronstroß zusammen.

Eine Reitergruppe verfügte über ein LMG Modell 42. Nach einiger Zeit kamen zur Panzerabwehr noch das „Ofenrohr" und die „Panzerfaust" hinzu. Später wurden von den Schwadronschefs noch erbeutete Maschinengewehre und leichte Werfer zur Troßsicherung eingesetzt. Die 2. (Schimmel-)Schwadron des Terekregimentes unter Rittmeister von Mossner verfügte Ende 1944 außerdem noch über eine Kradstaffel von drei erbeuteten 100-ccm-Krafträdern, bis der Benzinmangel zu ihrer Abgabe an das Regiment zwang.

Die 4. (schwere) und 8. (schwere) Schwadron verfügten über je zwei schwere Maschinengewehrzüge und einen mittleren Granatwerferzug (Kaliber 8 cm), während die 9. Schwadron einen sMG-Zug, einen mittleren Granatwerferzug und einen leichten Pak-Zug besaß. In der „Landsersprache" trug die hier verwendete leichte Panzerkanone den Spitznamen „Panzeranklopfgerät".

Einem Reiterregiment gehörten etwa 1.850 Kosaken an; hinzu gesellten sich 150 Mann deutsches Rahmenpersonal. Waffenmäßig verfügte jedes Regiment über 54 leichte Maschinengewehre, acht schwere Maschinengewehre, zwölf leichte Granatwerfer sowie 14 Granatwerfer vom Kaliber 8 und zwei Panzerabwehrkanonen. Die Kosaken waren mit dem Karabiner 98 k, die Schwadrons- und Zugführer wie auch Granatwerfertruppführer und Schwadronstruppführer, Hauptwachtmeister (zugleich Führer der Handpferde) und Troßführer mit Maschinenpistolen bewaffnet. Alle Offiziere und Unteroffiziere trugen außerdem eine Pistole bei sich. Der bei den Kosaken und dem deutschen Rahmenpersonal aus Traditionsgründen beliebte Säbel wurde in der zweiten Jahreshälfte 1944 offiziell abgeschafft, was aber nie völlig der Fall war.

Standen die Reiterregimenter im Kampf, konnte ihnen je nach Lage eine Batterie mit vier leichten Feldkanonen unterstellt werden. Bei Sonderaufträgen in Form von zu bildenden Kampfgruppen oder Vorausabteilungen wurde sinngemäß verfahren. Im allgemeinen erhielt ein solcher Verband eine Halbbatterie mit zwei Geschützen zugeteilt.

Eine Kosakenbatterie umfaßte etwa 200 Mann und 200 Pferde. Da nicht alle Kosaken, die sich auf den Weg zu dem Sammelpunkt Mielau gemacht hatten, im Besitz von Pferden gewesen waren, erhielt die Division in der Zeit ihrer Aufstellung auch eine größere Anzahl von Pferden zugeführt. Jeder war natürlich darauf aus, ein besonders gutes Pferd zu bekommen, was den

Rittmeister von Elmayer, dem die Verteilung der Pferde unterstand, zu Raffinessen höchster Vollkommenheit inspirierte.

Jeden Regimentskommandeur umgarnte er auf die gleiche Weise. Er gab ihm zu verstehen, daß bei einem gerade eingetroffenen Transport ein Pferd darunter sei, das dem Herrn Kameraden die Augen aus dem Kopf treten würde. Allerdings müsse er sich eine kleine Gefälligkeit ausbedingen und den Herrn Kameraden bitten, doch zuvor eine Anzahl von Pferden abzunehmen, wo er nicht so genau hinschauen sollte. Schließlich zog der Herr Kamerad mit einem prachtvollen Braunen ab, hinter dem ein paar leicht blessierte Rosinanten dreintrabten.

Vorteilhaft für die Kampfführung erwies sich die große Beweglichkeit der Batterien. Sie kam dadurch zustande, daß die Kanoniere nicht, wie ansonsten üblich, den Platz auf dem Vorderwagen der Geschütze einnahmen, sondern mit ihren Pferden hinter den Geschützen herritten. Trabte das Reiterregiment dem Feind entgegen, vermochte auf diese Weise die Geschützbatterie mühelos Schritt zu halten, selbst dann, wenn es über sehr lange Strecken ging. Allerdings wurde für die einzelne Batterie eine Vielzahl von Pferden benötigt, was bei Verlusten im Gefecht zu erheblichen Schwierigkeiten führen konnte.

Das deutsche Rahmenpersonal in den Kosakeneinheiten empfand sich keineswegs als Aufpasser, sondern sah seine Aufgabe einzig und allein darin, den Kosaken jene Kenntnisse und Fähigkeiten zu vermitteln, die nun einmal das Wesen einer modernen Kriegführung ausmachen.

Während es in den Reiterregimentern lediglich eine Anzahl von deutschen Unteroffizieren und Zugführern gab, war der Anteil deutscher Führungskräfte in den Batterien erheblich größer. So bekleideten hier grundsätzlich erfahrene Wehrmachtsoffiziere die Position des Batteriechefs, des Beobachtungs- und Batterieoffiziers. Alle Spezialgebiete im Batterietrupp, wie die der Zugführer und Geschützführer, waren mit Deutschen besetzt. Dies blieb jedoch nicht auf Dauer so. Sobald die deutschen Offiziere den Eindruck gewonnen hatten, daß inzwischen auch Kosaken die Waffentechnik ausgezeichnet beherrschten, traten sie ihre Funktionen an die Kosaken ab. Dies traf auch für die Unteroffiziere zu, welche Rechner, Richtkreise und Scherenfernrohr bedienten.

Weitere Tätigkeiten in der Batterie übten Angehörige des deutschen Rahmenpersonals als Führer in den Nachrichtenstaffeln, als Fernsprech- und Funkunteroffiziere aus. So bestand dann eine Batterie jeweils aus etwa 160 Kosaken und 40 Deutschen. Im Laufe der Zeit veränderte sich dieses Verhältnis zugunsten der Kosaken.

Der Sanitätsabteilung gehörte eine große Zahl deutscher wie russischer Ärzte an, deren Zusammenarbeit hervorragend verlief. Zahlreiche Angehörige der Kosaken, darunter auch ihre Frauen, hatten sich freiwillig für den Sanitätsdienst zur Verfügung gestellt und versahen ihre gewiß nicht leichte und oftmals hart die Nerven strapazierende Arbeit mit großer Hingabe und Aufopferungsbereitschaft. Gerade diese Frauen erlitten später, als sie in die Hände der Roten Armee gerieten, ein schreckliches Schicksal, das nur wenige von ihnen überlebten.

Militärexperten waren sich nach dem Ersten Weltkrieg eigentlich darüber einig gewesen, daß im Zeitalter der Tanks die Kavallerie nichts mehr bewirken könne. Da jedoch im Versailler Vertrag die Sieger der deutschen Reichswehr nur die Handhabung leichter Waffentechnik gestattet hatten, blieb gar nichts anderes übrig, als auch weiterhin auf die Kavallerie zu setzen. Die Hoffnung bestand darin, daß sie in einem Bewegungskrieg durchaus noch eine Rolle spielen könnte, wenn vielleicht auch nicht mehr in der Dimension wie einstmals.

Als die Reichswehr in der deutschen Wehrmacht aufging, wurden ab 1937 die bis dahin bestehenden reinen Reiterregimenter wesentlich reduziert und aus ihnen größtenteils Kavallerie-Regimenter mit je einer Reiterabteilung und einer Radfahrabteilung neu aufgestellt. Im Falle der Mobilisierung sollten daraus die Divisions-Aufklärungsabteilungen der Infanterie-Divisionen gebildet werden. Kaum einer hätte zu dieser Zeit die Voraussage gewagt, daß die Kavallerie noch einmal überall dort ihre Stärke würde erweisen können, wo es neben erfolgreicher Aufklärung galt, Flankensicherungen vorzunehmen, Eisenbahnstrecken zu überwachen, den Schutz von Nachschubkolonnen zu gewährleisten und manches andere mehr. Wider Erwarten sollte es im Osten und auf dem Balkan sogar gelegentlich noch zu Reiterattacken kommen.

Daß der Krieg im Osten gewissermaßen an zwei Fronten zugleich ausgetragen werden mußte und eine davon das Hinterland war, in dem Partisanen zuweilen in Regimentsstärke auftraten, hatte niemand vorausgesehen. So gewann die Kavallerie auf einmal wieder ein Stück ihrer Bedeutung zurück, denn es stellte sich heraus, daß es ihr aufgrund ihrer Wendigkeit viel leichter fiel, Schlupflöcher der Partisanen aufzuspüren, sie aus Dörfern zu verjagen und mit der Zeit sogar aus gebirgigen Gegenden wie im Balkan zu vertreiben.

So fanden die Freikorps, die sich nach dem Ersten Weltkrieg während der Auseinandersetzungen im Baltikum bereits für die letzten Reiter angesehen hatten, noch einmal Nachfolger in den Reiterregimentern der Kosaken des Zweiten Weltkrieges. Sie dürften nun wahrlich die letzten Reiter gewesen sein. Etwas aber vereinte sie mit ihren Vorgängern. Die einen wie die anderen wollten das kommunistische System der Sowjetunion mit seinem menschenverachtenden Antlitz daran hindern, auch in Mittel- und Westeuropa Fuß zu fassen.

EIN PLAN NIMMT GESTALT AN

Nach Jahren leidvoller Unterdrückung durch das bolschewistische Herrschersystem, das viele in tiefste Verzweiflung gestürzt hatte, entstand bei den Kosaken vom ersten Augenblick des Eintreffens der deutschen Soldaten die Hoffnung, daß dies ein Ende ihrer ständigen Verfolgung und Erniedrigung durch Stalin bedeuten würde. Überall, wo die Verbände der Wehrmacht auftauchten, spielte sich das gleiche Bild ab: Delegationen der Kosakenältesten, ehrwürdig anzusehen, wenn sie in ihren alten Uniformen aus der Zarenzeit, die sie über Jahrzehnte versteckt gehalten hatten, voller Würde auf die deutschen Offiziere zuschritten, um diesen für ihre Befreiung zu danken. Gleichzeitig sprachen sie dabei auch die Bitte aus, nunmehr gemeinsam den Kampf führen zu wollen; als Waffenbrüder sollte dies Seite an Seite geschehen.

So mancher deutsche Offizier zeigte sich völlig verwirrt von diesem Anerbieten, von dem er einfach nicht wußte, wie er darauf reagieren sollte. Kosaken waren schließlich Russen, mit denen man sich in einem erbitterten Krieg befand, der weit verlustreicher verlief, als ursprünglich angenommen.

Einige maßen den Worten der Kosaken keine besondere Bedeutung zu, hielten sie allenfalls für eine freundschaftliche Geste. Freilich vermochte sich niemand der Ergriffenheit zu entziehen, wenn manche der alten Kosaken ihnen mit tränenbenetzten Gesichtern gegenübertraten.

Stärker vielleicht noch als andere zeigte sich Helmuth von Pannwitz von solchen Begegnungen mit den Kosaken bewegt. Er glaubte zu verstehen, was wirklich in ihnen vorging, ahnte förmlich, daß diese Menschen schon aller Hoffnung entsagt hatten, ihr schweres Schicksal könnte noch einmal eine Wende erfahren, als plötzlich deutsche Soldaten in ihren Stanizen erschienen.

Pannwitz ließen diese Eindrücke nicht mehr los, und so nahm in ihm immer stärker der Plan Gestalt an, aus diesen vielen Kosaken, die immer wieder ihre Bereitschaft bekundeten, jetzt den Kampf gegen die Rote Armee gemeinsam bestreiten zu wollen, eine eigenständige Streitmacht der Kosaken aufzubauen und sie in die deutsche Wehrmacht einzugliedern.

Pannwitz war sich dabei durchaus bewußt, auf wieviel Vorbehalte eine solche Absicht stoßen würde. Ein großes Stück Überzeugungsarbeit müßte zunächst einmal in der Wehrmachtsführung selbst geleistet werden, um sich der Zustimmung Hitlers zu versichern. Er kannte all die törichten Behauptungen vom asiatischen Untermenschentum, gegen das sich dieser Krieg mit aller Härte richte und keinerlei Paktieren mit dem Gegner gestatte.

Aber Pannwitz war auch der Mensch, sich von solch verbohrter Ideologie nicht abschrecken zu lassen. Er begann nach Gleichgesinnten Ausschau zu halten, um Schritt für Schritt seinen Plan in die Tat umzusetzen. Dabei hatte bereits so etwas wie eine selbständige Entwicklung eingesetzt, die seinen Plänen Vorschub zu leisten schien. Viele Einheiten der Wehrmacht hatten, ohne groß zu fragen, Trupps von Kosaken und auch Freiwillige aus anderen kaukasischen Völkerschaften bereits bei sich eingereiht, wo sie die verschiedensten Tätigkeiten im rückwärtigen Dienst übernahmen, beispielsweise als Meldereiter oder bei der Bewachung von Heeresdepots.

Besonders weit aber war das sich anbahnende Bündnis mit den Kosaken in der Salzsteppe gediehen, welche sich bis zum Kaspischen Meer erstreckte. Hier formierte sich ein Kosakenregiment unter Leitung des deutschen Oberstleutnants von Jungschulz, dem bereits eine geringe Anzahl von Wehrmachtsangehörigen als sogenanntes Rahmenpersonal beigeordnet worden war. Auch Pannwitz schwebte vor, daß genau dies die geeignetste Form sein konnte, um den Kampfeswillen der Kosaken mit den deutschen militärischen Gebräuchen fest zusammenzuschmieden.

Dieses erste Kosakenregiment schirmte im Raum Mosdok, Edissja, Stepnoje und Atschikulak die Flanke der deutschen Kaukasusverbände ab. Pannwitz führte unterdessen zahlreiche Gespräche im OKH, wo er vor allem in der Person des Chefs der Organisationsabteilung des Heeres, Oberst i. G. Stief, und in Oberst Graf Stauffenberg, der ebenfalls dieser Abteilung angehörte, verständnisvolle Partner fand.

Nunmehr ging die Sache allmählich voran. Doch für Pannwitz stellte es noch immer eher ein Schneckentempo dar. Ständig kam ihn die Furcht an, daß zu viel kostbare Zeit verlorengehen könnte. Im Süden der Ostfront stand nach Abklingen des Winters und der Austrocknung des verschlammten Bodens im Frühjahr eine neue Offensive der deutschen Wehrmacht bevor. Stoßrichtung sollten Wolga und Kaukasus sein, Regionen, wo noch immer eine starke Bevölkerung der Kosaken ansässig war.

Pannwitz hielt jetzt Eile für geboten, um gleich von Beginn an dort ein gutes Einvernehmen zu den Kosaken herzustellen. Sollte es überhaupt zur Aufstellung größerer Freiwilligenverbände der Kosaken kommen, so war dafür auch unbedingt die Zustimmung des Chefs des Generalstabes, General der Infanterie Zeitzler, erforderlich. Doch der würde sich nur durch hieb- und stichfeste Argumente überzeugen lassen.

Am 28. Juni 1942 setzte die deutsche Offensive ein. Die 1. Panzerarmee, welche unter dem Befehl des Generalobersten von Kleist stand, stieß bis nach Rostow vor und schwenkte dann in Richtung Süden ab. Zwei Monate arbeitete Oberst von Pannwitz im OKH fieberhaft darauf hin, sich jetzt selber an Ort und Stelle ein Bild verschaffen zu können, ob die Führungskräfte an der Front seinen Plänen geneigt sein würden.

Am 20. September 1942 erhielt er hierzu endlich die Gelegenheit. In Maikop traf er mit General Ernst Köstring zusammen, der schon seit längerem die Ansichten des Obersten teilte. Während der Aussprache mit ihm erfuhr Pannwitz, daß soeben in der Nähe von Krymskaja ein Kosakenregiment neu aufgestellt worden sei. Er besichtigte dieses Regiment und empfand den Anblick dieser jungen Kosaken, die übermütig mit ihren Pferden heranpreschten, um wohl auch den deutschen Offizier ein wenig zu beeindrucken, wie eine Art Adrenalinstoß.

Am 27. September traf er in Pjatigorsk mit Generaloberst von Kleist in dessen Befehlsstand zusammen. Kleist nahm ihn überaus freundlich auf, kannte er doch Pannwitz noch gut von dessen Zeit in Breslau her. In dem vertrauensvollen Gespräch, das beide miteinander führten, machte der Generaloberst deutlich, daß der Plan, die Kosaken als geschlossenen Verband in die Wehrmacht mit einzubeziehen, nicht nur seine Billigung, sondern auch jegliche Form von Unterstützung erhalten werde.

Dem Generaloberst war längst wie auch einer Anzahl weiterer hoher deutscher Offiziere klargeworden, daß von dem Einsatz solcher Verbände neben der Stärkung des deutschen Potentials auch eine Signalwirkung auf den Vielvölkerstaat Sowjetunion ausgehen könnte. Allerdings, so gab Kleist zu bedenken, habe er nicht das Empfinden, daß solche Gedankengänge bislang bei obersten Stellen des Reiches auf Gegenliebe stoßen würden. „Man lebt dort in einem Wolkenkuckucksheim“, meinte er ein wenig resigniert, fügte dann jedoch hinzu: „Meine Unterstützung haben Sie auf jeden Fall, ich werde auch Zeitzler von der Sache unterrichten.“

Zufrieden mit dem Verlauf dieses Gesprächs begab sich Pannwitz am nächsten Tag gemeinsam mit einem kleinen Begleitkommando nach Atschikulak, wo er das von Oberstleutnant von Jungschulz geführte Kosakenregiment besichtigen wollte. Der Weg dorthin führte durch die sich schier endlos ausdehnende Salzsteppe mit nur wenigen kleinen Dörfern. Eine unbeschreibliche Schwermut lag über diesem sonnenverglühten Land, das zu der sogenannten Kalmückischen Autonomen Sozialistischen Sowjetrepublik gehörte.

Atschikulak lag in der Nähe des Flusses Kuma. Hier hatte sich Jungschulz mit seinen Kosaken einquartiert. Ständig schwärmten berittene Kosakenabteilungen aus, um zu beobachten, ob von irgendwoher den deutschen Einheiten eine Gefahr durch einen überraschenden Vorstoß der Roten Armee in das weite ungeschützte Hinterland drohen könnte. Das Gebiet war von einer derartigen Dimension, daß es den Aufbau einer durchgehenden Front nicht zuließ, weil dadurch gewaltige Heeresmassen gebunden worden wären.

Oberstleutnant von Jungschulz ging bereits auf die 60 zu, doch er hatte sich das Feuer seiner Jugend bewahrt. Als Pannwitz bei ihm eintraf, fand er ein erstaunliches Bild vor. Überall verrichteten Kosaken den ihnen zugewiesenen Dienst. Meldereiter kamen und sprengten wieder davon, um irgendwelche Befehle zu überbringen. Anderswo vollzog sich gerade die Ablösung einer Feldwache. Oberstleutnant von Jungschulz, so war es zu spüren, hatte sein Kosakenregiment fest in der Hand.

Pannwitz schöpfte viel Mut aus dem Gesehenen, allerdings erhielt er einen kleinen Dämpfer, als er einige Tage darauf gemeinsam mit General Köstring zu einem Turkmenenbataillon kam, wo unschwer zu bemerken war, daß hier vieles im Argen lag. Der deutsche Offizier, der diese Einheit leitete, kam ganz offensichtlich mit der Mentalität seiner Leute nicht zurecht. Er vergaß ständig, daß er es hier nicht mit einer Truppe zu tun hatte, die in ihrer Ausbildungszeit preußischen Drill erfahren hatte. Dennoch behandelte er sie demgemäß, was zu ständigen Reibereien und Zwistigkeiten führte und die Unlust der Turkmenen am Soldatenhandwerk immer größer werden ließ.

Doch dieses negative Erlebnis hatte auch eine gute Seite, lehrte es doch den Oberst, was es alles bei der Aufstellung solcher Osttruppen als Freiwilligenverbände zu bedenken gab. Viel würde von der Qualität eines entsprechenden deutschen Rahmenpersonals abhängig sein.

Bevor sich Pannwitz von der Ostfront wieder zurück ins OKH nach Lötzen in Ostpreußen begab, berichtete er noch einmal Generaloberst von Kleist von seinen Eindrücken. Bei dieser Unterredung trat die große Übereinstimmung des deutschen Heerführers mit Pannwitz zutage. Kleist brachte ihm gegenüber zum Ausdruck, daß er sich durchaus darüber im klaren sei, welche Vorstellungen die Kosaken hinsichtlich eines Bündnisses mit Deutschland hegten. „Sie sind durchaus gewillt, an unserer Seite für ihre Freiheit zu kämpfen, wollen jedoch keine Kastanien für uns aus dem Feuer holen."

Mit großem Nachdruck erklärte der Generaloberst: „Ich bin der Auffassung, daß man dieses tapfere, freiheitsliebende Volk in seinen Bestrebungen unterstützen sollte." Die beste Nachricht hatte er sich jedoch bis zuletzt aufgehoben. „Ich habe einen entsprechenden Vorschlag beim OKH eingereicht und Sie, lieber Pannwitz, darin als Führer der Kosaken vorgeschlagen."

Als Oberst von Pannwitz sich am 1. Oktober 1942 im OKH zurückmeldete, war man dort bereits über alles informiert. Seine Kameraden aus der Organisationsabteilung, die seit langem auf seiner Seite standen, hatten es inzwischen sogar zuwege gebracht, den Chef des Generalstabes, General der Infanterie Zeitzler, endlich für die Durchführung zu gewinnen. Versehen mit seiner Zustimmung wurde jetzt Pannwitz ermächtigt, alle notwendigen Vorbereitungsmaßnahmen für die Aufstellung eines großen Kosakenverbandes zu treffen.

Mit Feuereifer stürzte er sich in diese Aufgabe. Eine Besprechung jagte die andere. Das Heerespersonalamt durchforstete seine Unterlagen, welche Offiziere hauptsächlich aus den Reihen der Kavallerie und mit entsprechender Fronterfahrung im Osten hierfür zur Verwendung kommen könnten. Der Chef des Allgemeinen Heeresamtes, General der Infanterie Olbricht, kümmerte sich um die Ausstattung der neuen Einheit mit allem, was hierzu benötigt wurde.

KAMPF GEGEN DIE WIDERSACHER

Doch schon bald regten sich vielerorts Widerstände. Verschiedene Wehrmachtseinheiten, die schon früher kleinere Kosakentrupps bei sich eingegliedert hatten, waren nicht so ohne weiteres gewillt, auf sie wieder zu verzichten. So wurden entsprechende Befehle ignoriert oder erreichten angeblich nicht die Empfänger. Etliche rückwärtige Heeresstellen hatten sogar die Gepflogenheit angenommen, vor ihren Dienstsitzen pompös wirkende Kosakenwachen zu postieren, um auf derartige Weise bei Vorgesetzten wie Untergebenen Eindruck zu schinden. Das Wort von den „Paradekosaken“ kam auf, mit denen sich mancher zu schmücken pflegte.

Doch auch auf der politischen Ebene bekam Pannwitz zu spüren, daß er viele Widersacher hatte, die ihren Einfluß ausnutzten, um querzuschießen, wo immer sich hierzu eine Gelegenheit bot. Der ostpreußische Gauleiter Erich Koch, gestützt von Reichsleiter Martin Bormann, feuerte aus allen Kalibern. Koch machte kein Hehl daraus, daß ihm die Pläne des dickköpfigen Heeresobersten völlig gegen den Strich gingen. Er versuchte bei Hitler darauf einzuwirken, Pannwitz von seinem Vorhaben abzubringen, in welchem er die Gefahr erblickte, daß „minderwertiges Menschenmaterial“ aufgewertet würde, wodurch die Ziele der Rassenideologie unterminiert würden.

Mehrere Vorstöße bei Hitler ließen jedoch erkennen, daß dessen Haltung von Unentschlossenheit gekennzeichnet war, er sich weder dafür noch dagegen aussprach. Geradezu konsterniert zeigte sich Koch freilich, als er bei Himmler, dem Protagonisten der germanischen Rassenüberlegenheit, einen Wesenswandel entdeckte, welchen er vorher für undenkbar gehalten hätte. Positiv überrascht zeigte sich hingegen Pannwitz davon, daß der Reichsführer SS ihm sogar im begrenzten Umfange Unterstützung signalisierte.

Hatte die sich verschlechternde Kriegslage ein Umdenken bewirkt? Am 8. November 1942 wurde Oberst von Pannwitz durch das OKH zum Kommandeur aller Kosakenformationen ernannt. In einer Erläuterung zu diesem Befehl war ausdrücklich davon die Rede, daß dem Oberst von sofort an alle Kosakenverbände zuzuführen seien, die in einer der Heeresgruppen als Freiwillige bereits Dienst täten.

Da indes das OKH fürchtete, Hitler könnte in dieser Entscheidung eine Eigenmächtigkeit seiner Generalität sehen, mit der man ihn in Zugzwang setzen wollte, wurde beschlossen, zunächst nicht von der Aufstellung einer

Kosakendivision zu sprechen, sondern sich der verharmlosenden Bezeichnung „Reiterverband von Pannwitz“ zu bedienen.

Es gab zu diesem Zeitpunkt – dem zweiten Jahr des Rußlandfeldzuges – von verschiedenen Seiten Bestrebungen, der deutschen Ostpolitik eine von Grund auf andere Richtung zu verleihen. Dies ging sowohl von Wehrmachtsstellen aus als auch von einer Anzahl Wissenschaftler, die sich seit längerem mit der Geschichte des Slawentums befaßten. Zu letzteren gehörte u. a. der Österreicher Günther Stökl, der während der Jahre 1934/38 sich an den Universitäten Wien, Breslau und Königsberg mit dem Wesen slawischer Philologie eingehend vertraut gemacht hatte und dessen Ansichten konträr zu der Rassenideologie Alfred Rosenbergs standen.

Geteilt wurden solche Ansichten auch von dem Direktor des in Breslau ansässigen Osteuropainstituts Dr. Hans Koch, der von 1941–43 als sogenannter landeskundiger Offizier dem Heeresgruppenkommando Süd zugewiesen worden war. Sie und noch viele weitere namhafte Wissenschaftler sprachen sich dafür aus, dem Kommunismus die Grundlage für sein Fortbestehen durch die Wiederbelebung der nationalen Identität einzelner Völkerschaften in der UdSSR zu entziehen.

Völkerschaften wie Ukrainer oder Kaukasier und viele andere, die sämtlich auf dem Wege eines brutal ausgeübten Zwanges in die UdSSR hineingepreßt worden waren, sollten mit deutscher Hilfe ihre Selbständigkeit wiedererlangen. (Was übrigens eine Vorwegnahme des Geschehens gewesen wäre, zu welchem es ein halbes Jahrhundert später nach der Implosion der Sowjetunion kam).

Zu erwähnen ist in diesem Zusammenhang auch das Dezernat „Bevölkerungswesen und Fürsorge“, das im damaligen Generalgouvernement und gewissermaßen unter den Augen Hermann Francks das Wagnis einging, eine auf ehrlichen Absichten beruhende Zusammenarbeit mit Polen wie Ukrainern in die Wege zu leiten.

Von seiten des Militärs war es insbesondere der Oberst im Generalstab Heinz Danko Herre, der zusammen mit anderen hohen Offizieren sogar den Plan einer russischen Selbstverwaltung in die Tat umsetzen wollte. Als sich beispielsweise 1943 das Führerhauptquartier mit den Absichten des Generals Wlassow, auf der Seite Deutschlands die Befreiung Rußlands herbeizuführen, partout nicht anzufreunden vermochte, plante eine Anzahl deutscher Offiziere, Hitler vor vollendete Tatsachen zu stellen.

Im Tagebuch des Obersten Herre gibt es eine Eintragung vom 14. Mai 1943, aus der hervorgeht, daß an diesem Tag in Mauerswald eine Konferenz stattgefunden habe, um über Hitlers Kopf hinweg zu handeln. Teilnehmer dieses Treffens waren so angesehene Offiziere wie Schenckendorff, Tresckow, Gehlen, Gersdorff sowie Altenstadt. Insbesondere letzterer war es, von dem die Anregung kam, doch Wlassow vorerst im rückwärtigen Gebiet der Heeresgruppe Mitte eine Art Verwaltungsfunktion zu verschaffen, die so etwas wie ein Fundament für die Zukunft darstellen könnte. Alles Weitere würde sich dann mit der Zeit von allein ergeben, so die Hoffnung.

Pannwitz stand also keineswegs allein auf weiter Flur. Am 15. November 1942, eine Woche nach seiner Beauftragung durch das OKH, flog er nach Woroschilowsk zur Heeresgruppe A, um die Herauslösung der ersten Kosakenformation aus dem Frontbereich zu veranlassen. Als er gerade im Begriff stand, mit Hilfe eines Arbeitsstabes die entsprechenden Maßnahmen einzuleiten, brach im Abschnitt der Heeresgruppe B am großen Donbogen ein unvorstellbares Chaos aus, nachdem es der Roten Armee gelungen war, gleichzeitig an mehreren Stellen die deutsche Front zu durchbrechen. Hierdurch geriet die südliche Flanke der gerade vorstoßenden Panzerarmee Hoth in Bedrängnis.

In diesem kritischen Moment sah sich der Chef des Generalstabes Zeitzler vor die Entscheidung gestellt, sofort jemanden zu finden, der eine genügende Portion Entschlußkraft besaß, diese kritische Lage zu meistern. Für Zeitzler stellte es einen wahren Glücksumstand dar, daß Helmuth von Pannwitz, wenn auch aus gänzlich anderen Gründen, sich gerade in dem entsprechenden Frontabschnitt aufhielt. So kam es, daß der Oberst unverhofft Feuerwehr spielen mußte.

Der ihm vom Chef des Generalstabs der Heeresgruppe A, Generalleutnant von Greiffenberg, erteilte Befehl lautete, sämtliche im Hinterland irgendwo verfügbaren Verbände sofort zusammenzufassen und aus ihnen eine Kampfgruppe zu formieren. Deren Aufgabe sollte es sein, das weitere Vordringen der im Donbogen durchgebrochenen sowjetischen Truppen zu vereiteln und den Gegner außer Gefecht zu setzen.

Es war ein bunt gewürfelter Haufen, den Pannwitz um sich scharte. Er bestand aus Einheiten der Flak, einer rumänischen Kavallerie-Brigade, einer Batterie der rumänischen 47. schweren Artillerieabteilung, einer Panzerabteilung, die unter Führung des Majors Bernhard Sauvant stand, welcher durch den plötzlichen Durchbruch der Russen vom Stab seiner Division getrennt worden war, ferner einigen deutschen Nachschubeinheiten sowie einem Kosakenverband.

Am 15. November 1942 traf die Kampfgruppe Pannwitz bei Scharnutowskij auf die 61. sowjetische Kavalleriedivision, deren Führung völlig überrascht war, sich auf einmal einem frischen deutschen Verband gegenüberzusehen. Während die Russen noch unschlüssig waren, ob sie sich zurückziehen oder dem Gegner stellen sollten, erteilte Pannwitz bereits den Befehl zum Angriff, der durch die Umsicht und Entschlossenheit, mit welcher er vorgetragen wurde, zur vollständigen Vernichtung der sowjetischen Division führte. Wenig später ereilte bei Kotelnikowo die 81. sowjetische Kavalleriedivision das gleiche Schicksal. Ebenso erging es einer sowjetischen Schützendivision, welche von der Kampfgruppe Pannwitz bei Pimen Tscherni und Nebykow aufgerieben wurde.

Dazu sollte man wissen, daß die Panzerabteilung Sauvant lediglich aus 12 Werkstattpanzern bestand, deren Besatzung sich aus den Werkstattarbeitern rekrutierte. Durch diesen Erfolg gelang es noch einmal, die Front südwestlich von Stalingrad im Raum der Heeresgruppe Don zu stabilisieren.

In einem Tagesbefehl, den General C. Constantinescu, Oberbefehlshaber der 4. rumänischen Armee, am 5. Dezember 1942 erließ, hieß es wörtlich:

„In den Kämpfen im Raum nordöstlich von Kotelnikowo hat mit großem Erfolg, in schwieriger Lage, die deutsche Panzergruppe Oberst von Pannwitz, verstärkt mit einer Batterie der 47. schweren Art.-Abt. (mot) der Armee, eingegriffen. Bei Scharnutowskij gegen die feindliche 61. Kavalleriedivision, bei Kotelnikowo gegen die 81. Kavalleriedivision, bei Pimen Tscherni und Nebykow hat sie die schwergeprüfte Widerstandskraft der rumänischen Truppen gestärkt und belebt und in den Reihen der angreifenden feindlichen Kräfte gewütet. Für die ganz außergewöhnliche Tapferkeit des Führers und seiner Soldaten, für die warme Kameradschaft in Zusammenarbeit mit der Kavallerie, Infanterie und der schweren Artillerie, für das erworbene Vertrauen und die Zuneigung aller Herzen der rumänischen Truppen, führe ich die Gruppe Oberst von Pannwitz in einem Armee-Tagesbefehl an und spreche ihr das wohlverdiente Lob aus."

Pannwitz ahnte in diesem Augenblick nicht, daß gerade dieses Geschehen dazu beitragen sollte, den Aufbau einer eigenständigen Kosakendivision in einer Weise zu begünstigen, wie er sich dies schon immer erhofft hatte.

Nach seiner Ablösung von dem Frontkommando war er zu einem Weihnachtsurlaub nach Stockerau bei Wien gefahren. Genau am Heiligen Abend erreichte ihn hier ein Fernschreiben des Inhalts, daß er für seine erwiesene Tapferkeit als 167. Soldat der deutschen Wehrmacht mit dem Eichenlaub zum Ritterkreuz ausgezeichnet worden sei.

Schon zu Beginn des Ostfeldzuges hatte Pannwitz, damals Oberstleutnant und Kommandeur der Aufklärungsabteilung 45 der 45. Infanterie-Division, unter Beweis gestellt, daß er über eine gehörige Portion Mut und Kaltblütigkeit verfügte. Am 4. Juli 1941 war seine Vorausabteilung im Raum Dawidgrodek – Turow bei Olszany auf stärkere Feindkräfte gestoßen. Dabei erkannte er blitzartig, daß deutsche Verbände, die bereits östlich des Olszany-Kanals operierten, durch den ihnen zahlenmäßig überlegenen Gegner in eine prekäre Lage zu geraten drohten. Sofort brauste Pannwitz mit seinem Radfahrzug ohne Halt durch das brennende Dorf hindurch, was die Russen derart verblüffte, daß es ihre weiteren Angriffsabsichten völlig durcheinanderwirbelte.

Dadurch vermochte die Ausgangslage für das weitere Vorgehen der deutschen Division wiederhergestellt werden, so daß der Angriff dann zur Inbesitznahme des Geländes einerseits zwischen Mostwa und Stwiga und andererseits bei Pripjet führte. Für diesen mutigen Einsatz erhielt Pannwitz am 4. September 1941 als Auszeichnung das Ritterkreuz.

Am 6. Januar 1943 kehrte Pannwitz zu seiner Dienststelle im OKH in Lötzen aus dem Urlaub zurück. Hier erfuhr er vom Chef des Generalstabs

Zeitzler, daß er sich bereithalten sollte zu einer Fahrt ins Führerhauptquartier nach Rastenburg. Hitler werde ihm dort in Kürze das Eichenlaub überreichen.

Eine Woche später, am 13. Januar 1943, war es soweit. Dem Oberst wurde befohlen, sich am gleichen Tag gegen 21 Uhr im Führerhauptquartier einzufinden. Dort erwartete ihn bereits Hitlers Adjutant, Major Nicolaus von Below. In seiner Begleitung betrat er einen Raum in der sogenannten Führerbaracke, der sich vor allem durch seine Größe und den riesigen Landkartentisch von den anderen unterschied. Hitler wandte sich ihm sofort mit den Worten zu: „Ich spreche Ihnen den Dank des deutschen Volkes für ihre dauernde Tapferkeit und den heldenhaften Einsatz im Kampf um die Freiheit und Größe unseres Vaterlandes aus und überreiche Ihnen das Eichenlaub zum Ritterkreuz des Eisernen Kreuzes."

Dann, völlig unerwartet für Pannwitz, schloß sich eine Bemerkung persönlicher Art an: „Es ist eine lange Zeit her, seit Stockerau, Pannwitz, daß wir uns nicht mehr gesehen haben." Auf dem Gesicht des Obersten spiegelte sich die Überraschung wider, daß Hitler sich seines Besuchs beim Kavallerieregiment 11 entsann, der ihn im Mai 1939 nach Stockerau geführt hatte.

Danach wandte sich das Gespräch der Lage an der Front zu, wobei Hitler Pannwitz die Frage stellte, wie er die Kampfkraft der rumänischen Verbündeten einschätze. So wie es die Art dieses deutschen Offiziers war, stets offen und ehrlich seine Meinung kundzutun, nahm er jetzt auch gegenüber Hitler kein Blatt vor den Mund. Er berichtete ihm, daß unter den rumänischen Soldaten durchaus eine Kampfbereitschaft anzutreffen sei, es auch nicht an Tapferkeit ermangele, jedoch nach seiner Meinung dem Offizierskorps die Fähigkeit abgehe, auch in schwierigen Situationen, wie sie sich ja häufig an der Front ergäben, wirkliche Führungskraft, Mut und Entschlossenheit zu bekunden. Im OKH hätte man sich deshalb schon mehrfach Gedanken gemacht, ob es nicht zweckmäßiger wäre, jeder rumänischen Division eine deutsche Batterie sowie ein Sturmgeschütz beizugeben, was für den Kampfgeist von Nutzen sein könnte.

Als das Gespräch sich allmählich in Belanglosigkeiten zu erschöpfen drohte, flehte Pannwitz einen Geistesblitz herbei, wie er die Sprache noch auf sein Hauptanliegen, die Kosaken, bringen könne. So sehr er sich auch den Kopf zermarterte, ihm wollte partout nichts einfallen. Gerade als er schon im Begriff stand, sich damit resigniert abzufinden, fragte ihn Hitler plötzlich: „Wie steht es denn mit Ihren Kosaken?" Für einen Moment glaubte Pannwitz an eine Gedankenübertragung, faßte sich jedoch blitzschnell und machte nunmehr aus seinem Herzen keine Mördergrube, daß sich offenbar manche Stellen im Reich eine völlig verkehrte Vorstellung von dem russischen Volk machen würden. Mit großem Nachdruck fügte Pannwitz hinzu: „Der Bolschewismus konnte wohl in den Städten die Menschen verderben, jedoch niemals auf dem Lande!" Nachdem er sich bereits so weit vorgewagt hatte, hielt ihn jetzt auch nichts mehr davon ab, Dinge auszusprechen, die ihn möglicherweise den Kopf kosten konnten. Mit fester Stimme tat er gegenüber Hitler seine Meinung kund, daß die unwürdige Behandlung der Ostvölker durch deutsche Dienststellen sich als ein schwerwiegender Fehler entpuppen könnte. Man dürfe den Slawen auf keinen Fall die Ehre nehmen, sondern sollte vielmehr danach trachten, sie sich zum Freund und Verbündeten zu machen. Dies aber sei es, was er mit den Kosaken anstrebe.

Nun war alles gesagt, was ihm wichtig erschien, es einmal an höchster Stelle auszusprechen. Während Pannwitz fast darauf wartete, daß Hitlers Miene versteinern würde, meinte dieser zu seiner maßlosen Verblüffung völlig gelassen: „Auch Himmler hat mir schon erzählt, daß er Lust hätte, jene russischen Menschen zu sammeln." Wie in tiefem Nachdenken versunken, fügte dann Hitler hinzu, daß Österreich stets ein Vorbild in der Behandlung von Menschen und verschiedenster Völker über viele Jahrhunderte in einem deutschen Völkerverbund gewesen sei.

Der Abschluß des Gespräches deutete sich an. Hitler reichte dem hochdekorierten Offizier die Hand: „Gott beschütze Sie, Pannwitz, ich wünsche Ihnen weiterhin alles Soldatenglück." Pannwitz verließ das Führerhauptquartier und kehrte sofort ins OKH zurück. Er wollte seinen Mitstreitern genau berichten, wie die Unterredung mit Hitler verlaufen war. Ob sie etwas gebracht hatte, würde sich vermutlich schon in Kürze herausstellen.

Als die deutsche Wehrmacht zu Beginn des Jahres 1943 nach ihrer schweren Niederlage in Stalingrad den Rückzug antreten mußte, folgten ihr Tausende und Abertausende von Kosaken. Begleitet von ihren Familien, darunter auch die betagten Großeltern, verließen sie ihre Stanizen mit dem wenigen Hab und Gut, das ihnen nach der Kollektivierung und Wegnahme ihres Landbesitzes verblieben war. Nicht noch einmal wollten sie der kommunistischen Drangsal ausgesetzt sein. Lieber waren sie gewillt, das Schicksal der deutschen Soldaten zu teilen, gemeinsam mit ihnen auch Schweres ertragen, nur um nicht nochmals Stalin ausgeliefert zu sein.

Es war schon ein eigenartiges Bild, das sich in der endlosen Steppe westlich des Don bot: Wehrmachtskolonnen, die nunmehr den gleichen Weg zurückströmten, auf dem es 1941 unaufhörlich nach vorn gegangen war. Hinter den Soldaten aber, fast einer Nachhut gleichend, zogen die Kosaken des Don, Terek und Kuban, wirbelten ihre kleinen struppigen Pferde eine Wolke von Staub auf, quietschten Wagenräder, ertönten Flüche und Geschrei, kroch ein gewaltiger Heerwurm dahin. Alle waren darauf bedacht, nur nicht den Anschluß an die deutschen Truppenverbände zu verlieren.

Die Tragödie der Kosaken, die im Oktober 1917 begonnen und sich in der Zeit danach fortgesetzt hatte, stand vor einer neuen Eskalation. Doch niemand begriff das zu dieser Stunde. Noch waren alle von der Hoffnung erfüllt, daß es ihnen an der Seite der Deutschen gelingen würde, Rußland die Freiheit zurückzugeben, welche so viele Menschen in diesem großen Land sehnlichst herbeiwünschten. Über Rostow – Taganrog – Jesk, weiter über die Eisdecke des Asowschen Meeres in Richtung Melitopol oder aber von Krasnodar kommend über Temrjuk-Kertsch, weiter über die Halbinsel in Richtung Pereskop, war eine riesige Völkerwanderung im Gange.

Die Gefühle der Wehrmachtsangehörigen schwankten zwischen Betroffenheit und Mitleid. In den höheren Stäben war man sich unschlüssig darüber, wie sich die Wehrmacht gegenüber diesem Kosakentroß verhalten sollte. Sollte man ihn ignorieren, durfte man diese Menschen der Roten Armee preisgeben? Viele Offiziere standen vor schweren Gewissensprüfungen. Helmuth von Pannwitz fühlte sich in die Pflicht genommen, den Kosaken auch jetzt eine helfende Hand entgegenzustrecken.

Als erstes setzte er sich bei dem Oberbefehlshaber der Heeresgruppe A, Generaloberst von Kleist, dafür ein, daß die Wehrmacht ab sofort die Versorgung der sich ihrem Rückzug anschließenden Kosaken übernahm. Sanitätseinheiten wurden veranlaßt, sich um schwangere Frauen, Kranke, Erschöpfte, Kleinkinder zu kümmern. Der bereits zu seinem Reiterverband gestoßene Offizier wies an, ein Sammellager für die Kosaken zu errichten. Mit dieser Aufgabe betraute er den Rittmeister der Reserve Lehmann. Als Sammelpunkt wurde Cherson ausgewählt, eine Stadt, die an der Mündung des Dnjepr lag, der hier mit dem südlichen Rug ins Schwarze Meer floß.

Cherson war eine ukrainische Großstadt, die über einen bedeutenden See- und Flußhafen verfügte. Katharina II. hatte im Jahre 1778 Potjomkin den Befehl erteilt, in Cherson eine Festung zu errichten sowie eine Flottenbasis anzulegen. Im Verlauf der Oktoberrevolution 1917 bemächtigten sich weißgardistische Truppen der Stadt, doch auch deutsche und französische Verbände waren hier zwischen 1918/20 stationiert.

Sowohl die Lage dieser Stadt, die gut vom Kaukasus her über die Krimhalbinsel erreichbar war, als auch ihre Befestigungsstätten, welche die Voraussetzung zur Aufnahme großer Menschenmengen boten, gaben den Ausschlag, hier die fliehenden Kosaken vorerst unterzubringen. Nachdem sich Tausende von ihnen eingefunden hatten, wurde damit begonnen, eine Art erster Befehlsstruktur aufzubauen. Oberst Duchopielnikow übernahm die Leitung der Donkosaken. Oberst Bjeli fühlte sich für die Kubankosaken verantwortlich.

Pannwitz begab sich unterdessen am 22. Januar 1943 nach Temrjuk, wo die Wehrmacht zu diesem Zeitpunkt noch einen Brückenkopf am Kuban in ihrem Besitz hatte. Auch der Stab der Heeresgruppe A hielt sich hier auf. Helmuth von Pannwitz beabsichtigte, mit der Heeresgruppe letzte Absprachen über die Aufstellung der 1. Kosakendivision zu führen. Doch wieder schien sich alles gegen ihn verschworen zu haben. Wie es ihm schon einmal passiert war, mußte er angesichts der sich mit jedem Tag verschärfenden Situation an der Front eine für die Sicherung der deutschen Truppen äußerst wichtige Aufgabe übernehmen. Es galt, den Südteil der Krim, speziell die

Hafenstadt Feodossija, verteidigungsbereit zu machen, da es naheliegend erschien, daß die Russen hier einen Landungsversuch unternehmen könnten.

Diese Annahme war nicht von der Hand zu weisen, hatte doch schon einmal, und zwar am 29. Dezember 1941, die Rote Marine an dieser Stelle der Krim Einheiten an Land gesetzt und die Hafenstadt, wenn auch nur für eine kurze Zeitspanne, zurückerobert. Dies reichte freilich aus, um unter den deutschen Verwundeten in den Lazaretten, die durch den überraschenden Angriff nicht mehr in Sicherheit gebracht werden konnten, ein schreckliches Blutbad anzurichten.

Oberst von Pannwitz wurde zum Abschnittskommandeur von Feodossija ernannt. Als sein I a wurde ihm ein alter Regimentskamerad aus dem Kavallerieregiment 11 in Stockerau, Major Hans Joachim von Schultz, beigegeben. Pannwitz war froh darüber, den ihm als umsichtigen Offizier bekannten Mann an seiner Seite zu wissen, der auch späterhin seinen weiteren Weg teilte.

Indessen gingen drei Monate kostbarer Zeit verloren, um die Aufstellung der ersten Kosakendivision in Angriff nehmen zu können.

Pannwitz machte sich mit der ihm anerzogenen Soldatenpflicht daran, in Feodossija eine starke Verteidigungslinie aufzubauen, um nicht noch einmal der Überraschung eines sowjetischen Landungsunternehmens zu erliegen.

Was sich damals in Feodossija abgespielt hatte, davon erfuhr er jetzt erstmals Einzelheiten. Pannwitz zeigte sich von dem Gehörten derart erschüttert, daß er tagelang kaum ein Wort sprach, er wirkte regelrecht versteinert.

DAS MASSAKER VON FEODOSSIJA

Was aber hatte sich in dieser Hafenstadt auf der Krim abgespielt? Am 29. Dezember 1941 war es einem Landungskorps der Roten Marine in einem überraschenden Handstreich gelungen, die Hafenstadt den Deutschen zu entreißen. Die schwachen deutschen Besatzungskräfte mußten vorübergehend die Stadt aufgeben. Eine große Anzahl Schwerverwundeter in mehreren Lazaretten der Stadt, die aufgrund ihres Zustandes nicht transportfähig waren, fielen den Russen in die Hände. Als es am 31. Januar 1942 deutschen Truppen gelang, die Rotarmisten zu vertreiben und Feodossija zurückzuerobern, bot sich ihnen ein schrecklicher Anblick.

Der Wehrmachtsleutnant Döring, ein Nachschubführer, machte gegenüber der Wehrmachts-Untersuchungsstelle eine Aussage unter Eid, was er beim Betreten eines früheren deutschen Lazarettes, das in einem moscheeähnlichen Gebäude untergebracht gewesen war, an Grauenvollem vorfand. In zwei größeren Räumen lagen die Leichen von etwa 50 deutschen Soldaten. Einige trugen noch an ihren Körpern die roten Lazarettzettel, auf welchen die Art ihrer Verwundung gekennzeichnet war. Sämtliche Leichen, so schilderte der deutsche Offizier, seien völlig verstümmelt gewesen. Bei einigen der Toten bestand der Kopf nur noch aus einer unförmigen Masse. Hiebe mit Gewehrkolben oder anderen stumpfen Gegenständen hatten dies bewirkt.

Etlichen der Toten hatte man die Ohren oder die Nase abgeschnitten, anderen war die Zunge aus dem Mund herausgerissen oder abgeschnitten worden. Dann entdeckte der Leutnant, daß einigen der toten deutschen Soldaten die Hände abgehackt und die Augen ausgestochen waren. Ihre Körper hatte man außerdem durch Messerstiche völlig zerfetzt. Alles deutete auf eine wahre Raserei der Täter hin. Auch neben dem Haupteingang des Lazaretts wurden weitere Leichen deutscher Soldaten gefunden. Einigen von ihnen hatte man Hände und Füße mit Verbandstoff gefesselt, anderen die Hände durch eine über den Leib gebundene Fessel so an den Körper geschnürt, daß schon die geringste Bewegung unsägliche Pein bereitete. Diese Verwundeten waren von ihren Peinigern im Freien niedergelegt und mit Wasser übergossen worden, um ihren Tod durch Erfrieren herbeizuführen.

Auch unter einer Eisschicht zeichneten sich die Umrisse von Toten wie in einem gläsernen Sarkophag ab. Stabsarzt Burkhardt, der mit zu den ersten gehörte, die nach der Wiederbesetzung der Stadt dort eintrafen, suchte vergebens nach etwa 60 bis 70 deutschen Schwerverwundeten, die nach dem Überraschungsangriff der Russen nicht mehr aus einem der Lazarette geborgen werden konnten. Schließlich wurde der Arzt am Strand von Feodossija auf einen großen Hügel aufmerksam, den es dort zuvor nicht gegeben hatte. Als er aus dem Sand einen Arm mit einer Schiene herausragen sah, packte ihn das Entsetzen. Er ließ sofort den Hügel abtragen, darunter kamen 55 Leichen zum Vorschein, die er als einen Teil der in dem Lazarett verschwundenen deutschen Verwundeten identifizierte.

Viele der Toten, die noch ihre Gipsverbände und Schienen trugen, wiesen Einschüsse in Kopf und Brust auf. In der Nähe des Hügels fand sich auch ein Enterhaken, der den Angehörigen der Roten Marine als Todesinstrument beim Erschlagen der Schwerverwundeten gedient hatte.

Der Stabsarzt Rudolf Burkhardt, damals 31 Jahre alt, gab seine Ermittlungen bei dem Kriegsgerichtsrat Dr. Jahn zu Protokoll. Er berichtete ferner, daß er auf einem Friedhof in der Stadt weitere 100 Leichen deutscher Soldaten gefunden hätte, bei denen es sich um verwundete Wehrmachtsangehörige gehandelt habe, die ebenfalls den Sadisten der Roten Marine zum Opfer gefallen seien. Alle wären mit stumpfen Gegenständen erschlagen worden.

Diese grauenvolle Morde an wehrlosen deutschen Soldaten fanden ihre Bestätigung auch durch den russischen Zivilarzt J. L. Dimitrijew während seiner Vernehmung durch die deutsche Wehrmachts-Untersuchungsstelle am 14. Februar 1942. Die Glaubwürdigkeit der deutschen Wehrmachts-Untersuchungsstelle ist heute unbestritten, wofür zeugt, daß all diese entsprechenden Dokumente Aufnahme in das Bundesmilitärarchiv in Freiburg/Breisgau fanden.

Auf Veranlassung der Operationsabteilung des Wehrmachtsführungsstabes wurde am 4. September 1939 die Errichtung einer offiziellen Untersuchungsinstanz vorgenommen. Ausschlaggebend hierfür war, daß bereits wenige Tage nach Kriegsbeginn am 1. September 1939 in Polen bestialisch verstümmelte Körper von Angehörigen der deutschen Minderheit gefunden wurden. In einer entsprechenden Verfügung wurde die Wehrmachtsgeneralität instruiert, der Untersuchungsstelle der Wehrmacht jegliche Unterstützung bei ihrer ermittelnden Arbeit zu geben, insbesondere was die Beweiserhebung sowie die Vernehmung von Zeugen und Sachverständigen betreffe.

Um irgendwelche Verdächtigungen hinsichtlich von Manipulationen gar nicht erst aufkommen zu lassen, gehörte es zu den Untersuchungen, jeden einzelnen Fall durch eine genaue Dokumentation zu belegen. Bei den Mitarbeitern der Wehrmachts-Untersuchungsstelle handelte es sich um versierte Strafrichter, die auf ihrem Gebiet besonders sachkundig waren.

Der russische Arzt Dimitrijew war nach der ersten deutschen Besetzung der Stadt von der deutschen Ortskommandantur angewiesen worden, die Betreuung von verwundeten Russen zu übernehmen, welche von der Roten Armee in einem Lazarett zurückgelassen worden waren. Später überwachte dieser Arzt die Genesung verwundeter deutscher Soldaten. Als die Angehörigen der Roten Marine die Stadt am 29. Dezember 1941 vorübergehend wieder in ihren Besitz brachten, verblieb der Arzt auf seinem Posten, obwohl er sich der Gefahr für sein eigenes Leben durchaus bewußt war, pflegten doch die Russen jedermann zu liquidieren, der nach ihrer Ansicht mit dem deutschen Okkupanten gemeinsame Sache gemacht hatte.

Dimitrijew berichtete in der Wehrmachts-Untersuchungsstelle, daß die Roten Marinesoldaten bei der Erstürmung von Feodossija total betrunken gewesen seien. Sie hätten gegenüber den deutschen Verwundeten, von denen manche infolge einer Amputation völlig hilflos gewesen seien, auch nicht das geringste Erbarmen gezeigt. Nach seinem Wissen seien etwa 160 deutsche Soldaten, größtenteils Verwundete, den Massakern zum Opfer gefallen. Der russische Arzt hatte seinen ganzen Mut zusammengefaßt und dem Kommandeur des 3. sowjetischen Korps die Frage gestellt, warum denn all diese deutschen Verwundeten umgebracht worden seien. Der sowjetische Offizier gab ihm darauf die Antwort, daß dies entsprechend einer Rede Stalins vom 7. November 1941 geschehen sei, in der zur Vernichtung aller Kombattanten auf sowjetischem Boden ausdrücklich aufgefordert wurde. Auch verwundete Angehörige der deutschen Wehrmacht seien hiermit gemeint.

Der russische Krankenpfleger Assan Kalafatow, der nach der Einnahme der Stadt durch die deutschen Truppen als Betreuer von Verwundeten in der Villa Stamboli tätig gewesen war, hatte ebenfalls auf seinem Arbeitsplatz ausgeharrt, nachdem die Wehrmacht sich gezwungen sah, zum Jahresende 1941 die Stadt vorübergehend aufzugeben. Er erlebte zunächst mit, daß die in der Villa zurückgelassenen etwa 26 deutschen Verwundeten nach dem Erscheinen der Russen anfänglich noch ordnungsgemäß versorgt und betreut wurden. Das Lazarett unterstand zu dieser Zeit einem russischen Infanterieoffizier. Als er nach einigen Tagen von einem sowjetischen Marineoffizier abgelöst wurde, veränderte sich schlagartig die Situation. Dieser sowjetische Offizier schrie wie wild herum, warum die Verwundeten noch am Leben seien.

Am 6. Januar 1942 gegen 16 Uhr tauchte er mit einer Gruppe von 12 Soldaten der Roten Marine in der Villa auf und ließ als erstes zwei Angehörige des russischen Sanitätspersonals erschlagen, weil sie sich der deutschen Verwundeten angenommen hatten. Daraufhin floh Kalafatow mit zwei weiteren russischen Krankenpflegern aus dem Lazarett. Doch als er sich am nächsten Tag vergewissert hatte, daß in der Villa Grabesstille herrschte, schlich er sich dorthin zurück, um zu sehen, was mit den Verwundeten geschehen war. In einem Kellerraum fand er die meisten tot vor. Einige gaben noch Lebenszeichen von sich. Ein Verwundeter hätte um Wasser gefleht. Er habe ihn zurück auf sein Lager gebettet und mit Wasser versorgt, doch ihn letztlich nicht zu retten vermocht.

Es gab noch einen weiteren russischen Zeugen, den Arbeiter Konstantin Bursud, der aus einem Versteck mitangesehen hatte, wie 12 deutsche Verwundete auf einem Platz hinter einem Lazarett von den sadistischen Mördern der Roten Marine mit Hieb- und Stichwaffen umgebracht worden seien. Das Schlimmste wäre für ihn gewesen, als ihm die furchtbaren Schreie der Verwundeten in die Ohren gellten. Später hätten sich die Roten Matrosen in der Stadt mit ihren Bluttaten gerühmt und erzählt, wie sie deutsche Schwerverwundete aus den Fenstern auf die Straße geworfen und dort mit Wasser übergossen hätten, damit ihnen die Kälte den Rest geben sollte.

Dies alles erfuhr Helmuth von Pannwitz während seiner Zeit als Kommandant von Feodossija. Auch wenn er hierüber wortkarg blieb und sich auch später niemals direkt dazu geäußert hat, so dürfte dieses Geschehnis tief in seiner Seele haften geblieben sein.

Obwohl es seine ganze Kraft erforderte, sich auf die Sicherung dieses Küstenabschnitts der Krim zu konzentrieren, trieb er die Aufstellung der Kosakendivision auch von hier aus weiter voran. Es gelang ihm in dieser Zeit, weitere führende Militärs auf seine Seite zu bringen, so beispielsweise den Oberst im Generalstab Baron Freytag von Loringhoven. Auch dieser sagte ihm jegliche Form von Unterstützung zu.

Major von Schultz, in dieser Zeit wohl sein engster Vertrauter, entsandte er Anfang März 1943 ins OKH, um dort über den Ort, wo die Kosakendivision aufgestellt werden sollte, eine definitive Entscheidung herbeizuführen. Dabei stellte sich wiederum heraus, daß es noch so manche Verzögerung durch kleinliche Streitereien gab. Es entspann sich beispielsweise eine fruchtlose Debatte darüber, ob der Truppenübungsplatz Grafenwöhr oder ein Standort im litauischen Raum dafür geeigneter wäre. Da hierüber keine Einigung zustande kam, kehrte der Major mit verdüstertem Gesicht nach Feodossija zurück. Doch Pannwitz ließ sich weder durch diese Hiobsbotschaft noch ähnlich unerfreuliche Vorkommnisse im Kosakensammellager Cherson entmutigen.

Major von Schultz mußte sich erneut auf die Reise begeben, um in Cherson nach dem Rechten zu sehen. Was war hier passiert? Nachdem die ersten Vorbereitungen zur weiteren Verlegung der Kosaken getroffen worden waren, erschien der zuständige Gebietskommissar auf dem Plan. Er verkündete in einem anmaßenden Tone, daß die Angehörigen der Kosaken unter allen Umständen hierzubleiben hätten. Einem Abtransport etwa ins Reichsgebiet würde er sich auf das entschiedenste widersetzen. Für den Fall der Auflösung des Sammellagers Cherson habe er bereits den Befehl erteilt, die Familienangehörigen beim Straßenausbau in der Stadt einzusetzen.

Vergeblich bemühte sich Major von Schultz, den aufgeplusterten Gockel zur Vernunft zu bringen. Als ihm dies nicht gelang, verließ er verbittert dessen Dienstraum. Unfroh kehrte er nach Feodossija zurück. Mittlerweile kam er sich schon als der ständige Überbringer schlechter Nachrichten vor.

Pannwitz erfüllte dies alles mit einer fieberhaften Unruhe. Immerhin bot er dem widerspenstigen Gebietskommissar die Stirn, indem er über dessen

Kopf hinweg den Befehl erteilte, daß bei einem bevorstehenden Abtransport sämtliche Kosaken, Männer, Frauen, Kinder, Wehrfähige wie Nichtwehrfähige, geschlossen ihrem neuen Bestimmungsort zuzuführen seien. Für Pannwitz stand es völlig außer Frage, den Kosaken nach der Aufgabe ihrer Heimat nicht noch weiteren Schmerz durch eine Trennung von ihren Familien zuzufügen. Um die Gewähr zu haben, daß seinem Befehl auch Folge geleistet würde, übertrug er dem Oberstleutnant Graf Dohna die Kommandogewalt in Cherson.

Der April 1943 brachte dann endlich die Entscheidung. Auf einmal ging alles sehr schnell voran. Es erfolgte die Ablösung des Obersten von seinem Posten in Feodossija. Am 6. April kletterte Pannwitz in ein Flugzeug, das ihn zurück nach Ostpreußen brachte. Als er dort wieder im OKH eintraf, kamen ihm viele seiner Kameraden, die ihm beim Überwinden so mancher Hürde zur Seite gestanden hatten, mit freudestrahlenden Gesichtern entgegen. Immer wieder erklangen dieselben Worte: „Es ist geschafft."

Die Überführung der Kosaken aus dem Sammellager Cherson zum Truppenübungsplatz Mielau (Mława; 1939 Ostpreußen angegliedert) war beschlossene Sache. Zur gleichen Zeit ergingen bereits die Befehle, sämtliche kleineren und größeren Kosakenverbände, die sich den verschiedensten Heeresteilen der Wehrmacht an der Ostfront angeschlossen hatten, dort herauszuziehen und nach Mielau in Marsch zu setzen. Dies betraf insbesondere das bereits erwähnte Regiment von Jungschulz, ebenso auch eine Kosakenabteilung, die sich bei Poltawa der deutschen Wehrmacht angeschlossen hatte und dem Befehl des Oberstleutnants Freiherr von Wolff unterstand.

Aus Mogilew traf das Regiment des Majors Kononow ein. Mit dieser Kosakentruppe hatte es eine ganz besondere Bewandtnis. Das Regiment hatte der Roten Armee angehört und war sogleich nach der ersten Feindberührung als geschlossener Verband zu den Deutschen übergelaufen. Anfänglich sahen sich die Kosaken großem Mißtrauen ausgesetzt. Die deutsche Abwehr hegte längere Zeit Bedenken, ob das Regiment überhaupt weiterbestehen könnte, und dann noch unter dem Befehl von Offizieren, die noch vor kurzem Stalin gedient hatten.

Doch allmählich vermochte Kononow die deutsche Seite von den ehrlichen Absichten seiner Kosaken zu überzeugen. Nach zwei Jahrzehnten ständiger Verfolgung hatte Stalin 1936 wieder seine Taktik gegenüber den Kosaken geändert und viele von ihnen sogar als geschlossene Abteilungen in die Rote Armee eingegliedert. Sowie jemand jedoch ein entsprechendes Zeichen setzen würde, so betonten die Kosakenoffiziere, würden alle diese Verbände dem Beispiel Kononows folgen und zu den Deutschen überlaufen. Die Kosaken hatten nichts von dem vergessen, was ihnen die Bolschewisten angetan hatten.

Viele deutsche Offiziere zeigten sich von dem Gehörten stark beeindruckt. Manche regte dies sogar an, sich einmal mehr mit der Geschichte der

Kosaken, ihrem Kampf im Bürgerkrieg zu befassen. Damals entstand erstmals bei einigen, welche sich nicht an verbohrten Ideologien festklammerten, sondern den Blick weit voraus zu richten verstanden, der Gedanke, in solchen Männern nicht länger einen Gegner zu erblicken, sondern sie als Verbündete zu gewinnen.

Ernst Walter von Mossner erlebte in Mielau Tag für Tag mit, welche Fülle von Problemen sich bei der Aufstellung der 1. Kosakendivision ergaben. Alles vollzog sich in einer etwas anderen Art und Weise, als er dies von der Wehrmacht her gewohnt war.

Mossner hatte im November 1935 seine Einberufung zum Kavallerieregiment 14 in Ludwigslust erhalten. Für die Kavallerie brachte er die denkbar besten Voraussetzungen mit. Er entstammte einer Familie, in welcher die Liebe zu Pferden gewissermaßen von einer Generation auf die andere übertragen wurde. Der Großvater, Walther von Mossner, hatte es bis zum General der Kavallerie gebracht und verkörperte für viele seiner Soldaten das Vorbild eines Offiziers, der seinem Vaterland treu ergeben war und uneigennützig bis zur Selbstaufgabe diente. Der Vater, Ernst von Mossner, hatte sich als Herrenreiter weit über die Grenzen von Deutschland hinaus einen Ruf erworben, der den Sohn wiederum anspornte, ihm auch in dieser Hinsicht nachzueifern.

So war Ernst Walter von Mossner nicht nur im Umgang mit Pferden vertraut, sondern von Kindesbeinen an auch daran gewöhnt, sich im Sattel zu behaupten. Also der richtige Mann für die Reiterei und folglich Helmuth von Pannwitz hochwillkommen. Mossners Absicht war es nach der Ankunft in Mielau eigentlich gewesen, sogleich mit der Führung einer Kosakenschwadron betraut zu werden. Doch Pannwitz vertröstete ihn und machte ihm klar, daß er zunächst die Aufgabe eines Regimentsadjutanten im Terekkosaken-Regiment 6 zu versehen habe.

Dadurch erhielt er in Mielau einen Einblick, was den Offizieren des deutschen Rahmenpersonals im Umgang mit den Kosakenregimentern an ganz besonderem Geschick abverlangt wurde. Wer es nicht verstand, auf die Mentalität der Kosaken einzugehen, der setzte damit von vornherein seine Führungsqualitäten aufs Spiel. Wer indes den Kosaken mit Respekt und Achtung begegnete, sie insbesondere als gleichberechtigte Angehörige der deutschen Wehrmacht behandelte, dem hingen sie wie „Väterchen" Pannwitz mit unerschütterlicher Treue an.

Pannwitz, so schildert der ehemalige Rittmeister von Mossner, besaß nicht nur herausragende militärische Führungseigenschaften, sondern dachte und empfand wie ein Kosak. Er liebte diese Menschen und ließ sie dies spüren. So kamen sie auch stets dann zu ihm, wenn sie sich durch Arroganz oder Bevormundung von Angehörigen des Rahmenpersonals in ihrer Ehre gekränkt sahen. Wenn sich solche Vorfälle bestätigten, griff Pannwitz hart durch. Er scheute sich auch nicht, Offizieren direkt ins Gesicht zu sagen, daß er sie für diese Aufgabe, welche sehr viel Fingerspitzengefühl erfordere, ungeeignet hielt. Es erschien ihm außerordentlich wichtig, eine solche Division zu formen, in der die Kameradschaft alle bis zum letzten Mann einschloß.

Oberst Heinrich Detloff von Kalben weiß davon zu berichten, daß Pannwitz, wann immer er von Ungerechtigkeiten gegenüber den Kosaken oder ihren Familienangehörigen erfuhr, nicht davor zurückschreckte, sich selbst mit hohen Dienststellen anzulegen. Als sich beispielsweise Beschwerden der Kosaken über die Verhältnisse mehrten, denen ihre Familien in den sogenannten Ostarbeiterunterkünften ausgesetzt waren, entsandte Pannwitz Offiziere seiner Division dorthin, um die Mängel vor Ort abstellen zu lassen.

Als ihm Kosaken, die in den Kriegsgefangenenlagern als Freiwillige angeworben worden waren, von den dort herrschenden schlechten Zuständen berichteten, wurde Pannwitz beim OKH vorstellig und drang auf eine sofortige Veränderung. Er begründete dies mit dem Argument, daß niemand gewillt sein würde, an deutscher Seite im Kampf sein Leben einzusetzen, wenn ihm gerade in diesem Land Unrecht zugefügt werde. In vielen Fällen vermochte Pannwitz so durch sein energisches Eingreifen zur Beseitigung von Mißständen beizutragen.

In den Kosakeneinheiten war es seit langem Usus, daß ihnen auch stets eine Anzahl Popen angehörte, welche Feldgottesdienste abhielten und deren Anwesenheit für die Kosaken so etwas wie eine seelische Stärkung bedeutete. Als eine hohe deutsche Dienststelle in völliger Verkennung dieser Tatsache eine Entfernung der Popen aus den Kosakenregimentern verlangte, ignorierte Pannwitz den entsprechenden Befehl und teilte statt dessen lakonisch mit: „In meinen Einheiten sind etwa 40.000 gläubige Protestanten, Römisch-Katholische und Griechisch-Orthodoxe, Mohammedaner, Shintoisten und Buddhisten. Sie alle sind es gewohnt, den Kampf mit einem Gebet zu beginnen. Im Falle einer Nichtgenehmigung fürchte ich Schwierigkeiten religiöser Art."

Die Popen verblieben bei den Kosaken, und Pannwitz hatte damit wieder einen Sieg über ein Stück Unvernunft davongetragen. Wie diffizil aber selbst diese Entscheidung gehandhabt werden mußte, stellte sich heraus, als immer mehr Kosaken in die Division eintraten, die nach über zwanzig Jahren, die sie im kommunistischen Herrschaftsbereich einer antireligiösen Propaganda (Gottlosenbewegung) ausgesetzt gewesen waren, hierfür eine gewisse Anfälligkeit zeigten.

Schwierig gestaltete sich auch die Besetzung der Division mit Kosakenoffizieren. Dies hing mit ihrer unterschiedlichen Herkunft, ihrem militärischen Erfahrungsschatz bzw. dem früheren Grad ihrer Ausbildung zusammen. Eine wahre Meisterleistung stellte es in der Division dar, jene Kosaken, die während der Oktoberrevolution für die weißrussische Seite Partei ergriffen hatten, mit jenen zu versöhnen, die in der Sowjetunion verblieben waren und jetzt zu den Deutschen stießen. Hier gab es Eifersüchteleien, auch Beschuldigungen und nicht zu übersehende Machtkämpfe, wer welche Position in den Regimentern bekleiden würde.

Es hier nicht zu unüberbrückbaren Spannungen kommen zu lassen, erforderte ein hohes Maß an Menschenkenntnis und Klugheit. Viele deutsche Offiziere, die Pannwitz als Regimentskommandeure vorgesehen hatte, lernten von ihm den wichtigsten Grundsatz, in allen Dingen stets Ehrlichkeit an den Tag zu legen, um durch eine Art von Brückenschlag die Einheit der Kosakenverbände zu schmieden.

Den aus der Zarenzeit stammenden Offizieren mußte deshalb klargemacht werden, daß ihre militärischen Kenntnisse von damals nicht mehr den Ansprüchen einer modernen Kriegführung genügten. Sie würden jedoch über ein Stück Lebenserfahrung verfügen, das es besonders den jungen Kosaken mit auf den Weg zu geben gelte. Als Vorbilder könnten sie viel Gutes für die Standhaftigkeit der Kosaken in der Division beisteuern.

KOSAKENPERSÖNLICHKEITEN IN MIELAU

Eine solche Kosakenpersönlichkeit war der betagte frühere Ataman des Terek-Heeres, Oberst Nikolaus Lazarowitsch Kulakoff. Wenn er sich in Mielau auf dem Ausbildungsplatz hinter den Baracken einfand, strafften sich die Rücken der jungen Kosaken, verschwand aus ihrer Haltung jedes lässige Getue. Pannwitz war froh, einen solchen Mann an seiner Seite zu wissen.

Kulakoff hatte einen Lebensweg hinter sich, der allein den Stoff für ein Buch bieten würde. Im Jahre 1910 hatte er seine militärische Laufbahn im 1. Wolga-Regiment begonnen. Seine Intelligenz und Aufgeschlossenheit erleichterten dem jungen Kosaken den weiteren Aufstieg in der Hierarchie der zaristischen Armee. Er durchlief die Fähnrichschule mit Auszeichnung, stieg zum Essaul (Rittmeister) und später zum Gehilfen des Regimentskommandeurs auf, was einem Adjutanten entspricht.

Als die Herrschaft des Zaren unter dem Eindruck der schweren Niederlagen seiner Truppen an der Front zerbrach und zunächst Kerenski und später die Bolschewisten an die Macht kamen, ging der Krieg für Kulakoff nun mit veränderten Frontstellungen weiter. Zusammen mit anderen Kosaken seines alten Regiments nahm er jetzt den Kampf gegen die Rote Armee auf, die sich anschickte, Mütterchen Rußland ihren Willen aufzuzwingen. Die Propaganda Lenins ließ Kulakoff unberührt. Wer derart heimtückisch die Zarenfamilie hatte abschlachten lassen, der würde ganz Rußland ins Unglück stürzen. Dagegen aber setzten sich die Kosaken des Wolga Regiments erbit tert zur Wehr, selbst dann noch, als ihre Lage Anfang des Jahres 1920 immer aussichtsloser wurde.

Bei einer der letzten Kampfhandlungen des Regiments erlitt Kulakoff durch den Einschlag einer Granate in seiner Nähe eine schwere Verwundung an den Beinen. Zunächst nahm er nicht einmal besonderen Schmerz wahr, als ihn seine Gefährten auf einen Bauernwagen hoben, der ihn aus der Front herausbrachte. Seine Kosaken wollten unter allen Umständen verhindern, daß der Schwerverwundete in die Hände der Rotarmisten fiel. Dies hätte seinen sicheren Tod bedeutet, denn schon zu jener Zeit hatten die von fanatischen roten Kommissaren geprägten Soldaten jedes Erbarmen in ihren Herzen erstickt.

Nur von ein wenig Stroh bedeckt, peinigte die Kälte Kulakoff so sehr, daß sie seinen ganzen Körper wie Eis erstarren ließ. Seine Begleiter ergriff die Furcht, daß sie es nicht mehr schaffen würden, den todwunden Mann zu einer Bahnstation zu bringen. Doch ein unbeugsamer Wille hielt den Kosakenoffizier am Leben. Seine Getreuen schleppten ihn in einen Zug, der in Richtung der heimatlichen Staniza fuhr. Als ihn dort endlich ein Arzt zu sehen bekam, war am Ausdruck seines Gesichts zu erkennen, daß er an eine Art Gotteswunder glaubte, dem der Kosak zu verdanken hätte, daß er noch immer unter den Lebenden weilte.

Seine Beine hatten sich durch den Frost in schwarze Klumpen verwandelt. Nur ihre sofortige Amputation bot noch eine Chance, den tapferen Kosaken zu retten. Sein weiteres Schicksal gestaltete sich ungemein dramatisch. Seine Frau schleppte ihn wie ein Kind in das heimatliche Dorf, wo für ihn im Keller seines Hauses ein Versteck hinter einem Bretterverschlag vorbereitet war.

Niemand in der Staniza bemerkte etwas davon, und wer doch die Wahrheit ahnte, verschloß sie in seinem Herzen. Auch später fand sich kein Spitzel, der die Sowjetmacht auf ihn hetzte. Nachdem seine Beinstümpfe verheilt waren, fertigte er sich selbst aus Holzstämmen ein paar provisorische Prothesen, um wenigstens ein bißchen herumhumpeln zu können, auch wenn die Schmerzen ihm schwer zu schaffen machten.

Über 14 Jahre verblieb Kulakoff in seinem Versteck, wagte es lediglich, sich manchmal in der Dunkelheit ein wenig im Freien aufzuhalten, ohne sich weit vom Haus fortzubewegen. Die sowjetischen Behörden stellten keinerlei Nachforschungen mehr an, da sie an seinen Tod glaubten. 1934 entschloß er sich, sein Versteck zu verlassen. Er nahm an, daß sich inzwischen selbst der Rachedurst der Roten gelegt habe. Tatsächlich wagte niemand mehr, Hand an ihn zu legen.

Als schwer gezeichneter Mann, das Gesicht von tiefen Furchen durchzogen, kehrte er somit in ein Leben zurück, das ihm nur Bitternis bereitet hatte. Die Staniza hatte sich schon lange in einen Kolchos verwandelt, in welchem jetzt ein kommunistischer Parteisekretär und kein Kosaken-Ataman mehr das Sagen hatte. Kulakoff fühlte sich wie in eine fremde Welt versetzt, in welcher er sich nicht mehr zurechtfand. Doch ungebrochen war seine Hoffnung, daß eines Tages die Freiheit wieder Einzug halten, das Kosakentum im alten Glanz erstrahlen würde. Diesen Glauben ließ er sich von niemandem nehmen, war es doch das Einzige, was ihn aufrecht erhielt.

Wer beschreibt den Augenblick im Leben dieses Kosaken, als deutsche Wehrmachtssoldaten bei ihrem Vormarsch in Rußland auch seinen Heimatort erreichten? Kulakoff glaubte förmlich zu spüren, wie das Blut in seinen Adern stärker zu pulsieren begann, sein Leben auf einmal dem Erwachen aus einem langen Alptraum glich.

Als sich unter den Kosaken die Kunde verbreitete, daß nunmehr ein neuer Freiheitskampf an der Seite der Deutschen bevorstehe, gab es für den

Kosaken-Veteranen kein Halten mehr. Es zog ihn mit aller Gewalt in das ferne Mielau, von dem er zuvor noch niemals etwas gehört hatte. Was machte es da, daß er eigentlich ein Krüppel war, der sich auf seinen alten Holzstümpfen mühselig vorwärtsschleppte. Er mußte einfach dorthin, um sich mit eigenen Augen von der Wiedergeburt des freien Kosakentums zu überzeugen.

Ein anderer, der ebenfalls in Mielau eintraf, war Oberst Kononow. Seine Lebensgeschichte unterschied sich freilich völlig von der Kulakoffs. Kononow, 1903 am Don geboren, wuchs in einer Zeit auf, als bereits der Kommunismus zum Lenker der Geschicke des Landes geworden war. Er entschloß sich zu einer Laufbahn in der Roten Armee, wo er schnell die Sprossenleiter erklomm und Karriere machte. Seine Intelligenz und insbesondere seine hervorragende Auffassungsgabe halfen ihm bei seinem Aufstieg. Hinzu kam, daß er einen Kopf für Fragen der militärischen Strategie und Taktik besaß, kurzum zur Führung einer Truppe wie geschaffen war.

Als Stalin 1936/37 seine Macht dadurch festigte, daß er sich eines großen Teils seiner bisher engsten Gefährten entledigte, war Kononow zunächst noch davon überzeugt, daß diese Handlungsweise gerechtfertigt war und den Interessen der Sowjetunion diente. Seine Meinung geriet jedoch in dem Moment ins Wanken, als Stalin urplötzlich auch in der Roten Armee überall Feinde zu wittern begann und er Tausende Offiziere aller Dienstgrade dem Geheimdienst überantwortete.

Auf Befehl Genrich Jagodas, Leiter der OGPU, wie sich zu jener Zeit die sowjetische Staatssicherheit bezeichnete, wurde ein großer Teil der Festgenommenen sofort in den Folterkellern umgebracht, andere kamen in die berüchtigten Häftlingslager jenseits des Urals. Zu dieser Zeit muß Kononows Glaube an die Sowjetunion einen entscheidenden Bruch bekommen haben. Das Desaster, welches die Rote Armee im Krieg gegen Finnland erlitt, war für Kononow das Resultat der von Stalin befohlenen Dezimierung der Offizierskader, welche die Rote Armee ihrer fähigsten Kommandeure beraubt hatte.

Am 22. August 1941 geschah in der Nähe von Mogilew in Weißrußland etwas für die deutsche Heeresleitung völlig Überraschendes. Das 436. sowjetische Schützenregiment entsandte einen Parlamentär zu Generalleutnant Graf Schenckendorff, der dem verblüfften deutschen Offizier die sofortige Kapitulation des gesamten Regiments anbot. Er knüpfte die Bedingung daran, daß die Einheit nunmehr an der Seite der Wehrmacht den Kampf gegen die Sowjetunion führen wollte.

Schenckendorff, dafür bekannt, daß er völlig unkonventionell dachte und dies auch sein Handeln bestimmte, gab dem Russen sein Ehrenwort, daß man diese Bitte respektieren würde. Darauf begab sich der Unterhändler zu seiner Einheit zurück und berichtete seinem Kommandeur, daß die Deutschen auf das Angebot eingegangen seien.

Iwan Nikitsch Kononow, damals noch Major, handelte unverzüglich. Er ließ das Regiment Aufstellung nehmen und erklärte den Rotarmisten ohne jegliche Umschweife, daß jetzt die Zeit gekommen sei, um mit Stalin und dem verbrecherischen kommunistischen System abzurechnen. Er selbst habe deshalb vor, sich von Sowjetrußland loszusagen und auf die Seite der Deutschen überzugehen. Wer ihm folgen wolle, der möge sich rechts aufstellen. Wer sich zu diesem Schritt nicht entschließen könne, solle sich zur linken Seite begeben.

Kononow blickte die Reihe der Soldaten entlang und fügte dann hinzu: „Ich verspreche allen, die bleiben wollen, daß ihnen nichts geschehen wird." Wie ein einziger Mann schwenkte das gesamte Regiment hinüber nach rechts. Damit war die Entscheidung gefallen; erstmals hatte in diesem Feldzug eine Einheit der Roten Armee Stalin geschlossen die Gefolgschaft aufgekündigt.

Bei der Aufstellung der 1. Kosakendivision in Mielau gab es vielerlei zu bedenken, sah sich die Wehrmacht vor gänzlich neue Probleme gestellt. Allein die Frage, was aus den zahlreichen Familienangehörigen werden sollte, die sich in den Mielau zustrebenden Kosakentrossen befanden, bedurfte mancher Überlegung. Anfänglich wurden sie in dem Nebenlager Mochowo untergebracht. Doch dies konnte keine dauerhafte Lösung sein. So wurden dann viele nach Norditalien in Marsch gesetzt, wohin sich bereits eine Vielzahl anderer Kosaken unter Führung des Atamans Domanow begeben hatte. Hierbei handelte es sich um Kosaken aus dem Kubangebiet, die sich nach dem Rückzug der Deutschen wie selbstverständlich der Wehrmacht angeschlossen hatten.

Endlose Züge folgten den deutschen Soldaten, mit denen sie freiwillig ihr Schicksal verbunden hatten. Die meisten von ihnen hofften, daß es sich bei der Absetzbewegung der Wehrmacht nur um eine vorübergehende Maßnahme handeln würde. So nahmen die Pferdegespanne mit all dem Hab und Gut der Kosakenfamilien immer weiter den Weg nach Westen.

Hier, wo die Lage noch relativ sicher war, wies die Wehrmachtsführung den Kosaken als neuen Aufenthaltsort die Gegend bei Nowogrudok zu, das sich in einiger Entfernung von Minsk befand. Die Kosaken begannen sich wie gewohnt einzurichten, bauten kleine Häuser und eine Kirche, erwarben Vieh, schufen Schulen. Dies alles geschah unter der Leitung des Atamans Pawlow, der die Kosaken die ganze Zeit über auf dem langen Marsch von Kuban bis tief hinein nach Weißrußland sicher angeführt hatte.

In der Stadt Nowogrudok kam Pawlow unter ungeklärten Umständen ums Leben. Man fand ihn am 17. Juni 1944 erschossen auf. Ob es sich hierbei um einen Anschlag von Partisanen gehandelt hatte, läßt sich mit letzter Bestimmtheit nicht sagen. So wählten jetzt die Kosaken zu ihrem neuen Ataman Timofej Iwanowitsch Domanow. Er reichte zwar nicht an die innere Größe Pawlows heran, versprach jedoch, sich mit all seiner Kraft für das Wohl der bei Nowogrudok entstandenen neuen Kosakensiedlung Kasatschi Stan einzusetzen.

Domanow, welcher der Roten Armee als Major angehört hatte, bis er sich völlig der Sache der Kosaken verschrieb, tat alles, damit das Leben der Kosakengemeinschaft in dieser Staniza friedlich verlaufen konnte. So stellte er aus wehrfähigen Kosaken einen Selbstschutz auf, um die umherstreifenden sowjetischen Partisanen von der Staniza fernzuhalten. Die Kosaken hatten zu diesem Zweck von der Wehrmacht einige Gewehre erhalten. Tatsächlich galt das gesamte Gebiet als sicher vor Partisanen, die wenig Lust darauf zu verspüren schienen, sich mit den Kosaken anzulegen. Dies kam indes wiederum der deutschen Wehrmacht zugute, die nicht über genügend Kräfte verfügte, die Partisanen in Schach zu halten.

Das Leben in der Staniza verlief ganz nach Kosakenart. Es wurden die Felder bestellt, das Vieh auf die Weide getrieben und in der Kirche den trostreichen Worten des Priesters gelauscht. Doch die Idylle hielt nicht lange an. Erneut mußten die Kosaken all das preisgeben, was sie als ein Stück wiedergewonnene Normalität ihres Lebens empfunden hatten. Nun sahen sie sich wiederum von der Roten Armee bedroht und mußten sich nach einer neuen Zuflucht umsehen.

Im Auswärtigen Amt entstand die Idee, diesen Kosaken ein neues Domizil in Norditalien zuzuweisen. Hierbei spielte auch ein wenig die Überlegung eine Rolle, daß die Kosaken sich dort als recht nützlich bei der Niederhaltung der ständig im Wachsen begriffenen kommunistischen Partisanenbewegung erweisen könnten. So setzte sich dann von Nowogrudok eine der seltsamsten Völkerwanderungen in Bewegung. Junge und alte Kosaken, Frauen und Kinder schickten sich an, halb Europa zu durchqueren, bis sie schließlich in Norditalien ankamen.

Die Pferdegespanne hatte der Weg von Weißrußland aus über Polen nach Deutschland geführt und in der nächsten Etappe über Österreich nach Norditalien, wo zunächst in Gemona im Friaul Station gemacht wurde. Nach kurzer Zeit ging es dann von hier 20 Kilometer nordwestlich nach Tolmezzo in der Carnia.

Nach dem dann einsetzenden Zustrom weiterer Kosaken aus Mochowo nahm auf norditalienischem Boden noch einmal der Traum von einem neuen Kosakia, einem Staatsgebiet der Kosaken, Gestalt an. Aber es blieb ein Traum, der sich schnell wieder verflüchtigte, nachdem sich auch hier die Frontlage zuspitzte und sich die Kosaken dem Endpunkt näherten, welchen das Schicksal ihnen zugedacht hatte.

Als Kulakoff in Mielau eintraf, sorgten deutsche Ärzte als erstes dafür, daß er endlich ein paar richtige Prothesen erhielt. Nachdem er sich an sie gewöhnt hatte, vermochte er sich wieder richtig fortzubewegen, was ihm aber Schmerzen bereitete. Doch anmerken ließ er sich dies nicht. Er war viel zu glücklich darüber, endlich wieder unter seinesgleichen zu sein.

Pannwitz, der am 1. Juni 1943 zum Generalmajor befördert worden war, ließ sich von dem Kosakenveteran ausführlich sein Schicksal berichten. Er bat Kulakoff, ihm bei der Erziehung der vielen jungen Kosaken, die sich von überallher nach Mielau durchgeschlagen hatten, behilflich zu sein. Kulakoff zeigte sich sehr gerührt über das große Vertrauen, das ihm der deutsche Offizier entgegenbrachte, auf den sich alle Hoffnungen der Kosaken richteten. In Mielau sprach es sich schnell herum, wer Kulakoff war, und wo immer er auftauchte, begegneten ihm die Kosaken mit großem Respekt. Viele, die ihn erlebten, berichteten, daß er ein hochgebildeter Mann gewesen sei, sehr belesen, und die Haltung eines wahren Grandseigneurs besessen hätte. Im Gegensatz zu manchen anderen Kosaken mied Kulakoff den Alkohol und liebte es auch nicht, mit irgendwelchen Heldentaten zu prahlen.

Seine anfängliche Hochstimmung litt mit der Zeit darunter, daß die deutsche Führung sich offenbar scheute, den Kosaken klipp und klar zu sagen, welche Absichten Deutschland nach seinem Sieg über Stalin mit Rußland hatte. Kulakoff wünschte sich eine Garantie, daß die Kosaken wieder in all ihre früheren Rechte eingesetzt würden. Auch schwebte ihm die Wiederherstellung eines autonomen Kosakenstaates vor, wie es ihn nach 1917, allerdings nur für sehr kurze Zeit, gegeben hatte.

Doch auf solche Fragen wußte auch Helmuth von Pannwitz keine Antwort. Wenn dies auch Kulakoff verdroß, so ließ er doch nicht in seinem Eifer nach, sich am Aufbau der Kosakendivision nach besten Kräften zu beteiligen. Von ihm ging die Idee aus, einen Kosakenchor ins Leben zu rufen, war doch in den Stanizen der Kosaken zu früherer Zeit stets gern gesungen worden. Wo immer sich Kosaken auf dem Marsch befanden, stimmte bald ein Vorsänger eines der gefühlvollen Kosakenlieder an, das dann, von einem Chor aus kraftvollen Stimmen getragen, die Soldaten beflügelte. Übrigens sollte dieser Chor später bei Auftritten in den deutschen Großstädten viel Popularität erringen und diente damit der Sache der Kosaken.

Kulakoff empfahl Pannwitz, auch die einzelnen Regimenter wieder mit den alten Kosakenuniformen, zumindestens deren wichtigsten Bestandteilen, wie den Lampassen an den Hosen sowie den verschiedenen Lammfellmützen, den Papachas oder Kubankas auszustatten, weil dies für sie ein wesentliches Stück ihrer Identität darstellte. Dem General leuchtete dies sofort ein, und er entsprach der Bitte. Man entschied sich dafür, Bestandteile beider Uniformen miteinander so zu vereinen, daß die Tradition der Kosaken in der ansonsten feldgrauen Bekleidung voll zur Geltung kommen würde. Was die alten farbenprächtigen Uniformen der Kosaken betraf, die für einen Fronteinsatz zu auffällig gewesen wären, kam so etwas wie ein Kompromiß zustande. Bei feierlichen Anlässen sollten die Kosaken in ihren alten Kosakenuniformen zum Erscheinungsbild gehören. Dasselbe galt für den Pannwitz begleitenden Konvoi, seine Leibwache.

War Kulakoff ein feinsinniger Geist, so ließ sich dies von General Andrej Schkuro nicht sagen. Auch ihm flogen die Herzen der Kosaken zu, weil er im Bürgerkrieg mehr als eine tollkühne Tat vollbracht hatte. Seine polternde

Art, sein Draufgängertum, aber auch seine Vollmundigkeit, selbst das Prahlerische hielt sie nicht davon ab, ihn zu mögen. Von Schkuro ließen sie sich gefallen, wofür sie jedem anderen einen Denkzettel verpaßt hätten. Sie liebten ihn mit all seinen Fehlern und Schwächen, selbst daß er sich in puncto Frauen für unwiderstehlich hielt und jedem Weibsbild schöne Augen machte, nahmen sie ihm nicht übel.

Das OKH hatte ihn mit der Aufgabe betraut, sich in den verschiedensten Kriegsgefangenenlagern nach Kosaken umzusehen, die gewillt waren, sich von der Roten Armee, der sie bislang angehört hatten, loszusagen und den Kampf gegen Stalin an der Seite der deutschen Wehrmacht aufzunehmen. Manche Publizisten und auch Historiker haben immer wieder die Behauptung aufgestellt, daß die Rekrutierung der Kosaken unter Zwang erfolgt sei. Doch dies entsprach nicht der Wahrheit. Pannwitz hatte sich ausbedungen, daß nur solche Kosaken in die Division aufgenommen werden sollten, die dies aus freier Entscheidung so wollten. So erhalten gelegentliche Behauptungen nicht dadurch einen höheren Wahrheitsgrad, daß sie stets wiederholt werden.

Andrej Schkuro stammte aus der Staniza Paskowskaja. Während des Ersten Weltkrieges kämpfte er in den Reihen eines Kosakenregiments gegen die Mittelmächte. Sein wildes Leben begann nach dem Ausbruch der Oktoberrevolution. Schkuro hatte die Front verlassen und war im Hinterland, in Kislowodsk, aufgetaucht, um sich dort ein Bild über die Geschehnisse zu verschaffen. Hierbei fiel er in die Hand der Bolschewisten, wurde jedoch von den Kosaken des Labinska-Kreises befreit. Zusammen mit ihnen verschwand er im Nordkaukasus, wo er begann, eine Partisanengruppe zu formieren.

Es war ein ungemein verwegener Haufen, der sich nicht nur als Wolfsrudel bezeichnete, sondern mit allem drapierte, was irgendwie in einer Beziehung zum Wolf stand. Schkuro selbst führte eine Flagge mit, die aus schwarzem Tuch bestand und einen Wolfskopf mit geifernden Lefzen zierte. Für die ansonsten aus Lammfell angefertigten Papachas hatten Wölfe ihre Haut zum Markte tragen müssen. Obendrein waren alle Mützen mit Wolfsschwänzen versehen.

Zur Taktik dieser „Wölfe“ gehörte es, blitzschnell aus den Wäldern hervorzubrechen, sich auf einen Kommandoposten der Roten Armee zu stürzen und ihn restlos auszulöschen. Bald fürchteten die Bolschewisten Schkuros Wölfe wie der Teufel das Weihwasser. Im Januar 1918 fiel Schkuros wilde Meute in den Kurort Kislowodsk ein. Er rief die Bevölkerung zum Kampf gegen den Kommunismus auf. Doch lange vermochte er in dem Ort nicht zu verweilen. Als starke Abteilungen der Roten anrückten, blieb ihm nichts anderes übrig, als sich vor dem zahlenmäßig überlegenen Gegner zurückzuziehen.

Schkuro wandte sich jetzt dem Terek zu, wo die dortigen Kosaken sich ihm sofort anschlossen. Mit seiner jetzt wesentlich stärkeren Streitmacht wagte er sich bis in das Gouvernement Stawropol vor. Erstmals schlug er hier größere bolschewistische Verbände in die Flucht und bedrohte dann die Gouvernementstadt selbst. Der roten Kommissare, die sich schon angewöhnt hatten, in Stawropol ganz nach ihrem Gutdünken zu schalten und zu walten, bemächtigte sich Panik. Schkuro stellte ihnen ein Ultimatum. Innerhalb von 24 Stunden hätten sie die Stadt kampflos zu übergeben, anderenfalls würde er sie unter Artilleriebeschuß nehmen lassen.

Die Rotarmisten verzichteten auf jeglichen Widerstand und suchten ihr Heil in der Flucht. Schkuros Androhung einer Kanonade war freilich nichts anderes als ein Bluff gewesen. Er besaß kaum ein verwendungsfähiges Geschütz.

Als Schkuro am 9. Juli 1918 in Stawropol einzog, begrüßte ihn die Bevölkerung als Befreier von den Bolschewisten, welche der Stadt ein grausames Regime aufgezwungen hatten. Es hatte ein Blutbad gegeben, dem vor allem ehemals zaristische Offiziere zum Opfer gefallen waren. Doch auch Persönlichkeiten des öffentlichen Lebens, Beamte sowie Mitglieder der Kaufmannschaft, welche dem Zarenregime in Treue angehangen hatten, waren auf Geheiß der roten Kommandos niedergemetzelt worden.

Die Bevölkerung der Stadt versammelte sich auf einem großen Platz und ehrte den jungen Kosaken Schkuro mit einem ergreifenden Dankgottesdienst. Obwohl das Osterfest schon lange vorüber war, vollzog sich alles noch einmal in der gleichen Weise. Der Erzbischof verkündete mit lautschallender Stimme: „Christus ist auferstanden, Brüder und Schwestern!“, worauf ihm die Antwort der vieltausendköpfigen Menge zuteil wurde: „Er ist wahrhaftig auferstanden!“

Andrej Schkuro aber, dem hartgesottenen Kosaken, den nichts so schnell aus dem Gleichgewicht zu bringen vermochte, rannen nur so die Tränen übers Gesicht. Als er später gar mit den Worten gefeiert wurde: „Er ist unser Suworow“, dürfte der Heißsporn solche Worte zweifellos recht gern vernommen haben.

In den Erinnerungen des weißen Generals Denikin findet sich die Beschreibung einer Begegnung mit Schkuro, der im gesamten Kubangebiet so etwas wie ein Nationalheld geworden war. Denikin, ein nüchterner Militär, lag eine solche Euphorie nicht. Doch auch seine in sachlichen Worten gehaltene Einschätzung drückt immerhin aus, daß auch in seinen Augen Schkuro jemand war, der viel Charisma besaß und Menschen für sich einzunehmen vermochte.

Denikin schreibt: „Damals nahm die aufsteigende Linie seiner Karriere erst den Anfang. Es bildete sich die erste Legende um ihn … Jung, nervös, burschikos, sorglos, durch seine Kühnheit und sein übermütig-forsches Benehmen die Zuneigung der Leute gewinnend, mit einem Wort, er war der Typ eines richtigen Partisanen. Seine Abteilung war annähernd von Regimentsstärke, deshalb habe ich sie nach ihrer Reorganisation in Stawropol, nach ihrer Versorgung mit Artillerie und leichten Truppen in eine Division umgewandelt, ihm jedoch die Kommandeursstellung belassen."

Doch Denikin übersah auch nicht, daß die Abteilung Schkuro so mancher kosakischen Unsitte frönte, sich nämlich gegenüber Teilen der Bevölkerung hochnäsig zu verhalten, und auch nicht davor zurückschreckte, auch mal ein Huhn aus fremdem Revier mitgehen zu lassen.

Die Kosaken um Schkuro sahen dies freilich gänzlich anders. Ihr Standpunkt war: Wir haben uns heute für die anderen geschlagen, nun können sie uns ruhig ein wenig verwöhnen, wenn sie aber nicht von allein darauf kommen, was ein Kosak so mag, müssen wir sie auf unsere Weise „bekehren".

So manchem alten Kosaken behagte solche Auffassung freilich nicht, und sie zeterten, daß es diesem jungen Kommandeur an Lebenserfahrung fehle. Doch letztlich erlagen sie weiter seinem Charme, denn Schkuro fegte manchen Vorwurf einfach mit seinem breiten Lächeln davon.

In der ihm jetzt anvertrauten Division herrschten eigene Gesetze. Die Befehlsgewalt oblag im Kampf selbstverständlich dem Kommandeur und seinen Offizieren. Doch bevor ins Gefecht gezogen wurde, hielten die Kosaken eine Art Meeting ab, auf welchem das Für und Wider eines bestimmten Angriffsplans erörtert wurde. Das entscheidende Wort führten die Alten. Um zum Kreis der Alten zu gehören, spielte nicht das Lebensalter eine Rolle, sondern welches Amt oder welche Würde man in der Kosakenschaft besaß. Erst wenn eine Übereinstimmung gefunden worden war, kam die militärische Disziplin zur Anwendung.

General Denikin viel es äußerst schwer, sich mit derartigen in einem Kosakenverband praktizierten demokratischen Prinzipien anzufreunden. Während Schkuro sich noch in Stawropol in seinem Erfolg sonnte, kehrten die Bolschewisten mit frischen Kräften zurück und griffen die Stadt von drei Seiten an. General Denikin eilte den bedrängten Kosaken zu Hilfe. Nunmehr gelang es Schkuro, der schwierigen Situation Herr zu werden, und er vermochte den Angriff von etwa zehntausend Rotarmisten abzuwehren und die bolschewistischen Truppen vollends in die Flucht zu schlagen.

Der britische Brigadegeneral Williamson, der als Offizier der Entente im russischen Bürgerkrieg Schkuro mehrfach begegnet war, zeichnete von ihm ein Bild, aus dem sich die ganze Widersprüchlichkeit seiner Person erkennen ließ. Der Offizier schilderte ihn folgendermaßen: „Kurz gewachsen, verwittert und mit einem langen, gelben Schnauzbart, war Schkuro einer der hervorstechendsten Typen des Bürgerkriegs. Er war nie ohne seine Wolfsfellmütze und den rot-blau-weißen Armstreifen der Freiwilligenarmee zu sehen. Er war Kaukasier, stammte von einem der Gebirgsstämme und war ebenso wild und grausam wie sie."

Sein Regiment von 300 bis 400 Reitern trug sämtlichst die gleichen Wolfsfellmützen anstelle der üblichen Astrachankappen. Die Einheit hatte ihr Hauptquartier in einigen Eisenbahnwaggons, bemalt mit einem Wolfsrudel auf Beutejagd. Es war ein besonders wilder und erbarmungsloser Haufen von Gebirgssoldaten mit der üblichen Bewaffnung eines Handschaks oder Dolches am Gürtel, eines Schwerts über der Schulter und wenn möglich auch eines Revolvers sowie eines Patronengurtes für die Gewehre auf jeder Brustseite.

Schkuro war zweifellos ein großer Kavallerieführer, doch es wurde gesagt, er habe auch etwas von einem Banditen an sich. Bei jeder Gelegenheit ging er in Begleitung mehrerer seiner Offiziere in den Ballsaal eines großen Hotels in Rostow, in dem gerade Tanz stattfand, und forderte alle Gäste auf, mit ihrem Schmuck oder ihrem Geld zum Unterhalt seiner Wölfe beizutragen. Die Ballgesellschaft starrte auf seine blitzenden Augen unter der struppigen Wolfsmütze, erinnerte sich an den Ruf der rücksichtslosen Plünderei und Erbarmungslosigkeit, der diesen Wölfen vorausging, und fügte sich. Er machte jeweils einen höchst erfolgreichen Fischzug.

Nach der endgültigen Niederlage der Weißen im Bürgerkrieg schloß sich Schkuro den Zehntausenden von Emigranten an, die im westlichen Europa Zuflucht suchten. Schkuro hielt sich zunächst in Belgrad auf, zeitweilig auch in München und anderen Städten. Seinen Lebensunterhalt bestritt er als Reiter mit der Vorführung tollkühner Kunststücke in Zirkusmanegen. Als der Rußlandfeldzug begann, bot er einer deutschen Wehrmachtsdienststelle in Berlin seine Mitarbeit an, die darauf sofort einging.

Schkuro, dessen Haß auf die Sowjetunion während seiner Jahre in der Emigration noch größer geworden war, kannte nur einen Wunsch, daran anzuknüpfen, wo er im Bürgerkrieg hatte aufhören müssen. Jetzt wollte er die Bolschewisten das Fürchten lehren.

Natürlich war es der Stawka, der obersten sowjetischen Heeresleitung, nicht entgangen, was sich da in Mielau tat. Die Aufstellung einer Kosakendivision, die über kurz oder lang im Gefüge der Wehrmacht irgendwo an der Ostfront in Erscheinung treten würde, stellte für Stalin einen schwer verdaulichen Brocken dar. Nach den verheerenden Niederlagen der Roten Armee in den ersten Kriegsmonaten und dem massenweisen Überlaufen von Soldaten und selbst ganzen Regimentern schlug die sowjetische Propaganda auf einmal gänzlich neue Töne an.

Mit einer fast religiös zu nennenden Inbrunst beschwor sie den Patriotismus aller in der UdSSR vereinigten Völkerschaften. Große Gestalten aus der Geschichte, wie beispielsweise Marschall Suworow, wurden bemüht, um der Bevölkerung durch Erwecken des Stolzes auf Rußlands Vergangenheit Sand darüber in die Augen zu streuen, wie wenig nationale Gefühle bisher in der Sowjetunion etwas gegolten hatten. Vergessen werden sollte auch, daß in der endlosen Aufeinanderfolge von Parteisäuberungen den Angeklagten stets ins Gesicht geschleudert wurde, sich nationalistischer Vergehen schuldig gemacht zu haben, indem sie die alte bürgerliche Ordnung wiederherzustellen gedachten.

Kosak Witalji Klimjanow, Angehöriger der Schimmelreiter-Schwadron des Terek-Kosakenregiments 6, welche Oberleutnant Ernst Walter von Mossner unterstand.

Einsatzbesprechung Oktober 1943 in Bosnien-Herzegowina im Gebiet der Fruška-Gora. General von Pannwitz (2.v.r.) im Gespräch mit Oberst von Kalben, Regimentskommandeur der Terekkosaken (Mitte), ganz links Rittmeister Himminghofen, Divisionsadjutant, links neben Oberst von Kalben Oberleutnant von Mossner, Regimentsadjutant.

Aufstellung der Kosakendivision auf dem Truppenübungsplatz in Mielau (Südostpreußen). Auf dem Foto Ataman Samtschalkin vom Terekregiment 6.

Kostajnica im Frühjahr 1944.

Ataman Oberst Kulakoff (Mitte), rechts neben ihm Oberleutnant Medwetzky im Januar 1944 während des Vormarsches auf Banja Luka.

Oberleutnant Medwetzky (links) sowie Ataman Oberst Kulakoff während der Aufstellung der 1. Kosakendivision in Mielau (Juli-September 1943).

Gefreiter Iwan Wangut mit den Pferden des Oberleutnants von Mossner „Whisky“, „Wolga“ und „Vorarlberg“ April 1944 in Sunja, Kroatien.

General Naumenko, einer der angesehensten Kosakenführer, während einer Besprechung mit dem Kommandeur des Terekkosakenregimentes 6, Oberst von Kalben, März 1944 in Sunja, Kroatien.

War vorher vom allmählichen Absterben des Nationalismus und dem Aufgehen der Nation in das große proletarische Gemeinwesen der Sowjetunion die Rede gewesen, wurde jetzt mit der Wortschöpfung vom „Großen Vaterländischen Krieg“ ein Begriff geprägt, mit dem bewußt die Besinnung auf nationale Werte in den Vordergrund gerückt werden sollte.

Russen aber, die auf deutscher Seite kämpften, bedeuteten für Stalin einen Alptraum. Ihm war durchaus bewußt, daß eine solche Tatsache viele Angehörige der Roten Armee in eine ziemliche Verwirrung stürzen würde und hierdurch sogar ihre Zuverlässigkeit in Frage gestellt war. Von diesem Moment an trug Stalin dafür Sorge, daß Sondertruppen des NKWD, die später die Bezeichnung SMERSCH – „Tod allen Spionen“ – erhielten, die eigenen Truppenteile und sogar ganze Armeen wie eine Klammer umgaben.

Mitarbeiter des sowjetischen Geheimdienstes erhielten den Befehl, die in Aufstellung befindliche Kosakendivision zu infiltrieren. Tatsächlich gab es eine Reihe derartiger Versuche, doch wesentlichen Schaden vermochten sie nicht zu stiften. Der überwiegende Teil der Kosaken erwies sich nicht nur als immun gegen alle Arten von Einflüsterungen, sondern gab der deutschen Abwehr entsprechende Hinweise, die zur schnellen Ausschaltung von Diversanten führten.

Es gab noch einen weiteren Grund, warum eingeschleuste Geheimdienstmitarbeiter nicht viel ausrichten konnten. Bei der Aufstellung der Division hatte man die Zusammengehörigkeit der Kosaken nach ihren Heimatdörfern oder den Regionen berücksichtigt. Wer sich diesen Kosaken nun in der Absicht näherte, sie für eine Mitarbeit in den sowjetischen Spionageorganisationen zu gewinnen, erlebte augenblicklich eine Abfuhr. Zahlreiche der Kosaken, welche in ihrer Heimat am Don oder Terek unter der Unbarmherzigkeit des sowjetischen Systems schwer zu leiden gehabt hatten, waren für solche Anwerbungsversuche völlig unempfänglich. Erst recht ließen sie solche Leute abblitzen, welche glaubten, sie mittels kommunistischer Agitation davon abbringen zu können, sich der deutschen Seite anzuschließen. Nichts davon fruchtete. Weder Überredung noch irgendwelche Verheißungen, daß die Sowjetunion es ihnen hoch anrechnen würde, wenn sie sich von den Deutschen wieder lossagen würden.

Ebensowenig verfingen bei ihnen Drohungen, daß sie und ihre Familien eines Tages bitter für ihren Verrat zu büßen haben würden. Vergebens legten die roten Agitatoren ihre Leimruten aus, sie wurden nicht fündig.

In Hellmut von Pannwitz aber nährte dies die Überzeugung, daß die Kosaken einen endgültigen Bruch mit dem Kommunismus vollzogen hatten und gewillt waren, ihren langjährigen Peinigern mit der Waffe in der Hand entgegenzutreten. So stand seiner Meinung nach ihrem Einsatz an den Brennpunkten der Ostfront nichts mehr im Wege. Er hegte den Plan, die Kosaken gemeinsam mit einem russischen Freiwilligenverband, der mit Panzern ausgerüstet war, zu einer Kampfeinheit zu verschmelzen und an die Ostfront zu verlegen.

Doch im OKH überwogen politische Bedenken, und so war man sich eine Zeitlang darüber unschlüssig, wie und wo die Kosaken zum Einsatz kommen sollten. Indessen wurde auch dem letzten Kosaken klar, daß bald die Stunde des Abmarsches gekommen sein würde. Verschiedene Anzeichen deuteten darauf hin. In der Division mehrten sich die Besuche von hochrangigen Offizieren, denen die Gefechtsausbildung der Kosaken sehr imponierte. Sie waren stark beeindruckt von dem, was sie zu sehen bekamen.

Anfang September 1943 erschien der General der Kavallerie Ernst Köstring in Mielau und nahm die einzelnen Regimenter in Augenschein. Im Terek-Reiterregiment 6 erlebte Oberleutnant Ernst Walter von Mossner mit, wie stolz die Kosaken darüber waren, daß ihnen ein so ranghoher deutscher Offizier derartig viel Aufmerksamkeit bekundete. Köstring verstand es, mit wenigen Sätzen die Kosaken für sich einzunehmen. Sie spürten die Aufrichtigkeit seiner Worte, empfanden die Wertschätzung, die er ihnen entgegenbrachte.

Einen Höhepunkt aber bedeutete der 17. September 1943. An diesem Tag traf eine der ehrwürdigsten Gestalten des Kosakentums in Mielau ein. Auch wer diesem Mann zuvor noch nie persönlich begegnet war, hätte ihn auf den ersten Blick hin erkannt: General Krasnow, der General-Ataman aller Kosakenheere, verkörperte das große Vorbild der Kosaken, die nach der Oktoberrevolution nichts von ihrer Überzeugung preisgegeben hatten. Er war ihr unbestrittener Führer, dem überall, wo er hinkam, der Ruf seiner Standfestigkeit, seines Mutes und der Treue zur Sache der Kosaken vorausging.

Sein Empfang in Mielau prägte sich allen Angehörigen der Division, ganz besonders aber auch den deutschen Offizieren tief ein. Am Eingang des Militärlagers war die Flagge der Donkosaken gehißt. Eine Wache des Regiments hatte ein Ehrenspalier gebildet, das dem alten Ataman mit gezogenem Säbel seinen Gruß entbot. Der Wagen mit dem Ehrengast, an dessen Seite Helmuth von Pannwitz Platz genommen hatte, war die ganze Wegstrecke über von einer Eskorte berittener Kosaken begleitet worden, die sämtlich auf Schimmeln saßen. Allein dieser Anblick genügte, um die etwa 15.000 Kosaken, welche die Lagerstraßen der Barackenstadt mit ihren festlich gekleideten Familien säumten, in einen Sturm der Begeisterung ausbrechen zu lassen.

Der Einzug des General Krasnow in Mielau brachte mit all seinem Glanz den Kosaken die Erinnerung an eine Zeit zurück, die längst der Vergangenheit anzugehören schien, nun aber jäh wieder lebendig geworden war. Auch Ataman Krasnow war sichtlich gerührt über den warmherzigen Empfang, den ihm die Kosaken bereiteten. Den ganzen Tag über weilte er mitten unter ihnen, begleitete die Züge zur Schießausbildung, verfolgte mit hellwachen Augen, wenn sie auf ihren Pferden dahinjagten, ließ sich von den Kosakenfrauen berichten, wie sie mit den Unterkünften der Familien zufrieden waren, wollte auch wissen, ob es den Kindern an nichts fehle.

Geradezu rastlos war der alte Kosak in Mielau unterwegs, mit jedem Schritt schien er sich zu verjüngen. Doch zum feierlichsten Augenblick gestaltete sich der Abschluß seines Besuches. Einer großen Lagerhalle, die tagsüber der theoretischen Ausbildung an den Waffen sowie der Funk- und Nachrichtentechnik vorbehalten war, hatten die Kosaken ein festliches Gepräge gegeben.

Der aus den besten Sängern aller Regimenter hervorgegangene Divisionschor stimmte nun Lieder an, welche die ganze Breite der Heimatliebe zum Ausdruck brachten, die Verbundenheit mit der Weite des russischen Landes, den riesigen Flüssen, den unendlichen Wäldern, die von Wölfen, Luchsen und Bären durchstreift werden, den heimischen Stanizen, wo die Mädchen und jungen Frauen sich abends zum Tanz herausputzen und den jungen Burschen schöne Augen machen, und dem alten Väterchen, das trunken, aber glückselig davonstolpert.

Es waren Momente des Frohsinns, die für kurze Zeit vergessen ließen, daß der Krieg längst seine Schatten über sie geworfen hatte. Ein Trompeterzug ließ erstmals den Parademarsch der Division „Prinz Eugen, der edle Ritter“ erklingen. Dem schloß sich ein tscherkessischer Zapfenstreich an, der in das feierliche Crescendo der alten Zarenhymne überleitete „Bosche Zarja Chranie“, eine Flut von Tönen, welche die knienden Kosaken wie eine Woge überrollte. Sie erschien den Kosaken wie die Verkündigung eines Schicksals, das sie bereit waren auf sich zu nehmen, selbst wenn die dunklen Seiten darin in ihrem Leben überhand gewinnen sollten.

DIE KOSAKEN IN DER RUSSISCHEN GESCHICHTE

Seit jeher erfüllte die Kosaken ein unbändiger Freiheitsdrang. All die vielen Kämpfe und Auseinandersetzungen, in die sie über Jahrhunderte verstrickt waren, hatten letztlich den Hintergrund, sich ihr Leben nach eigenem Ermessen gestalten zu dürfen. Ohne die Kosaken gäbe es nicht das heutige Rußland. Niemals wäre es zu einer Kontinentalmacht aufgestiegen, sofern nicht die Kosaken dazu die Grundlagen geschaffen hätten. Sie drangen in die Weiten Sibiriens vor und führten so die Voraussetzungen herbei, sich seiner riesigen Reichtümer zu bemächtigen. Die Herrschaft der Zaren ruhte auf den Schultern der Kosaken.

Manche der russischen Zaren hatten dies sehr früh erkannt und den Kosaken so etwas wie einen Sonderstatus eingeräumt. Andere wiederum glaubten, sich ihrer bedienen zu können, ließen es aber ihnen gegenüber am notwendigen Respekt fehlen. Doch sie kannten die Kosaken zu wenig, wenn sie annahmen, daß diese sich eine solche Behandlung gefallen lassen würden. Nur aus dieser Tatsache heraus ist es zu erklären, daß die Kosaken mehr als einmal auch dem Zaren die Treue aufkündigten. Sie pochten auf die Bewahrung ihrer Unabhängigkeit. Wer dies nicht einsehen mochte, gegen den lehnten sie sich auf.

Die ersten Anfänge des Kosakentums lassen sich bis ins 15. Jahrhundert zurückverfolgen. Zahlreiche Bauern in Rußland wie auch in der Ukraine waren nicht länger gewillt, das Joch der Leibeigenschaft zu ertragen. Andere fühlten sich von den hohen Abgaben erdrückt, die sie zu einem Dasein in ständiger Armut verdammten. Noch schlimmer aber empfanden sie es, von den Bojaren nach Gutdünken zur Ableistung von Militärdienst in ihre Heere gepreßt zu werden, während zur gleichen Zeit ihre Frauen und Kinder schutzlos jeglicher Willkür ausgesetzt waren. Eine weitere Art Erniedrigung bedeutete für sie die häufige Verletzung ihrer tiefen Religiosität.

Um sich alldem nicht mehr ausgesetzt zu sehen, flohen sie in die Steppengebiete nördlich des Schwarzen und des Kaspischen Meeres, gründeten hier freie Gemeinschaften, in welchen sich im Laufe der Zeit auch gänzlich neue Lebensformen auszuprägen begannen. In ihrer neuen Umwelt begegneten sie den tatarischen Steppennomaden, von deren Lebensweise sie sich vieles absahen. Selbst das Wort Kosak, wie sie sich allmählich zu nennen begannen, stammte aus der turko-tatarischen Sprache und bezeichnete einen freien Mann oder auch jemanden, der ungebunden auf dem Felde (der Weite des Landes) lebte. Da die Kosaken vieles den Tataren nachahmten, so die Handhabung der Waffen, die Art, sich wie sie zu kleiden, und auch die Fähigkeit, sich ein Pferd ohne Kandare einzig durch den Schenkeldruck gefügig zu machen, wurden die Kosaken in frühester Zeit selbst als eine Völkerschaft aus den vielverzahnten Turk-Stämmen angesehen. Dies trifft jedoch nicht zu. Die ganz überwiegend slawische Herkunft der Kosaken ist unbestritten.

Anfang des 16. Jahrhunderts bildeten sich in der Nähe des Dnjepr sowie der anderen großen Flüsse Don, Terek und Ural, der zu dieser Zeit noch den Namen Jaik führte, die ersten Kosakengemeinschaften heraus. Ihre Wohnstätten waren in Form befestigter Lager angelegt, denn mit Überfällen herumstreifender Nomadenstämme mußte stets gerechnet werden. Aus diesen Lagern gingen später die Kosakendörfer, die Stanizen, hervor.

Das Leben in den Kosakengemeinschaften unterschied sich grundlegend von dem im übrigen Rußland. Die Kosaken betrachteten sich nicht als Untertanen des Staates, sondern fühlten sich nur den Gesetzen verpflichtet, die sie sich selbst freiwillig auferlegt hatten. In ihren Dörfern herrschte eine völlige Selbstverwaltung, alles wurde nach dem Gleichheitsprinzip gehandhabt, welches allgemeine Pflichten wie auch Rechte kannte, die für jedermann verbindlich waren.

Es existierte auch eine eigene Verfassung. Sie sah die Einberufung von Delegiertenversammlungen vor, wenn es beispielsweise eine so weitreichende Entscheidung zu treffen gab wie die Wahl eines Atamans, eines Anführers der Gemeinschaft. Eine derart demokratische Selbstverwaltung, die das Zusammenleben der Kosaken prägte, verkörperte im Rußland der damaligen Zeit so etwas wie einen Staat im Staate, was am Hofe des Zaren für Beunruhigung sorgte. Die verschiedenen Zaren erblickten darin nämlich auch eine Gefahr für das Fortbestehen ihrer eigenen Herrschaft, die auf den Grundsätzen der absoluten Monarchie beruhte. So loderte ständig Zunder an der Lunte, die auf das freie Kosakentum gerichtet war.

Die Kosakenobrigkeit, die sogenannte Starchina, war ihrerseits darauf bedacht, keine Eigenmächtigkeiten in den eigenen Reihen zu dulden, um die Selbstverwaltung nicht der Gefahr auszusetzen, zum Spielball irgendwelcher Rebellionen zu werden. So durften weder Frauen noch Männer unter 25 Jahren in den Kosakenversammlungen das Wort ergreifen. Man war auch nicht von Geburt an ein Kosak, sondern man mußte sich dieser Bezeichnung erst in einem bestimmten Maße würdig erweisen.

Das Kosakentum bildete indes zu keiner Zeit so etwas wie eine monolithische Einheit. Je nach dem Landstrich, wo sich die einzelnen Gemeinschaften niedergelassen hatten, prägten sich ganz bestimmte Verhaltensweisen und Formen des zeitweiligen Zusammenwirkens mit dem russischen

Staat bei der Durchsetzung übereinstimmender Interessen heraus. Da sich der russische wie auch der polnisch-litauische Staat als zu schwach erwiesen, den Schutz ihrer Grenzen gegen Einfälle der tatarischen Goldenen Horde selbst wahrnehmen zu können, überließ man diese Aufgabe allmählich gänzlich den Kosaken. Sie waren als Grenzwächter bestens prädestiniert, beherrschten sie doch von ihren früheren Scharmützeln mit den Tataren deren Taktiken und Kriegstechniken, als wären sie selbst tatarischer Herkunft.

Somit standen jetzt den tatarischen Reiterheeren solche der Kosaken gegenüber, welche mit gleicher List operierten und genauso wild und ungebärdig ihre Angriffe ausführten. Den Tataren war plötzlich ein ebenbürtiger Gegner erwachsen, der ihnen mit gleicher Münze heimzahlte.

Im 16. Jahrhundert entstanden sogenannte Stadtkosaken, die im Dienste des polnisch-litauischen wie auch des russischen Staates standen und jetzt ihre bisherigen Siedlungen in regelrechte Grenzbefestigungen umwandelten. Für ihren Bewachungsdienst an den Grenzen wurde den Kosaken ein Sold ausgezahlt. In der Ukraine formierte sich zur gleichen Zeit aus dem Kosakentum eine Art von Grenzpolizei. Den freien Kosaken war diese Form von Botmäßigkeit freilich ein Dorn im Auge, ja sie sahen darin sogar eine Preisgabe aller bisherigen kosakischen Prinzipien.

Die meisten der großen Kosakengemeinschaften nahmen in der zweiten Hälfte des 16. Jahrhunderts Gestalt an. Die Gemeinschaft der Donkosaken errichtete ihre Stanizen am gleichnamigen Fluß, während die ukrainischen Kosaken weit draußen in der Steppe am Unterlauf des Dnjepr, die Saporosher Setsch, die Siedlung Saporoshje gründeten.

Dies waren die bedeutendsten Kosakenvereinigungen, aus denen all die anderen hervorgingen, so insbesondere die Uralkosaken und das Heer der Orenburger Kosaken, welche in die Weiten Sibiriens vorstießen und als die ersten Kolonisatoren dieses gewaltigen Gebietes anzusehen sind. Sibirien erstreckte sich über eine Fläche von 12 Millionen Quadratkilometern zwischen dem Ural im Westen, dem Eismeer im Norden, dem Pazifik im Osten und den kasachischen Steppen bis zum Ober- und Mittelauf des Amurs im Süden.

Im Zusammenhang mit der Eroberung Sibiriens ist vor allem der Name des Kosaken-Führers Timofejewitsch Jermak in die Geschichte eingegangen. Die russische Kaufmannsfamilie Stroganow, welcher Zar Iwan IV. das Recht auf die Besitznahme großer Landstriche an der Kama und der Tschusowa zugestanden hatte, bat den Kosaken-Ataman um Beistand im Kampf gegen die Tataren, welche der Kaufmannsfamilie ihren Erwerb streitig machten.

Begleitet von einigen hundert Kosaken nahm Jermak im Jahre 1581 den Kampf gegen das tatarische Chanat Seber auf. Ein Jahr darauf besiegte er den tatarischen Chan Kutschum und ergriff von dessen Residenz Kaschlyk nahe Tobolsk Besitz. Der Zar war von dem Erfolg Jermaks derart beeindruckt, daß er zu dessen Unterstützung russische Truppen nach Sibirien entsandte. Dies versetzte den Kosaken-Führer in die Lage, sich bis zum Jahre 1584 des gesamten Gebietes entlang des Flusses Ob zu bemächtigen und dort die bisherige Vorherrschaft der Tataren völlig zu brechen.

Der Zar begriff nun, über welche herausragenden militärischen Fähigkeiten die Kosaken geboten, und begann sich diese bei weiteren Eroberungszügen zur Ausweitung des russischen Reiches zunutze zu machen. Er beließ den Kosaken ihre eigenen Lebensformen und gesellschaftlichen Strukturen, beanspruchte aber zunehmend ihre Dienste, wann immer er seine Macht auszudehnen gedachte. Dies führte mit der Zeit dazu, daß sie ihrer Unabhängigkeit verlustig gingen. Zunächst kam ihnen dies überhaupt nicht so recht zu Bewußtsein. Zwar rührte niemand an der Selbständigkeit ihrer Gemeinschaften, doch wann immer der Zar sie rief, entsprach dies einem Befehl, dem sie Folge zu leisten hatten. Die Kosaken mußten allmählich auf Geheiß des Zarenhofes in ihren Gemeinschaften eigene Heere bilden, deren Verfügungsgewalt in den Händen des russischen Staates lag.

So wurde beispielsweise 1732 ein Heer der Wolgakosaken aufgestellt, das einige Jahrzehnte später zum Schutze der russischen Eroberungen im Nordkaukasus stationiert wurde. Auch die Terekkosaken mußten sich hierhin begeben, herrschte doch ein ständiger Aufruhr unter den mohammedanisch geprägten Turkvölkern, was im gewissen Sinne bis zum heutigen Tage der Fall ist.

Am Schicksal der ukrainischen Kosaken wird sichtbar, daß in Wirklichkeit für die Zaren ihr mit den Kosaken eingegangenes Bündnis lediglich ein Mittel zur Erlangung weiterer politischer Macht darstellte. Fühlte sich ein Zar selbst stark genug, bekamen es die Kosaken zu spüren.

In der Ukraine hatte Wyschnezkyi auf der Dnjepr-Insel Chortyzja die Saporosher oder, wie es in der ukrainischen Sprache heißt, die Saporishskja Kosaken-Gemeinschaft ins Leben gerufen. Auch für sie galt es zunächst, sich immer wieder heftiger Angriffe der Tataren zu erwehren. Nachdem es den Kosaken dann gelungen war, die Tataren aus den Steppen des Dnjepr und auch von der Krim zu vertreiben, faßten sie ein anderes Ziel ins Auge. Schon lange hatten sie es als schmerzhaft empfunden, daß die Ukraine ihre Freiheit verloren und unter die Herrschaft des polnisch-litauischen Staates geraten war.

Überall hatten polnische Magnaten das Sagen, während die ukrainische Bauernschaft sich mit den Brosamen begnügen mußte, die man ihr überließ. Solange die Kosaken all ihre Kraft auf anderweitige Auseinandersetzungen konzentrieren mußten, hatten sie die polnische Vorherrschaft erduldet. Im Jahre 1648 sah Bogdan Chmelnizki, seines Zeichens Hetman (ukrainisch für Ataman = Anführer), die Zeit für gekommen, sich der polnischen Drangsal zu entledigen.

Er gab das Zeichen zum Aufstand, der sich schnell über alle ukrainischen Gebiete ausweitete. Viele Land- und auch Stadtbewohner schlossen sich den Kosaken an und erfochten mit ihnen gemeinsam mehrere Siege über die

Polen, die sich jetzt gezwungen sahen, Galizien preiszugeben. Als 1649 der polnische König den Versuch unternahm, Galizien erneut seiner Macht zu unterwerfen, scheiterte dies an der militärischen Genialität des ukrainischen Kosaken-Führers, der den Polen eine schwere Niederlage zufügte und ihnen einen Friedensvertrag abnötigte.

Der Ukraine bescherte dieser Sieg der Kosaken den Anbruch einer neuen Zeit. Die großen polnischen Güter wurden zu gleichen Teilen zwischen den Kosaken und den Bauern aufgeteilt. Vieles in dem Land gedieh jetzt in einer vorher nie gekannten Weise. Sämtliche Entscheidungen lagen nunmehr in der Hand eines Kosaken-Rates, der damit die staatliche Ordnung repräsentierte. Mit Fug und Recht läßt sich über diesen Zeitabschnitt sagen, daß die Ukraine zu einem eigenen Staatsgebilde geworden war.

Allerdings währte dieser Zustand lediglich zwei Jahre. 1651 schickte sich ein polnisches Heer, welches die Grenzen zur Ukraine überschritten hatte, an, das Rad der Geschichte zurückzudrehen. Der jetzige Kampf ging für die Kosaken mißlich aus, und so blieb ihnen nichts anderes übrig, als einen Teil der Ukraine wieder an Polen abzutreten.

Ein Jahr darauf kam es zu neuen Kämpfen. Der ukrainische Kosaken-Führer sah nun keine andere Möglichkeit mehr, als den russischen Zarenhof um Unterstützung zu bitten. Dies führte im Jahre 1654 zu dem Vertrag von Perejaslaw, mit dem die Moskowiter den ukrainischen Kosaken sowohl Hilfe beim Kampf gegen die Polen zusagten als auch das Versprechen abgaben, daß dies keinerlei Auswirkungen auf die Eigenständigkeit der Kosaken haben würde.

Chmelnizki glaubte dieser Zusicherung, mußte jedoch bald erkennen, daß der Zar falsches Spiel mit ihm getrieben hatte und in Wirklichkeit darauf aus war, die Ukraine seinem eigenen Herrschaftsbereich einzugliedern.

Chmelnizkis Nachfolger, Iwan Wyhowskij, suchte verzweifelt aus der Moskauer Umklammerung wieder herauszukommen. Doch seine Idee, sich jetzt auf die Seite der Polen zu schlagen und mit ihnen zusammen die wortbrüchigen Moskowiter zu bekämpfen, konnte nicht unglückseliger sein.

Nachdem die Kosaken jetzt im Bündnis mit den Polen das russische Heer bei Konotop geschlagen hatten, sahen sie sich ein weiteres Mal hintergangen. Auch die Polen fühlten sich nicht an die mit den Kosaken getroffenen Abmachungen gebunden, die Unabhängigkeit der Ukraine zu respektieren. Alles war nur leeres Gerede gewesen, die polnischen Adligen gingen sofort dazu über, die alten Zustände wieder zu errichten und die von den Bauern und Kosaken bestellten Felder ihren großen Gütern einzuverleiben.

Noch einmal rebellierte ein Kosaken-Hetman dagegen. Petro Doroschenko verbündete sich mit den Türken, doch auch der sich daraus resultierende kurze Erfolg vermochte den allgemeinen Niedergang der ukrainischen Kosaken nicht mehr aufzuhalten. Links des Dnjepr-Ufers hatten die Russen ihre Stellung inzwischen derart gefestigt, daß der Traum von einem eigenständigen Kosakenstaat in der Ukraine zerronnen war.

Moskau schickte immer mehr Soldaten, Beamte, Steuereintreiber, und die Kosaken bekamen die Knute der Zarendynastie zu spüren. Daß Kosaken einmal für die russischen Zaren ferne Grenzen geschützt, den Reichtum des Staates gemehrt, Rußland Ländereien von unvorstellbarer Größe erschlossen hatten, galt nichts mehr.

1709 unternahm der Kosaken-Hetman Iwan Masepa einen letzten verzweifelten Versuch, um das Blatt noch einmal zu wenden. Diesmal hatten sich die Kosaken als Bündnisgefährten den schwedischen König Karl XII. erwählt. Bei Poltawa prallten die Heere aufeinander. Doch wiederum entschied das Schicksal gegen die Kosaken. Die Schlacht ging verloren und mit ihr das letzte Stückchen Selbständigkeit, das sie noch besessen hatten.

Zarin Katharina II. verfügte durch einen Ukas die Aufhebung der Kosaken-Selbstverwaltung in der Ukraine. 1764 wurden auch alle anderen jemals von den Kosaken erlassenen Gesetze für nichtig erklärt. Von 1781 an kam ausschließlich die Moskauer Gesetzgebung in der Ukraine zur Anwendung. Doch auch anderswo hatten die Kosaken inzwischen die bittere Erfahrung gemacht, daß Zarenwort leeres Wort war.

KOSAKEN VERTEIDIGEN IHRE RECHTE

Die Stellung der Kosaken gegenüber der Moskauer Zentralgewalt veränderte sich in dem Maße, wie sich bei ihnen selbst ein Wandel vollzog. Anfänglich glichen sich alle Kosakengemeinschaften. Die Lebensweise der Donkosaken spielte sich ähnlich wie die der Kosaken in der Ukraine ab. Entlang des Don sowie seiner Nebenflüsse Medwediza, Donez, Khopir und Sherebez hatten sich die Kosaken familienweise in befestigten Siedlungen niedergelassen. Ende des 17. Jahrhunderts gab es davon mehr als 125.

Grund und Boden galten als gemeinschaftlicher Besitz. Die Kosaken lebten vom Fischfang und der Jagd. Was nicht dem eigenen Verzehr diente, benutzten sie als Tauschware im Handel mit den Bewohnern der Rußland benachbarten Länder. Da die Kosaken durch Verteidigung ihrer Dörfer gegen fremde Eindringlinge auch zum Schutz der russischen Grenzen beitrugen, gewährte ihnen die Regierung unentgeltlich große Mengen an Getreide, sollte sich doch das Hauptaugenmerk der Kosaken darauf richten, jederzeit zur Waffe zu greifen und Usurpatoren daran zu hindern, in Rußland einzufallen.

Daß sich die Kosaken durch ihre Vereinbarung mit dem Zaren auf dem Weg befanden, zu dessen Gefolgsleuten zu werden, begriffen sie anfänglich nicht. Als beispielsweise auf einer Versammlung der Donkosaken die Frage zur Entscheidung stand, ob die Familien sich nicht künftig auch dem Ackerbau zuwenden sollten, lehnte der „Krug" (zu deutsch der Kreis – hierunter waren die Entscheidungsträger der Kosakengemeinschaft zu verstehen) dies nicht nur ab, sondern drohte dafür sogar eine Strafe an.

Ganz offensichtlich überwog bei einer Oberschicht der Kosaken das Interesse daran, nicht auf die kostbaren Getreidelieferungen aus Moskau verzichten zu müssen. Hierdurch wurde aber auch, wenn zunächst noch unmerklich, in den Kosakengemeinden ein Prozeß der sozialen Differenzierung in Gang gesetzt. Viele, die es in den Kosakengemeinschaften aufgrund ihrer privilegierten Vormachtstellung im Rat der Ältesten zu einem gewissen Wohlstand gebracht hatten, schworen ihrer früheren Gegnerschaft zum Zarentum ab. Andere wiederum, denen kein Reichtum zuteil geworden war, hielten noch immer an dem alten Unabhängigkeitsdrang fest. Sie schreckten auch nicht davor zurück, Kaufmannsschiffe auf der Wolga zu überfallen oder gelegentlich auch Raubzüge in einer Stadt zu unternehmen.

Die Kosakengruppen erhielten in der Mitte des 17. Jahrhunderts ständigen Zulauf von landlos gewordenen Bauern, welche nicht länger gewillt waren, sich von den Bojaren erniedrigen und ausnutzen zu lassen. So flohen sie zum Don und baten dort um Aufnahme in die Kosakengemeinschaft. Ihnen erwuchs in Stepan (Stenka) Timofejewitsch Rasin ein Anführer, der das Leid dieser entwurzelten Volksschichten nicht länger tatenlos mit ansehen mochte.

Stenka Rasin, 1630 in der Staniza Simoweiskaja am Don geboren, hatte immer häufiger die in Rußland herrschende Leibeigenschaft mit scharfen Worten angeprangert und den Zaren aufgefordert, sie abzuschaffen, weil sie sich mit den auf Liebe und Gleichberechtigung beruhenden Grundsätzen des Christentums nicht vereinbaren ließ. Seine mutigen Worte verschafften ihm unter den einfachen Kosaken großes Ansehen. Die ständig wachsende Not der um ihre Lebensexistenz gebrachten Bauern und die offensichtliche Gleichgültigkeit, mit welcher der Zar dies hinnahm, rief in Stenka Rasin derartigen Zorn hervor, daß er einen Aufstand entfachte.

An der Spitze von etwa 2.000 Kosaken drang er zwischen 1667 und 1669 tief in das Wolgagebiet und bis zum Kaspischen Meer vor. Was anfänglich nur als ein gewaltsamer Protest gegen das Zarenregime gedacht war, verselbständigte sich im Jahre 1670 zu einem großen Bauernkrieg am Don. Dem Heer der Kosaken schlossen sich jetzt auch viele der Völkerschaften an, die sich von Rußland unterdrückt fühlten. Hatten die Kosaken in früherer Zeit selbst alles getan, um die Tataren, Mordwinen, Tschuwaschen und Mari niederzuhalten, so waren ihnen diese jetzt als Verbündete im Kampf gegen den Zaren durchaus willkommen.

Im Juni 1670 besetzten die Aufständischen Astrachan, zogen dann nordwärts weiter und bemächtigten sich der Städte Saratow und Samara. Schließlich wandte sich ihre Hauptmacht gegen Simbirsk, das sie jedoch nicht einzunehmen vermochten. So gingen sie zur Belagerung über. Doch im Oktober 1670 wurden sie hier von den zaristischen Truppen geschlagen.

Stenka Rasin erlitt bei den Kämpfen eine Verwundung, entkam jedoch an den Don, wo er hoffte, in einer der dortigen Kosakengemeinschaften Unterschlupf zu finden. Doch da zeigte sich, wie weit die innere Zersetzung der Kosakenvereinigungen bereits gediehen war. Was in der Gründungszeit ihrer Gemeinschaften undenkbar gewesen wäre, jemanden aus den eigenen Reihen dem Feind und damit dem Tod auszuliefern, wurde auf einmal nicht mehr als schlimmer Verstoß gegen die Kosakenregeln angesehen, die einst die Freiheit jedes einzelnen Mitglieds höher ansetzten als irgendwelche Befugnisse der Obrigkeit.

Stenka Rasin wurde von der Oberschicht der Donkosaken im April 1671 an die Truppen des Zaren ausgeliefert und am 16. Juni des gleichen Jahres in

Moskau enthauptet. Mit der Einnahme Astrachans im November 1671 brach der Kosakenaufstand endgültig in sich zusammen.

Der Zar hatte die Auslieferung Rasins durch die Donkosaken als eine „Demutsgeste“ empfunden, die ihm deutlich machte, wie brüchig bereits der einstige Zusammenhalt der Kosaken geworden war. Deshalb schien ihm nun der Zeitpunkt gekommen, um den Kosaken weitere Rechte zu entreißen, die sie sich nach seinem Verständnis angemaßt hatten.

Wenn von den Aufständen der Kosaken die Rede ist, muß hier auch unbedingt einer ihrer berühmtesten Anführer, Jemeljan Pugatschow, Erwähnung finden. Pugatschow, der im Jahre 1740 in der Staniza Simoweiskaja am Don geboren wurde, kämpfte während des Siebenjährigen Krieges gegen Preußen, diente später auch während des russisch-türkischen Krieges 1768–1770 getreu dem Zaren. Doch seine Hochachtung, die er über lange Zeit dem Zaren bekundet hatte, geriet ins Wanken, als er im Ural Zeuge der menschlichen Erniedrigung leibeigener Bauern durch russische Adlige wurde.

Anfänglich beschränkte er sich darauf, dies in einem Manifest heftig zu geißeln. Als er jedoch sah, daß es keinerlei Wirkung hervorrief, brach er mit dem Zarenregime und setzte sich an die Spitze eines Aufstandes, der sehr schnell das gesamte Gebiet zwischen Ural und Wolga ergriff. Pugatschow gelang es, überall die bisherige zaristische Verwaltung abzuschaffen.

Die Stadt Orenburg belagerte er jedoch vergeblich. Dagegen vermochte er im Juli 1774 die Stadt Kasan zu erobern. Damit war jedoch bereits der Höhepunkt seines Aufstandes überschritten. In mehreren Feldschlachten unterlag er den zaristischen Truppen, konnte aber selbst entkommen. Dann erging es ihm ähnlich wie später Bulawin, er wurde von jener Kosakenschicht verraten, die längst für den Zaren den Handlanger spielte. An die russischen Truppen ausgeliefert, wurde er am 1. Januar 1775 zur Hinrichtungsstätte geführt.

1667 sagte die russisch-orthodoxe Kirche den Altgläubigen den Kampf an und verteufelte sie als Ketzer. Die Altgläubigen, die eine stattgefundene Kirchenreform strikt ablehnten, sahen sich jetzt der Verfolgung ausgesetzt und suchten Zuflucht im Gebiet der Donkosaken. Am Fluß Medwediza gründeten sie mehrere Klausen. Ihre tiefe, durch nichts zu beirrende Gläubigkeit übte auf Teile der Kosakenschaft erhebliche Anziehungskraft aus.

Immer mehr bekannten sich zu einer Ausübung dieser Form des christlichen Glaubens, die von großer Schlichtheit geprägt war. Bald erfaßte die Welle der Altgläubigkeit auch die Uralkosaken. Als indessen der Plan entstand, der Unverfälschbarkeit des Glaubens mittels Waffengewalt wieder Geltung zu verschaffen, entsandte der Zar ein Truppenkontingent an den Don, wo sich ihm bezeichnenderweise der Kosakenataman Frol Minajew bereitwillig zur Verfügung stellte, dem Treiben der Altgläubigen ein Ende zu bereiten.

So mußten nun all jene Kosaken, welche sich inzwischen diese Art des Glaubens zu eigen gemacht hatten, die Flucht ergreifen. Ein Teil von ihnen suchte Schutz bei den Tataren im Kubangebiet, wurde jedoch auf dem Wege dahin von einem Tscherkessenstamm niedergemetzelt. Einigen gelang es, sich am Terek im Nordkaukasus in Sicherheit zu bringen. Verlierer dieser Auseinandersetzung wurden letztlich die Kosaken in ihrer Gesamtheit, da man ihnen nun das Recht absprach, ihre Geistlichen selbst wählen zu dürfen, wie dies bisher geschehen war.

Zu den Gesetzen, welche sich die Kosaken in der Anfangszeit ihres Bestehens gegeben hatten, gehörte auch das Recht, Flüchtlingen Schutz zu gewähren und ihre Auslieferung an die Regierung nicht zuzulassen. Zar Peter der Große (1672–1725) mochte sich damit nicht mehr abfinden und stellte den Donkosaken ein Ultimatum, alle Entlaufenen seinen Truppen zu übergeben. Als die Kosaken dies verweigerten, drohte ihnen der Zar mit Gewaltanwendung, was zur Auslösung eines weiteren Kosakenaufstandes 1707 führte.

Überhaupt waren all diese Kosakenaufstände zu jener Zeit eine Art des letzten Aufbäumens, die einstmals errungenen Freiheiten nicht gänzlich einzubüßen. Doch die Zersetzung der Kosaken war bereits zu weit fortgeschritten, als daß man sich noch zu einem einheitlichen Handeln hätte aufraffen können.

Kondrate Bulawin, Sohn eines Donkosaken-Atamans, stellte sich an die Spitze der Aufständischen, die dem Befehl des Zaren nicht nachzukommen gewillt waren. Doch eine andere Gruppierung der Donkosaken schreckte nicht vor dem Bruderkrieg zurück. Bulawin sah sich nach einer Niederlage gezwungen, zu der Kosakengemeinde von Saporoshje zu fliehen.

Im Frühjahr 1708 flammte der Aufstand erneut auf, und diesmal gelang es Kondrate Bulawin, das ihm gegenüberstehende Heer des Kosakenatamans Maximow in die Flucht zu schlagen. Ein Teil dieser Kosaken lief daraufhin zu Bulawin über, der nun zum Ataman des gesamten Don-Territoriums gewählt wurde.

Der Aufstand breitete sich jetzt auch auf das Wolgagebiet aus. Doch nachdem der Versuch, die Stadt Asow einzunehmen, mißlungen war, gewann das 30.000 Mann starke zaristische Heer die Überhand. Bulawin selbst fiel dem Verrat von Kosaken zum Opfer, die vordem zu ihm übergelaufen waren. Mit seiner Ermordung endete dieser Kosakenaufstand. Ein Teil der entkommenen Rebellen trat in die Dienste des tatarischen Sultans ein und ließ sich für eine gewisse Zeit am Mündungsufer der Donau nieder.

All dies führte zu einer weitreichenden Schmälerung der früheren Freiheiten, die das besondere Gefüge der Kosaken ausgemacht hatten. Mitte des 18. Jahrhunderts fand auch die freie Wahl von Kosaken-Atamanen ihr Ende. Auch die Ältesten im Kosakenheer büßten ihre Stellung ein. Einst war dies ein Titel auf Lebenszeit gewesen, jetzt bestimmte die Regierung des Zaren, wer, wo und wie lange dieses Amt innehaben sollte.

Nachdem die reguläre russische Armee im Verlaufe des 18. Jahrhunderts eine beträchtliche Stärkung erfahren hatte und das Land seine Staatsgrenzen immer weiter nach Süden auszudehnen vermochte, verloren die früheren Grenzbefestigungen der Kosaken mehr und mehr an Bedeutung. Hatte es bis dahin noch Veranlassung gegeben, die Kosaken zu hätscheln, weil es ihre militärischen Unternehmungen gewesen waren, die im nicht unwesentlichen Maße zu Rußlands Größe und zur Gewinnung neuer Macht beigetragen hatten, so war eine weitere derartige Rücksichtnahme auf die Eigenständigkeit der Kosaken jetzt nicht mehr erforderlich.

Das selbständige Kosakentum schwand dahin wie der Schnee im Tauwetter. Noch immer waren die Kosaken dem Zaren als Soldaten hochwillkommen. Ihre sprichwörtliche Kühnheit, ihr Draufgängertum, ihre Furchtlosigkeit vor dem Feind, dies verschaffte ihnen sogar den Ruf einer Elite, welche sich der Wertschätzung vieler berühmter russischer Heerführer erfreute.

Nunmehr galt für die Kosaken der Befehl des Zaren. Dem Zarewitsch, dem Thronfolger, wurde sogar der Titel eines Kosaken-Atamans verliehen. Ausschließlich der Zar bestimmte, wo und wann die Truppen der Kosaken zum Einsatz kamen.

An die Kosakengemeinden selbst wurde indessen nicht Hand angelegt. Weiterhin bestanden ihre Dörfer am Don und an der Wolga, am Terek und am Ural in Form der Selbstverwaltung, die das Zusammenleben der Kosaken regelte. Grund und Boden verblieben als Privateigentum und teilten sich auf zahlreiche Familien auf, die sich jedoch, was die Größe ihres Besitztums anging, voneinander unterschieden.

Die Kosaken kannten jetzt sowohl Reichtum als auch Armut, doch der ärmste Kosak war niemals so schlecht dran wie der ärmste russische Bauer. Mochten sich auch die Kosaken in ihren langwierigen Auseinandersetzungen mit dem zaristischen Regime oftmals entzweit haben und sogar in Gegnerschaft aneinander geraten sein, so setzte sich doch späterhin unter dem Einfluß ihrer Popen jenes verschüttete Gefühl, daß ein Kosak dem anderen Bruder zu sein habe, wieder durch.

Eine starke Stellung erlangten die Kosaken während des 18. und 19. Jahrhunderts innerhalb der kaiserlich russischen Armee. Etwa 35 Kosakenregimenter gehörten ihr in dieser Zeit an. Die Hälfte davon bestand aus Donkosaken. Den Kosaken ging jetzt der Ruf besonderer Zarentreue voraus. Insbesondere der große Feldherr Alexander Suworow schätzte die Tapferkeit seiner Kosakentruppen.

Während des Siebenjährigen Krieges drangen sie unter seiner Führung tief nach Preußen ein, bildeten auch einen Teil seines Heeres beim Feldzug gegen Polen im Jahre 1773/74 und bewährten sich während des russisch-türkischen Krieges bei der Erstürmung der Festung Ismail. Auch als Suworow im 2. Koalitionskrieg gegen Frankreich im Februar 1799 den Oberbefehl über die russische Armee in Italien erhielt, begleiteten ihn dorthin seine getreuen Kosaken. Mit ihrer qualvollen Überschreitung der Alpen im winterlichen Schneesturm am Sankt Gotthard gingen sie in die Geschichte ein.

So sehr Suworow auch den beispiellosen Mut seiner Kosaken schätzte, hielt ihn jedoch nichts davon ab, gegen alle Kosaken, die sich dem Aufstand von Pugatschow angeschlossen hatten, mit großer Härte vorzugehen. Suworow machte nie ein Hehl daraus, daß er ein Verfechter der Leibeigenschaft war und in dieser Frage keineswegs die Überzeugung seiner Kosaken teilte.

Ein weiteres Ruhmesblatt verzeichnet die Geschichte der Kosaken, als sie der napoleonischen Armee nach deren Einfall in Rußland in Gemeinschaft mit den anderen russischen Heereseinheiten eine schwere Niederlage zufügten, welche schließlich in die Völkerschlacht von Leipzig einmündete, an deren siegreichem Verlauf ebenfalls Kosaken großen Anteil hatten.

Bei der Verfolgung der napoleonischen Truppen gelang es den Kosaken sogar, bis an den Rhein vorzudringen und schließlich auch in Paris einzuziehen. Während die Kosaken im Siebenjährigen Krieg die Feindschaft nach Preußen geführt hatte, wurden sie im Jahre 1814 nach der Niederringung Napoleons bei ihrem Einzug in Berlin unter dem berühmten Kosakenführer Platow von der Bevölkerung als Befreier stürmisch begrüßt.

Genau hundert Jahre später kamen die Kosaken ein weiteres Mal nach Deutschland, doch diesmal hieß sie niemand willkommen. Ihr Einfall in Ostpreußen während des Ersten Weltkrieges verbreitete im Spätsommer 1914 Angst und Schrecken.

Erst nachdem Hindenburg die russische Narew-Armee bei Tannenberg Ende August 1914 vernichtend geschlagen hatte und im September gleichen Jahres auch der Njemen-Armee in den Masurischen Sümpfen eine Niederlage erteilt hatte, war Ostpreußen wieder befreit.

In Rußland standen die Zeichen indessen auf Sturm. Der fortschreitende Zerfall des russischen Heeres und der Sturz des Zarenregimes sowie die sich im Anschluß daran vollziehende Februar- und später Oktoberrevolution krempelten das Land von Grund auf um. Die Scheidegrenze zwischen den bewahrenden Kräften und denen des Umsturzes wurde immer breiter und verlief auch mitten durch die Stanizen an der Wolga, dem Don, Terek und dem Dnjepr, Heimat von etwa vier Millionen Kosaken. Ja, sie ging mitten durchs Herz eines jeden einzelnen Kosaken.

In seinem Epos „Der stille Don“ hat der große russische Schriftsteller Michail Scholochow auf äußerst beeindruckende Weise die innere Zerrissenheit der Kosaken geschildert, wo vieles, was über Jahrhunderte für sie Gültigkeit besessen hatte, auf einmal aus den Fugen geraten war. Bindungen der Kosaken zueinander begannen sich unter dem Druck der gewaltigen Veränderungen, welche Rußland erfaßt hatten, aufzulösen. Da verstand auf einmal der Sohn den Vater nicht mehr, zerstörte Haß die Familien, standen sich Brüder als erbitterte Feinde gegenüber.

Während die einen Kosaken dem Zaren über dessen Tod hinaus die Treue hielten, zeigten sich andere für die bolschewistische Propaganda anfällig. Die einen kämpften auf der Seite der weißen Generäle Denikin, Wrangel,

Koltschak, die anderen schlossen sich Budjonnys roter Reiterarmee an. Lenin und Trotzki versprachen den Kosaken mehr Freiheit und Selbständigkeit, als ihnen jemals das Zarenregime zugestanden habe, was bei manchen Kosaken durchaus Gehör fand.

Auch ein deutscher Schriftsteller, dessen Schicksal mit dem Rußland der Revolutionszeit auf das engste verbunden war, Theodor Kröger (er ist heute fast nur noch der älteren Generation ein Begriff), ließ diese Zeit, welche die Einheit der Kosaken für immer zu zerbrechen drohte, äußerst plastisch in seinem Roman „Heimat am Don“ vor unseren Augen entstehen.

Nachdem Kerenski sich noch einmal zusammen mit 20.000 Kosaken vergebens gegen die rote Flut aufgebäumt hatte, gerieten die Kosaken immer mehr in den Strudel der sich überschlagenden Ereignisse. Während auf der einen Seite der Ataman Kaledin aus den Reihen der Donkosaken ein Heer aufstellte, das der Sowjetmacht den Kampf ansagte, reagierte die Partei der Bolschewiki, indem sie im April 1918 die Gründung einer Autonomen Sowjetischen Don-Republik verkündete.

Dieser geschickte Schachzug brachte Kosaken der Bezirke Chopjor und Ust-Medwedizkaja dazu, dem Ataman ihre Unterstützung zu versagen. Sie erblickten in dieser autonomen Don-Republik so etwas wie eine Wiedergeburt jener Zeiten, da die Kosaken vielerorts wie ein Staat im Staate schalten und walten durften. In Wahrheit stellte dies nichts anderes als eine arglistige Täuschung dar, um große Teile der Kosakenschaft zu bewegen, aus den weißen Armeen auszuscheren.

Die eigentliche Tragödie der Kosaken unter der sich ausdehnenden Herrschaft des Bolschewismus im Verlaufe des Bürgerkrieges begann am Don, nachdem dort am 25. Februar 1918 eine schier endlose Kolonne Roter Matrosen, begleitet von betrunkenem Pöbel, in die Stadt Nowotscherkassk einmarschierte. Nowotscherkassk war zu jenem Zeitpunkt die Hauptstadt des Dongebietes. Lenin und seine Anhänger bezeichneten es als ein „Wespennest der Konterrevolution und der Bourgeoisie“.

Hatten manche Kosaken in der ersten Zeit der revolutionären Auseinandersetzungen, die in Rußland tobten, noch Sympathien für die Partei der Bolschewiki gehegt, weil sie ihnen einzureden versuchte, daß jetzt jene Zeiten zurückkehren würden, wo sie als ein Teil des werktätigen Volkes wieder in ihre alten Rechte eingesetzt werden würden, so entlarvte sich dies schon bald als eine faustdicke Lüge. Was sich nach dem Einzug der Roten in Nowotscherkassk abspielte, war eine hemmungslose Entfesselung niedrigster Instinkte. Es blühten Denunziation und Verrat, wer sich einmal dem Verdacht ausgesetzt sah, ein Anhänger des Zaren gewesen zu sein, dessen Leben war keinen Pfifferling mehr wert.

Die Straßen der Stadt wurden von einem menschlichen Abschaum beherrscht, die Geschäfte und Wohnungen geplündert, Häuser in Brand gesteckt, vielerorts Menschen ausgeraubt. Die in der Stadt lebenden Donkosaken waren entsetzt, was sich da vor ihren Augen abspielte. Doch dies alles sollte erst der Auftakt zu noch Schlimmerem werden. Die Roten Matrosen, von denen viele bar jeglicher menschlichen Gefühle waren, drangen in Lazarette, Krankenhäuser und Hospitäler ein und durchsuchten sie nach verwundeten russischen Offizieren, die auf der Seite der Weißen gegen die Bolschewisten gekämpft hatten.

Rund 120 solcher Offiziere stöberten sie auf, erschlugen oder erstachen sie. Nachdem ihre Mordlust erst einmal geweckt war, durchsuchten sie systematisch die Häuser der Stadt. Entdeckten sie in einer der Wohnungen einen Kadetten – wobei hier schon allein der Verdacht genügte –, töteten sie ihn vor den Augen der Mutter.

Im Kranokulsker Wäldchen nahmen sie Massenerschießungen von angesehenen Bürgern der Stadt vor, die bezichtigt wurden, als bourgeoise Elemente den neuen Machthabern feindselig gesinnt zu sein. Dann richtete sich der Haß der Bolschewisten gegen die Kirchen und deren Priester. Ein besonderes Vergnügen bereitete es ihnen, in den Altarräumen wüste Orgien zu feiern, religiöse Bildnisse zu bespeien, die Kirchenwände mit Kot zu beschmieren. Gerieten Priester in ihre Hand, schlachteten sie die wie ein Tier ab, legten die Körper zum Ausbluten auf die Altäre und stellten Ikonen darauf.

Die Verwaltung der Stadt lag in den Händen eines Mörders und langjährigen Zuchthäuslers namens Medwedjew. Später übernahm ein sogenanntes Kamensker Kriegsrevolutionäres Komitee im Auftrage der Bolschewisten die Macht im Dongebiet. Seine erste Aufgabe bestand darin, eine „Donsche Sowjetrepublik des föderativen sozialistischen Rußland“ auszurufen. Des weiteren wurde den Kosaken jegliches Recht auf Eigenständigkeit ihrer Gemeinwesen aberkannt, welches sie aus der Vergangenheit herleiteten.

Dieses kommunistische Komitee berief eine Regierung mit dem Genossen Podtelkow als Präsidenten der Donschen Sowjetrepublik an der Spitze. Den Atamanen der Stanizen wurde erklärt, daß sie fortan nichts mehr zu sagen hätten, auch werde es künftig nicht mehr den Rang eines Atamanen geben. Die Bolschewisten fühlten sich bereits derart fest im Sattel sitzend, daß sie sogar ein früher gegebenes Versprechen, in welchem von der Erhaltung eines werktätigen Kosakentums die Rede gewesen war, für null und nichtig erklärten.

Jetzt klang auf einmal alles gänzlich anders. Jede bisherige Rücksichtnahme auf die Selbständigkeit der Kosaken wurde fallen gelassen. Der sowjetische Deputierte Jurij Sablin hielt eine Rede, die an Zynismus nicht mehr zu übertreffen war. Unter anderem erklärte er:

„Das Kosakentum als solches muß mit all seiner Ständeordnung und seinen Privilegien ausgerottet werden. Bei der Durchführung dieser Maßnahme sind keinerlei Halbheiten oder Kompromisse zuzulassen. Es gilt, den Massenterror gegen die reichen Kosaken und Bauern durchzuführen, sie insgesamt auszurotten, einen schonungslosen Massenterror gegenüber allen Kosaken durchzuführen, welche irgendwie direkt oder indirekt an dem Kampf gegen die Sowjetmacht teilgenommen haben."

Ferner verlangte dieser rote Agitator, die völlige und planmäßige Entwaffnung der Kosaken einzuleiten und alle zu bestrafen, bei denen noch nach Ablauf der Ablieferungsfrist Waffen gefunden würden. Schließlich sollten alles Getreide und andere landwirtschaftliche Erzeugnisse bei den Kosaken restlos konfisziert werden.

Dies war nicht etwa dem krankhaften Gehirn eines einzelnen fanatisierten Kommunisten entsprungen, sondern stellte ein detailliertes Programm dar, welches vom Zentralkomitee der russischen Kommunistischen Partei ausgearbeitet worden war und somit die Grundlage zu einem generellen Vorgehen gegen die Kosaken am Don schuf.

Kaum war es erlassen worden, wurde es schon von den Roten Kommissaren in die Tat umgesetzt. Ermordet wurden Wolosinow, Nazarow, M. P. Bogajewskij und andere angesehene Führer des Kosakentums. Ausgerottet wurde das Offizierskorps, die kosakische Intelligenz. Am Don begann eine Orgie der Gewalt, floß das Blut in Strömen. Als Endkosakisierung bezeichnete die Partei der Bolschewiki ihre verbrecherische Politik gegenüber einer großen Volksschicht, die seit über 500 Jahren das Recht besessen hatte, ihr Zusammenleben nach eigenen Gesetzen zu regeln.

Nach dem Willen der Bolschewiki sollte davon nichts mehr übrigbleiben. Tag für Tag fanden Exekutionen ohne Gerichtsverhandlungen statt, wurden Menschen für nichts und wieder nichts umgebracht. In den Stanizen herrschten jetzt Rote Kommissare, die mit Argusaugen über die dort lebenden Kosaken wachten. Kleinste Verstöße gegen die neuen sowjetischen Verfügungen wurden mit schwersten Strafen geahndet. Die Sowjetmacht lastete wie ein schwerer Stein auf der Brust der Kosaken und raubte ihnen die Luft zum Atmen.

Doch wenn die Kommunisten geglaubt hatten, mit ihren Maßnahmen ständiger Drangsalierung die Kosaken auf Dauer unterdrücken zu können und ihnen die Kraft für ein Aufbegehren zu nehmen, so hatten sie nicht mit dem Stolz einer Bevölkerungsschicht gerechnet, der die freie Entfaltung ihrer Lebensweise stets die höchste Errungenschaft bedeutet hatte.

Die Erhebung der Kosaken am Don gegen die kommunistische Willkür kündigte sich in mancherlei Zeichen an, nur die Roten Kommissare in ihrer Machtbesessenheit nahmen sie nicht wahr, weil sie die Kosaken bereits am Boden zerstört wähnten.

Genau einen Monat nach Errichtung der Autonomen Sowjetrepublik am Don hatten die roten Machthaber ihr Spiel überreizt. In allen Teilen des Dongebietes gärte es, formierte sich Widerstand. Eine zunächst kleine Kosakenabteilung unter Führung des Feldatamanen Popow nahm in der sich endlos erstreckenden Steppenlandschaft des Don den Kampf gegen die roten Garden auf. Nach einem langen Marsch erreichte diese Kosakengruppe den

Oberlauf des Flusses Sal. Hier schlossen sich ihr Freiheitskämpfer der Kalmücken an, eines Volksstammes, der nicht minder unter den neuen Herren im Lande zu leiden hatte.

Als Steppenfeldzug ging diese Auflehnung der Kosaken gegen die „roten Bojaren" in die Geschichte ein. Tage- und wochenlang durchstreifte die kleine Schar der Kosaken die endlose Weite, welche sich zu beiden Seiten des Dons über Hunderte von Kilometern ausbreitete. Tagsüber litten die Kosaken an der Hitze, nachts an der Kälte und zu jeder Stunde an Hunger und Durst. Doch so sehr ihnen auch dies zu schaffen machte, eines wollten sie auf keinen Fall, nämlich wieder in die Knechtschaft jener Leute geraten, die wie eine Geißel über Rußland gekommen waren.

Ataman Popows Hoffnung, daß sein Aufstand schon bald als ein Fanal empfunden werden würde, erfüllte sich in dem Augenblick, als eine Delegation aus elf Stanizen zu ihm stieß. Sie ersuchten den Ataman dringend um Hilfe für eine Aufstandsbewegung, die von der Staniza Nizne-Kurmojarska ausgegangen war.

Anfang März 1918 flackerten auch im Westteil des Dongebietes die ersten Unruhen auf. Kosaken der Staniza Luganskaje rissen Eisenbahngleise auf, um die Weiterfahrt eines Zuges zu verhindern, in welchem 34 weiße Offiziere von den Mitgliedern des bolschewistischen Geheimdienstes Tscheka mit unbekanntem Ziel abtransportiert werden sollten.

In der Staniza Grusewskaja bildete sich eine aus Studenten, jungen Offizieren sowie Kosaken bestehende aufständische Gruppe, die ein Waffenlager überfiel und sich dort mit Gewehren und Munition versorgte. Waren derartige Aktionen zunächst noch mehr oder minder sporadischer Art gewesen, so änderte sich dies, als am 31. März 1918 sich die Kosaken der großen Staniza Suwurowskaja in ihrer Gesamtheit erhoben und die Besatzung einer rotgardistischen Garnison vollständig entwaffneten.

Nunmehr erfaßte die Woge des Aufstands auch den gesamten 2. Donkreis. Auch für die Kosaken der Stanizen des 1. Donkreises gab es jetzt kein Halten mehr. Eine Gruppe Aufständischer, lediglich bewaffnet mit Heugabeln und Äxten, drang im Morgengrauen des 14. April 1918 in die Hauptstadt des Dongebietes, Nowotscherkassk, ein. Frauen, Männer, Jünglinge, Greise versuchten teils mit bloßen Händen, sich ihrer Peiniger zu entledigen.

Noch bevor der Wojskowoj-Krug (eine Art oberster Körperschaft der Kosaken) einberufen werden konnte, wurde bereits unter der Bezeichnung „Rat der Verteidigung" eine provisorische Landesregierung gebildet, die Generalmajor K. S. Poljatow zum Kommandeur einer Don-Armee ernannte, die zu diesem frühen Zeitpunkt allerdings noch gar nicht bestand. Zum Stabschef dieser Armee wurde Oberst S. W. Denisow berufen.

Der Funke des Aufstandes gegen die rote Herrschaft im Dongebiet sprang jetzt von einer Staniza auf die andere über. Die Kosaken hatten ihre Lethargie abgeschüttelt, die sie nach dem Zusammenbruch des Zarenregimes überkommen hatte. Frontkosaken, die sich teilweise der Sache des Kommunismus nach der Oktoberrevolution angeschlossen hatten, besannen sich jetzt wieder auf ihre Herkunft und kehrten nach den eigenen bitteren Erfahrungen mit dem Januskopf des Kommunismus wieder dorthin zurück, wo ihre Brüder im Kampf standen.

Bald wies die neue Armee der Donkosaken eine Stärke von rund 6.000 Mann auf, der es jedoch so ziemlich an allen Waffen ermangelte. Am 1. Mai 1918 unternahmen bolschewistische Truppen einen Versuch, die Streitmacht der Kosaken entscheidend zu schlagen. Mit Unterstützung von Panzerwagen rückten sie gegen die Kosaken vor und brachten sie immer mehr in Bedrängnis. Fast schien es schon nach einem Sieg der Rotgardisten auszusehen.

Da ergriff der Essaul Safronow die Initiative und gab den Befehl zu einer tollkühnen Reiterattacke gegen die roten Schützenketten, die vor der Gewalt dieses Angriffes hinwegstoben, als hätte es sie niemals gegeben. Wer nicht unter den Säbeln der Kosaken sein Leben ausgehaucht hatte, der suchte sein Heil in wilder Flucht. Die Kosaken erbeuteten Unmengen an Gewehrpatronen, acht intakte Geschütze mit Bespannung, 5.000 Granaten und eine Vielzahl von Pferden. Ihr Sieg aber löste zugleich unter der roten Besatzung von Nowotscherkassk geradezu Panik aus. Die Roten Kommissare rafften eiligst das von ihnen geraubte Gut der Bevölkerung zusammen und verließen die Stadt, ohne auch nur den geringsten Versuch, Widerstand zu leisten. Sie setzten sich nach Rostow ab.

Etwa zu der gleichen Zeit bahnte sich ein Geschehen an, aus dem die Kosaken bald Vorteil für ihre Sache zu ziehen verstanden. Nach dem Zusammenbruch des Zarenreiches und den Wirrnissen der Revolution waren die deutschen Truppen tief nach Rußland hinein vorgedrungen, um, wie sie glaubten, sich auf Dauer eine militärische Überlegenheit zu sichern. Aus dem Bürgerkrieg mit seinen gravierenden politischen Gegensätzen hatten sie zunächst versucht sich herauszuhalten, doch dann setzte sich bei ihnen die Erkenntnis durch, daß der Gegner von gestern, die kaiserliche russische Armee, zu einer Art von Sympathieträger geworden war. Man teilte vielfach deren Überzeugung oder bekundete zumindest den weißen Offizieren Respekt für ihren verzweifelten Kampf gegen den Bolschewismus.

So blieb es nicht aus, daß deutsche Truppenteile ganz offensichtlich Partei zu ergreifen begannen, mochten sie dies zunächst auch noch in der einen oder anderen Form kaschieren. Ein Beispiel für das sich anbahnende neue Verhältnis spielte sich am 29. April 1918 nördlich von Nowotscherkassk ab. Deutsche Verbände waren hier bis zu der Bahnstation Tschertkowo vorgestoßen und hatten dadurch zurückflutende rote Truppen wie eine Scheibe in der Mitte zerschnitten und indirekt damit den Kosaken der Donarmee geholfen, roten Verbänden den Weg zu verlegen.

Wenn dies vielleicht noch den Anstrich besaß, als wäre es völlig unbeabsichtigt geschehen, so konnte bei dem Folgenden davon nicht mehr die Rede sein. Am 18. Mai 1918 rückten nahezu zeitgleich die Kosakenkavalleristen des Essaul Turowerow sowie die Vorhuten des 1. deutschen Armeekorps in die Stadt Rostow ein. In der Stadt führte dies zu der merkwürdigen Situation, daß es hier auf einmal zwei Stadtkommandanten gab. Einen, den die Kosaken ernannt hatten, und einen weiteren, der von deutscher Seite eingesetzt worden war.

Nun passierte in Rostow etwas, was vielen Historikern, die sich mit diesem Abschnitt der Zeitgeschichte befassen, entweder entgangen ist oder von ihnen niemals einer Bewertung unterzogen wurde. In Rostow wurde nämlich erstmals während des Bürgerkrieges in Rußland zwischen der deutschen Armeeführung sowie den Kosaken des Don ein Abkommen getroffen, in welchem es wörtlich hieß „... daß die Feinde Rußlands und seiner Kosaken, die Deutschen, hinfort ihre alte Feindschaft begraben und nach einem gegenseitig grausamem dreijährigem Krieg jetzt Schulter an Schulter die Donsche Erde gegen die Sowjettruppen schützen".

Dieses neue Bündnis, das durchaus eine solche Bezeichnung verdiente, bewährte sich schon kurze Zeit darauf, als die Deutschen von Rostow aus der Vorhut der 1. Armee den Befehl erteilten, bis zu der Stadt Bataisk vorzurücken und dort bolschewistische Truppen in südlicher Richtung zurückzudrängen, während ein Kosakenvorauskommando sich seinerseits bis zu dem Ostrand dieser Stadt vorschob.

Der Aufstand am Don, der einen immer größeren Umfang annahm, versetzte die Parteigänger Lenins in Weißglut. Der sowjetische Kriegskommissar Filip Mironow, einer der übelsten seiner Sorte, ließ in Michajlowka 360 gefangene weißrussische Offiziere auf bestialische Weise umbringen. Diese schreckliche Tat rief überall am Don helles Entsetzen hervor. Sie bestärkte aber auch die Kosaken darin, in ihrem Kampf gegen den Kommunismus nicht nachzulassen.

Die Hauptstadt des Don, Nowotscherkassk, die zeitweilig wieder in rote Hände gefallen war, wurde durch die Kosaken erneut vom kommunistischen Joch befreit. Jetzt sollte in ihr der Versuch gemacht werden, dem Aufstand der Kosaken eine Basis staatlicher Legalität zu verschaffen. Rußland war zerbrochen, was die Überlegung hervorrief, wenigstens in dem riesigen Gebiet des Dons einen Zustand von Ordnung und Rechtmäßigkeit herbeizuführen. Die Kosaken fühlten sich dazu auserwählt, gerade hier am Don, wo sich über Jahrhunderte ihre Niederlassungen befanden und wo stets ihre Heimat gewesen war, nunmehr die staatliche Führung zu übernehmen. Wer wollte es ihnen verwehren, angesichts der chaotischen Verhältnisse, in welche Rußland durch die Schuld der zersetzenden Kräfte des Kommunismus geraten war, ein solches Zeichen zu setzen, daß die Zeit der Willkürakte am Don vorbei sei?

Als erstes schufen die Kosaken ein „Gericht zur Verteidigung des Don". Der nächste Schritt bestand darin, einen „Krug zur Rettung des Don" einzuberufen, um mit seiner Hilfe überall im Land einen Zustand der Gesetzmäßigkeit wiederherzustellen. Am 15. April 1918 wurde ein Rundschreiben an alle Regimenter versandt, worin es u. a. hieß: Nach althergebrachtem Brauch und kosakischer Tradition wird gebeten, Delegierte zum Wojsko (Heeresgebiet) sowie zum Wojskowoj-Krug zu entsenden.

Nach der Befreiung der Hauptstadt des Dongebietes von den Kommunisten ging man daran, viele zerstörte Gebäude wieder herzurichten. Es entstand auch ein neues Staatsgebäude. Nunmehr war der Zeitpunkt gekommen, dort die große Ratsversammlung der Kosakenschaft abzuhalten. Am 11. Mai 1918 fand die feierliche Eröffnung des Krug statt. Parallel zu diesem Ereignis wurde eine Delegation der Kosaken nach Kiew zum Hauptquartier der deutschen Heeresleitung in der Ukraine entsandt, um den beiderseitigen Beziehungen ebenfalls eine staatliche Rechtsform zu geben. Insbesondere wurde aber auch die deutsche Seite aufgefordert, sich gegenüber den Kosaken des Don loyal zu erweisen und sich nicht in die inneren Angelegenheiten des Gebietes einzumischen.

Bei dem Zusammentreten des Kruges zur Rettung des Don wurde als bedeutendste Maßnahme die Mobilmachung aller Wehrpflichtigen zum Kampf gegen die Roten Garden und zum Schutz des Dongebietes vor allen Invasionen von außerhalb verfügt. Danach fällte der Krug zwei weitere wichtige Entscheidungen. Die erste besagte, daß alle Personen, die nicht dem Kosakenstand angehörten, faktisch jedoch an der Verteidigung des Don gegen die bolschewistischen Banden teilgenommen hatten, nunmehr in den Kosakenstand aufzunehmen seien. In dem zweiten Beschluß hieß es, daß all jene Kosaken, die sich den sowjetischen Truppen oder bolschewistischen Organisationen angeschlossen hätten, sich nicht mehr als Angehörige des Kosakentums betrachten könnten.

Nun galt es noch, einen Mann an die Spitze der Donkosaken zu stellen, der vom Vertrauen aller getragen wurde und obendrein über die Würde gebot, das Kosakentum zu repräsentieren.

In der Abendsitzung des 14. Mai 1918 trat General P. N. Krasnow vor die Versammlung der Kosakenschaft, um seine Version der Erneuerung Rußlands vor den Delegierten darzulegen. Seine Ausführungen wurden mit großer Spannung erwartet, da sich doch viele die bange Frage stellten, wohin der Weg des aus vielen Wunden blutenden Landes führen würde.

Da diese Rede ein Zeitdokument sondergleichen darstellt und sie heute gänzlich in Vergessenheit geraten ist, dürfte es nicht uninteressant sein, das Wichtigste daraus in Erinnerung zu rufen. Es trägt nämlich zum besseren Verstehen dessen bei, was die späteren Beweggründe eines großen Teils der Kosaken gewesen sind, auf Deutschland zu setzen, um Rußland eine bessere Zukunft zu bereiten.

Krasnow formulierte seine Gedanken in einer Reihe von Thesen, die entgegengesetzt zu Lenins „Was tun?“ den Kosaken aufzeigten, was jetzt am

Don und über dieses Gebiet hinaus zur Rettung des Vaterlandes in Angriff genommen werden mußte.

So sah die Richtung aus, die er wies:

1. Das Kosakentum steht außerhalb aller Parteien.
2. Alle Kräfte müssen auf die Ausmerzung der krankhaften Erscheinungen der russischen Revolution inmitten des Kosakenheeres gerichtet werden, sowie auf die Wiederherstellung einer festen Ordnung, Gesetzmäßigkeit und strengen Disziplin, die auf den Vermächtnissen der kosakischen Vergangenheit basieren.
3. Die Kosakenschaft kämpft mit allen Mitteln gegen die Usurpatoren der russischen Macht – die Bolschewiki – und nimmt an der Befreiung des russischen Volkes vom bolschewistischen Joch teil.
4. Momentan müssen alle Kräfte, sowohl die militärischen als auch die moralischen, zur Vertreibung der Bolschewiki aus dem Donschen Land und zur Befestigung seiner Grenzen angespannt werden.
5. Entsprechend dem Zeitumstand und zum Zwecke eines erfolgreichen Kampfes müssen alle, die Feinde der Bolschewiki sind, als unsere Bündnisgenossen betrachtet werden.
6. Es ist unmöglich, gegen die im Dongebiet angekommenen Deutschen weiterhin Krieg zu führen. Ihre Ankunft sollte der Stärkung der kosakischen Situation und dem Zweck des Kampfes wider die Bolschewiki dienen, doch zudem sollen die Deutschen darüber Gewißheit erlangen, daß das Donsche Kosakentum in seinen Entschlüssen frei ist und für sie kein besiegtes Volk darstellt.
7. Das Donsche Heeresgebiet wird hinfort als das „Groß-Donsche Heer“ von seinem gewählten Don-Ataman regiert, aber nicht von einem Wojskowoj-Ataman, der vom Donschen-Wojskowoj Krug gewählt wird; der letztere ist das höchste gesetzgebende Organ, das die Ordnung der Verwaltung und des Lebens des „Großmächtigen Donschen Heeres“ festlegt.
8. Das Donkosakentum, welches dem russischen Reich unschätzbare Dienste erwiesen hat, muß bei einer Wiederherstellung Rußlands und der russischen Macht in all seinen Rechten, sowohl den gesellschaftlichen Lebensbedingungen als auch den wirtschaftlichen Rechten, bestätigt werden.
9. Der Don-Ataman wird sich unmittelbar mit der Zentralgewalt in Verbindung setzen; er untersteht nur der Person, die an der Spitze der Macht steht.
10. Das Don-Heer muß in der jetzigen Zeit ein stehendes Heer sein, seine eigenen Munitions-, Geschütz- und Gewehrfabriken besitzen, die auch weiterhin Eigentum des Wojsko bleiben.

Mit Worten voller Inbrunst ermahnte Krasnow die Donkosaken, alles zu tun, Moskau und das von den Bolschewisten entehrte, beschimpfte und geschmähte Rußland zu retten. Er forderte die Kosaken auf, zurückzukehren zu jener freien Lebensweise, wie sie ihre Vorfahren einstmals geführt hatten, als sie noch eng mit dem Moskauer Zarenwesen verbunden gewesen waren, regiert von ihrem Krug und ihrem Ataman und als noch die sprichwörtliche Redensart galt: „Sei gegrüßt, du Zar im Steinernen Moskau, aber wir Kosaken bleiben am Stillen Don.“

Mit dieser leidenschaftlichen Rede, die von großer Überzeugungskraft gekennzeichnet war, gewann er mit einem Schlag die Herzen der Kosaken. Für sie stand fest, daß General Krasnow genau der richtige Mann war, dessen die Kosakenschaft in der so gefährlichen Situation Rußlands an ihrer Spitze bedurfte.

Es erscheint angebracht, an dieser Stelle mehr über diesen Mann zu sagen, weil er noch einmal im Zweiten Weltkrieg eine herausragende Rolle bei der Aufstellung der 1. Kosakendivision spielen sollte, die an der Seite der Wehrmacht für die Beseitigung des unmenschlichen sowjetischen Systems kämpfte.

Peter Nikolajewitsch Krasnow, 1869 in Petersburg geboren, entstammte einer der angesehensten Donkosakenfamilien. Er gehörte als Offizier dem Leibgardisten-Kosakenregiment an. Während des Ersten Weltkrieges nahm er als Kommandeur des 10. Donkosakenregiments an den Kämpfen in Galizien sowie in der Bukowina teil. 82 Gefechte und Schlachten verzeichnete sein persönliches Kriegstagebuch. Fünfmal attackierte er mit geschwungenem Säbel den Feind, was für die von ihm geführten Kosaken Ansporn war, es ihm nachzumachen.

Nach Ausbruch der russischen Oktoberrevolution 1917 kannte Krasnow keinen Moment des Zweifels, wo er hingehörte. An der Spitze des dritten Kavalleriekorps wandte er sich gegen die Bolschewisten, die er als Zerstörer Rußlands ansah. Durch Verrat fiel er im November 1917 in die Hände der Bolschewiki. Hatten ihn einige der Kosaken dem verhaßten Feind ausgeliefert, so halfen ihm andere wieder zur Flucht aus der Gefangenschaft. Jetzt kannte er keinerlei Bedenken mehr, die deutsche Heeresführung um Unterstützung beim Kampf gegen Lenins Gefolgsleute zu ersuchen, wollten diese doch Rußland ein Antlitz geben, das ihm zutiefst zuwider war.

Als die Mächte der Entente ihn aufforderten, seine direkte Parteinahme für das deutsche Heer, das immerhin noch Rußlands Kriegsgegner war, zu unterlassen, wies er dieses Verlangen zurück. Statt dessen richtete er ein Telegramm an den deutschen Oberkommandierenden der Heeresgruppe Kiew, in dem es hieß: „Mit Staunen und Verwunderung blicken ich und meine Kosaken auf den unvergleichlichen Heldenkampf, in dem augenblicklich das deutsche Heer an der Westfront seine Heimat verteidigt."

Dies versetzte die Entente derart in Rage, daß sie mit allen Mitteln seine Abberufung als Führer der Kosaken betrieb. Keine Verleumdung war ihr dabei zu schäbig, um Krasnows Sturz herbeizuführen.

Im Frühjahr 1920 mußte der Kosakenführer sogar fürchten, von den Westmächten an seine politischen Widersacher ausgeliefert zu werden, was für ihn den sicheren Tod bedeutet hätte. So sah er für sich nur noch die Möglichkeit, jetzt Zuflucht in Deutschland zu suchen. Krasnow, der sich schon früh neben seinem militärischen Dienst mit schriftstellerischen Arbeiten beschäftigt hatte und eine Abhandlung über die Geschichte der Donkosaken sowie eine Anzahl weiterer Werke geschrieben hatte, verfaßte jetzt im Berliner Exil sein wohl bedeutendstes Werk, den historischen Roman „Vom Zarenadler zur roten Fahne“, der das Verhängnis der Oktoberrevolution 1917 in all seiner Tragweite widerspiegelte.

Am 16. Mai 1918 wurde P. N. Krasnow zum Wojskowoj-Ataman gewählt, kurze Zeit darauf wurde diese Bezeichnung in Don-Ataman abgewandelt. Eine der ersten Maßnahmen der neuen Don-Regierung bestand darin, solchen Kosaken, die sich beim Aufstand gegen die Bolschewiki besonders hervorgetan hatten, nunmehr verantwortungsvolle Aufgaben in der Führung des Landes zu übertragen. So wurde beispielsweise Petr Ch. Popow, der durch seinen Feldzug in der Salzsteppe das entscheidende Zeichen zu einem allgemeinen Aufstand gesetzt hatte, zum Generalleutnant der Don-Armee befördert, während die Aufgabe eines Stabschefs der Oberst im Generalstab I. A. Poljakow übertragen bekam.

Auch ansonsten wurden überall Veränderungen im Dongebiet sichtbar. Von vielen Gebäuden der Hauptstadt, doch auch an den Häusern der Stanizen flatterten Trikoloren in den Farben Blau-Rot-Gelb. Dies trug sowohl den Traditionen der Kosaken, aber auch der Kalmücken sowie der sonstigen bäuerlichen Bevölkerung Rechnung. Das jahrhundertealte Wappen der Donkosaken kam wieder zu seinem Recht. Es stellte einen Kosaken mit Fellmütze, Säbel und Gewehr dar, der rittlings auf einem Faß hockte.

Die im Jahre 1855 während des Krimkrieges entstandene Hymne der Kosaken, die später an Bedeutung verloren hatte, wurde jetzt wiederbelebt. So klang es dann zu feierlichen Anlässen: „Aufschäumend wogt der rechtgläubige Stille Don brandend empor, gehorsam folgt er dem Aufruf der Freiheit.“

Wie bald zu erkennen war, gingen Krasnows Pläne weit über das Dongebiet hinaus. So führte er mit Fürst Tundutow und Oberst Filemonow, die in Astrachan und im Kubangebiet eine ähnliche Rolle spielten wie er, Gespräche über die Schaffung eines föderativen Staatswesens, den sogenannten Südoststaat, welchem sich die Kosaken des Terek, die Völkerschaften des Nordkaukasus, das Volk der Kalmücken sowie das Gouvernement Stawropol anschließen sollten, sobald es gelungen war, dort ebenfalls der Herrschaft des Bolschewismus wieder ein Ende zu setzen.

Krasnow richtete ein entsprechendes Schreiben an den deutschen Kaiser, den er über diese Absicht informierte und sogleich darum bat, daß die Deutschen einen entsprechenden Druck auf das kommunistische Regime in Moskau ausüben und es dazu bringen sollten, seine Räuberbanden von dem Territorium des Don-Kaukasus-Staatsgebietes zurückzuziehen. Krasnow, dem es darum ging, eine Art Puffer zwischen dem kommunistisch beherrschten Teil Rußlands und dem Gebiet der Kosaken zu errichten, war der Ansicht, daß diesen Part am besten die Deutschen mit ihren Truppen übernehmen könnten. Er schien zu diesem Zeitpunkt absolut nicht darüber informiert zu sein, daß auch in Deutschland bereits die Zeichen auf Sturm standen und sich ähnliche Ereignisse wie in Rußland ankündigten.

Als sich am 11. November 1918 die Nachricht von dem Zusammenbruch der deutschen Front und dem Abschluß eines Waffenstillstandes verbreitete, traf dies die antikommunistischen Kräfte in Rußland wie ein Schlag. Durch den deutschen Zusammenbruch verloren sie auch den Zugriff auf Waffen und Munition. Nichts hielt nunmehr die Rote Armee davor zurück, überall wieder in jene Gebiete vorzudringen, die sie sich schon einmal versucht hatte anzueignen. Dies war jedoch an dem Widerstand der auf ihre Freiheit bedachten Kosaken und Völker des Kaukasus gescheitert, wozu vielfach auch die von deutscher Seite gewährte Unterstützung beigetragen hatte.

So erfolgte jetzt eine Umorientierung auf die bisherigen Kriegsgegner Deutschlands, Frankreich und England, deren Emissäre überall dort auftauchten, wo die deutschen Truppen mit der Räumung russischen Gebietes begonnen hatten. England und Frankreich steckten als erstes einmal ihre Einflußbereiche ab. Ihr Augenmerk richtete sich vor allem auf die Küsten des Schwarzen Meeres, die Südukraine, die Krim und die kaukasische Küste.

In Odessa übernahmen die Franzosen die Militärgewalt, in Batum waren es die Briten. Der französische General Borius verkündete nach Eintreffen eines französischen Truppenkontingents in der Stadt vollmundig, daß die Alliierten nach Rußland gekommen seien, „um den gesunden und patriotischen Elementen die Möglichkeit zur Wiederherstellung der Ordnung zu geben".

Doch dies stellte nicht mehr als eine Phrase dar, denn in Wirklichkeit dachten die Franzosen überhaupt nicht daran, sich auf irgendwelche Kämpfe mit der Roten Armee einzulassen.

Auch auf das großspurige Versprechen der Engländer folgten keine Taten. Zwar bombardierte General Pool die Regierung in London förmlich mit Telegrammen, Schiffe mit Waffen und Ausrüstungsgegenständen nach Batum zu entsenden, doch erfolgte darauf keine Reaktion, wenn man davon absieht, daß der britische General kurz darauf nach England zurückbeordert wurde. Ein anderer General der Grande Nation mit Namen Berthelot erweckte bei den antikommunistischen Kräften neue Hoffnungen, als er das Erscheinen von 12 Divisionen ankündigte, welche alle wichtigen Plätze in Südrußland besetzen würden, um dann von hier aus den Vormarsch gegen Rußland anzutreten. Nichts von dem, was er offeriert hatte, traf ein. Der französische Marschall Foch, Besieger der Deutschen in Frankreich, erinnerte daran, daß einstmals der französische Präsident Loubet am Grabe des Zaren Alexander III. in St. Petersburg auf ewig die Freundschaft zwischen dem französischen und dem russischen Volk beschworen habe. Jetzt sei es an der Zeit, so betonte der Marschall, dieses Versprechen einzulösen.

Als im März 1919 der Kommunismus auch auf Ungarn überschwappte und hier von Bela Kun eine Rote Räterepublik ausgerufen wurde, die einen unvorstellbaren Terror im Lande entfachte, erkannte Marschall Foch klarsichtig wie kein anderer seiner Zeitgenossen, daß der Bolschewismus sich nunmehr auch anschickte, über die Grenzen Rußlands hinaus vorzudringen, und dies eine ernsthafte Gefahr für Westeuropa darstellte.

Jetzt arbeitete der Marschall einen Plan aus, der darin einmündete, einen Kreuzzug gegen den Bolschewismus zu führen. Marschall Foch plante, alle antibolschewistischen Kräfte in Rußlands Anrainerstaaten unter französischem Kommando zu vereinigen und mit ihnen eine Generaloffensive gegen Moskau einzuleiten.

Dieser Plan wurde am 27. März 1919 jedoch verworfen, nachdem sich der oberste Rat der Alliierten dagegen ausgesprochen hatte. Die Begründung war fadenscheinigster Art, den Ausschlag gab die Stimme des amerikanischen Präsidenten Wilson, der eine Ausdehnung des französischen Einflusses befürchtete, die ihm nicht ins Konzept eigener Interessen paßte. Das Resultat dieser westlichen Unentschlossenheit, dem Kommunismus in Rußland Paroli zu bieten, war, daß nach dem Rückruf der alliierten Interventionstruppen aus Südrußland sofort die Rote Armee ihren Vormarsch begann, der sie unaufhaltsam durch die gesamte Ukraine bis hin zu den Küsten des Schwarzen Meeres führte. Am 8. April 1919 wurde die Ukrainische Sowjetrepublik ausgerufen.

Die Situation der weißen Armeen und der Kosakenverbände verschlechterte sich dramatisch, nachdem sie vom Westen völlig im Stich gelassen worden waren. Daß sich Gleiches ein Vierteljahrhundert später noch einmal unter veränderten Vorzeichen abspielen sollte, scheint zu bestätigen, daß die Geschichte es zuweilen liebt, sich zu wiederholen, vielleicht weil sie sich vordem nicht richtig verstanden gefühlt hat.

Was trieben indessen die Engländer in Baku? Sie hoben zunächst den unabhängigen Staat Aserbaidschan aus der Taufe, der ihnen dazu dienen sollte, ihren eigenen wirtschaftlichen Interessen in diesem Gebiet die legale Absegnung einer Staatsmacht zu geben. Diese mochte zwar ein Zögling Englands sein, doch konnte sie wenigstens als Beweis dafür dienen, daß alles, was hier geschah, mit rechten Dingen vor sich ging.

Der Hafen von Batum am Schwarzen Meer wurde unter britisches Pro tektorat gestellt, das einem englischen Zivilgouverneur unterstand. Er hatte nichts anderes zu tun, als darauf achtzugeben, daß die ständig im Hafen einlaufenden britischen Tankschiffe mit den entsprechenden Mengen an Erdöl beladen wurden. Im Sommer 1920 löste sich dann dieses Gebilde auf. Überall in Rußland war die nur halbherzig ausgeführte alliierte Intervention kläglich gescheitert. Vergebens hatten sich die weißrussischen sowie die Kosakenverbände von der Anwesenheit der westlichen Alliierten eine Unterstützung ihrer Sache erhofft. Statt dessen wurden sie lediglich immer wieder erneut hingehalten, waren diese Staaten ausschließlich darauf bedacht, ihren egoistischen wirtschaftlichen Interessen in Rußland nachzugehen, wogegen der Freiheitskampf der antikommunistischen Kräfte niemals ihre Herzen ernstlich berührte.

Für den Ataman der Donkosaken, Krasnow, bedeutete der Abzug der deutschen Heeresverbände aus Rußland eine wahre Katastrophe. Von einem Tag zum anderen wurde dadurch die gesamte Westflanke des Dongebietes vom Asowschen Meer bis Woronesch entblößt. Solange sich dort deutsche Truppen befunden hatten, hielt dies die Rotarmisten davon ab, irgendwelche Angriffsoperationen zu unternehmen. Nun mußte die Donkosakenarmee, die anderswo genügend zu tun hatte, die Bolschewiki daran zu hindern, in das Landesinnere einzudringen, schleunigst diese Bresche ausfüllen.

Von allen Seiten erfolgte ein Anrücken starker sowjetischer Verbände. An der Wolga bei Zarizyn (später Stalingrad, dann Wolgograd) bereitete sich die 30.000 Mann starke X. Sowjetarmee zum Angriff vor. Aus nördlicher Richtung rückten zwei weitere sowjetische Armeen in einer Gesamtstärke von 50.000 Mann an, und schließlich hatten sich von der Ukraine her 20.000 Mann in Bewegung gesetzt. Trotz dieses Angriffs von mehreren Seiten zugleich schlugen sich die Donkosaken hervorragend. Noch einmal bäumte sich all ihre Kraft auf, wollten sie dem Feind beweisen, daß er mit ihnen kein leichtes Spiel haben würde.

Die Donarmee zählte zu diesem Zeitpunkt etwa 50.000 Mann, die sich einer dreifachen sowjetischen Übermacht zu erwehren hatten, welche über 450 Geschütze und 300.000 Maschinengewehre gegen die Kosaken einzusetzen vermochte. Ataman Krasnow stellte daraufhin fest: „Es gibt Familien, die ihr Oberhaupt und zwei Söhne verloren haben. Alles wurde für die Freiheit der Heimat geopfert: Leben, Hab und Gut. Alle Pferde sind abgeliefert worden, entweder für die Front oder die Trosse; Kühe und Ochsen wurden ohne Bedauern geschlachtet, um die Front zu ernähren. Brot wurde ebenfalls dorthin transportiert, auch das letzte Kleidungsstück und die Wäsche wurde abgegeben."

Ein grimmiger Frost hatte am Jahresende das Land überzogen, der den unzureichend bekleideten Kosaken, die außerdem nicht genug zu essen hatten, schwer zu schaffen machte. Es gab nicht einen Kosaken mehr, der nicht in irgendeiner Weise an der Front seinen Dienst verrichtete. Die Verluste der Kosaken waren hoch, die vielen Entbehrungen zehrten die Donarmee immer mehr aus. Aber dennoch stellte sie sich immer wieder dem Gegner mit wahrer Todesverachtung entgegen, wurde die geliebte Heimat bis zum letzten Blutstropfen geschützt.

In der zweiten Novemberhälfte 1918 tobten entlang der gesamten Donfront erbitterte Kämpfe. Eine mit gewaltiger Übermacht geführte Offensive der Roten Armee auf dem Territorium des Donstaates blieb ohne Erfolg. General Mamontow, der die Reiterschwadronen der Donarmee anführte, unternahm sogar den mehrfachen Versuch, die rote Hochburg Zarizyn zu stürmen, doch reichten seine Kräfte nicht aus, um die feindlichen Stellungen zu überwinden.

Auf sowjetischer Seite hatte einer die tollkühnen Attacken der Kosakenkavallerie besonders aufmerksam beobachtet. Leo Trotzki, den man den Schöpfer der Roten Armee nennt, kam auf die Idee, der weißen Kavallerie eine rote Kavallerie entgegenzustellen. Sein Aufruf „Proletarier aufs Pferd!" führte zum Entstehen des Reiterkorps von Budjonny, über welches später Isaak Babel sein berühmtes Epos schrieb.

Dieser Aufruf hatte folgenden Wortlaut: „Die Hauptnot der Roten Armee bildet ihr Mangel an Reiterei. Unser Krieg hat die Chance eines Bewegungskrieges und erfordert größte Manövrierfähigkeiten. Dadurch wird der Reiterei eine große Rolle zugewiesen. Jetzt ist durch den verheerenden Überfall Mamontows die Frage nach der Aufstellung zahlreicher roter Kavallerieverbände akut geworden. Unser Mangel an Reiterei ist keineswegs zufällig. Die Revolution des Proletariats wurde in den großen Industriezentren geboren. Wir haben keinen Mangel an Maschinengewehrschützen und Artilleristen. Aber wir leiden große Not an Reitern. Die Sowjetrepublik braucht Kavallerie. Rote Kavalleristen. Proletarier aufs Pferd!"

Trotzki gelangte damals zu der Einsicht: „Dieser höchst konservative Dienst der Kavallerie, der zum großen Teil im Aussterben war, ist plötzlich sozusagen wieder zum Leben erwacht. Er ist das wichtigste Mittel der Verteidigung und des Angriffs in den Händen der konservativen und verfaultesten Klassen geworden. Wir müssen ihnen diese Waffe entreißen und sie zu der unsrigen machen."

Obwohl sich die Donkosaken noch das ganze Jahr 1919 zu behaupten wußten, zeichnete sich die Wende in dem Bürgerkrieg zwischen Rot und Weiß unaufhaltsam ab. Gegen die Übermacht der Bolschewiki und vor allem auch gegen deren große Waffenüberlegenheit gerieten die Kosaken immer stärker ins Hintertreffen. Auch Uneinigkeit in den eigenen Reihen über die Zusammenarbeit mit den Kommandeuren der Weißen Armee sowie Rivalitäten in der Führung sorgten für einen schleichenden Prozeß der Demoralisierung.

Die bislang erfolgreiche Verteidigung des Dongebietes, insbesondere der Städte Rostow und Nowotscherkassk, ließ sich nicht länger aufrechterhalten, weil die ständigen Attacken der inzwischen aufgestellten roten Reiterarmeen Budjonnys das gesamte bisherige Gefüge der Front auseinandergerissen hatten und es bereits zu einer Fluchtbewegung gekommen war.

Anfang Januar 1920 faßte die weißrussische Freiwilligenarmee gemeinsam mit den Donkosaken noch einmal alle ihre Kräfte zusammen, um die Hauptstadt des Don, auf welche ein Angriff der Bolschewiki unmittelbar bevorstand, nicht völlig kampflos preiszugeben. Noch einmal vollbrachte das Reiterkorps des Kosakengenerals Mamontow eine Glanztat, indem es zwei Infanteriedivisionen der Roten Armee aus deren Stellungen fegte und sie nahezu völlig aufrieb. Doch an der Gesamtlage änderte dies nichts.

Am 23. Dezember 1919 gelang es den Rotarmisten, in Taganrog einzudringen. General Denikin hoffte, mit seinen weißrussischen Verbänden durch eine Entscheidungsschlacht den Angriff der Bolschewisten zum Stehen bringen zu können. Die Voraussetzungen dazu waren günstig, denn durch ihr schnelles Vordringen hatte sich die Rote Armee ziemlich verausgabt. Doch die Donkosaken fanden nicht mehr zu ihrem früheren Elan zurück, scheuten die Auseinandersetzung mit der feindlichen Kavallerie auf offenem Feld. Erstmals kam es nun zu Erscheinungen eines Defätismus. Anführer der Kosaken weigerten sich, Befehle zum Angriff auszuführen, machten auch keine Anstalten mehr, ihre Truppen daran zu hindern, sich in südlicher Richtung abzusetzen.

Hatten sie einstmals alles daran gesetzt, die Hauptstadt des Don, Nowotscherkassk, den Händen der Roten zu entreißen, so unternahmen sie jetzt nichts, um den Verteidigern zu Hilfe zu eilen.

Am 26. Dezember war das Schicksal der Stadt besiegelt. Einen Tag danach erstürmten die Rotarmisten auch Rostow. Den sich zurückziehenden weißrussischen Truppen gelang es, sich über den zugefrorenen Fluß auf das linke Donufer zu retten. Auch das 1. Donkorps der Kosaken sowie die Kubanarmee schafften den Übergang auf die andere Seite. Noch einmal war ihnen das Glück hold, denn kaum hatten sie die Eisfläche überschritten, setzte eine Tauwetterperiode ein, welche die roten Streitkräfte an einer Verfolgung hinderte.

Auch der Roten Armee bereitete die Moral ihrer Truppen Sorgen. Durch eine schwere Typhusepidemie lichteten sich ihre Reihen. Desertionen waren an der Tagesordnung. Viele der Soldaten kämpften nicht aus irgendeiner Überzeugung heraus, sondern ausschließlich um Beute zu machen, sich an dem Hab und Gut der Bevölkerung zu bereichern. Ein Teil von ihnen lebte auch seine verbrecherischen Instinkte aus. Aber einen Vorteil daraus vermochten die antibolschewistischen Kräfte nicht mehr zu ziehen.

Aus dem gesamten Dongebiet wälzte sich ein riesiger Flüchtlingsstrom in Richtung des Kuban. Die Kosakenbevölkerung in den Stanizen befürchtete, daß die Rote Armee nach einem tieferen Eindringen in das Donsche Gebiet ihren Rachegelüsten freien Lauf lassen würde. Verschiedene Vorkommnisse, bei denen zurückgebliebene Familien in den Dörfern von Angehörigen der Tscheka niedergemacht und selbst kleine Kinder nicht verschont wurden, bestärkten die Fliehenden in ihren Ängsten.

Gänzlich anders verhielten sich dagegen die Terek- und Kubankosaken, welche es nach dem einsetzenden Zerfall ihrer Truppenteile zurück in die heimatlichen Stanizen zog. Auch ein Teil des weißrussischen Offizierskorps hatte nach den vorausgegangenen schweren Niederlagen seinen Kampfesmut eingebüßt und verbreitete sich ganz offen darüber, auf die Seite der Sowjets übertreten zu wollen.

Vergebens hatte sich Donkosaken-Ataman Krasnow gegen eine Entwicklung gestemmt, welche er als die bolschewistische Krankheit bezeichnete, deren Ansteckung bereits die gesamte Front ergriffen habe. Doch von der

Stimmungswoge, die ihn im Mai 1918 an die Spitze der Kosakenratsversammlung, den großen Wojskowoj-Krug, getragen hatte, war nichts mehr vorhanden. Eine Reihe von äußerst zwielichtigen Gestalten, die ganz offensichtlich durch hohe Geldbeträge der Bolschewisten zu einem Meinungswandel veranlaßt worden waren, hatte es zuwege gebracht, Krasnow weitgehend zu isolieren. Schon das äußere Bild der Ratsversammlung war nicht mehr von der früheren Ehrerbietung ihm gegenüber geprägt. Niemand erhob sich bei seinem Erscheinen im Krug.

Bereits vor der Eröffnung der Ratsversammlung wurde der Ataman aufgefordert, sich von den beiden Generälen des Donheeres, Denisow und Poljatow, zu trennen, denen man die schlechte Verfassung der Dontruppen anlastete. In Wirklichkeit aber zielte dieser Angriff auf den Ataman selbst, den man zum Sündenbock für die negative Entwicklung an der Front stempeln wollte. Doch jene, welche den Ataman mittels solcher Vorwürfe zu stürzen gedachten, arbeiteten mehr oder minder ahnungslos einer anderen Fraktion in die Hände, welche unter dem Einfluß der westlichen Interventionsmächte stand.

Die Alliierten haßten Krasnow, weil er ihnen mehr als einmal ein völliges Versagen beim gemeinsamen Kampf gegen die Bolschewisten vorgeworfen und den Verdacht geäußert hatte, sie hätten längst einen Wechsel der Seiten ins Auge gefaßt. Die Vertreter der Entente stellten daraufhin Krasnow als Deutschenfreund hin, was eine gewisse Wirkung in solchen russischen Kreisen zeitigte, die aus ihrer Abneigung gegen alles Germanophile kein Hehl machten.

Die Kosakenschaft des Don ebenso wie die des Kuban und Terek war seit dem Ausbruch des Bürgerkrieges einem ständigen Wechselbad der Gefühle ausgesetzt. Dies drückte sich darin aus, daß man trotz allen erfahrenen Unglücks häufig auf die Lügen der roten Propagandisten hereinfiel. Die Anfälligkeit für bestimmte in Umlauf gebrachte Nachrichten war groß. Die schlichte Denkweise vieler Kosaken machte es ihnen schwer zu erkennen, wo die Grenze zwischen Wahrheit und Lüge lag.

Nachdem rote Agitatoren in einer Staniza unter den dort lebenden Kosaken große Summen Geldes verteilt hatten, kamen immer mehr Stimmen auf, ob die Bekämpfung der Roten wirklich gerechtfertigt wäre. Die bolschewistische Propaganda ließ unter den Kosaken des Don verbreiten, daß es doch nicht mehr nötig sei, gegeneinander die Waffen zu richten. Alle hätten sich eine Zeit der Ruhe und Erholung verdient. Solche Einflüsterungen veranlaßten tatsächlich eine Anzahl der Donkosaken, ihren Regimentern den Rücken zu kehren und sich auf den Weg in die heimatlichen Stanizen zu begeben.

Doch was passierte dort mit all diesen Leichtgläubigen? Kommandos der Tschekisten trieben sie zusammen, transportierten sie zum Ural ab, wo man sie nunmehr zwang, in den Reihen der Roten Armee ihre Brüder zu bekämpfen. Genau zur gleichen Zeit, da dies geschah, verhöhnten Rotarmisten in der Staniza Wesenskaje die dortige Kosakenbevölkerung mit einem Schaustück besonders perfider Art. Eine trunkene Soldateska trieb Frauen, Kinder und Halbwüchsige des Ortes in die dortige Kathedrale, in welcher sie dann einen im ganzen Dorf hochangesehenen 80jährigen Priester unter wüstem Geschrei und Gejohle mit einer Stute vermählten.

Die völlig außer Rand und Band geratenen Rotarmisten bekleideten sich mit kirchlichen Ornaten, stülpten dem zitternden Priester sowie dem Pferd Brautkränze über und veranlaßten dann alle Bewohner des Dorfes, sich vor dem Altar niederzuknien und so dieser „Zeremonie" beizuwohnen, die einem Horrorszenarium zu entstammen schien. Anschließend metzelten die Rotarmisten die zum Teil völlig erstarrten oder laut weinenden Menschen nieder.

Geschehnisse solcher Art waren es, die den Kosaken schwer zusetzten. Während dies die einen zu erbitterten Gegnern der Bolschewisten werden ließ, zerbrachen andere seelisch daran. Sie hofften durch einen Akt der Unterwerfung die Kommunisten von solchen Exzessen abbringen zu können. Insgesamt gesehen schwächte dies aber auf die eine oder andere Weise auch die Front der Standhaften. So konnte es dann geschehen, daß Don-Ataman Krasnow, dem zunächst alle zugejubelt hatten, sich auf einmal an den Pranger gestellt sah. Mit immer wieder neuen Verleumdungen wurde sein Ansehen systematisch untergraben.

Doch zunächst richteten sich auf der Ratsversammlung der Kosaken die Angriffe gegen den engsten Vertrauten des Atamans, General Denisow. Eine Reihe von Offizieren, die er bei Übernahme der Führung des Donheeres von ihren Posten wegen mehrfach erwiesener Unfähigkeit hatte entfernen lassen, schlüpfte jetzt in die Rolle von Anklägern und veranstaltete über General Denisow ein wahres Scherbengericht.

Schließlich vermochte sich der Ataman nicht länger zu beherrschen. Er erhob sich, blickte die Krakeeler verächtlich an und meinte dann: „Bereits drei Stunden lang bin ich Zeuge einer unzulässigen Hetze gegen den Armeeoberkommandeur, gegen den Mann, der Nowotscherkassk von den Bolschewiki befreit und persönlich die angreifenden Schützenketten geführt hat und dem das Donheer seine Siege und seine Freiheit verdankt. Dies ist also der ganze Lohn von Ihrer Seite für jene schweren und verantwortlichen Mühen, die er auf sich genommen hat. Vor meinem Auge steht er hier abgemagert, abgehärmt, hat seine Nerven verloren. Sie haben mir schon mehrmals seine Ablösung nahegelegt. Aber wenn Sie weiter gegen den Feind kämpfen und ihn besiegen wollen, dann kann es keinerlei Ablösung geben. Im Sturm kann man das Steuer einem erfahrenen und das Meer kennenden Steuermann nicht entreißen. Solche Experimente führen zu nichts Gutem. Ich frage all die Generäle, die jetzt als solch böswillige Kritiker gegen den Armeekommandeur aufgetreten sind, warum sie nicht ihre Arbeit verrichten, sondern sich hinter seinem Rücken verstecken. Weshalb fallen sie über einen Mann her, der so viel für die gemeinsame Sache getan hat? Es ist unmöglich, mit einer Armee zu arbeiten, der es an allem Notwendigen fehlt; aber dieser Mann hier hat eine Armee eingekleidet und mit Schuhwerk versehen. Die jetzige Niederlage ist keineswegs seine Schuld. Ich weiß, wie groß die Erschöpfung an der Front ist. Ich habe zusammen mit dem Armeekommandeur alle Fronten besichtigt und weiß, daß die Kosaken mehr geleistet haben, als sie es vermochten. Ich bin streng – aber ich vermag dagegen nicht jene zu verurteilen, die jetzt abfallen. Man kann die Leute nicht bis zum Äußersten treiben, aber wir haben es getan. Sehen Sie, die Saite ist sehr straff gespannt, aber auch sie wird reißen, wenn man sie übermäßig anspannt."

Mit dieser leidenschaftlichen Bekundung war es dem Don-Ataman noch einmal gelungen, jene zum Verstummen zu bringen, die sich bereits dazu anschickten, auch seinen Kopf zu fordern.

Der Krug vertagte sich; dann sollte die entscheidende Abstimmung erfolgen, von der mehr als nur ein Auswechseln bestimmter Leute abhing. Die Zukunft des gesamten Dongebietes stand auf des Messers Schneide. Würde die Zusammenarbeit der auseinandertreibenden Kräfte noch einmal bewahrt werden können?

Es gibt Historiker, die in dem Ereignis, das nunmehr eintrat, keinen Zufall sehen möchten. In der Nacht, die sich diesem ereignisreichen Tag anschloß, wurde auf ein Mitglied des Kosaken-Kruges, den Vorsitzenden der Sozialdemokratischen Partei des Don, P. M. Ageer, ein Mordanschlag verübt, der jedoch nicht tödlich ausging. Dieser Vorfall genügte allerdings, um die Stimmung in der Kosakenversammlung wieder umschlagen zu lassen. Die einen waren sofort mit der Verdächtigung bei der Hand, daß diese ruchlose Tat ein Werk des Atamans gewesen sei, der einen seiner einflußreichsten Gegner aus dem Weg habe räumen lassen, andere erblickten in dem Geschehnis einen terroristischen Akt. Er habe immerhin die Schwäche des Atamans bewiesen, der nicht mehr in der Lage sei, die Zügel fest in seiner Hand zu halten.

So traf dann der Krug bei seinem Zusammentreten am nächsten Tag die Entscheidung, „in Sorge um die Verteidigung des Dons", die Generäle Denisow und Poljakow von ihren Funktionen abzuberufen. Daraufhin erhob sich der Ataman des Don ein letztes Mal in der Ratsversammlung, um sich jetzt bereits in einem Ton der Resignation noch einmal an die Anwesenden zu wenden. „Sie betreten jetzt den Weg Rußlands. Zuerst war es Großfürst Nikolai, danach Brusilow, dann Gutschkow, hierauf Kerenski und schließlich Krylenko (nacheinander mit der Regierungsverantwortung nach dem Sturz des Zaren betraute Persönlichkeiten; Anm.).

Bedenken Sie, was Sie tun, und rütteln Sie dann nicht an der Macht, wenn der Feind kommt, um Sie zu vernichten. Das von Ihnen gegenüber General Denisow und Stabschef Poljakow ausgesprochene Mißtrauen beziehe ich voll und ganz auf mich selbst, da ich der oberste Chef und Führer der Donarmee bin, sie aber sind nur meine Untergebenen und die Exekutive meines Willens. Ich habe Ihnen schon gestern gesagt, daß, wenn ich diese Personen von der Zusammenarbeit mit mir entferne, dies gleichbedeutend wäre, als würde ich mir die rechte und die linke Hand abhacken. Ich sehe mich außerstande, einer Ablösung dieser beiden Männer zuzustimmen, und deshalb werde ich auf meinen Posten als Don-Ataman verzichten und Sie bitten, an meiner Statt einen Nachfolger zu wählen."

Ohne eine Reaktion der Ratsteilnehmer abzuwarten, verließ Krasnow die Sitzung. Damit hatten die Donkosaken einen ihrer fähigsten und weitblikkendsten Führer verloren. Niemand schien sich der ganzen Tragweite für die weitere Entwicklung der Ereignisse bewußt zu sein. Alles, was in der Folgezeit eintrat, entsprach den Warnungen Krasnows, sich niemals im Kampf mit dem Bolschewismus irgendwelchen Illusionen hinzugeben und erst recht nicht zu glauben, daß sich mit den Vernichtern des spirituellen Rußlands, seiner Kultur und Tradition ein gemeinsamer Weg beschreiten lasse. Niemals würden die Bolschewisten bereit sein, Andersdenkende an ihrer Macht teilhaben zu lassen.

Der Verzicht Krasnows auf die Führerschaft der Donkosaken beschleunigte eine Entwicklung, die dazu führte, daß den Kosaken die bislang erreichten Erfolge nach der Erhebung in den Stanizen wieder aus den Händen glitten.

So wie am Don der Anfang vom Ende gekommen war, sah sich auch die Kubanarmee im April 1920 einer völlig aussichtslosen Situation gegenüber. Von der Roten Armee immer mehr zur Küste des Schwarzen Meeres hingetrieben, blieb ihr zuletzt nur noch ein 25 Kilometer breiter Streifen, auf welchem rund 60.000 Mann, darunter auch das 4. Donkosaken-Kavallerie-Korps, zusammengedrängt waren. Es gab kein Futter mehr für die Pferde, die letzte Munition war verschossen, und auch die Verpflegung der Truppe neigte sich dem Ende zu.

Als eine letzte Möglichkeit, sich aus der roten Umklammerung zu befreien, schwebte dem Armee-Oberkommando ein Übertritt nach Georgien vor. Doch die Georgier, darauf bedacht, ihre bislang im Bürgerkrieg bewahrte Neutralität nicht aufs Spiel zu setzen, lehnten eine Grenzüberschreitung strikt ab. Überlegungen, sich den Grenzübergang notfalls mit Gewalt zu erzwingen, wurden wieder fallengelassen, nachdem die Engländer den Kosaken drohten, daß sie in einem solchen Fall die militärische Macht Großbritanniens zu spüren bekommen würden.

Wieder einmal zeigte die Entente ihr wahres Gesicht. Die bisher von ihr bekundete Gemeinsamkeit mit dem Kampf der antibolschewistischen Kräfte stand für sie längst nicht mehr auf der Tagesordnung. Ohne viel Aufsehens davon zu machen, war ein Frontwechsel vollzogen worden, eine Annäherung an Lenin erfolgt. So trat dann am 16. April 1920 die Armeeführung zu ihrer letzten Beratung zusammen. Es wurde der Abschluß eines Waffenstillstandes mit der Roten Armee erörtert. Eine Alternative hierzu gab es nicht mehr. Es sollte lediglich noch der Versuch unternommen werden, bei den Verhandlungen einen gewissen Zeitgewinn herauszuholen, damit allen Kosaken, die nicht gewillt waren, sich den Bolschewisten zu ergeben, ein Fluchtweg mit Schiffen hinüber zur Krim oder eine Rückkehr über die Gebirge in ihre Heimat offenblieb.

In den Abendstunden des 16. April traf dann an einer Brücke südlich von Sotschi eine Delegation der Kubankosaken mit einer Abordnung der Roten Armee zusammen. Das „denkwürdige" Gespräch, über welches es eine Aufzeichnung in russischen Archiven gibt, spielte sich folgendermaßen ab. Ein Politkommissar, als Wortführer der Rotarmisten, erklärte: „Wenn Sie die Sowjetmacht anerkennen werden, dann wird unsere Unterhaltung sehr kurz sein." Darauf entgegnete der Verhandlungsführer der Kosaken: „Wir sind hergekommen, um Verhandlungen zu führen, aber nicht über eine Anerkennung der Sowjetmacht, sondern über einen Waffenstillstand, um unsere schwere Situation durch unnötige Verluste nicht noch weiter zu verschlimmern. Wenn wir vom Frieden reden werden, dann wird auch über eine Anerkennung der Sowjetmacht gesprochen werden."

Der Rote Kommissar entgegnete: „Gott sei Dank, daß der Bürgerkrieg zu Ende geht. Sie wissen wohl, daß sich die Sowjetmacht sehr stark verändert hat. Wir nutzen weitgehend die Dienste der Intelligenz. Bei uns nehmen jetzt Kaderoffiziere einflußreiche Posten ein. Jetzt ist vieles vergessen. Und wir haben vieles gelernt. Wir begreifen, daß Ihr uns bis Orel zurückgeschlagen habt, dank unserer Fehler. Und nun seid Ihr Eurerseits von uns zurückgeworfen worden, dank Eurer Fehler. Wie erfreulich ist es, sich vorzustellen, daß zum ersten Mal seit drei Jahren russische Menschen, die erbittert gegeneinander gekämpft haben, hier zusammengekommen sind. Jetzt können wir miteinander über unsere russische Sache verhandeln."

Als die Kosaken dem Kommissar mitteilten, daß sie gern die Engländer als Vermittler des Waffenstillstandes an ihrer Seite hätten, löste dies bei dem Rotarmisten offensichtliches Befremden aus. Er protestierte dagegen mit den Worten: „Weshalb brauchen wir denn die Engländer, wozu Vermittler? Hier verständigen sich doch Russen mit Russen. Die Engländer aber wollen als Makler stets etwas für sich selber herausschlagen. Doch wenn wir ohne Vermittler verhandeln, werden wir dieses Maklerprozent für uns selbst behalten. Ist es nicht im Interesse Rußlands weit günstiger, allein miteinander zu verhandeln?"

Eines der Mitglieder aus der Kosakendelegation vermochte sich nicht die Bemerkung zu verkneifen: „Die Frage nach den russischen Interessen ist bisher noch niemals in Sowjetrußland gestellt worden. Aber jetzt also führt ihr plötzlich russische Interessen im Munde?"

Die Antwort des Politkommissars, die dieser offensichtlich in tiefster Überzeugung gab, lautete: „Jetzt hat sich eben die Situation völlig verändert. Wir stellen uns vor allem den Schutz der russischen Interessen zum Ziel."

Doch während dieser Verhandlungen, die noch nicht zu einem sofortigen Abschluß eines Waffenstillstandes führten, hatten die Kosaken genügend Zeit gefunden, um ihre Flucht aus der Falle zu planen, in der sie saßen. Am 17. April wurden mit den Bolschewiki dann Kapitulationsbedingungen festgelegt, von einem Waffenstillstand war jetzt schon nicht mehr die Rede.

Das Schicksal räumte den geschlagenen Kosakenverbänden vom Don, Kuban und Terek noch eine letzte Gnadenfrist ein, bevor sie sich vollends den Bolschewiken auf Gedeih und Verderben ausliefern mußten. Den Stab der Donarmee erreichte die Nachricht, daß von der Krim Transportschiffe unterwegs wären, um alle an Bord zunehmen, die nicht in die Hände der Roten Armee fallen wollten. Da jedoch an dem Wahrheitsgehalt dieser Mitteilung erhebliche Zweifel bestanden, hatte die Armeeführung ein großes türkisches Segelschiff beschlagnahmen lassen, um wenigstens die Kranken und Verwundeten auf solche Weise in Sicherheit bringen zu können.

Für Verzweiflung sorgte die Kunde, daß bei einer in Aussicht gestellten Überfahrt zur Krim auf keinen Fall die Pferde mit an Bord genommen werden könnten. Wer um die enge Verbundenheit der Kosaken mit ihren Pferden weiß, der vermag nachzuempfinden, welche herzzerreißenden Szenen sich an der Küste des Asowschen Meeres abspielten. Einige Kosaken, die es einfach nicht fertig brachten, sich von den treuen Tieren zu trennen, lehnten es daraufhin ab, diesen Weg der Errettung für sich zu wählen. Sie versuchten sich statt dessen einzeln oder in kleineren Gruppen nach Georgien durchzuschlagen.

Die anderen sattelten die Pferde ab und bemühten sich, sie durch Handbewegungen vom Strand zu verscheuchen. Manche der Kosaken brachen dabei in hemmungsloses Weinen aus. Die Pferde, die überhaupt nicht begriffen, was von ihnen verlangt wurde, kehrten nach kurzer Zeit zu Tausenden ans Meer zurück. Stundenlang harrten sie hier aus, immer wieder kläglich wiehernd. Einige liefen später sogar ins Wasser hinein, als die Verladung der Kosaken auf die mittlerweile eingetroffenen Schiffe begann.

Am Strand stapelten sich zurückgebliebene Sättel, Gewehre, Maschinengewehre. Nichts durfte mitgenommen werden, da die britische Order lautete, nur völlig unbewaffnete Kosaken würden die Erlaubnis zum Betreten der Schiffe erhalten.

In diesen Stunden großer Tragik zerbrach, wie schon mehrfach in der Vergangenheit, die Einheit der Kosaken. Ein Teil von ihnen, der sich damit abgefunden hatte, daß nunmehr das Ende der Kämpfe gekommen war, bestand darauf, die bereits vereinbarte Kapitulation gegenüber der Roten Armee wie vorgesehen einzuhalten. Offiziere der Roten Armee, die inzwischen mitbekommen hatten, daß mehrere tausend Kosaken danach trachteten, sich ihnen zu entziehen, protestierten gegen diesen Schritt, vermochten ihn jedoch nicht mehr zu verhindern.

Am Abend des 20. April 1920 hatten sich insgesamt 5.000 Donkosaken an Bord der englischen Panzerkreuzer „Korodok“ und „Marlborough“ begeben. Die Schiffe liefen in Richtung des Marinekriegshafens Feodossija aus. Auch weitere Kosakenverbände, welche General Schkuro unterstanden hatten, ließen sich ebenfalls zur Krim übersetzen.

Von den 60.000 Kavalleristen der Kuban-Armee wurden nur einige tausend Mann zur Krim gebracht. Dies hing damit zusammen, daß die meisten von ihnen überhaupt nichts von der Ankunft der Schiffe erfahren hatten. Währenddessen leisteten die Terekkosaken noch immer verzweifelten Widerstand gegen die sie bedrängenden bolschewistischen Kräfte. Am 30. März 1920 stießen die roten Verbände bis zu der Hafenstadt Petrowsk vor. Auch hier waren Vorbereitungen zur Flucht über das Meer getroffen worden. Die Kosaken setzten sich auf dem Seeweg nach Baku ab. Doch dort wurde ihnen übel mitgespielt.

Aus Aufzeichnungen des weißrussischen Generals Denikin geht hervor, daß die Terekkosaken von den Aserbaidschanern entwaffnet wurden, die sich auch die Schiffe der russischen-kaspischen Flottille, welche für die Flucht benutzt worden waren, aneigneten. Den Kosaken selbst wurde ein freier Abzug nach Georgien zugesichert, wo sie in einem Lager der Hafenstadt Poli bis zum Sommer 1920 interniert blieben. Dann gelang es dem weißrussischen General Wrangel, ihre Freilassung und den Abtransport zur Krim durchzusetzen.

Die Rote Armee, welche nun nach der Ausschaltung der Terekkosaken die Herrschaft über Daghestan erlangt hatte, wurde zunächst von der kriegsmüden Bevölkerung wie ein Befreier begrüßt. Doch schon bald gewann die Erkenntnis Oberhand, daß man jemanden mit viel Vorschußlorbeeren empfangen hatte, der dies in keiner Weise verdiente. Die Rotarmisten dachten gar nicht daran, Sitten und Bräuche der hier lebenden Bergbewohner in irgendeiner Weise zu respektieren. Sie verspotteten die Menschen wegen ihres islamischen Glaubens, trieben in den Moscheen das gleiche grausame Spiel wie schon zuvor in den Kirchen des Dongebietes, belegten die Bevölkerung bei geringfügigen Übertretungen der nunmehr eingeführten sowjetischen Gesetze mit rigorosen Strafen. Gegen sich auflehnende Dörfer wurden Exekutionskommandos ausgeschickt, um dort blutige Exempel zu statuieren.

Die gepeinigten Menschen, welche soeben noch der Roten Armee ihre Sympathie bekundet hatten, erkannten jetzt, wie sehr sie sich über das wahre Antlitz des Bolschewismus getäuscht hatten. Nicht Frieden war mit ihm im Land eingekehrt, sondern erbarmungslose Verfolgung und die Ausübung von Grausamkeiten verschiedenster Art.

So hatten sich die Bolschewisten gerade fünf Monate in Daghestan häuslich eingerichtet, als die gemarterte Bevölkerung sich durch einen Aufstand ihrer wieder zu entledigen versuchte. Doch dieses Aufbegehren währte nicht lange, die Bolschewisten erstickten es in Blut und Tränen.

In einem 1935 in New York veröffentlichten Buch „The Russian Revolution" schilderte der Autor W. H. Chamberlain, was sich beim Eindringen der

Rotarmisten in eine der Hochburgen des Aufstandes, den Aul Gergibil (ein Gebirgszug) in der Nähe der Küstenstadt Machatschkala am Kaspischen Meer, abspielte. „Um jedes Haus mußte im erbitterten Nahkampf gerungen werden, und viele der Verteidiger zogen es vor, in einer brennenden Moschee umzukommen, statt sich dem Feind zu ergeben." Der Kommunist Samurskij, der an diesen Kämpfen teilgenommen hatte, gab 1924 in der sowjetischen Zeitschrift „Proletarische Revolution" ohne Umschweife zu: „Wir wandten die grausamsten Maßnahmen gegen die Aufständischen an." Gemeint war damit, daß man flüchtige Frauen und Kinder in die brennenden Häuser zurücktrieb und sie den Flammen überantwortete.

DIE STUNDE DES GENERALS WRANGEL

Nach der Niederschlagung des Aufstandes in Daghestan bildete nun nur noch die Krim die letzte Zufluchtsstätte der stark dezimierten weißen Verbände sowie der hier eingetroffenen Kosaken. Nachdem namhafte weiße Generäle wie Denikin und Koltschak den Kampf bereits verloren gegeben hatten, schlug jetzt die Stunde eines Mannes, der sich seinen Glauben bewahrt hatte, daß es dennoch gelingen könnte, von Rußland das Schicksal einer völligen Bolschewisierung abzuwenden.

Der General Baron Petr Nikolajewitsch Wrangel hoffte, von der Krim aus dem Rad der Geschichte noch einmal in die Speichen greifen zu können. Welche Kräfte standen ihm hier zur Verfügung? Auf der Krim hatten sich zu dieser Zeit 25.000 Angehörige der russischen Freiwilligen-Armee sowie 10.000 Kosaken eingefunden, die weder über Pferde noch irgendwelche Waffen verfügten. Auch um die Freiwilligen-Armee war es nicht besser bestellt. Ihre Kavallerie besaß keine Pferde; Geschütze und Maschinengewehre fehlten gänzlich, die Mannschaften befanden sich in einem desolaten Zustand, die Uniformen hingen ihnen in Fetzen vom Körper, und auch um Nahrungsmittel stand es schlecht.

Der Unwille der Truppe, den Kampf überhaupt noch fortzusetzen, war groß, da man keinerlei Siegeszuversicht mehr besaß. Befehle der Offiziere wurden nicht oder nur widerwillig ausgeführt. Schlimmer als all dies wog jedoch die Tatsache, daß zwischen der Befreiungsarmee und den Kosaken ein Zustand tiefsten Mißtrauens eingetreten war, der allmählich in Haß umschlug. Die Donkosaken gaben der Freiwilligen-Armee Schuld an dem Zusammenbruch der Front im Dongebiet, weil sie nicht genügend Anstrengungen zur Abwendung der militärischen Katastrophe unternommen hätte.

In Sewastopol kam es zu ersten schweren Zusammenstößen zwischen beiden Seiten. Die Entzweiung zwischen ihnen nahm derartige Formen an, daß die Gefahr des Auseinanderbrechens unter den einstmals Verbündeten inmitten des Bürgerkrieges heraufbeschworen wurde. Dies konnte nur dadurch verhindert werden, daß zunächst so etwas wie eine Scheidelinie zwischen den Weißrussen und den Kosaken gezogen wurde. Wrangel griff mit harter Hand durch, organisierte die Freiwilligen-Armee vollständig um, sorgte für die Rückkehr von Disziplin und Ordnung.

Zug um Zug stellte er die Kriegsfähigkeit der Armee wieder her. In einem Brief an einen seiner engsten Vertrauten, General Lukomskij, brachte Wrangel, der einstmals als Offizier im Leibgarderegiment des letzten Zaren gedient hatte, seine feste Überzeugung zum Ausdruck, daß die Anarchie in Rußland nicht durch einen Frieden mit den Bolschewiki zu beenden sei, sondern erst durch die Bildung eines Kerns, um den sich alle elementaren antibolschewistischen Volkskräfte gruppieren könnten, welche die Sowjettyrannei nicht länger ertragen wollten. Ein solcher Kern aber sollte jetzt auf der Krim entstehen. „Mein Plan ist es", so versicherte Wrangel, „die Krim zu halten, Armee und Etappe auf die Höhe zu bringen, den Kampf im Kaukasus und in Neurußland zu unterstützen und auf eine günstige Gelegenheit zu warten, um diese dann ausnutzen zu können."

Der erste Wermutstropfen in diesen noch einmal mit Hoffnung gefüllten Becher fiel im Mai 1920, als die britische Regierung Wrangel wissen ließ, daß sie jegliche Hilfe bei der Fortsetzung des Kampfes künftig verweigern werde. So sah sich auch dieser lautere Offizier, der Rußland das Verhängnis ersparen wollte, auf ewige Zeit dem Kommunismus anheim zu fallen, von den wankelmütigen Briten im Stich gelassen. Er war sich der Tatsache bewußt, daß er nun ganz auf sich allein gestellt sein würde. Dennoch beschloß er, von der Krim aus noch einmal zur Offensive überzugehen, um mit dem sowjetischen System abzurechnen. Doch zuvor galt es, sich mit den zerstrittenen Kosaken über eine Wiederherstellung der Gemeinsamkeit im Kampf gegen den Kommunismus zu einigen.

General Wrangel schloß einen Vertrag mit den Kosaken des Don, Terek und Kuban ab, mit welchem die alte Verbundenheit zwischen der weißrussischen Freiheitsarmee und der Kosakenschaft erneut gefestigt wurde. Wrangel lud die Atamanen und weitere Vertreter der noch bestehenden kosakischen Regierungen zu sich nach Sewastopol ein und erklärte ihnen dort mit großem Nachdruck: „Es ist aus politischen Gründen außerordentlich notwendig, vor Europa unsere Einigkeit zu demonstrieren."

Am 4. August 1920 kam dieser Vertrag zustande, dessen Kernsatz lautete: „Dem Oberkommandierenden wird die Fülle der Macht über alle Streitkräfte der Staatsgebilde des Don, Kuban, Terek und Astrachans sowohl in operativer Beziehung als auch in den prinzipiellen Fragen der Armee zuerkannt."

Noch einmal schien das Kriegsglück den antikommunistischen Truppen gewogen zu sein. Überall kam ihre Offensive gut voran. Die Truppen der Freiwilligen stießen von der Krim aus nach Taurien vor, jenem Landstrich, der sich unterhalb des Dnjepr bis zur Halbinsel Krim erstreckt. Trotz der Überlegenheit der sowjetischen Streitkräfte errangen sie einen Sieg nach dem anderen. Zur gleichen Zeit tobte auch ein zwischen Polen und der Sowjetmacht ausgebrochener Krieg. Wrangel nutzte die so entstandene Situation sofort aus und rückte mit seinen Verbänden von Taurien in die Südukraine vor. Für die Polen bedeutete dies eine beträchtliche Entlastung ihrer Front, die es ihnen gestattete, am 10. August 1920 den bolschewistischen Angriff auf Warschau abzuwehren.

Der polnische Marschall Pilsudski lehrte die Sowjets das Fürchten. Zugleich revidierte die französische Regierung noch einmal ihre Haltung gegenüber den weißrussischen Kräften. Der französische Marschall Weygand ergriff mit einer Interventionstruppe eindeutig die Partei der Polen. In Frankreich war erneut Furcht entstanden, daß die Bolschewiki, wie ihr Krieg gegen Polen zeigte, ganz offensichtlich gewillt schienen, ihren Einfluß immer weiter auszudehnen, womit sie auch eine latente Gefahr für Westeuropa darstellten.

So wurden in dem Kräftespiel die Karten noch einmal neu gemischt. Die französische Regierung ging sogar so weit, das Regime des General Wrangel auf der Krim de facto als Regierung eines eigenständigen Südrußland anzuerkennen. Die französische Flotte wurde angewiesen, entlang der Krimküste zu patrouillieren und jedweden sowjetischen Landungsversuch mit Gewalt zu unterbinden. Auch die Versorgung mit Kriegsmaterial für die Freiwilligen-Armee wurde wiederaufgenommen.

An der polnischen Weichselfront aber erlitt die Rote Armee eine ihrer schwersten Niederlagen seit Ausbruch des Bürgerkrieges. Zehntausende ihrer Soldaten streckten die Waffen. Berühmte Heerführer wie Tuchatschewski (später von Stalin während der großen Säuberungsaktion in der Roten Armee liquidiert) fluteten mit ihren Truppen nach Osten zurück. Eine Stadt nach der anderen wurde nunmehr kampflos preisgegeben: Lublin, Brest-Litowsk, Lemberg, Tarnopol und zahlreiche andere. Lenin selbst schätzte die Gefahr derart groß ein, daß er im Zentralkomitee der Bolschewiki bereits davon sprach, es könnte zu einem Ende des bisher so erfolgreichen Ausganges der proletarischen Revolution in Rußland kommen.

So wurde Polen ein sofortiges Friedensangebot unterbreitet. Für Wrangel aber stellte diese Entwicklung der Dinge eine riesige Enttäuschung dar. Er mußte befürchten, daß nunmehr die roten Truppen, deren Einsatz an der Polenfront nach einer Einstellung der Kämpfe nicht länger erforderlich war, sich nunmehr gegen ihn wenden würden.

Genauso kam es dann auch. Der sowjetische Kriegskommissar Leo Trotzki gab die Direktive aus: „Alles gegen Wrangel!“ Die von diesem im Bündnis mit den Kosaken geführte Armee wurde als die letzte bedeutsame Bastion angesehen, über welche die weiße Seite in Rußland noch gebot. Gelang es, sie zu überwinden, würde der Errichtung der kommunistischen Macht auch in den Regionen des Kaukasus bis weit in den asiatischen Raum hinein nichts mehr im Wege stehen.

Später einmal urteilte der sowjetische Militärhistoriker A. Golubew: „Qualitativ war die Wrangelarmee die beste Streitmacht, über welche die russische und internationale Konterrevolution in ihrem bewaffneten Kampf gegen die Sowjetrepublik jemals verfügt hat.“

Wrangel versuchte nunmehr eine Art Befreiungsschlag zu führen, indem er sich zu einem Landungsunternehmen an der Küste des Kuban entschloß. Er war sich darüber im klaren, daß er bei dieser militärischen Operation alles auf eine Karte setzen mußte. Auf die Dauer vermochte die Halbinsel Krim keine geeignete Basis für die Befreiungsarmee abzugeben. Von hier aus ließ sich weder ihre ständige Versorgung sichern, noch existierte ein breites Umfeld, aus welchem den antikommunistischen Kämpfern stetig neue Kraft zufloß, die sie für ihre militärischen Operationen benötigten. Dies aber wäre alles dann der Fall, sobald die Kosaken wieder von ihren angestammten Heimatgebieten Besitz ergriffen hätten.

Am 1. August 1920 landete das aus den Regimentern der Kuban-, Terek- und Astrachankosaken bestehende Expeditionskorps an der Ostküste des Asowschen Meeres. Nachdem die Kosaken wieder an den Kuban zurückgekehrt waren, trat dort genau das ein, was General Wrangel sich erhofft hatte. Wie schon einmal, flammte überall der Widerstand gegen die Gewaltherrschaft auf, welche sich die Bolschewiki seit ihrem Sieg in dem Kosakengebiet anmaßten.

Noch einmal bot sich eine Situation an, die alle Möglichkeiten erschloß. Entweder fiel die Sowjetmacht wie ein Kartenhaus in sich zusammen, oder aber Wrangel stand endgültig auf verlorenem Posten. Sein großer Gegner, der Kriegskommissar Trotzki, eilte persönlich von Moskau an die Front, um dort den Oberbefehl zu übernehmen. Er veranlaßte eine Massierung der sowjetischen Truppen.

Drei Tage verharrte der Kosakengeneral Ulagaj mit seinen Truppen, vermochte sich nicht darüber schlüssig zu werden, ob er zum Angriff übergehen oder den Rückzug einleiten sollte. Sein Zögern ließ ihm schließlich keine Wahl mehr. Als der Angriff der Rotarmisten am 14. August 1920 einsetzte, blieb ihm nun nichts anderes übrig, als den Befehl zum Rückzug zu geben. Das Landungskorps verschwand wieder aus dem Kubangebiet. Der letzte Versuch, noch einmal in der Auseinandersetzung mit den Bolschewiki die Initiative an sich zu reißen, war mißlungen.

Zwar flackerten noch immer hier und dort Kämpfe auf, doch Wrangel erkannte, daß die Stimmung umzuschlagen drohte. Dennoch wollte er noch einmal das Steuer herumreißen. Am 13. September 1920 erteilte er der russischen Befreiungsarmee den Befehl, zum Angriff im Raum Alexandrowsk, dem späteren Woroschilowgrad, anzutreten.

Zu Beginn verlief die neue Offensive der russischen Befreiungsarmee derart vielversprechend, daß Wrangel später einschätzte, ein völliger Sieg, der das Ende des sowjetischen Systems bedeutet hätte, sei greifbar nahe gewesen. Die Stadt Alexandrowsk wurde eingenommen, die roten Matrosenbataillone von der Küste des Asowschen Meer vertrieben, auch die Hafenstadt Mariupol erobert. Erstmals lieferte sich hier eine weiße Flottille mit einer roten ein Gefecht, das siegreich für Wrangel ausging. Die roten Truppen ergriff Panik, selbst drakonische Strafen der Politkommissare vermochten sie nicht mehr von der Flucht nach Taganrok abzuhalten.

Nach langer Zeit standen damit die Donkosaken wieder auf heimatlichem Boden. Wrangel ließ die Polen von seiner Absicht wissen, nach Überquerung des Dnjepr bis nach Kiew vorzustoßen. Er schlug Marschall Pilsudski vor, daß sich bei diesem Knotenpunkt die polnischen Verbände mit der russischen Befreiungsarmee vereinigen sollten, um dann auf das Herz Sowjetrußlands zu zielen. Die Polen verwiesen jedoch auf die Kriegsmüdigkeit ihrer Truppen und lehnten ein derartiges Bündnis ab. Damit war die letzte Chance vertan, in dem Bürgerkrieg eine entscheidende Trumpfkarte auszuspielen.

Obwohl von der polnischen Absage enttäuscht, verfolgte Wrangel seinen Plan weiter. Selbst die Nachricht, daß sich Budjonnys Rote Reiterarmee, die bislang an der polnischen Front gestanden hatte, nunmehr in Eilmärschen zum Dnjepr bewegte, hielt ihn nicht davon ab, wie vorgesehen mit seinen Truppen über diesen Fluß zu setzen.

An einer südlichen Stelle bei Alexandrowsk durchquerten mehrere Sturmbataillone das Gewässer, obwohl ihnen die Strömung ziemlich zu schaffen machte. Streckenweise steckten die Soldaten in brusthohem Wasser. Ihr Überschreiten des Flusses stellte für die roten Truppen auf der anderen Seite eine Überraschung dar, weil sie angesichts der sich nähernden Budjonnyreiterei nicht mit einem so wahnwitzigen Vorhaben gerechnet hatten.

Die wild heranpreschende Kubankavallerie zwang die Rotarmisten, sich nach Kriwoj Rog abzusetzen. Wrangel ließ weitere Truppen an anderen Punkten den Fluß überqueren, wo er eine größere Anzahl roter Kavalleristen schlug. Unter Zurücklassung zahlreicher Waffen suchten diese Truppen ihr Heil in der Flucht.

Doch dann trat eine Wende ein. Budjonnys inzwischen eingetroffene Kavallerie bereitete am 13. Oktober der Kosakenreiterei eine schwere Niederlage, welche General Wrangel am 15. Oktober dazu veranlaßte, den Rückzugsbefehl zu erteilen. Von einem geordneten Rückzug konnte keine Rede mehr sein. Kaum daß die Truppen wieder das linke Ufer des Dnjepr betreten hatten, da brach der letzte Rest von Disziplin zusammen. Sie ließen alles zurück, von dem sie sich belastet fühlten. Geschütze blieben am Flußufer stehen, Wagen und Fuhrwerke teilten das gleiche Schicksal, Maschinengewehre wurden weggeworfen, und selbst für die Pferde hatte niemand mehr Verwendung.

Eine Armee gab sich in dem Moment auf, wo beinahe noch einmal der gesamte Verlauf der Geschehnisse hätte eine andere Richtung nehmen können. Nun begann eine wahre Hetzjagd auf die einzelnen Gruppierungen der weißen Streitkräfte. Sie waren zwar noch kampffähig, hatten jedoch jeglichen Elan, den Sieg erstreiten zu wollen, eingebüßt. Auch die Krim selbst stellte jetzt keinen sicheren Hort mehr dar. Die Rote Armee zeigte sich entschlossen, die Reste der Wrangelarmee genau dort zur Strecke zu bringen, wo sie sich so lange geborgen gefühlt hatte.

Anfang November 1920 bot sich auf der Krim folgende Situation: Die russische Befreiungsarmee verfügte noch über eine Gesamtstärke von etwa 28.000 Mann, denen fast 100.000 Rotarmisten gegenüberstanden. Bei Perekop entbrannte ein mit großer Erbitterung geführter Kampf, als sich Kadetten aus verschiedenen Regimentsschulen, ihr Leben nicht schonend, mit dem Mut der Verzweiflung den Angreifern entgegenwarfen. Doch weder hier noch anderswo gelang es, die sich immer wieder zu neuen Angriffen formierenden roten Truppen zurückzuschlagen.

Eine Verteidigungslinie nach der anderen zerbrach. Als schließlich die Rote Armee Mitte November 1920 die Stellungen der Befreiungsarmee zwischen der Meeresküste und dem Alten Salzsee durchbrach, war das Schicksal der Krim und ihrer Verteidiger besiegelt. Wrangel, der sich nach dem mißlungenen Landungsunternehmen am Kuban über die Situation keinerlei trügerischen Hoffnungen mehr hingab, daß sich jetzt gegenüber dem einsetzenden konzentrierten Angriff der sowjetischen Streitmacht noch etwas Entscheidendes ausrichten ließ, hatte rechtzeitig alle Vorbereitungen getroffen, damit die Reste seiner Truppen nicht in die Hände der Bolschewisten fallen sollten.

Im Hafen von Sewastopol lief eine Flotte von über 126 Schiffen ein, bereit, die zurückflutenden Truppen an Bord zu nehmen und in Sicherheit zu bringen. So begann eine Rettungsaktion ähnlich jener, die sich zwei Jahrzehnte später in Dünkirchen an der Kanalküste abspielte. Auch in Sewastopol verzichteten die Rotarmisten darauf, dem Gegner nachzusetzen und seine völlige Vernichtung herbeizuführen. Vielleicht lag es sogar in der Absicht der Bolschewisten, lieber eine große Schicht ihnen feindlich gesinnter Menschen außerhalb der Landesgrenzen zu wissen, als später die Mühe einer schwierigen und kaum erfolgversprechenden Umerziehung dieser „konterrevolutionären Elemente“ auf sich zu nehmen. Vielleicht war es aber auch so, daß sie als Sieger nicht noch im letzten Augenblick ihr eigenes Leben in Gefahr bringen wollten.

Sei es, wie es sei, jedenfalls verließen mit dieser Armada bis zum 15. November 1920 über 145.000 Menschen, darunter 70.000 Soldaten – die meisten von ihnen Kosaken –, die Krim. Die Fahrt ging über das Schwarze Meer zum Bosporus. Im Hafen von Konstantinopel ankerten die Schiffe. Die heimatlos gewordenen Menschen begaben sich schleppenden Schrittes die Landungsstege hinunter, in ihren Blicken spiegelte sich unermeßliche Traurigkeit wider. Würden sie jemals in ihrem Leben noch einmal die Heimat am Don, dem Terek und dem Kuban wiedersehen?

So beschritten sie dann den Weg in eine Emigration, die sie über alle Länder Westeuropas verstreute. Doch wo immer sie auch die nächsten Jahre verbrachten, überallhin begleitete sie die Wehmut über den Verlust ihrer Heimat, die ihnen alles bedeutete. Welchem Schicksal sie auch entgegenschritten, es war nicht mit dem zu vergleichen, das ihnen auf der Krim nach dem Sieg der Sowjetmacht beschieden gewesen wäre. Zwar hatte der Oberkommandierende der roten Truppen, Frunse, eine Amnestie erlassen, doch kümmerte sich niemand darum, nachdem der rote Kriegskommissar Leo Trotzki durch seine Worte: „Ich werde nicht eher zur Krim kommen, als dort der letzte Konterrevolutionär verschwunden ist" seinen Genossen zu verstehen gegeben hatte, was er von ihnen erwartete.

Eine Welle des Terrors überzog die Halbinsel. Tag für Tag kam es zu Massenerschießungen. Als erste wurden auf der Krim verbliebene Angehörige der früheren zaristischen Armee sozusagen dem Alphabet nach erschossen. Jeden Tag war ein anderer Buchstabe an der Reihe. Immer wieder wurden neue Opfer auf Lastwagen verfrachtet und zu den Hinrichtungsstätten von Sewastopol und Balaklawa gefahren, wo es Rotarmisten ein besonderes Vergnügen bereitete, mit ihnen eine regelrechte Treibjagd zu veranstalten.

In den Lazaretten der Stadt aufgefundene Kranke und Verwundete wurden auf bestialische Weise umgebracht. Genau dasselbe wiederholte sich während des Zweiten Weltkrieges im Hafen von Feodossija, als sich dort die Rote Marine an Schwerverwundeten der Wehrmacht verging.

Länger als ein Jahr wütete diese Mordserie auf der Krim. Mit der Ausrottung der „Konterrevolutionäre" auf der Krim brüstete sich Bela Kun, der schon einmal nach Ausrufung der Ungarischen Räterepublik den Boden seines eigenen Landes mit Blut getränkt hatte. Nachdem dort seinem Terrorregime ein Ende gesetzt worden war, floh er zunächst nach Österreich und dann nach Rußland, wo er eine führende Position in der Partei der Bolschewiki einnahm. Diesen Mann hatte sich Leo Trotzki zu seinem Vollstrecker auf der Krim erwählt. Bela Kun enttäuschte ihn nicht.

Doch nicht allen Angehörigen der Donkosakenregimenter war die Flucht gelungen. Reste von zerschlagenen Einheiten überschritten Rußlands Grenzen und brachten sich in der Türkei in Sicherheit. Dies bedeutete für sie freilich die Internierung. Auch in Tschilinger, einem Dorf in der Nähe von Istanbul, war dies der Fall. Zu Weihnachten 1920 hockten hier die Männer, eingepfercht in ein Lager, gepeinigt von Hunger und Kälte und dazu erfüllt vom Schmerz über den Verlust ihrer Heimat und über das bittere Schicksal, dem Mütterchen Rußland entgegensah.

Viele gingen an der Cholera zugrunde, andere lagen nur da und dämmerten vor sich hin. In dieser trostlosen Situation entschlossen sich einige, frühere Sänger aus Kosakenchören, ein Gespräch mit dem jungen Kosakenoffizier Serge Jaroff zu führen, und schlugen ihm vor, den todwunden Männern wenigstens in der Nacht von Christi Geburt ein wenig Trost durch ein Lied zu spenden. Serge Jaroff blickte sie an und begriff, daß dies vielleicht manchen aus seiner Verzweiflung reißen könnte.

So stellten sich die Männer zu einem Halbkreis auf und stimmten dann das Lied an: „Rette, o Gott, das Volk unser". Niemand wagte zu atmen, als die Stimmen der Sänger wie aus einer Tiefe kommend sich jäh glockenhell emporschwangen und schließlich in einem brausenden Akkord endeten. Eine unsagbare Stille breitete sich nach dem Lied aus, doch in viele Augen war ein Strahlen getreten.

Niemand ahnte zu dieser Stunde, daß da gerade etwas geschehen war, was als ein Zeichen der Ermutigung empfunden wurde und schon bald ihr ganzes Leben verändern sollte.

Als im Frühjahr die Reste der Donkosaken aus der Türkei auf die griechische Insel Limnos verschifft wurden, fanden sie dort eine kleine Kirche vor, in welcher auch Gottesdienste ihres Glaubens abgehalten wurden. Bald hallten durch diese Kirche die Stimmen der Kosaken, und ihr Gesang brachte viele der griechischen Bewohner dazu, aus den entlegensten Ortschaften herbeizuströmen, um den mit großer Inbrunst vorgetragenen Liedern zu lauschen.

1923 verließen die Donkosaken diese griechische Insel und wurden von hier nach Bulgarien gebracht, wo ihre Internierung ein Ende fand. Es gab für sie hier Arbeit, reichlich zu essen, und sie konnten wieder mit ihrem Leben zufrieden sein, wenn da nicht dieser Schmerz um die Heimat gewesen wäre, der einfach nicht vergehen wollte. Der Zufall wollte es, daß eines Tages die weltberühmte russische Tänzerin Tamara Karsawina in Sofia weilte. Hier erfuhr sie von dem Bestehen eines Chores emigrierter Donkosaken und gab nicht eher Ruhe, bis es zu einer Begegnung mit diesen Männern während des Empfangs in einer Botschaft kam. Die schwermütigen Lieder der Kosaken lösten bei ihr Tränen aus. Sie versprach, all ihre internationale Reputation einzusetzen, um diesen Chor zu fördern.

Serge Jaroff, der bis dahin seinen Unterhalt durch Flaschenspülen bestritt und später eine Anstellung als Gesangslehrer fand, erhielt im Sommer des gleichen Jahres eine Einladung, mit dem Chor ein geistliches Konzert in der Kathedrale von Sofia zu bestreiten. Als der Chor auf der Empore der Kathedrale Aufstellung nahm, war die Kirche berstend voll. Die ganze weißrussische Emigrantenfamilie in Sofia hatte es sich nicht nehmen lassen, auf solche Weise die große Verbundenheit mit ihren Landsleuten zu demonstrieren.

Serge Jaroff war darüber so gerührt, daß er jetzt nicht mehr länger daran zweifelte, der Donkosakenchor würde seinen Weg durch die ganze Welt antreten. Und dieser Traum wurde wahr. Der Vertreter des Völkerbundes in Sofia nahm sich der 32 Mitglieder des Chores an und brachte sie mit einem französischen Industriellen in Verbindung, der nicht nur allem Musischen zugetan, sondern obendrein noch mit einer Russin verheiratet war. In seiner Fabrik im französischen Städtchen Montargis unterhielt er sogar eine Blaskapelle.

Es stellte geradezu eine abenteuerliche Geschichte dar, wie sich der Chor am 23. Juni 1923 von Sofia aus auf die Reise nach Frankreich machte. Tamara Karsawina hatte zu dem Bahngeld beigetragen, das indes gerade einmal bis Belgrad reichte. So bestiegen die Kosaken dann ein Schiff und verdienten sich als Sänger an Bord die Überfahrt. Schließlich langten sie in Wien an, wo es wiederum einen Vertreter des Völkerbundes gab, der ein Konzert des Chores vermittelte, das in der Hofburg stattfand.

Es war schon ein eigenartiges Bild, als da die Damen in großer Garderobe, die Männer im Abendanzug erschienen, um einen Chor auf der Bühne zu erleben, dessen Mitglieder aussahen, als hätten sie tagelang auf der Straße oder im Obdachlosenasyl zugebracht. Die einstmals so herrlichen Kosakenuniformen waren zerschlissen, an vielen Stellen trugen sie einen Flicken über dem anderen, und auch das Schuhwerk war völlig zerlumpt. Aber als sie dann anfingen zu singen, war das alles vergessen, wurde der Chor umjubelt, als sei er geradewegs vom Podest des Olymps herabgestiegen.

9.000 Konzerte führten den Donkosakenchor mehrmals rund um die Welt. In Montargis, dem Heimatort seines französischen Gönners, kam er freilich niemals an. Serge Jaroff starb hochbetagt mit 89 Jahren in den USA. Niemand aus diesem einzigen Chor, der ausschließlich aus den Kosaken bestand, welche ihre Heimat am Don vor dem Zugriff der Roten Armee so lange zu schützen versucht hatten, wie ihnen das möglich war, sollte noch einmal das Rauschen des mächtigen Flusses, der Rußland durchströmt, vernehmen.

EINE EIGENE DIENSTSTELLE FÜR FREIWILLIGENVERBÄNDE

Geradezu erstaunlich mutet es an, daß zu einem Zeitpunkt, da sich die deutsche Niederlage im Zweiten Weltkrieg bereits abzuzeichnen begann, die Zahl der Freiwilligen innerhalb der Wehrmacht stark anschwoll. Die Koordinierung des Einsatzes dieser Verbände sowie ihre organisatorische Betreuung machten eine völlig Umstellung der bisherigen administrativen Maßnahmen erforderlich. So gab es Anfang des Jahres 1943 gegen einen langgehegten Plan des OKH, im Wehrmachtsgefüge eine eigene Dienststelle für alle Freiwilligenverbände zu schaffen, keinerlei Widerstände mehr.

Es entstand ein gesonderter Dienstbereich mit der Bezeichnung „Osttruppen“ und einem General an der Spitze. Diesen Posten bekleidete Generalleutnant Heinz Hellmich, der bislang Kommandeur der 23. Infanteriedivision gewesen war. Im OKH hatte man eigentlich gehofft, General Köstring diese Aufgabe übertragen zu können, doch der war durch seine schonungslose Kritik über Fehlentwicklungen und Versäumnisse der deutschen Ostpolitik vielen auf die Füße getreten. Die Kritisierten legten jetzt seiner Beförderung Steine in den Weg. Gänzlich vermochten sie ihn freilich nicht auszugrenzen, denn Köstring wurde immerhin am 13. Juni 1943 die Stelle eines Inspekteurs für turkmenische und kaukasische Freiwilligenverbände übertragen.

Die Zusammenarbeit zwischen Hellmich und Köstring verlief reibungslos. Während Hellmich im OKH die Ausarbeitung entsprechender Verfügungen vornahm, durch welche die Stellung der Freiwilligenverbände klarere Konturen bekam, behielt Köstring seine alte Arbeitsmethode bei, sich direkt an der Front umzusehen, wie es um die Gleichstellung der Freiwilligen bestellt war. Er interessierte sich nicht nur dafür, daß die Freiwilligen den übrigen Wehrmachtsangehörigen hinsichtlich Besoldung und Urlaubsansprüchen völlig gleichgestellt waren, sondern richtete auch sein Augenmerk darauf, daß es bei der Ausstattung mit Waffen keinerlei Unterschiede gab.

Wie selbstverständlich wurden auf einmal in den Wehrmachtsberichten Erfolge von Freiwilligenverbänden erwähnt, war von Offizieren und Mannschaftsgraden die Rede, welche für ihren Fronteinsatz eine deutsche Tapferkeitsauszeichnung erhalten hatten. Da die meisten Freiwilligen aus Gebieten stammten, welche sich inzwischen wieder in sowjetischer Hand befanden,

Oberleutnant von Mossner, Chef der „Schimmelreiterschwadron" des Terekregimentes 6 (Mitte) mit seinen Kosakenoffizieren Leutnant Iskumenko (links) sowie Leutnant Peripeschonj (rechts)

Gefechtspause nach den schweren Kämpfen bei Daruvar (Slawonien) August 1944.

Aufnahme des Funkkontaktes im Divisionsstab während der Kampfhandlungen an der Save südlich Vinkovci, Herbst 1944 durch Oberst von Kalben (kniend) links neben ihm Regimentsnachrichtenzugführer Kramer.

General von Pannwitz bei der Führung des Terekkosakenregimentes 6 im Operationsgebiet auf dem Balkan Herbst 1943.

Vor dem Abmarsch zu einem Stellungswechsel das Terekkosakenregiment an der Drau, im Raum Virovitica-Barcs, Februar 1945.

Brücke über die Una in Bosnien. Teil des Kampfgebietes der Kosakendivision im Frühjahr 1944.

Kosakengruppe bei Virovitica, wo im März 1945 General von Pannwitz auf einem Kosakenkongreß zum Obersten Feldataman aller Kosakenheere ernannt wurde.

Ataman Samtschalkin von der 1. Kosakendivision.

war im OKH ein Erlaß ausgearbeitet worden, wonach für diese Soldaten Urlaubsheime im deutschen Reichsgebiet einzurichten waren.

In den großen Berliner Kinos am Kurfürstendamm erfreuten sich Kosaken gleichermaßen an Marika Rökk wie ihre deutschen Kameraden. Die von der Wehrmacht herausgegebene Frontillustrierte „Signal" brachte immer häufiger umfassende Bildberichte von den verschiedensten Freiwilligenverbänden. Unter der Überschrift „Für die Rechte ihrer Völker" porträtierte die Illustrierte beispielsweise zwölf Angehörige der Freiwilligentruppen. Da war von Machmet Hajajukow, dem Nordkaukasier, die Rede, wurde von dem Armenier Hasmik Nasarian berichtet, stellten sich der Krimtatar Timer Dallamow, der Weißrusse Wassilij Kigorowitsch und der Kosak Alexeij Sowitschenko den Kameraleuten. Rund 14 Seiten nahmen in einer einzigen Ausgabe dieser Zeitschrift derartige Berichte ein.

Auf einer ganzseitigen Abbildung war zu sehen, wie eine Einheit von Kubankosaken beim Morgenappell sowohl die Reichskriegsflagge wie auch ihre eigene Fahne mit den schwarzen Dreiecksemblemen auf dunkelrotem Hintergrund hißte. Der PK-Kriegsberichter Dr. Joachim Fischer skizzierte in der Frontillustrierten einen Kosaken, ehemals Leutnant in der Roten Armee, der gemeinsam mit sieben seiner Kameraden im August 1941 ostwärts von Smolensk zu den Deutschen übergelaufen war. Lediglich zwei Tage habe er in einem deutschen Gefangenenlager verbracht, schilderte er dem Kriegsberichterstatter. Dann wäre seiner Bitte um Einreihung in die Wehrmacht entsprochen worden. Man habe ihn in ein Lager geschickt, wo gerade die Aufstellung einer ersten Hundertschaft im Gange war, welche sich kurze Zeit darauf zum Kampfeinsatz an den mittleren Abschnitt der Ostfront begeben hätte.

Ausführlich wurde in diesem Bericht aufgezeigt, wie überall dort, wo die Kosaken im direkten Gefecht Rotarmisten gegenüberstanden, sich alsbald eine große Zahl von Überläufern einfand. So wuchs die auf deutscher Seite kämpfende Kosakeneinheit nach kurzer Zeit auf Regimentsstärke an.

Am 1. Januar 1944 wurde schließlich der General der Kavallerie Ernst Köstring zum Verantwortlichen für alle Osttruppen ernannt. Seine erste Maßnahme bestand darin, die Dienstbezeichnung „General der Osttruppen" umzuwandeln in „General der Freiwilligenverbände".

Ein immenses Arbeitspensum erwartete ihn in seiner neuen Funktion. War vordem manches eher improvisiert gehandhabt worden, gewannen jetzt die Freiwilligenverbände unter seiner Leitung einen Status, der ihren Vorstellungen von Würde und Ansehen Rechnung trug. So wurde beispielsweise für sie eine eigene Tapferkeitsauszeichnung geschaffen. Ihre Verleihung erfolgte in den Klassen Bronze, Silber und Gold. Nachdem die ersten ausländischen Soldaten in den Reihen der Wehrmacht damit geehrt worden waren, stellten die Freiwilligen die Frage, warum ihre deutschen Kameraden nicht ebenfalls eine solche Auszeichnung empfingen. Sie vermochten nicht einzusehen, daß ihnen eine Ehrung zuteil wurde, die man ihren deutschen Waffengefährten vorenthielt. In der Wehrmachtsführung zeigte man sich darüber sehr betroffen. General Köstring fühlte sich sogar durch diese Bekundung der Freiwilligen beschämt. So erließ er nun die Anordnung, daß diese Tapferkeitsmedaille von sofort an auch Angehörigen des deutschen Rahmenpersonals für vorbildliche Taten verliehen werden sollte. Deutsche Offiziere, die sie dann überreicht bekamen, machten keinen Hehl daraus, daß sie darauf ganz besonders stolz waren.

Doch General Köstring ließ solange nicht locker, bis er für die Angehörigen seiner Freiwilligentruppen auch die Auszeichnung mit dem Eisernen Kreuz durchgesetzt hatte. Ebenso trug er dafür Sorge, daß die allgemeine Grußpflicht zwischen deutschen und ausländischen Angehörigen der Wehrmacht zur Pflicht erhoben wurde. Fortan hatte ein deutscher Soldat mit niedrigerem Dienstgrad höheren Chargen, mochten sie nun Kosaken, Ukrainer, Tataren oder Kalmücken sein, als erster die Ehrenbezeichnung zu erweisen.

Er schuf auch Ordnung in vielen anderen Bereichen der Freiwilligenverbände, mochte es sich nun um die Feldpostzustellung oder um die Gründung eigener Frontzeitungen in der jeweiligen Nationalitätensprache handeln. Auch kümmerte er sich um das Sanitätswesen, das unter dem Mangel an Ärzten und Schwestern gelitten hatte, welche sich mit den Verwundeten oder Erkrankten in deren Heimatsprache verständigen konnten. Er ließ besondere Lazarette errichten, deren medizinisches wie auch Pflegepersonal sich überwiegend aus den Angehörigen der jeweiligen Nationalitäten zusammensetzte, aus denen die Freiwilligenverbände stammten.

Bald gab es 30 solcher Lazarette, die sich entweder im frontnahen Raum oder im Deutschen Reich befanden. Als sich herausstellte, daß die Zahl der Ärzte und Schwestern nicht mehr genügte, um auch eine gute Betreuungsarbeit zu gewährleisten, ging man sogar dazu über, spezielle medizinische Ausbildungsstätten zu schaffen. Für schwerverwundete Kosaken, Ruthenen, Kaukasier und andere Freiwillige wurde ein umfassendes System der Rehabilitation eingerichtet; dazu gehörten auch eigene Versehrtenheime.

Wer aufgrund einer schweren Verwundung keinen Dienst mehr in den Einheiten der Freiwilligen verrichten konnte, bekam eine Rente zugesprochen und durfte in Deutschland verbleiben. Für die Urlaubsbetreuung wurden verschiedene Heime so beispielsweise in den Beskiden, in Norditalien, aber auch in Deutschland selbst eröffnet. Da die kameradschaftlichen Beziehungen zwischen den Freiwilligen und dem deutschen Rahmenpersonal sich besonders während der schweren Abwehrkämpfe im Osten äußerst eng gestaltet hatten, kam es immer häufiger dazu, daß Wehrmachtsangehörige ihre ausländischen Kameraden während eines gemeinsamen Fronturlaubes in ihre eigene Familien einführten, wo sie mit großer Herzlichkeit aufgenommen wurden.

Es entstanden Sportgruppen, Wettkämpfe wurden untereinander ausgetragen, eigene Theatergruppen gegründet. Spezielle Bibliotheken für die Freiwilligen enthielten Bücher in den verschiedensten Landessprachen, ebenso wurden immer mehr deutsche Filme untertitelt. Für die moslemischen Freiwilligen wurde eine Ausgabe des Korans in hoher Stückzahl gedruckt und sogar in Berlin eine Mullahschule zur Ausbildung islamischer Geistlicher ins Leben gerufen.

Mit Fug und Recht läßt sich sagen, daß die deutsche Wehrmacht vom Jahre 1943 an vom Ansatz her fast schon so etwas wie einen internationalistischen Charakter angenommen hatte. Seltsamerweise, oder vielleicht auch nicht, was mit der jeweiligen Einstellung zusammenhängt, wurden all die hier angeführten Tatsachen nach dem Zweiten Weltkrieg bewußt heruntergespielt, weil sie sich mit dem allgemeinen Bild, das zur Diffamierung der Wehrmacht propagandistisch verbreitet wurde und das noch bis zum heutigen Tage in vielen Köpfen herumspukt, nicht hätten in Einklang bringen lassen.

Ein Zustrom von einer dreiviertel Million Freiwilliger aus Rußland in die deutsche Wehrmacht ließ sich schlecht mit der ansonst üblichen stereotypen Formel vereinbaren, daß all diese Männer ausschließlich durch Anwendung brutalster Gewalt dazu gebracht worden seien, zu „Verrätern an ihrem eigenen Land“ zu werden. Weil man genau wußte, daß dies eben nicht der Fall war, hätte es viele peinliche Fragen provoziert, wie später seitens der Alliierten mit den deutschen Freiwilligenverbänden umgegangen wurde. Deshalb stempelte man sie kurzerhand zu Banditen und unterstellte ihrem Tun und Handeln niedrige Beweggründe.

Viel wurde nach dem Krieg über die schlimmen Zustände in den Ostarbeiterunterkünften geschrieben. Doch nicht ein Wort war darüber zu vernehmen, daß zunehmend deutsche Wehrmachtsstellen sich dort für eine Abänderung von Mißständen einsetzten und schließlich sogar erreichten, daß die Verantwortlichen hierfür zur Rechenschaft gezogen werden konnten. Mehr als ein deutscher Werkdirektor, der mit den Ostarbeitern nach Gutdünken verfahren zu können glaubte, wurde eines anderen belehrt. 1944 wurde den Dienststellen der Wehrmacht sogar das Recht zu Inspektionen in den Ostarbeiterunterkünften eingeräumt. Angesichts der Tatsache, daß man nun jederzeit mit unverhofften Kontrollen rechnen mußte, wandelte sich vieles zum Besseren, und sogar das als diffamierend empfundene Ostarbeiterzeichen an der Kleidung war nicht mehr die Regel. Doch da nicht sein kann, was nicht sein darf, unterzog sich kaum ein Historiker der Mühe, solchen Veränderungsprozessen, die im Laufe der Kriegsjahre erfolgten, einmal nachzugehen, um eine objektivere Betrachtungsweise dieser Zeit vornehmen zu können. Nach über einem halben Jahrhundert hätte dies durchaus seine Berechtigung.

Die wohl zahlenmäßig größte Freiwilligeneinheit neben den Kosaken war die nach ihrem Anführer benannte Wlassow-Armee. Sie bestand größtenteils aus ehemaligen Angehörigen der Roten Armee und setzte sich aus Überläufern wie auch Kriegsgefangenen zusammen, die sich bereit erklärt hatten, am Kampf gegen Stalin teilzunehmen. Ihre eigentliche Tragödie bestand darin, daß sie im Gegensatz zu den anderen Freiwilligenverbänden über zwei Jahre fest am Gängelband gehalten wurden. Es gab um diese Armee ein ständiges Hin- und Hergezerre. Hitler mochte Wlassow vor allem deshalb nicht, weil er in ihm einen glühenden Nationalisten erkannte, dessen Vorstellungen über ein zukünftiges Rußland den seinen zuwiderliefen. Dieser General, so schien es ihm, wollte sich Deutschlands lediglich bedienen, um seine eigenen Ziele durchzusetzen, die mit den deutschen Absichten keineswegs konform gingen.

Sein Mißtrauen gegenüber Wlassow nahm solche Formen an, daß er ihm das öffentliche Auftreten in den besetzten Ostgebieten untersagte. Als Wlassow sich daran nicht hielt und seine Propagandathese, wonach sich der Zusammenbruch der Sowjetunion nur durch russische Truppen selbst bewerkstelligen ließe, zunehmend auch in den Führungsstäben der Wehrmacht eine Anhängerschaft fand, verlangte Hitler, daß der aufmüpfige Russe so etwas wie ein Stabsquartier in Berlin-Dahlem zugewiesen bekam (später in Dabendorf), gleichzeitig jedoch in seiner Bewegungsfreiheit eingeschränkt wurde.

General Köstring wiederum empfand Unbehagen darüber, daß Wlassow offenbar die Wiederherstellung eines großrussischen Staates vorschwebte, in welchem die vielen einzelnen Nationalitäten so fest eingebunden sein sollten wie zur Zeit des Zaren. Mit dem Denken und Fühlen vieler Freiwilligen wie kein anderer verhaftet, wußte er, daß gerade die Kosaken wie auch die Georgier und Kaukasier ein gänzlich anderes Bild von ihrer Zukunft hegten. Ihnen ging es um die Autonomie ihrer Völkerschaften in einer Art von föderativem Staatswesen mit völliger Gleichberechtigung aller Nationalitäten, ob klein oder groß.

Da Köstring es jedoch für unangemessen hielt, hierüber zu einem Zeitpunkt mit Wlassow zu streiten, als sich die allgemeine Lage bereits so verdüstert hatte, daß jeglicher Gedanke an Zukünftiges absurd erschien, mied er ein Zusammentreffen mit dem Russen. Hierauf wurde ihm von mancher Seite unterstellt, in Wlassow einen Konkurrenten zu sehen, von dem er fürchtete, in den Schatten gestellt zu werden. Doch Köstrings stets an den Tag gelegte Lauterkeit prägte sein gesamtes Wesen derart stark, daß ihm ein solch kleinliches egoistisches Denken völlig fremd war. Beiden ging es letztlich darum, Rußland von dem auf ihm lastenden kommunistischen Regime zu befreien.

Besonders bemerkenswert ist in diesem Zusammenhang die Vorgeschichte, die zur Entstehung der Wlassow-Armee führte. Sie begann nämlich bereits zu einer Zeit, da Wlassow selbst noch nicht einmal die Seiten gewechselt hatte und sich sogar der Gunst Stalins erfreute, der in ihm einen befähigten Kommandeur sah.

Bereits vier Monate nach Kriegsausbruch gegen die Sowjetunion nahm bei Generalmajor Henning von Tresckow der Plan zur Aufstellung einer slawischen Freiwilligenarmee Gestalt an. Tresckow erkannte eher als alle anderen, daß der Bolschewismus nur dann seinem Untergang geweiht sein würde, wenn der entscheidende Schlag dazu von den Russen selbst käme.

Stalins Konzept vom Großen Vaterländischen Krieg, mit welchem er die Einheit aller Nationalitäten der UdSSR beschwor, mußte etwas in ähnlicher Form, doch von weitaus größerer Wirksamkeit, entgegengestellt werden. Tresckow dachte an die Bildung einer russischen Gegenregierung unter Führung einer volkstümlichen Persönlichkeit.

Den Anstoß zu seinem Vorhaben gab ihm die Doppelschlacht bei Wjasma und Brjansk, die mit der Gefangennahme von 663.000 Rotarmisten endete. Tresckow fungierte damals als I a bei der Heeresgruppe Mitte und gewann bei der Teilnahme von Vernehmungen sowjetischer Armeeangehöriger den Eindruck, daß diese Soldaten durchaus nicht so fanatisch hinter Stalin standen, wie es die eigene Propaganda glauben machen wollte. Er wandte sich an den Oberbefehlshaber Mitte, Feldmarschall von Bock, und verstand ihn davon zu überzeugen, daß es sich geradezu anbieten würde, aus dieser Vielzahl von Kriegsgefangenen eine 200.000 Mann starke Befreiungsarmee aufzustellen.

Der Feldmarschall gab dafür grünes Licht. Tresckow bat nun den I c der Heeresgruppe, Oberst von Gersdorff, Ausschau nach einem geeigneten Offizier zu halten, dem die Ausführung eines solchen beispiellosen Vorhabens zuzutrauen war. Schließlich kam ihm selbst der richtige Mann in den Sinn. Seine Wahl fiel auf den Hauptmann der Reserve Willfried Karl Strik-Strikfeldt, einen Baltendeutschen aus Riga, der während des Ersten Weltkrieges zur Zaren-Armee einberufen worden war. Die Ereignisse der Oktoberrevolution 1917 hatten sein Leben von Grund auf umgekrempelt. Insbesondere war er darüber erschüttert, mit welcher Brutalität die Roten Garden ein Machtsystem errichteten, das Andersdenkenden nur den Ausweg der Unterwerfung oder völligen Selbstaufgabe eines eigenständigen Denkens beließ.

Strik-Strikfeldt, Chefdolmetscher bei Generalfeldmarschall von Bock, war durch ein Ereignis, das sich nach der Einnahme der Stadt Smolensk durch die Deutschen dort abgespielt hatte, in seiner Überzeugung bestärkt worden, daß man alles tun müsse, um die Russen zu veranlassen, gegen Stalin Partei zu ergreifen. Nach dem Fall von Smolensk war eine Delegation der dortigen Stadtverwaltung bei dem deutschen Feldmarschall erschienen und hatte ihn gebeten, eine Denkschrift an Adolf Hitler weiterzuleiten. Sie enthielt den Vorschlag, in Smolensk eine nationale russische Regierung zu bilden, welche sich von Stalin lossagen wollte.

Strik-Strikfeldt, der diesen ungewöhnlichen Vorgang an der Seite des Feldmarschalls nicht nur miterlebt, sondern jeden Satz ins Deutsche übertragen hatte, mit welchem die Russen ihrem Wunsch Ausdruck gaben, nicht länger ein Werkzeug Stalins sein zu wollen, war von diesem Geschehen wie elektrisiert. Er arbeitete jetzt einen Plan für die Aufstellung einer russischen

Befreiungsarmee aus und konzipierte darüber hinaus ein Papier über die Schaffung einer russischen Nationalregierung in Smolensk, gewissermaßen als Gegenpol zum Obersten Sowjet in Moskau. Hiervon versprach er sich große Anziehungskraft auf all jene Russen, die Stalins Herrschaft nicht mehr länger zu ertragen gewillt waren.

Tresckow legte diese Schriftstücke sofort Feldmarschall von Bock vor, der sie unverzüglich an den Oberbefehlshaber des Heeres von Brauchitsch weiterleiten ließ. Brauchitsch versah dieses Dokument sogar mit dem Zusatz: „Halte ich für kriegsentscheidend." Doch dann geriet es in die Hände von Wilhelm Keitel, der allen solchen Plänen im November 1941 mit den Worten die Absage erteilte: „Politische Dinge gehen die Heeresgruppe grundsätzlich nichts an. Außerdem sind solche Gedankengänge für den Führer indiskutabel."

Daraufhin kam General Andrej Wlassow ins Spiel, der noch im Winter 1941/42 an der Spitze der 20. Armee Moskau verteidigt hatte, während Stalin schon die Vorbereitungen für seine Flucht traf und ein gepanzerter Zug zur Abfahrt bereitstand.

Ein halbes Jahr später, am 12. Juli 1942, ergab sich Wlassow mit den Resten der von ihm geführten 2. sowjetischen Stoßarmee, nachdem er tagelang in einem Sumpfgebiet hungernd und frierend herumgeirrt war, der deutschen Wehrmacht. Ihr gegenüber tat er kund, wie zuwider ihm Stalin und das gesamte sowjetische System sei. Wlassow handelte keineswegs aus Opportunismus, wie ihm von mancher Seite späterhin der Vorwurf gemacht wurde, sondern aus der in ihm durch viele Vorkommnisse ständig gewachsenen Verachtung der kommunistischen Diktatur. Nur durch einen Zufall hatte er während der großen Säuberungskampagne in der Roten Armee 1937/38 nicht das Schicksal vieler Offiziere und Generäle geteilt, die auf Befehl Stalins liquidiert wurden. Voller Erbitterung hatte er miterlebt, wie seine Kameraden unter unsinnigsten Beschuldigungen vom sowjetischen Geheimdienst NKWD festgenommen und durch Genickschüsse beseitigt worden waren.

Obwohl er nach seinem Einsatz in Moskau aus Stalins Munde Lob erfahren hatte, empfand er es mit der Zeit immer absurder, für eine Sache zu kämpfen, von der er längst nicht mehr überzeugt war. Nicht Stalin schuldete er Treue, sondern dem russischen Volk, welchem seine ganze Liebe gehörte.

Als Wlassow in einem deutschen Kriegsgefangenenlager von der Aktion der Smolensker Stadtverwaltung erfuhr, erfaßte ihn sofort der Gedanke, daß genau dies der richtige Weg wäre, den es zu beschreiten galt. Zu den deutschen Wehrmachtsoffizieren, welche die gleichen Absichten verfolgten, gehörten u. a. Freiherr von Roenne, Freytag-Loringhoven sowie Nikolaus von Grote. Sie sorgten dafür, daß Wlassow in den Besitz der Smolensker Denkschrift kam. Wo immer sich ihm die Gelegenheit dazu bot, verbreitete er sie unter sowjetischen Kriegsgefangenen.

In seinem ersten Flugblatt, das Wlassow am 20. September 1942 in Winniza verfaßte, finden sich folgende Sätze: „Wenn man auf die letzten 12 bis 15 Vorkriegsjahre zurückblickt, zieht man unwillkürlich den Schluß: An all diesem Unglück ist lediglich die Stalin-Clique schuld. Sie hat das Land durch das Kolchossystem ruiniert. Sie hat Millionen ehrlicher Menschen vernichtet. In der Heimat herrscht völliges Chaos und ein heraufziehender, nie dagewesener Zusammenbruch. Viele Millionen verhungern, vor allem Eure Familien, die fast keine Hilfe von seiten der Regierung und der Behörden enthalten. Die Stalin-Clique hofft stark auf die Hilfe von England und Amerika. Die Mehrzahl von Euch kennt genau die Politik Englands und Amerikas – bis zum letzten russischen Soldaten zu kämpfen, sich die Kastanien aus dem Feuer holen zu lassen. Blickt zurück auf die Geschichte! Es ist nicht das erste Mal, daß das russische Volk sein Blut für die englisch-amerikanischen Interessen vergießt.“

Nach dem Ende des Zweiten Weltkrieges sahen sich die Siegermächte mit der Tatsache konfrontiert, daß allein der deutschen Wehrmacht über 850.000 Freiwillige aus den verschiedensten Gebieten Osteuropas angehört hatten. Noch mehr frappiert waren sie darüber, daß diese Männer selbst dann nicht von Deutschlands Seite gewichen waren, als sich dessen Niederlage immer stärker abzuzeichnen begann. Dies paßte nicht in den Rahmen einer Propaganda, welche von der deutschen Wehrmacht ausschließlich ein schimpfliches Bild gezeichnet hatte, das bis zum heutigen Tage unter dem Einfluß linker Demagogen ständig neu belebt wird.

Alles, was mit den Freiwilligenverbänden der Wehrmacht irgendwie im Zusammenhang stand, war über lange Zeit ein Thema, dem Historiker wie Publizisten geflissentlich aus dem Weg gingen. Dadurch sind bis zum heutigen Tage wesentliche Fakten niemals richtig bekannt geworden. So etwa, daß es in der Wehrmacht einen regelrechten Führungsstab für die Osttruppen gegeben hat, wie die Freiwilligenverbände anfänglich genannt wurden.

Doch wie kam es überhaupt zu dem Entstehen derartiger Freiwilligenverbände innerhalb der Wehrmacht? Wer veranlaßte ihre Aufstellung? Worin bestand ihr Schicksal? Viele Fragen, deren Beantwortung sich in einem Buch über die auf deutscher Seite in den Kampf gezogenen Kosaken geradezu anbietet. Daß es in der Waffen-SS Freiwilligeneinheiten gegeben hat, die aus Franzosen, Niederländern, Wallonen, Dänen, Norwegern und anderen bestanden, hat seine zeitgeschichtliche Aufarbeitung erfahren. Was die Wehrmacht angeht, so beschränkt sich das allenfalls auf die Wlassowarmee. Doch die Zahl der Freiwilligenverbände innerhalb der Wehrmacht war von einer derartigen Größe, daß etwa vom Jahre 1943 an jeder siebente Soldat in ihr eine fremde Nationalität besaß.

Am bemerkenswertesten ist wohl, daß es niemals von irgend jemandem einen direkten Anstoß zur Bildung von Freiwilligenverbänden gegeben hat. Sie entstanden ohne Zutun von deutscher Seite nach Beginn des Rußlandfeldzuges. Wohin immer auch die deutschen Truppen kamen, nach kurzer Zeit spielte sich überall die gleiche Erscheinung ab.

Viele Einheiten der Roten Armee, die sich etwa aus Tataren, Kalmücken, Tscherkessen, Inguschen oder anderen nichtrussischen Völkerschaften zusammensetzten, liefen nach kurzer Feindberührung zu den Deutschen über. Eines der ersten Regimenter, welches die Seiten wechselte, war das von Oberst Iwan Kononow geführte 436. Schützenregiment, das am 22. August 1941, also acht Wochen nach Kriegsbeginn, geschlossen zu den Deutschen überging und die Bitte aussprach, sich am Kampf gegen Stalin beteiligen zu dürfen.

Darauf waren die deutschen Armeestäbe nicht vorbereitet. Geradezu verblüfft erlebten sie den Zustrom von Menschen mit, die sich der Wehrmacht förmlich als Bündnisgenossen aufdrängten. Auch mußte erst das natürlich vorhandene Mißtrauen überwunden werden, nicht etwa einem hinterhältigen Plan zum Opfer zu fallen, welcher die Zersetzung der Wehrmachtstruppe zum Ziel haben könnte. Doch nachdem sich Abwehrspezialisten davon überzeugt hatten, daß hier keinerlei Heimtücke vorlag, sondern einzig die Absicht, mit dem verhaßten System Stalins zu brechen, stimmte dies viele deutsche Offiziere sehr nachdenklich.

In den Führungsstäben der Wehrmacht begann man erste Überlegungen darüber anzustellen, daß es wahrscheinlich klug sein würde, diesen vielen Menschen, die ihre Gegnerschaft zum sowjetischen System bekundeten, eine offene Hand entgegenzustrecken. Kompanien und Regimenter begannen auf eigene Faust solche Hilfswilligen als Gespannführer, Meldegänger und auch schon als Wachposten einzusetzen. Einige anfänglich noch kleinere Verbände nahmen auch bereits direkt an den Kampfhandlungen teil.

Als sich das OKH mit diesen Freiwilligen zu befassen begann, standen schon einige zehntausend von ihnen in dem Dienst der Wehrmacht. Lediglich Hitler war entgangen, was sich da gänzlich von allein inzwischen angebahnt hatte. Als er schließlich Mitte des Jahres 1942 davon erfuhr, untersagte er die Aufstellung weiterer russischer bzw. ukrainischer Einheiten. Hitler ließ wissen, daß er sich den Sieg über die Sowjetunion nicht durch derartige Verbündete schmälern lassen wollte. Auch befürchtete er, daß die östlichen Völkerschaften, sobald sie einmal den Status regulärer Bündnispartner erlangt hatten, daraus später ein Recht auf Mitbestimmung über die Zukunft Rußlands ableiten würden.

Der deutsche Major i. G. und spätere Oberst Claus Schenck Graf von Stauffenberg, der zu jener Zeit in der Organisationsabteilung des Generalstabes des Heeres tätig war, unterlief den Befehl Hitlers geschickt, indem er alle Wehrmachtsdienststellen wissen ließ, daß in etwa drei Wochen keine weiteren Neuaufstellungen von Freiwilligenverbänden mehr zulässig seien. In vielen Regimentern wie auch Divisionsstäben wurde daraufhin alles, was sich noch diesbezüglich im Stadium der Planung befand, beschleunigt in die Tat umgesetzt.

Stauffenberg war keineswegs von Anfang an ein erklärter Gegner Hitlers. Der deutsche Diplomat Hans von Herwarth, der im Zeitraum 1933–1939 an der deutschen Botschaft in Moskau tätig gewesen war und in einem entfernten verwandtschaftlichen Verhältnis zu Stauffenberg stand, bezeichnete ihn in seinen Erinnerungen als jemanden, der zunächst von Hitlers staatsmännischen Leistungen äußerst angetan gewesen sei. Zu Beginn seiner militärischen Laufbahn habe er aus dieser Überzeugung auch kein Hehl gemacht. Es imponierte ihm, daß sich Hitler mit der Wiederbewaffnung Deutschlands über die Bestimmungen des Versailler Vertrages hinweggesetzt habe und auch in das entmilitarisierte Rheinland einmarschiert sei. Der Zufall wollte es, daß Herwarth wie auch Stauffenberg nach dem Ausbruch des Krieges gegen die Sowjetunion nicht nur in enge dienstliche Berührung kamen, sondern auch die Überzeugung teilten, was die allmähliche Forcierung des Aufbaus von Freiwilligenverbänden in der Wehrmacht betraf.

Je härter sich mit der Zeit der Kampf in der Sowjetunion gestaltete, desto mehr setzte sich in deutschen Offizierskreisen die Erkenntnis durch, daß das sowjetische System nur von innen heraus überwunden werden könne. Herwarth, der die russische Sprache perfekt beherrschte und zunächst an der Front als Vernehmungsoffizier von sowjetischen Kriegsgefangenen eingesetzt war, schilderte eine Begebenheit, die ihm jäh die Augen für den Haß öffnete, den viele Rotarmisten gegenüber ihrer eigenen Regierung bekundeten.

Bei dem Verhör eines jungen sowjetischen Artilleriehauptmannes spielte sich folgende Szene ab: Wiederholt stellte der Russe die Frage, wo eigentlich die deutsche Artillerie ihre Stellungen habe. Herwarth reagierte hierauf ziemlich ungehalten, daß dies einen Gefangenen wohl nichts angehe und ob er wohl in seiner Situation glaube, noch einen deutschen Offizier aushorchen zu können. Doch der Russe ließ sich durch den harschen Ton nicht einschüchtern, sondern meinte: „Ich versuche Ihnen doch nur zu erklären, wohin ihre Artillerie schießen soll, denn im Augenblick feuern ihre Geschütze ein paar hundert Meter daneben."

Solche Erlebnisse, von denen es viele gab, lenkten das Denken von Wehrmachtsoffizieren mit der Zeit immer mehr dorthin, wo man zu begreifen begann, daß die Aufstellung weiterer Freiwilligenverbände zu einer wesentlichen Stärkung der eigenen Kampfkraft führen könnte.

Als Herwarth nach mehrmonatigem Fronteinsatz zur Abteilung XIII des Auswärtigen Amtes in Berlin abkommandiert wurde, die für Angelegenheiten der Sowjetunion zuständig war, traf er dort auf Männer, die gerade dabei waren, den zerstörerischen Einfluß von Leuten wie Alfred Rosenberg, Minister für die besetzten Ostgebiete, sowie Fritz Sauckel, dem Generalbevollmächtigten für den Arbeitseinsatz, mit allen ihnen zur Verfügung stehenden Mitteln zurückzudrängen.

Leiter dieser Abteilung war Graf von der Schulenburg, vormals deutscher Botschafter in Moskau, der fest davon überzeugt war, daß sich die Sowjetunion nur dann besiegen lasse, wenn es gelänge, möglichst viele Russen in dieser gewaltigen militärischen Auseinandersetzung zu veranlassen, Partei für Deutschland zu ergreifen. Dies aber wäre nur dann denkbar, wenn von der deutschen Ostpolitik endlich klare Signale ausgehen würden, wie die Zukunft der UdSSR beschaffen sein sollte: Statt eines Kolonialstaates, wie er in manchen Köpfen herumspukte, Aufbau einer Selbstverwaltung, Förderung der nationalen Rückbesinnung der über hundert Völkerschaften, denen in der Union der Sozialistischen Sowjetrepubliken ein Zwangskorsett angelegt worden war, sowie die Errichtung eigenständiger Staaten. Beispielsweise für die Esten, die Litauer, die Letten, ebenso für die Ukrainer, Georgier und Armenier. Als vordringlichste Entscheidung aber schwebte Schulenburg vor, bereits zum denkbar frühesten Zeitpunkt die Bildung von antistalinistischen russischen Regimentern vorzunehmen und mit ihnen ein enges Bündnis einzugehen, um so ein breites Spektrum von Kräften zur Überwindung des stalinistischen Systems zu schaffen.

Einem Mann, der so dachte und dies auch immer wieder aussprach, war natürlich daran gelegen, den Aufbau von Freiwilligenverbänden in der deutschen Wehrmacht voranzubringen und um sich entsprechende Leute zu scharen, die dies bewerkstelligen konnten

Einer hiervon war Hans von Herwarth. Schulenburg machte ihm klar, daß solchen Plänen nur dann Erfolg beschieden sein werde, wenn es gelänge, die bisherige Destruktionspolitik von Erich Koch und dessen Gesinnungsgenossen zu unterbinden. Wer sich in den besetzten Ostgebieten als Sklavenhalter aufspiele, der würde viele Menschen vor den Kopf stoßen, die freimütig Deutschland ihre Freundschaft angeboten hatten. „Wenn wir sie weiterhin enttäuschen", so meinte Schulenburg in einem Gespräch, „werden sie sich zwangsläufig gegen uns wenden. Dies aber könnte für uns zu einem Verhängnis werden", so urteilte der erfahrene, kluge Diplomat, der durch seine zahlreichen Begegnungen mit der sowjetischen Staatsführung einer der besten Kenner des sowjetischen Systems war und auch über dessen Schwachstellen Bescheid wußte.

Diese Auffassungen standen konträr zu den Absichten Hitlers, dem eher an den wirtschaftlichen Ressourcen gelegen war, welche die eroberten Gebiete im Osten für Deutschlands Kriegsmaschinerie beisteuern konnten, vor allem die reichen Erdölvorkommen des Kaukasus. Die Wiederherstellung einer staatlichen Selbständigkeit der einzelnen Völker lehnte er grundsätzlich ab.

Doch immerhin war das Dritte Reich nicht so monolithisch geprägt, wie es manche Zeitgeschichtler glaubhaft zu machen versuchen. So war es durchaus möglich, manches auf den Weg zu bringen, selbst wenn es nicht mit Hitlers Intuitionen übereinstimmte. Vieles davon kam allerdings zu spät, um dem Krieg mit der Sowjetunion noch einen anderen Verlauf geben zu können.

Nachdem Herwarth den Grafen Schulenburg mehrfach hatte wissen lassen, daß die Aufstellung von Freiwilligenverbänden in der Wehrmacht durch deren eigene Dienststellen besser vorangebracht werden könnte als durch das Auswärtige Amt, dessen Befugnisse obendrein sehr beschnitten waren, erreichte er seine Versetzung zum Stab des Wehrmachtsoberbefehlshabers im Generalgouvernement.

In einem früheren Jagdsitz der russischen Zaren war eine Gruppe von deutschen Offizieren damit befaßt, aus Aserbaidschanern, Armeniern, Kaukasiern, Turkestanen sowie Georgiern gut ausgerüstete und kampfstarke Freiwilligentruppen aufzustellen, die an der Seite der deutschen Wehrmacht in den Kampf gegen die Sowjetunion eintreten sollten. Hier fühlte sich Herwarth auf dem richtigen Platz, vermochte er doch einiges aus seinen eigenen Erfahrungen einzubringen. Es blieb nicht aus, daß bereits nach kurzer Zeit das OKH auf ihn aufmerksam wurde. Inzwischen war Graf von Stauffenberg in der Organisationsabteilung für die Aufstellung von Freiwilligenverbänden zuständig geworden. Er wollte unbedingt jemanden an seiner Seite haben, der mit den russischen Verhältnissen gut vertraut war.

Bis zum Frühjahr 1942 gab es bereits eine viertel Million Mann Freiwilliger aus Rußland, die sich auf ihren Einsatz an der Ostfront vorbereiteten. Ihre Ausbildung, die Zuführung von Waffen, Schaffung von Sanitätskompanien, dies alles vollzog sich im Raum des Generalgouvernements. Die Vielzahl administrativer Aufgaben verursachte ein beispielloses Wirrwarr, in welches Stauffenberg sich nun anschickte, Ordnung hineinzubringen.

Als erstes sorgte er dafür, daß die Freiwilligen die gleiche Besoldung und Verpflegung wie die deutschen Wehrmachtsangehörigen bekamen. Auch die bisherigen Unterschiede in der Bekleidung mit Uniformen, der Vergabe von Rangabzeichen oder der Zuerkennung von Auszeichnungen erfuhren auf Veranlassung Stauffenbergs eine völlige Neuregelung, die jedwede Ungerechtigkeiten beseitigte.

Stauffenberg leistete eine wahre Herkulesarbeit, um diesen neuen Wehrmachtsformationen eine gute Ausgangsposition zu verschaffen. Hans von Herwarth kann als Kronzeuge dafür gelten, daß entgegen anderen Behauptungen kein Druck auf die sowjetischen Kriegsgefangenen ausgeübt wurde, sich zu den Freiwilligenverbänden zu melden. Die in die Kriegsgefangenenlager entsandten Werber hatten ausdrücklich den Befehl erhalten, sich nicht einmal des Mittels der Überredung zu bedienen. Wenn die Freiwilligen etwas taugen sollten, so die Anweisung, mußte ihr Beitritt aus der Überzeugung heraus erfolgen, eine richtige Entscheidung getroffen zu haben.

In den Gesprächen mit den Kriegsgefangenen wurde ihnen auch die Entscheidung überlassen, ob sie zur kämpfenden Truppe wollten oder einer reinen Versorgungseinheit den Vorzug einräumten. Den ehemaligen Rotarmisten, die diesen Weg beschritten, war klar, daß dies den endgültigen Bruch mit der Vergangenheit darstellte. Sollte es das Kriegsschicksal wollen, daß sie in Stalins Hände gerieten, war ihnen der Tod oder jahrelange Haft im Gulag gewiß. Auch hierüber wurden sie nicht im unklaren gelassen.

Weder Herwarth noch Stauffenberg erlebten die Anwendung irgendwelcher Repressalien. Stauffenbergs hohe Moral, die ihm zu eigen war, hätte Derartiges nicht einen Moment akzeptiert, ebensowenig wie Helmuth von Pannwitz bereit gewesen wäre, sich an die Spitze einer Kosakendivision zu stellen, deren Männer zum Wehrdienst für Deutschland gepreßt worden waren.

Als die Aufstellung weiterer Freiwilligenverbände schier über die Kräfte der deutschen Offiziere zu gehen drohte, die damit zu tun hatten, und Stauffenberg kaum noch Zeit blieb, sich seinen anderen Aufgaben in der Organisationsabteilung des OKH zu widmen, schlug er Herwarth vor, diesen Aufgabenbereich in alleiniger Verantwortung zu übernehmen. Der lehnte jedoch mit der Begründung ab, daß er als Reserveoffizier kaum bei den verschiedenen Heeresgruppen über die erforderliche Kompetenz für eine solche Aufgabe verfügen würde. Statt dessen nannte er ihm einen Mann, den er nicht nur bestens von seiner früheren Zeit an der deutschen Botschaft in Moskau her kannte, sondern von dem er überzeugt war, daß er die entsprechende Durchsetzungskraft besaß, um alle etwaigen Schwierigkeiten zu meistern.

Kein anderer schien ihm für den Posten so geeignet zu sein wie der ehemalige deutsche Militärattaché in Moskau, General der Kavallerie Ernst Köstring. Dieser entstammte einer Familie, die im Jahre 1866 nach Rußland ausgewandert war, wo der Vater eine Buchhandlung betrieb und gleichzeitig Besitzer eines Gutes geworden war. Der junge Köstring wuchs in Moskau auf, besuchte hier die Schule, erlebte das alte Regime des Zaren und die Revolutionswirren der Jahre nach 1917. Später, nach seiner Rückkehr nach Deutschland, trat er der deutschen Reichswehr bei und wurde hier Adjutant des Generalobersten von Seeckt.

In dieser Funktion erlebte er die eigenartigen Beziehungen mit, die sich zwischen der Roten Armee und der Reichswehr anbahnten. Alle Waffentechniken, deren Anwendung dem deutschen 100.000-Mann-Heer durch den Versailler Vertrag strikt untersagt worden war, durften nach einer geheimen Vereinbarung mit der sowjetischen Generalität in den Weiten Rußlands zur Ausbildung der Reichswehr erprobt werden.

Aus seiner späteren Tätigkeit als Militärattaché in Moskau gewann Köstring auch einen tiefen Einblick in die Rote Armee, kannte ihre Stärken wie auch ihre Schwächen. Er tat sich nicht leicht mit seiner Zustimmung, doch Herwarth machte ihm klar, daß er in Stauffenberg jemanden von einer ähnlichen Weltoffenheit kennenlernen würde, wie er sie selbst zu schätzen wußte. Stauffenberg sei um der Sache willen durchaus gewillt, notfalls auch gegen den Strom zu schwimmen.

Vielleicht waren es diese Worte, die schließlich den Ausschlag gaben, daß Köstring sich bereit fand, diese gewiß nicht leichte Aufgabe zu übernehmen, bei der er sich, soviel war ihm bereits klar, unaufhörlich mit Widerständen und Widersachern auseinanderzusetzen haben würde.

Bereits der Beginn war enttäuschend. Generalfeldmarschall Keitel wollte von einer Befehlsgewalt Köstrings über sämtliche Freiwilligenverbände im Osten nichts wissen. Er billigte ihm lediglich die Befugnis für die Aufstellung solcher Einheiten im Kaukasus zu. Da der Kaukasus sich jedoch zu jenem Zeitpunkt noch gar nicht in deutschen Händen befand, wäre General Köstring zur Tatenlosigkeit verurteilt gewesen, wenn nicht Stauffenberg den Einfall gehabt hätte, eigens für ihn eine Dienststelle einrichten zu lassen, die ihm einen weitaus größeren Spielraum gewährte.

Als „Beauftragter General für Kaukasusfragen", so die Namensgebung für seine Funktion, erstreckte sich somit sein Einfluß auch auf alle Freiwilligen-Truppenteile, die an dem Vormarsch in den Kaukasus an der Seite der Wehrmacht teilnahmen.

Zu General Köstring gesellte sich ein Mann, dem die Besatzungspolitik, wie sie von den sogenannten Reichskommissariaten betrieben wurde, seit langem ein Dorn im Auge war. Er fand schon allein die Wortwahl „Kommissariat" als äußerst schlecht, weil mit diesem Begriff sich für die Bevölkerung in Rußland eine Assoziation zu den Roten Kommissaren des kommunistischen Systems verband. Oberstleutnant Hans Schmidt von Altenstadt, zuständig für die Militärverwaltung in den besetzten Ostgebieten, trug sich mit der Absicht, im Kaukasus eine reine Zivilverwaltung aufzubauen. Jegliches Reglementieren deutscherseits hatte zu unterbleiben.

Für den Offizier stellte dies so etwas wie einen ersten Versuch dar, die von Erich Koch praktizierten brutalen Methoden, welche zum Nährboden einer sowjetischen Partisanenbewegung geworden waren, zu beseitigen.

Im August 1942 erreichte Köstring die Nachricht, daß Einheiten der Heeresgruppe A entlang der Suchumer Heerstraße tief in den Nordkaukasus eingedrungen seien. Sofort begab er sich in Begleitung von Hans von Herwarth, der jetzt als sein Adjutant fungierte, zum Chef dieser Heeresgruppe, Feldmarschall Wilhelm List. Der schlug ihm vor, die unter dem Befehl des Generalobersten Ewald von Kleist stehende 1. Panzerarmee auf ihrem weiteren Vorstoß in den Nordkaukasus zu begleiten, um sich auf diese Weise selbst einen Eindruck vom Frontgeschehen als auch von der Kampfkraft der eingesetzten Freiwilligenverbände zu verschaffen. General Köstring ging sofort hierauf ein, da ihm tatsächlich daran lag, aus größter Nähe mitzuerleben, ob ihre Vorstellungen von der Behandlung der Kaukasier in der Wirklichkeit Bestand haben würden.

Auch das Ostministerium hatte bereits seine Vertreter zu der Heeresgruppe A entsandt. Es waren dies Gerhard von Mende und Otto Bräutigam (letzterer sollte später in der Nachkriegszeit im Kabinett Adenauer eine Rolle spielen). Ähnlich wie Schulenburg, Köstring und Herwarth kannte Bräutigam die Sowjets von seiner früheren Tätigkeit als Legationsrat an der deutschen Botschaft in Moskau recht gut. Bei seinen späteren Aufgaben als Vizekonsul in Kiew und Generalkonsul in Tiflis hatte er seine Kenntnisse noch zu vertiefen vermocht. Bevor er in das Ostministerium eintrat, war er als Rußlandfachmann im Auswärtigen Amt tätig gewesen. Im Ostministerium oblag ihm die Zusammenarbeit mit den deutschen militärischen Dienststellen hinter der Front.

Professor von Mende, der aus dem Baltikum stammte, teilte seine Ansichten über eine humanere Behandlung der Menschen in den besetzten Ostgebieten. General Köstring war außerordentlich froh, auf solche Männer gestoßen zu sein, die offensichtlich gewillt waren, ihn bei der Verwirklichung seiner Pläne zu unterstützen.

Gemeinsam besuchten sie Kriegsgefangenenlager im Bereich der 17. Armee, deren Operationsgebiet ebenfalls im Kaukasus lag. Sie überzeugten sich davon, daß der Zustand in den Lagern zwar nicht vollauf zu befriedigen vermochte, jedoch Erscheinungen aus der Anfangszeit des Ostfeldzuges, als viele Gefangene an Hunger und Krankheiten einfach zugrunde gingen, jetzt nicht mehr vorkamen.

Was Köstring und seine Begleiter beanstandeten, trugen sie der Armeeführung vor, und erhielten die Zusicherung, daß dies abgestellt werden würde. Gleichzeitig begannen sie sich darüber Gedanken zu machen, wie die künftige Struktur des Kaukasus beschaffen sein sollte. Die Überlegungen zielten darauf hin, eine Art kaukasischer Föderation zu bilden, die sich aus einer Vielzahl autonomer Gebiete zusammensetzen sollte. Immerhin gab es im Kaukasus eine Menge größerer Bevölkerungsgruppen sowie kleinerer Stammesgemeinschaften, die alle die Zurückerlangung ihrer Unabhängigkeit herbeisehnten.

Schulenburg, Köstring, Herwarth, Mende, Bräutigam, wozu auch noch Theodor Oberländer stieß, später in der Regierung Adenauer als Minister zuständig für Flüchtlinge und Vertriebene, bis er zum Opfer von Dokumenten aus der Fälscherwerkstatt des DDR-Ministeriums für Staatssicherheit wurde, gelang es, in den Gebieten des Kaukasus eine deutsche Besatzungspolitik mit völlig neuen Akzenten durchzusetzen. Parteistellen der NSDAP wurden vom Kaukasus ferngehalten, Sauckel, seit März 1942 Generalbevollmächtigter für den Arbeitseinsatz, daran gehindert, hier irgendwelche gewaltsam durchgeführten Deportationen von Arbeitskräften vorzunehmen.

Köstring und seine Mitarbeiter fanden in dem Generalobersten von Kleist einen Heeresführer, der ihren Plänen nicht nur mit großem Verständnis begegnete, sondern selbst die Initiative ergriff, um auf die anderen deutschen Truppenteile einzuwirken, sich gegenüber Kriegsgefangenen wie Zivilisten menschlich zu verhalten. Der Feldmarschall wollte damit bewußt auch der im Rußlandfeldzug eingetretenen Verrohung aufgrund der Propagandathese von einem weltanschaulich rücksichtslos zu führenden Krieg ein Stück Besinnung auf soldatische Tugenden entgegensetzen.

So ordnete Kleist beispielsweise an, sämtliche Angehörigen der Roten Armee, die sich gegenüber den Deutschen ergeben hatten, vom ersten Moment ihrer Gefangennahme an so zu behandeln, wie es die Genfer Konvention vorschrieb. Daß die Sowjetunion niemals diese Konvention unterzeichnet hatte, ließ er nicht als einen Freibrief für irgendwelche Ungerechtigkeiten gelten.

Sein Befehl besagte, daß die Gefangenen ausreichend verpflegt und ihre Verwundeten durch deutsches Sanitätspersonal entsprechend versorgt werden sollten. Noch eindeutiger lautete die Richtlinie, wie sich die deutschen Soldaten gegenüber russischen Zivilisten zu verhalten hätten. Es hieß darin, ihnen sei so zu begegnen wie während eines Manövers in Deutschland gegenüber der einheimischen Bevölkerung.

Kleist ging sogar noch einen Schritt weiter und forderte von den Wehrmachtsangehörigen, daß sie sich mit den Sitten und Bräuchen der im Kaukasus lebenden Bevölkerung vertraut machen und sie respektieren sollten. Wer sich an dem Eigentum dieser Menschen vergehe, der habe mit harter Bestrafung zu rechnen.

Ferner wurden die Wehrmachtsangehörigen von der Armeeführung darauf aufmerksam gemacht, daß der überwiegende Teil der im Kaukasus ansässigen Bevölkerung dem sowjetischen System ablehnend, teilweise sogar feindlich gegenüberstehe. Es gelte deshalb alles zu tun, um diesen Menschen freundschaftliche Gefühle zu bezeugen, und nichts zu unternehmen, was sie irgendwie verletzen könnte. Entsprechende Artikel über die Geschichte sowie Lebensweise der Kaukasusvölker, die erst ihrer Freiheit im Verlaufe der sowjetischen Oktoberrevolution 1917 und des sich anschließenden Bürgerkrieges verlustig gegangen waren, erschienen in der vom Armee-Oberkommando herausgegebenen Frontzeitung.

Dies alles zeitigte seine positiven Wirkungen. Während in der Ukraine wie in Weißrußland eine vom Überlegenheitswahn und der Herrenrassenideologie gekennzeichnete Besatzungpolitik das Entstehen einer mächtigen Partisanenbewegung begünstigt hatte, deren Bekämpfung der deutschen Wehrmacht einen hohen Blutzoll abverlangte, kannte all dies der Kaukasus nicht. Hier war entsprechend den Plänen des Oberstleutnants von Altenstadt sowie des Generals Köstring eine Selbstverwaltung ins Leben gerufen worden. Deutsche fungierten lediglich als Berater, mischten sich aber niemals in die getroffenen Entscheidungen ein.

Die nach der Landenteignung von sowjetischer Seite errichteten Kolchosen wurden von der kaukasischen Selbstverwaltung aufgelöst. An ihre Stelle traten Genossenschaften, deren Mitglieder wieder ihren früheren Grund und Boden zurückerhielten. Zu einem späteren Zeitpunkt sollte darüber entschieden werden, ob sie die Landflächen weiterhin als Privateigentum bewirtschaften wollten oder ihnen eine Zusammenarbeit in der Genossenschaft vorteilhafter dünkte.

Zahlreiche Kaukasier, welche über handwerkliche Fähigkeiten verfügten, übten auf deutsches Anraten wie einstmals vor der Oktoberrevolution wieder eine selbständige Tätigkeit aus. In einer denkbar kurzen Zeitspanne änderten sich die gesellschaftlichen Verhältnisse in dem von deutschen Truppen besetzten Kaukasus von Grund auf. In dem Teil des Kaukasus, der sich in deutscher Hand befand, gab es weder Sabotageakte noch irgendwelche Erscheinungen einer Partisanentätigkeit. Mitten im Krieg bildete dieses Gebiet eine ruhige Zone.

Köstring unterzog derweil die im Kaukasus eingesetzten Freiwilligenverbände einer Inspektion. Er stieß auf mancherlei Schwächen, die insbesondere auf das mangelhaft ausgesuchte Rahmenpersonal zurückzuführen waren. Er bat Stauffenberg, auf die Auswahl geeigneter deutscher Offiziere größeres Augenmerk zu richten und nur solche Leute in die Freiwilligen-Einheiten zu versetzen, die tatsächlich ihrer Aufgabe, als Vorbild zu wirken, gerecht zu werden vermochten.

Im Kaukasus operierte auch eine der ungewöhnlichsten Einheiten, die es innerhalb der deutschen Wehrmacht gab. Sie nannte sich schlicht Sonderverband „Bergmann" und war auf Veranlassung von General Canaris entstanden. Mit der Führung dieses Verbandes, der sich hauptsächlich aus Georgiern, aber auch Armeniern und Nordkaukasiern zusammensetzte, war der Hauptmann Theodor Oberländer beauftragt worden.

Oberländer gehörte zu jenen Persönlichkeiten, welche mehr oder minder lautstark die von Deutschland betriebene Ostpolitik einer Kritik unterzogen. Während eines Teils seines Lebens hatte er sich auf wissenschaftlicher Grundlage mit Fragen Osteuropas beschäftigt. Sein Kenntnisstand und eine besondere Befähigung auf diesem Gebiet trugen dazu bei, daß er frühzeitig zum Leiter des Osteuropa-Instituts an der Königsberger Universität berufen wurde. Er gehörte der NSDAP an, doch seine Parteigläubigkeit geriet immer mehr ins Wanken. Während des Krieges war er als Berater für Osteuropafragen an die Gauamtsstelle Königsberg versetzt worden. Heftige Auseinandersetzungen mit dem Gauleiter von Ostpreußen, Erich Koch, über Fragen der Durchführung der Ostpolitik bestärkten ihn immer mehr in seinen Zweifeln an der Richtigkeit des eingeschlagenen Weges.

Koch verfolgte ihn bald mit so erbittertem Haß, daß es Oberländer ratsam erschien, sich zur Wehrmacht versetzen zu lassen. Nach Ausbruch des Krieges gegen die Sowjetunion wurde er durch Canaris als Verbindungsoffizier bei der Abwehreinheit „Nachtigall" eingesetzt, die im wesentlichen aus Ukrainern bestand. Als nach Kriegsende entsetzliche Grausamkeiten bekannt wurden, die sich in der Stadt Lemberg ereignet hatten, lastete man dies ohne jegliche Nachprüfung der Fakten Theodor Oberländer und dem Bataillon „Nachtigall" als ein schweres Kriegsverbrechen an. Eine unglaubliche Pressekampagne setzte ein, an der sich auch eine angesehene deutsche Illustrierte beteiligte.

Jahre später stellte sich heraus, daß ebenso wie im Fall Katyn all diese Mordtaten ausschließlich von dem sowjetischen NKWD verübt worden waren. Oberländer aber mußte eine Vielzahl von Prozessen führen, um ein Geflecht verlogener Anschuldigungen durch Gerichtsurteile zu widerlegen. Interessant ist in diesem Zusammenhang auch, daß er die Politik Erich Kochs, die dieser nach seiner Ernennung zum Reichskommissar Ukraine ausübte, in zwei Denkschriften geißelte. Oberländer verlangte darin die Abberufung Kochs, dem er nicht mehr die Fähigkeit einer totalen Kehrtwende zutraute. Eine Wirkung hatten diese Schriftstücke freilich nicht.

Im Januar 1943 verfaßte Oberländer eine Denkschrift, die sich mit den Freiwilligenverbänden in der Wehrmacht beschäftigte. Er gab seiner Ausarbeitung den provozierenden Titel „Bündnis oder Ausbeutung?". Zweifellos gehörte viel Mut dazu, der Führungsspitze des Dritten Reiches inmitten des Krieges Dinge ins Gesicht zu schleudern, die so mancher absolut nicht hören mochte.

Die Schrift löste bei Himmler einen Wutanfall aus. Er verlangte, daß Oberländer sofort wegen defätistischer Äußerungen vor ein Kriegsgericht zu stellen sei. Daß es nicht dazu kam, war dem Eingreifen General Köstrings sowie anderer hoher Wehrmachtsoffiziere zu danken. Doch seine Ablösung als Führer des Sonderverbandes „Bergmann" ließ sich nicht mehr abwenden. Außerdem wurde Oberländer aus der Wehrmacht entlassen. Er übernahm daraufhin eine Lehraufgabe an der Universität Prag.

Als im November 1944 in der Moldaustadt die Gründung eines Komitees zur Befreiung der Völker Rußlands erfolgte, wurde Oberländer noch einmal mit der Aufgabe betraut, einen Verbindungsstab zu General Wlassow aufzubauen.

Doch noch einmal zurück zum Kaukasus: In der gesamten Region, aus welcher die Rote Armee hatte zurückweichen müssen, verlief das Leben, wie es früher einmal gewesen war. Die örtlichen Parteikomitees der KPdSU sowie die sowjetischen Verwaltungen waren aus dem Bild der Städte und Dörfer verschwunden.

General Köstring trat eine Rundreise an, begab sich von einem Truppenteil zum anderen und informierte die Soldaten, daß die Aufstellung von Freiwilligenverbänden nicht etwa eine vorübergehende taktische Maßnahme darstelle, sondern das Zusammenführen eines Bündnisses aller Kräfte, welche sich die Überwindung des Kommunismus auf ihre Fahnen geschrieben hatten.

Oft wurde ihm entgegengehalten, daß für einen solchen Pakt doch wohl nur die nichtrussischen Völker in Frage kämen. Es bereitete ihm erhebliche Mühe, zu verdeutlichen, daß auch viele Russen nicht als Stalins Gefolgsleute anzusehen seien. Die jahrelange NS-Propaganda hatte ein völlig falsches Bild von der Sowjetunion gezeichnet.

Das Leben in Kaukasusstädten wie Pjatigorsk oder Kislowodsk trug alle Zeichen der Normalität. Theater spielten, Künstler sangen und rezitierten;

der Krieg schien in weite Ferne gerückt und vergessen zu sein. Wohin auch immer General Köstring kam, die Bevölkerung wollte aus seinem Mund mehr über die Zukunft des Kaukasus erfahren. Würde es eine zentrale Regierung für das gesamte Gebiet geben oder jeweils nur eine für die betreffende Region? Köstring spürte, wie er über seine eigentliche Aufgabe, die eines Wehrmachtsoffiziers, mehr und mehr hinauswuchs und sich auf einem Terrain zu bewegen begann, das eigentlich in der Kompetenz höchster Dienststellen des Reiches lag.

Als er sich in Kislowodsk an die Bevölkerung der Stadt in russischer Sprache wandte, kannte die Begeisterung keine Grenzen; in der Stadt Naltschik, wo die kleine Völkerschaft der Karbadiner zu Hause war, wurde ihm zu Ehren ein großes Fest veranstaltet. Einen komischen Hintergrund erhielt scin Auftritt anläßlich der Vereidigung einer armenischen Freiwilligeneinheit. Wie gewohnt hielt Köstring seine Ansprache in Russisch und wunderte sich sehr, daß sich der Beifall gar nicht mehr legen wollte. Erst später stellte sich heraus, daß ihn alle aufgrund seiner markanten Nase für einen Armenier gehalten hatten. Was für ein gutes Omen, so dachten sie, wenn schon einer der Unsrigen General bei den Deutschen ist!

Es spielte auch ein Geschehen eine Rolle, das mehr als 24 Jahre zurücklag. In der Zeit des Zusammenbruchs des zaristischen Reiches im Jahre 1917 waren deutsche Truppen, die Situation ausnutzend, nahezu mühelos bis nach Georgien vorgestoßen. Die Georgier empfanden die Deutschen wie eine Schutzmacht, unter deren Obhut sie wieder die Selbständigkeit ihres Landes herbeiführen konnten, die ihnen im Jahre 1801 von den Russen genommen worden war. Bei diesem Bemühen war ihnen schon damals als Vertreter des Auswärtigen Amtes Graf von der Schulenburg behilflich gewesen.

Dann wurde die Situation plötzlich brenzlig. Truppen des Osmanischen Reiches, die Aserbaidschan und Baku besetzt hatten, richteten begehrliche Blicke auch auf Georgien. Gern hätten sie sich den gesamten Landstrich einverleibt. Doch die Deutschen, obwohl eigentlich mit den Türken verbündet, spielten da nicht mit. Sie fühlten sich verpflichtet, den jungen Staat Georgien gegen alle Versuche zu schützen, ihn erneut zu unterjochen.

Am Grenzfluß Aragwa, der Scheidelinie zwischen Georgien und Aserbaidschan, schlugen Deutsche und Georgier gemeinsam die türkischen Eindringlinge zurück. Dies aber festigte freundschaftliche Bande zwischen Georgiern und Deutschen. Einige wenige Jahre vermochte sich dann Georgien seiner wiedererlangten Freiheit zu erfreuen, bis es im Jahre 1923 zu einer Beute der Sowjetunion wurde. Nun sollte sich für die Georgier das gleiche Schicksal wiederholen.

Nach der Befreiung durch die Deutschen hegten sie die Hoffnung, daß ihr Staat jetzt seine Wiedergeburt erleben würde. Die Niederlage der 6. Armee in Stalingrad setzte diesen Träumen ein Ende. Den gesamten Sommer und Herbst 1942 über hatte sich die Wehrmacht vergeblich bemüht, von den drei

Pässen des Hochgebirges Besitz zu ergreifen. Erst danach, mit einem nunmehr möglichen Vorstoß bis zum Schwarzen Meer, hätte die Operation Kaukasus erfolgreich abgeschlossen werden können. Doch nach dem Desaster in Stalingrad war daran nicht mehr zu denken. Vielmehr hieß es jetzt Hals über Kopf den Rückzug anzutreten, wollte man nicht Gefahr laufen, daß sämtliche deutschen Truppen im Kaukasus abgeschnitten werden würden.

Für die deutschen Offiziere in den Freiwilligenverbänden war der Befehl zum Rückzug ein schwarzer Tag. Sie sahen sich vor die schwere Aufgabe gestellt, Kosaken, Tscherkessen, Armeniern, Aserbaidschanern und den vielen anderen, die mit ihnen gemeinsam den Kampf im Kaukasus geführt hatten, reinen Wein einzuschenken und sie mit der bitteren Wahrheit zu konfrontieren, daß ein Sieg nunmehr in weite Ferne gerückt sei, vielleicht sogar nie mehr möglich sein würde.

In vielen Freiwilligenverbänden stellten sich damals die deutschen Offiziere des Rahmenpersonals die Frage, ob unter solch düsteren Vorzeichen jetzt die Einheiten auseinanderbrechen würden. Doch da zeigte es sich, daß die umsichtige Arbeit, welche General Ernst Köstring in den vergangenen Monaten für die Gleichstellung dieser Truppen mit den übrigen Teilen der Wehrmacht geleistet hatte, ihre Früchte trug.

Menschen, denen in der sowjetischen Ära Verfolgung und Unterdrükkung zuteil geworden war, hatten es als etwas ganz Besonderes empfunden, während ihres Kampfes zusammen mit der deutschen Wehrmacht eine gegenseitige Kameradschaft zu erleben, in welche sie sich fest einbezogen sahen. Dieses Gefühl überwog alles andere. Niemand in den Ost-Freiwilligenverbänden dachte daran, die Deutschen in einem Augenblick im Stich zu lassen, da sich das Kriegsglück offenbar von ihnen abwandte. Ihre Trauer über den Verlust der Heimat war groß. Doch keinem kam es in den Sinn, einen Freund in der Not allein zu lassen.

FREIWILLIGENVERBÄNDE IN DER WEHRMACHT

Um einmal eine Vorstellung von der Art und Größe der Freiwilligenverbände aus dem Osten innerhalb der deutschen Wehrmacht zu erhalten, seien hier die wesentlichsten aufgeführt.

Heeresgruppe A (17. Armee)

Ihr gehörten unter anderem an: neun Bataillone, bestehend aus kaukasischen, aserbaidschanischen, georgischen sowie turkestanischen Freiwilligen; ferner gab es die 1. Kosakenkavallerie-Schwadron/933; drei Ost-Wachkompanien, ein turkestanisches sowie ein ukrainisches Baubataillon, fünf weitere Baukompanien sowie zehn Nachschubabteilungen unterschiedlichster Größe. Weitere solcher Einheiten existierten auch im Rahmen des XXXXIX. Gebirgskorps sowie im V. Armeekorps.

Heeresgruppe A (6. Armee)

Ihr gehörten an: 1. Kosakenkavallerie-Schwadron/583, der ukrainische Freiwilligen-Infanterie-Zug 35, eine Vielzahl von Pioniereinheiten sowie Nachschubkolonnen.

Heeresgruppe Süd

Ihr gehörten an: das turkestanische Infanteriebataillon I/450. Ferner eine große Zahl von Eisenbahn- und Brückenbaukompanien sowie fünf Nachschubkompanien.

Heeresgruppe Süd (1. Panzerarmee)

Ihr gehörten an: die turkestanischen Infanteriekompanien/457 und 783, das aus fünf Kompanien bestehende Aserbaidschanische Infanteriebataillon 111, die Kosaken-Infanterie-Kompanie 157, außerdem die 1. Kosakenkavallerie-Schwadron/82, die Kosakenabteilungen 126 und 161, die Ost-Reiter-Schwadron 57, die Ost-Partisanen-Bekämpfungskompanie 255.

Heeresgruppe Süd (8. Armee)

Ihr gehörten an: Die ukrainische Infanteriekompanie 248, die Kosakenkavallerie-Schwadron 1, Partisanen-Bekämpfungskompanie 98, eine Kosaken-Infanteriekompanie, zahlreiche Nachschub- und Baueinheiten.

Heeresgruppe Süd (4. Panzerarmee)

Ihr gehörten an: Die Ost-Kompanien 10, 34, 182, 407 sowie 413, die Ostreiter-Schwadron 168, zahlreiche Pionier- und Nachschubeinheiten.

Befehlsstab Heeresgebiet Süd

Diesem Bereich unterstanden u. a.: Das Kosaken-Infanteriebataillon II/5, die sich aus vier Kompanien zusammensetzende Kosakenabteilung 213, die Kosakenabteilung 403, die Ost-Panzerkompanien 1 und 2, die Ostreiterabteilungen I/454 und IV/454, das armenische Infanteriebataillon 810, das nordkaukasische Infanteriebataillon 836 sowie das nordkaukasische Infanteriebataillon 802 mit fünf Kompanien, das Kalmücken-Kavallerieregiment Dr. Dolt, die Kosakenkavallerie-Schwadron 2, das turkestanische Infanteriebataillon 783, die Ost-Minenräumungskompanie 554, verschiedene Nachschub- und Baueinheiten.

Heeresgruppe Mitte (9. Armee)

Ihr gehörten an: Die turkestanische Infanteriekompanie 25, der Ost-Regimentsstab zbV 455, das Ost-Bataillon 441, die Ost-Kompanie 110 sowie mehrere Pioniereinheiten.

Heeresgruppe Mitte (4. Armee)

Ihr gehörten an: 3 Ost-Kompanien, die Partisanen-Bekämpfungskompanie 98, zwei Wachkompanien, zahlreiche Nachschubeinheiten.

Heeresgruppe Mitte (3. Panzerarmee)

Ihr gehörten an: Das Ost-Bataillon 453, 8 Wachkompanien, die Ost-Kompanie 607 sowie zahlreiche Nachschubeinheiten.

Heeresgruppe Mitte (2. Armee)

Ihr gehörten an: Das Ost-Bataillon 253, die Ost-Kompanie 145, der Ost-Stamm-Lehrzug, der mot. Ost-Propagandazug 670, der Ost-Regimentsstab z. b. V. 709, die Ost-Ersatzkompanie 582, die Ost-Unteroffiziersschule 582, die Kosakenabteilung III/57, die Ost-Reiterabteilung 580 (vier Kompanien), die Ost-Wach- und Lehrkompanie z. b. V. 720, die Ost-Sicherungskompanie 722, die 1. wolgatatarische Infanteriekompanie 825, drei Ost-Wachkompanien sowie zahlreiche Nachschub- und Baukompanien.

Befehlsstab Heeresgebiet Mitte

Ihm gehörten an: Die mot. Ost-Aufklärungskompanie 690, zwei Ost-Fernsprech-Kompanien, drei Ost-Sicherungskompanien, die Ost-Reiterschwadron 930, zwei Ostkompanien sowie eine Vielzahl von Nachschubeinheiten.

Heeresgruppe Nord

Ihr gehörten an: Zwei litauische sowie eine lettische und eine estnische Ost-Kompanie, mehrere Baueinheiten und Nachschubkompanien.

Heeresgruppe Nord (16. Armee)

Ihr gehörten an: Das Kosaken-Bataillon 631, die Kosakenabteilung 443, zahlreiche Bau- und Nachschubeinheiten.

Heeresgruppe Nord (18. Armee)

Ihr gehörten an: Verschiedene turkestanische, armenische, nordkaukasische sowie ukrainische Baubataillone.

Befehlshaber Heeresgebiet Nord

Ihm unterstand das Ost-Pionier-Bataillon 672.

Wehrmachts-Befehlsstab Ostland

Ihm unterstanden: Die baltische Propagandastaffel 4, eine litauische sowie eine lettische Ersatzkompanie, 6 Landesschützen-Bataillone, mehrere turkestanische Arbeitskompanien, 21 Ost-Wachzüge.

Wehrmachts-Befehlsstab Ukraine

Ihm unterstanden: 6 Kosaken-Bataillone, 7 Landesschützen-Bataillone, mehrere Fernsprechkompanien sowie Baueinheiten.

Befehlshaber des Ersatzheeres

Ihm unterstanden: 3 turkestanische Infanteriebataillone, 2 aserbaidschanische Infanterie-Bataillone, ein weiteres in Aufstellung, außerdem in Aufstellung ein armenisches Infanterie-Bataillon, ferner ein aserbaidschanisches, ein turkestanisches sowie ein wolgatatarisches Bataillon, 7 Landesschützen-Bataillone und zahlreiche Arbeitsbataillone.

Truppenübungsplatz Mielau

Hier weilten: Ost-Ersatz-Regiment, 3 Ausbildungsbataillone, Ersatzbataillon, Genesungsbataillon, 10 Ost-Bataillone, Ost-Artillerie-Abteilung 621, 2 Ost-Reiter-Abteilungen, Kuban-Kosaken-Abteilung I/5, 18 Ostkompanien, 5 Ost-Reiterschwadronen, Kosaken-Kavallerie-Schwadron 655, Kosaken-Artillerie-Batterie 553, ein Ost-Artillerie-Bataillon, 2 andere in Ausbildung sowie eine Anzahl weiterer Verbände.

Truppenübungsplatz Wildflecken

Hier weilten: 3 turkestanische Infanteriebataillone sowie 3 turkestanische Infanteriekompanien, 2 armenische Infanteriebataillone, ein nordkaukasisches Infanteriebataillon sowie zwei nordkaukasische Infanteriekompanien.

Oberbefehlshaber West

Ihm unterstanden: Jeweils in Regimentsstärke die wolgatatarische Legion, die armenische Legion, die aserbaidschanische Legion, die turkestanische Legion, die nordkaukasische Legion sowie die georgische Legion.

Befehlshaber der deutschen Truppen Dänemark

Ihm unterstanden: 5 Ost-Bataillone, eine Ost-Kompanie

Wehrmachtsbefehlshaber Niederlande

Ihm unterstanden: Ein turkestanisches, ein armenisches Infanteriebataillon; bei der 15. Armee: 2 armenische Infanteriebataillone sowie ein nordkaukasisches und ein turkestanisches Infanteriebataillon; bei der 7. Armee: 7 Ost-Bataillone, 2 Ost-Reiterabteilungen, 3 georgische Infanteriebataillone, ein nordkaukasisches sowie ein wolgatatarisches Infanteriebataillon; bei der 1. Armee: Kosaken-Regimentsstab zbV 750, 4 Kosakenregimenter, eine Kosakenkompanie, ein nordkaukasisches, ein georgisches sowie ein wolgatatarisches Infanteriebataillon.

Militärbefehlshaber Frankreich

Ihm unterstanden: Ein Ost-Bataillon, ein georgisches Infanteriebataillon, ein aserbaidschanisches Infanteriebataillon, ein wolgafinnisches Infanteriebataillon, ein Sanitätszug sowie 10 Ost-Bataillone.

Heeresgruppe B
Ihr unterstanden: 5 Ost-Bataillone
Heeresgruppe F
Ihr unterstanden: Eine Kosakendivision
Heeresgruppe E
Ihr unterstanden: 2 leichte Nachschubkolonnen

AUFBRUCH IN MIELAU

Am 25. September 1943 begann in Mielau ein fieberhaftes Treiben. Der Befehl zum Aufbruch der 1. Kosakendivision war ergangen. Es galt jetzt, das schwierige Unterfangen zu bewältigen, eine ganze Division in Marsch zu setzen, die sich von anderen darin unterschied, daß ihre Mannschaft überwiegend beritten war. Nicht nur die gesamte Waffentechnik, darunter viele Geschütze, sondern auch das übrige militärische Gerät mußte Stunde um Stunde in die Waggons der Züge verladen werden.

Um eine Vorstellung von der Größe dieses Unternehmens zu erhalten, muß man sich vergegenwärtigen, daß insgesamt 60 Güterzüge für den Abtransport der Regimenter bereitgestellt wurden. Hatte vorher noch manche Unklarheit über das Einsatzgebiet der Division bestanden, so gab es nach dem Eintreffen des Marschbefehls daran nichts mehr zu deuteln. Die Division würde sich nach Syrmien begeben, einen zwischen Donau und Save gelegenen Landstrich, der sich bis dicht an Belgrad erstreckte und nach der Errichtung eines selbständigen Staates Kroatien ein Teil davon geworden war.

Die Verladung ging nahezu reibungslos vonstatten. Am schwersten war es, die Geschütze über die Rampen in die einzelnen Waggons zu transportieren. Es kam darauf an, sie dort so unterzustellen, daß sie die verfügbare Fläche völlig ausfüllten. Dabei mußte die Gewähr bestehen, daß sie sich später beim Entladen nicht ineinander verkeilten.

Auch die Pferde zeigten Einsicht und gebärdeten sich nicht widerspenstig, wenn sie am Halfter von der Verladerampe in die Waggons geführt wurden. Nur eines der Pferde, so erinnert sich Oberst von Kalben, war nicht so fügsam wie die anderen, sondern brachte eine ganze Gruppe von Kosaken zur Verzweiflung, die sich damit abmühte, das Tier zum Betreten des Waggons zu veranlassen. Das Pferd blieb störrisch, tat keinen Schritt mehr, sobald es vor der Waggontür stand. Guter Rat war teuer, und jeder, der glaubte, eine List zu kennen, probierte sie aus. Als erstes verfiel man auf die Idee, auch die gegenüberliegende Waggontür zu öffnen, weil sich das Pferd möglicherweise vor der im Waggon herrschenden Dunkelheit fürchtete.

Doch der Plan fruchtete nicht, das Pferd rührte sich nicht von der Stelle. Nun mußte ein weiteres Pferd her, um das andere sozusagen mitzuziehen. Der Vorschlag erschien allen recht verheißungsvoll. Das „Verweigerungspferd“ wurde dazu gebracht, seinen Kopf auf die Kruppe des anderen gutwilligen Tieres zu legen, und man verband ihm obendrein noch die Augen. Aber auch dies klappte nicht, das Pferd ließ sich eben nicht so schnell von seiner einmal vorgefaßten Meinung abbringen. Dann glaubten ein paar Kosaken die Lösung gefunden zu haben. Durch gleichzeitiges Schieben und Ziehen mittels eines dem Pferd angelegten Riemens vom Schweif bis zum Kopf starteten sie einen neuen Versuch. Diesmal reichte es dem Pferd, es schlug heftig aus, die Kosaken fielen zu Boden, und das Pferd machte sich davon. Es bedurfte einer gewissen Zeit, bis es wieder eingefangen war.

Nun wußten auch die Kosaken nicht mehr weiter. Schließlich ergriff jemand das Pferd am Zügel und ging mit ihm gemächlich spazieren. Von der Ferne sah es aus, als ob jetzt die beiden erst einmal in aller Ruhe die Angelegenheit bereden würden. Als er wieder zurückkam, bestieg das Pferd ohne Zögern mit ihm gemeinsam den Waggon, während die draußen stehenden „Pferdeexperten" sich verdutzt ansahen. Ein solches Vorkommnis bildete natürlich für die Kosaken tagelangen Gesprächsstoff.

Als erste Einheit verließ das Don-Regiment 1 Mielau. Nun ging es Schlag auf Schlag. Ein Regiment folgte dem anderen. Wohin es ging, unterlag bis zur Abfahrt strikter Geheimhaltung. Viele der Kosaken nahmen an, daß die Ostfront das Ziel sein würde. Doch zu einer solchen Entscheidung hatte sich die oberste Heeresleitung nicht durchringen können. So sollten statt dessen die Kosakenregimenter ihre Bewährungsprobe im Kampf gegen die roten Partisanen Jugoslawiens bestehen.

Der Abtransport der Division erfolgte über verschiedene Bahnstrecken, da jede nur eine begrenzte Durchlaßfähigkeit besaß. Die Fahrt selbst währte etwa sechs Tage und führte zunächst durch Polen in Richtung Slowakei und von dort weiter über Österreich und das ungarische Gebiet nach Syrmien.

Wie überrascht waren die Kosaken, als sie statt des erwarteten frühen russischen Winterwetters sich in eine Gegend versetzt sahen, über der nicht nur strahlender Sonnenschein lag, sondern die auch noch Temperaturen aufwies, wie sie zur Sommerzeit herrschten. So kamen die Feldblusen wieder zu ihrem Recht. Die in Belgrad ausgeladenen Regimenter – nicht für alle Einheiten stellte dies den Zielbahnhof dar – staunten nicht schlecht, wohin es sie verschlagen hatte.

Als die Kosakenformationen hoch zu Pferd in die alte Festungsstadt einzogen, machte dies wie ein Lauffeuer die Runde. Vor allem die in der Stadt seit über zwei Jahrzehnten lebenden zahlreichen Russen, welche nach der Niederlage im Bürgerkrieg hierher emigriert waren, zeigten sich förmlich elektrisiert von der Nachricht, daß Tausende und Abertausende von Kosaken sich über die lange Donaubrücke dem Zentrum der Stadt näherten. Jeder wollte dies miterleben, sich davon überzeugen, daß die Wiedergeburt einer Kosakenarmee erfolgt war, welche von ihrem gesamten Erscheinungsbild her die Erinnerung an jene Zeit heraufbeschwor, als Rußland noch groß und glanzvoll gewesen war.

Vielen dieser Emigranten traten beim Anblick der jungen Gesichter unter den Kubankas und Papachas sowie all den anderen Signen, die auf ihre Herkunft vom Don, dem Kuban und dem Terek verwiesen, Tränen in die Augen. Sie verbargen nicht ihre Rührung darüber, daß auf einmal die Heimat, nach der sie sich all die Jahre über voller Sehnsucht verzehrt hatten, in Gestalt all dieser stolz auf ihren Pferden sitzenden Kosaken zurückgekehrt zu sein schien. Doch auch die Kosaken selbst blieben nicht unberührt von diesen Bildern in Belgrads Straßen, die ihnen wie ein gutes Omen für die Zukunft dünkten. Sie hatten das Gefühl, erwartet worden zu sein.

Die Kosaken-Division (die Erweiterung zu einem Korps erfolgte erst im Verlaufe ihres Einsatzes auf dem Balkan) sah sich nach ihrem Eintreffen in Jugoslawien einer ziemlich verworrenen Lage gegenüber. Von einer eigentlichen Frontlinie konnte nirgendwo die Rede sein. Im gewissen Sinne aber entsprach die Undurchsichtigkeit vieler Vorgänge dem Bild, welches seit jeher ein typisches Merkmal für die unaufhörlich stattfindenden Auseinandersetzungen auf dem Balkan gewesen war.

Ursprünglich hatte es nicht in der deutschen Absicht gelegen, im Südosten Europas eine weitere Front zu eröffnen. Doch dann verselbständigten sich die Ereignisse. Am 13. und 14. Januar 1941 waren in Berlin intensive Gespräche mit Bulgarien und Rumänien über deren Beitritt zum Dreimächtepakt geführt worden. Bevor der Plan Barbarossa zur Ausführung kommen sollte, war die deutsche Führung darauf bedacht, alle Unwägbarkeiten an der Südostflanke aus dem Weg zu räumen.

Während der rumänische Staatschef Ion Antonescu sich vorbehaltlos für den Kriegsbeitritt an deutscher Seite aussprach, nahm der bulgarische Zar Boris III. zunächst noch eine zögerliche Haltung ein. Noch wichtiger aber dünkte es Hitler, sich der Loyalität Jugoslawiens zu versichern, indem er diesen Staat ebenfalls zum Beitritt drängte. Doch alle Versuche, den jugoslawischen Ministerpräsidenten Dragisa Cvetković zu einer Entscheidung zu bewegen, blieben bis Mitte Februar 1941 ohne Erfolg.

Am 1. März 1941 erklärte Bulgarien seinen Beitritt, und schon einen Tag darauf betraten deutsche Truppen bulgarischen Boden. Hierfür war eigens bei Giurgiu eine Brücke über die Donau errichtet worden. Im März trafen in Berlin der jugoslawische Prinzregent Paul, der das Land nach dem Tod König Alexanders anstelle des minderjährigen Thronfolgers Peter II. regierte, und sein Premierminister Cvetković zu Gesprächen über den Dreimächtepakt ein.

Am 25. März 1941 erfolgte dann im Wiener Belvedere die Unterzeichnung der Beitrittsurkunde Jugoslawiens. Zwei Tage darauf kam es in Belgrad zu einem Militärputsch, welchen der Befehlshaber der Luftwaffe, General Dusan Simović, angezettelt hatte. Die Regierung von Cvetković wurde gestürzt, der Prinzregent verhaftet. Der neue Machthaber betrieb sogleich ein äußerst riskantes Spiel, bei dem er sich zwischen alle Stühle setzte. Gegenüber Hitler tat er so, als ob sich nichts an der Haltung Jugoslawiens geändert hätte und sich das Land weiterhin den Achsenmächten zugehörig fühlte. Aber zur gleichen Zeit ging er mit der Sowjetunion einen Freundschaftspakt ein, und von Großbritannien forderte er Waffenlieferungen an.

Hitler, der ursprünglich bereits Ende April/Anfang Mai gegen die Sowjetunion hatte losschlagen wollen, schob das Unternehmen Barbarossa noch einmal hinaus und erteilte am 6. April 1941 den Angriffsbefehl gegen Jugoslawien. Bereits nach sechs Tagen kapitulierte die jugoslawische Armee, was gleichzeitig den Zerfall des Vielvölkerstaates einleitete.

Kroatien und Bosnien riefen am 10. April 1941 den Staat „Nezavisna Drzava Hrvatska" (Unabhängiges Kroatien) aus. Das bisherige Slowenien wurde zwischen Italien und Deutschland aufgeteilt. Westmazedonien und den Kosovo besetzten italienische Truppen. Das restliche Mazedonien wurde unter bulgarische Verwaltung gestellt, während sich Ungarn der Batschka und der Baranja bemächtigte. Serbien, das größte Staatsgebiet innerhalb Jugoslawiens, erhielt eine deutsche Militärverwaltung.

Mit der Niederlage Jugoslawiens und dem Auseinanderdriften des Landes kehrte allerdings zu keinem Zeitpunkt der Frieden in die Region ein. Stattdessen nahm einer der blutigsten und opferreichsten Partisanenkriege seinen Anfang. Hierbei verlief die Front kreuz und quer durch das gesamte Land, aber auch durch die verschiedensten politischen Mächtegruppierungen.

Serbien gab den Anstoß zu dieser Entwicklung. Eine nationalistische Gruppierung, die sogenannten Četniks (Freischärler), über welche Oberst Draza Mihailović die Befehlsgewalt ausübte, formierte sich jetzt zu einer Partisaneneinheit, die aus dem Hinterhalt gegen die deutsche Wehrmacht zu operieren begann. Noch waren die Četniks zu schwach, um größere Erfolge erzielen zu können. So wählten sie die Taktik plötzlicher Überfälle auf deutsche Posten oder kleinere Einheiten, wonach sie sich sogleich wieder in unwegsame Gebirgsgegenden zurückzogen.

Die Četniks hofften, nach einer längeren Phase der Zermürbung deutscher Truppen allmählich einen umfassenden Aufstand gegen die Besatzungsmacht auslösen zu können. Ihre erste militärische Aktion führten sie von dem Bergzug Sumadija südlich von Belgrad aus. Sie selbst bezeichneten sich als Königstreue und wollten den nach der Niederlage Jugoslawiens geflohenen Thronfolger Peter II. zur Rückkehr und Machtübernahme in Serbien verhelfen.

Anfänglich suchten die Četniks sogar das Bündnis mit den jugoslawischen Kommunisten, denen freilich an der Wiederherstellung einer Monarchie nichts gelegen war, sondern deren Vorstellungen einem sozialistischen Staatswesen nach sowjetischem Vorbild galten. Als den Četniks klar wurde, daß es zu keiner Allianz mit den kommunistischen Kräften kommen würde, stellte dies den Beginn einer tödlichen Feindschaft zwischen beiden Lagern dar, was den Völkerschaften des zerfallenen Jugoslawiens einen hohen Blutzoll abverlangen sollte.

Eine gewisse Zeitlang hatten die Četniks die Hoffnung gehegt, daß die Alliierten mit ihren Truppen sehr schnell auf dem Balkan in Erscheinung treten würden, wovon sie sich die Durchsetzung ihres Ziels, die Wiederherstellung des Königtums, versprachen. Als sie jedoch erkennen mußten, daß die Alliierten andere Prioritäten setzten, gingen sie zu einer neuen Taktik über, die durch eine Vielzahl von Finessen gekennzeichnet war. Sie machte es äußerst schwer, einen Überblick zu behalten, wer gerade auf wessen Seite stand. Örtliche Četnikführer schlossen mit deutschen bzw. italienischen Truppen auf eigene Faust Abkommen. Diese liefen darauf hinaus, sich entweder aus dem Weg zu gehen oder sogar gemeinsam die inzwischen von Josip Broz Tito im Sommer 1941 ins Leben gerufene zweite Partisanenbewegung auf jugoslawischem Gebiet zu bekämpfen.

Während Mihailović immer noch den Anschein zu erwecken versuchte, als ob es sich bei derartigen Absprachen um Eigenmächtigkeiten handelte, führte dies indes dazu, daß die Alliierten jegliche Unterstützung für die Četniks einstellten. 1943, zu dem Zeitpunkt, da die erste Kosakendivision zur Bekämpfung der Partisanen auf dem Balkan eintraf, zählten die Četniks etwa 15.000 Mann. Während sie sich aufgrund ihrer Zwielichtigkeit nicht mehr des englischen Wohlwollens erfreuen konnten, unterstützte jetzt die britische Regierung unter Winston Churchill vorbehaltlos die kommunistischen Partisanenverbände Titos, die wiederum keinerlei Hilfe von ihren Gesinnungsgenossen aus Moskau erhielten.

Gleich einem Brennspiegel zeigte sich bereits zu jenem Zeitpunkt, daß da schon Interessenkonflikte schwelten, die einige Jahre nach Kriegsende in ganzer Schärfe ausbrechen sollten. Von der Kommunistischen Partei Jugoslawiens war ein sogenannter Hauptstab der Volksbefreiungs- und Partisaneneinheiten formiert worden, dessen Kräften es zunächst gelang, einige Gebiete des von der Wehrmacht besetzten Serbiens wieder unter ihre Kontrolle zu bringen. Im Juli 1942 wurden dann diese Partisanen durch deutsche, italienische und kroatische Verbände jedoch gezwungen, sich nach Bosnien zurückzuziehen.

Während im Dezember 1941 die Stärke der Tito-Partisanen etwa 80.000 Mann betrug, erreichte sie gegen Ende 1944 über 400.000 Mann. Im November 1942 hatte die kommunistische Partisanenbewegung einen „Antifaschistischen Rat der nationalen Befreiung Jugoslawiens“ gegründet, der von seiner Bedeutung her etwa einem provisorischen Parlament gleichkam. Doch gab es seitdem in dieser Partisanengruppierung sehr zum Mißfallen von Moskau auch so etwas wie nationalistische Züge, was später bei dem Bruch mit Stalin zu einer Fülle von Anschuldigungen führte, die sowjetischerseits in der Beschimpfung der Jugoslawen als „faschistische Titoclique“ gipfelten.

Ein paar Worte zu Josip Broz, der sich, dem Beispiel von Lenin und Stalin folgend, den Kampfnamen Tito zulegte. Er wurde am 7. Mai 1892 in Kumrovec, nördlich von Zagreb, in Kroatien als das siebente Kind einer Familie geboren, deren Vater Kroate und die Mutter Slowenin war. Nach dem Besuch der Grundschule erlernte er den Beruf eines Schlossers, trat der Metallarbeitergewerkschaft bei und fand mit 20 Jahren politischen Anschluß an die sozialdemokratische Partei Kroatiens.

Da Kroatien zu jener Zeit noch zu Österreich-Ungarn gehörte, leistete Josip Broz seinen Militärdienst in der k. u. k. Armee ab. Während des Ersten Weltkrieges geriet er als Angehöriger der österreichischen Truppen in russische Gefangenschaft, verbrachte viele Jahre im Uralgebiet und in Sibirien. Erst 1920 vermochte er in seine Heimat zurückzukehren, wo sich inzwischen vieles verändert hatte. Es gab kein Österreich-Ungarn mehr. Die Donaumonarchie war zugrunde gegangen. Seine eigene Heimat war zu einem Teil des Königreiches der Serben, Kroaten und Slowenen geworden. 1929 nahm dieser Staat unter König Alexander die Bezeichnung Jugoslawien an.

Broz trat nunmehr der kommunistischen Partei bei, die einige Zeit später verboten wurde. Er setzte illegal die Tätigkeit für die Partei fort, bis er im Jahre 1928 von der Polizei festgenommen und von einem jugoslawischen Gericht zu fünf Jahren Gefängnis verurteilt wurde.

Während des Zweiten Weltkriegs hielt er sich überwiegend in Bosnien-Herzegowina auf, wo er zum Anführer der kommunistischen Partisanen avancierte. Mehrfach konnte er sich buchstäblich nur in letzter Minute dem Zugriff deutscher Kommandos entziehen, die ihm ständig auf den Fersen waren. Titos Befehle peitschten die Partisanen zu unvorstellbaren Grausamkeiten an, was wiederum zu Gegenreaktionen führte. Als ihm nach dem Ende des Zweiten Weltkriegs eine große Zahl von Wehrmachtsangehörigen sowie Mitgliedern der kroatischen Ustascha von den Engländern ausgeliefert wurde, stellten diese Gefangenen für die kommunistischen Partisanen Freiwild dar. Tausende fielen schrecklichen Exzessen zum Opfer.

Vor dem Ausbruch der Kriegshandlungen auf dem Balkan hatten dort in den verschiedensten Gebieten etwa 2,1 Millionen deutschstämmige Menschen gelebt. Rund 200.000 Volksdeutsche waren im Jahre 1940 aus Bessarabien sowie den Regionen Dobrudscha und Bukowina umgesiedelt worden. Als im Frühjahr 1941 der Krieg gegen Jugoslawien ausbrach, gab es in den verschiedensten Siedlungsgebieten noch rund 1,9 Millionen Volksdeutsche.

War die Gefährdung dieser Menschen durch den Krieg verhältnismäßig gering gewesen, so änderte sich dies von dem Augenblick an, als die ersten Partisanen in Erscheinung traten und in den verschiedensten Gebieten des zerbrochenen Staates Kämpfe aufflackerten. Diese Entwicklung stellte für die meist bäuerliche Bevölkerung eine Katastrophe dar. Jederzeit mußte sie nunmehr darauf gefaßt sein, daß Abteilungen der Partisanen in ihre Dörfer eindrangen und sie entweder ausraubten oder gar niederbrannten und die Bewohner töteten. An eine friedliche Zeit war nicht mehr zu denken. Ständig sahen sie sich mit der Allgegenwart des Kriegs konfrontiert.

Die Zerrissenheit des Landes wirkte sich auch auf die deutschen Volksgruppen aus, die sich zwangsläufig den neuen Gegebenheiten anpassen mußten. Als erstes galt es, die Tatsache zu berücksichtigen, daß es nunmehr einen neu gegründeten kroatischen Staat gab. Parallel zum Aufbau seiner Verwaltungsstrukturen bildete sich auch hier eine neue deutsche Volksgruppe, die etwa 192.000 Mitglieder zählte. Ihren Schwerpunkt hatte sie um das slawonische Esseg.

196.000 Volksdeutsche aus den Gebieten der Batschka und Baranja, die bislang dem Schwäbisch-Deutschen Kulturbund angehört hatten, gingen jetzt in dem von Dr. Franz Basch geleiteten Volksbund der Deutschen in Ungarn auf. Beide Gebietsteile, die dicht an Ungarn angrenzten, waren zu Kriegsbeginn von den ungarischen Honved-Truppen besetzt worden, ebenso das Murgebiet, welches gleichfalls an der ungarischen Grenze lag und ein Bestandteil Sloweniens gewesen war.

Etwa 144.000 Volksdcutschc, dic im Rcstscrbicn sowic im jugoslawischcn Banat zu Hause waren, verblieben in einer bereits früher existierenden Volksgruppe, deren Leitung Dr. Sepp Janko innehatte und deren Geschäftsstelle sich in Groß-Betschkerek befand.

Aus Überlebensgründen gingen viele Volksdeutsche in ihren Siedlungsgebieten dazu über, Selbstschutzorganisationen zu schaffen, welche über die Sicherheit entlegener Dörfer und Ortschaften wachten. Ohne die Unterstützung der im Herbst 1943 eingetroffenen 1. Kosaken-Division hätten sie keine Chance gehabt, sich der ständigen Überfälle von Partisanen zu erwehren. Dennoch hatten auch die Selbsthilfegruppen viele Opfer in ihren Reihen zu beklagen.

Mit der Gründung eines selbständigen kroatischen Staates im Frühjahr 1941 nach dem Zusammenbruch Jugoslawiens war zugleich die Ustascha in eine Art politischen Wehrverbandes umgewandelt worden, was auf dem Balkan keineswegs für klarere Verhältnisse sorgte, sondern die Situation weiter verkomplizierte. Dies hing damit zusammen, daß in dem neuen Staat nicht ausschließlich Kroaten lebten, sondern oftmals serbische und kroatische Dörfer nur einen Steinwurf weit entfernt lagen, was mitunter auch für serbische und kroatische Gehöfte innerhalb einer Ortschaft zutraf.

Nachdem Titos Partisanenverbände immer stärker dazu übergingen, den kroatischen Staat zu unterminieren, schürte dies den Haß zwischen den Bevölkerungsgruppen, der sich in vielen blutigen Metzeleien entlud. Da auch deutsche und ungarische Bauern, die an den bosnischen Berghängen ihre Höfe besaßen, in den Strudel solcher Auseinandersetzungen gerieten, schufen sich viele der Betroffenen einen Schutzbund, welchem sie die Bezeichnung „Grüner Kader" gaben. Es war dies eine Art von paramilitärischer Organisation, die sich mit der Ustascha Gefechte lieferte, zeitweilig auch die Domobranen bekämpfte, die den Charakter einer offiziellen Wehrmacht Kroatiens trugen.

Auch hier kam es immer wieder zu wechselnden Bündnissen. So entstand gelegentlich der Fall, daß die Kosaken der Pannwitzschen Division, deren Aufgabe darin bestand, den schwachen kroatischen Staat zu schützen, der ja die Rolle eines deutschen Bündnispartners spielte, sich gegen die Zügellosigkeit der Ustascha-Verbände zur Wehr setzen mußten. Die überall aufbrechenden Leidenschaften, genährt von einem übertriebenen Nationalismus, glichen einem Brandherd, dessen Flammen sich wie ein Schwelfeuer verbreiteten.

Schließlich verfügte auch noch Dr. Ante Pavelić, der Poglavnik (Führer) des kroatischen Staates, über eine spezielle militärische Formation, die „Tjelesna Garda", die gleichfalls in den Kampf mit den Partisanen verwickelt war. Die Kraft des kroatischen Staates reichte bei weitem nicht aus, sämtliche Landesteile gegen die immer wieder erneut einsickernden Partisanengruppen zu schützen, die es mit der Zeit verstanden, sich feste Strukturen zu verschaffen. So mußten sich die kroatischen Verbände damit begnügen, wichtige Verkehrsknotenpunkte, Straßen, Brücken, Kasernen so zu sichern, daß dies die Partisanen davon abhielt, derartige Punkte anzugreifen.

Um die Partisanen gänzlich abzuwehren und aus dem Land zu vertreiben, waren die kroatischen Verbände zu schwach. So wurde den zum Ende des Jahres 1943 in Kroatien eintreffenden Kosakenregimentern die Aufgabe zugedacht, zum Angriff auf die Partisanen überzugehen und sie in ihren Schlupfwinkeln aufzustöbern. Längst waren die kommunistischen Tito-Partisanen zu einer beträchtlichen Stärke angewachsen, so daß sie angesichts der sich nähernden Roten Armee eine immer größer werdende Gefahr darstellten. Die deutschen Truppen wollten unter allen Umständen verhindern, sich gleichzeitig auf zwei Gegner konzentrieren zu müssen.

So verbanden sich vielerlei Hoffnungen mit den Kosakenregimentern, daß sie mit einem Gegner fertig werden würden, dessen gesamte Erfolge auf seiner hinterhältigen Kampfesweise beruhten. Wie es sich erweisen sollte, war dies keine Fehlannahme. Die Kosakenregimenter scheuten weder vor unwegsamem Gelände zurück noch vor einem darin verborgenen Gegner. Sie griffen ihn jetzt überall dort an, wo er sich bisher in Sicherheit gewiegt hatte. Die Beweglichkeit der berittenen Kosakenverbände und ihr Kampfesmut brachten die Partisanen, die sich bereits als Herren im Land gefühlt hatten, in schwere Bedrängnis.

Nach ihrem Eintreffen in Kroatien wurde die 1. Kosaken-Division auf den Raum Semlin – Indija – Ruma – Mitrovica – Pančevo aufgeteilt, der sich nordostwärts von Belgrad erstreckte. Pannwitz, der die gesamte Gegend sorgfältig erkundete, entschloß sich für Ruma als Sitz des Divisionsstabes. Die Division wurde der 2. Panzerarmee unterstellt, an deren Spitze General Rendulic stand. Seine Einheit und damit jetzt auch die Kosakendivision gehörten der Heeresgruppe F unter dem Befehl des Generalfeldmarschalls Freiherr von Weichs an. Ihr wichtigster Auftrag lautete, den in Griechenland eingesetzten deutschen Verbänden den Rücken freizuhalten.

Insbesondere galt es, jene Straßen zu sichern, über welche der Nachschub nach Griechenland rollte. Da sich inzwischen die Kriegslage erheblich verschlechtert hatte, kam es auch darauf an, Verbindungswege zu schützen, die für den Fall eines erforderlich werdenden Rückzuges der Griechenlandtruppen große Bedeutung besaßen. Die Kosaken waren dazu ausersehen, die Partisanen, die sich mittlerweile bereits als jugoslawische Volksarmee bezeichneten, in Schach zu halten. Außerdem sollte versucht werden, sie aus strategisch wichtigen Landesteilen hinauszudrängen, besser sogar noch zu vernichten.

Nachdem der Stab Titos erste Informationen über das Eintreffen der Kosaken erhalten hatte, entfalteten seine roten Agitatoren sogleich eine Propaganda, die darauf angelegt war, unter der Bevölkerung Angst und Schrecken zu verbreiten. Die Kosaken wurden als wahre Ungeheuer dargestellt, die nichts anderes als Morden und Brandschatzen kannten. Sie würden erbarmungslos alles niedermetzeln, was ihnen in den Weg käme.

Diese von Haß gespeiste Diffamierungskampagne blieb nicht ohne Wirkung auf Teile der Bevölkerung. Quartiermacher der Kosakenregimenter bekamen es als erste zu spüren, daß viele Bewohner in den Dörfern ihnen mit Feindseligkeit begegneten. Hatten sie sich eines der Gehöfte für die Unterkunft einer Kosakengruppe ausgesucht, verließen die Bewohner wortlos ihre Behausungen. Niemand wollte mit den Kosaken in irgendeine Berührung kommen. Auch fürchteten sie Repressalien seitens der Partisanen, wenn sie die Kosaken bei sich aufnehmen würden.

Doch nach einiger Zeit änderte sich ihre Einstellung gegenüber den Kosaken. Diese kümmerten sich jetzt nämlich um die verlassenen Höfe, versorgten das Vieh in den Stallungen, legten überall mit Hand an, wo ihnen dies notwendig erschien, gerade so, als hätten sie die Pflicht übernommen, in Abwesenheit der Besitzer nichts verkommen zu lassen.

Mit einer solchen Haltung aber entzogen sie allmählich der gegen sie gerichteten kommunistischen Propaganda den Boden. Als die Tito-Leute spürten, daß so nichts mehr auszurichten war, gingen sie zu der entgegengesetzten Methode über, begannen um die Freundschaft der Kosaken zu werben. Sie bezeichneten sie jetzt als ihre slawischen Brüder, forderten sie auf, die Seite zu wechseln. In vereinzelten Fällen fanden solche Losungen auch Gehör, doch das Gros der Kosaken war hierfür nicht empfänglich. Es gab eine geringe Anzahl von Überläufern, manche von ihnen kehrten nach einiger Zeit enttäuscht wieder zurück, einige wenige hatten unter dem Druck der Roten Kommissare darin eingewilligt, die Stellungen der Regimenter auszukundschaften und die Partisanen rechtzeitig über sämtliche Angriffspläne zu informieren. Doch die in den einzelnen Kosakenverbänden tätigen Abwehrorganisationen kamen schnell dahinter, wer sich an den Gegner verkauft hatte.

Als sich die Situation für die deutsche Wehrmacht im Laufe der zweiten Jahreshälfte 1944 überall rapide verschlechterte, trat etwas ein, was selbst die deutschen Offiziere des Rahmenpersonals in den Kosakenregimentern in Erstaunen versetzte. Es gab nicht einen einzigen Kosaken mehr, der zum Gegner überlief. In der letzten Phase des Krieges gewann das XV. Kosaken-Kavallerie-Korps eine moralische Stärke, wie sie höchste Bewunderung abfordert.

DER ERSTE KAMPFAUFTRAG

Noch keine zwei Wochen waren seit der Ankunft der Kosaken in Jugoslawien vergangen, da wurde ihnen der erste Kampfauftrag erteilt. Am 10. Oktober 1943 versammelte General von Pannwitz im Divisionsstabsquartier in Ruma die Brigade- und Regimentskommandeure und alle anderen Führer der Einheiten um sich. Pannwitz unterrichtete die Offiziere davon, daß die Division ihren ersten Einsatzbefehl erhalten hätte. Er lautete, das Gebiet der Fruška Gora zu durchkämmen, welches kommunistischen Partisanen seit längerem als Ausgangspunkt vieler Überfälle auf die an den Berghängen gelegenen Dörfern diente.

Fruška Gora war ein schwer zugänglicher Gebirgszug, der sich südlich der Donau parallel zu einer Flußkrümmung erstreckte. Die Division sollte als geschlossener Verband operieren und im gesamten Gebirge Partisanenstützpunkte ausfindig machen und dann vernichten.

Dieses erste große Unternehmen der Division sollte nach den Worten des Generals zugleich Klarheit darüber erbringen, wie gut das Zusammenwirken verschiedener Verbände verlaufen würde. Später werde man nicht mehr umhin können, den einzelnen Regimentern Einsatzgebiete zuzuweisen, die unter Umständen weit auseinander lägen.

Nach dieser Besprechung im Divisionsstab wurde sofort mit den Vorbereitungen für die Angriffsoperation begonnen, die am 12. Oktober 1943 ihren Anfang nahm. Es war ein warmer Herbsttag, als die Kosakenregimenter aufbrachen und sich zunächst auf einer Straße dem Gebiet der Fruška Gora näherten, das eine Breite von über 40 Kilometer und eine Tiefe von etwa 30 Kilometer umfaßte.

Die Division wurde auf ihrem Vormarsch von 15 Panzern und einem Panzerzug begleitet. Doch trotz aller sorgfältigen Planung war es ein Stoß ins Leere. Zwar wurden verschiedene Partisanenschlupfwinkel aufgestöbert, doch niemand darin angetroffen. Manche noch warmen Feuerstellen stellten ein Anzeichen dafür dar, daß seit dem Abzug der Partisanen noch nicht allzuviel Zeit vergangen sein konnte. Gelegentlich peitschten Schüsse durch den Wald, signalisierten Partisanen ihre Anwesenheit, doch nirgendwo stellten sie sich zum direkten Kampf.

Immer wenn die Kosaken bereits glaubten, des Gegners ansichtig geworden zu sein, verschwand er wie ein Spuk. Auf diese Weise kamen die Regimenter schneller als gedacht vorwärts. Sie hegten noch die Hoffnung, die Partisanen wenigstens in ihrem Hauptquartier stellen zu können, von dem bekannt war, daß es in dem Bergdorf Beočin lag. Nachdem mehrere Schwadronen das Dorf eingekreist hatten, gingen die Kosaken dazu über, Haus für Haus zu durchsuchen. In dem Dorf existierte ein großes Klostergut, welches sich der Führungsstab der Partisanen zu seinem Quartier auserkoren hatte. Doch auch ihm war es gelungen, sich unter Mitnahme aller Unterlagen rechtzeitig abzusetzen.

Die Kosaken kontrollierten auch sämtliche Viehställe des Dorfes, stocherten in Heuschobern herum, inspizierten alle Kellergewölbe, doch nicht ein einziger Partisan fiel ihnen in die Hände. Damit stand für die Führung der Division unumstößlich die Tatsache fest, daß das Vorhaben den Partisanen durch ihre Verbindungsleute, die sie in den meisten Dörfern besaßen, frühzeitig zur Kenntnis gebracht worden war.

General von Pannwitz, der die Bewegung seiner Verbände aus einem Fieseler Storch verfolgt hatte, machte aus seiner Enttäuschung kein Hehl. Wenn es allerdings auch zu keiner direkten Feindberührung gekommen war, so zeigte sich der General jedoch damit zufrieden, was die operative Durchführung des Einsatzes betraf. Sämtliche Kommandeure und Schwadronschefs sowie alle Unterführer hatten in vorbildlicher Weise zusammengearbeitet, niemandem war irgendein Fehler unterlaufen, der im Ernstfall das ganze Unternehmen hätte in Gefahr bringen können. Verbesserungswürdig waren dagegen gewisse Kommunikationsprobleme bei der Befehlsübermittlung, die auf sprachlichen Mißverständnissen beruhten. Fast sämtliche Offiziere des deutschen Rahmenpersonals hatten sich mittlerweise durch ihren ständigen Umgang mit den Kosaken einen kleinen russischen Wortschatz angeeignet, wie auch die meisten Kosaken bemüht waren, wenigsten die wichtigsten militärischen Begriffe in deutsch zu verstehen.

Ein Erfolg, wenn er auch nicht von Dauer war, bestand darin, daß es die Partisanen vorerst vermieden, von der Fruška Gora aus weitere Überfälle auf die Dörfer zu unternehmen. Als wichtigste Schlußfolgerung galt dem Stab der Division jedoch die Erkenntnis, daß noch weit mehr Sorgfalt darauf verwendet werden mußte, jede einzelne Aktion zur Bekämpfung der Partisanen möglichst bis zum letzten Moment des Aufbruchs geheim zu halten.

Später, als die Kosakenregimenter noch mehr Erfahrung gesammelt hatten, bedienten sie sich oftmals regelrechter Täuschungsmanöver, um die Partisanen und erst recht deren Informanten in die Irre zu führen. Verschärft wurde auch die Wachsamkeit während der Nachtstunden. Jeder, der sich nach Einbruch der Dunkelheit einem Dorf näherte, in welchem die Kosaken einen Stützpunkt hatten, wurde schon von weitem angerufen, sich zu erkennen zu geben.

Der nächste Einsatz der Kosakendivision ließ nicht lange auf sich warten. Diesmal lautete der Befehl, den Raum westlich von Vukovar zu besetzen, wo

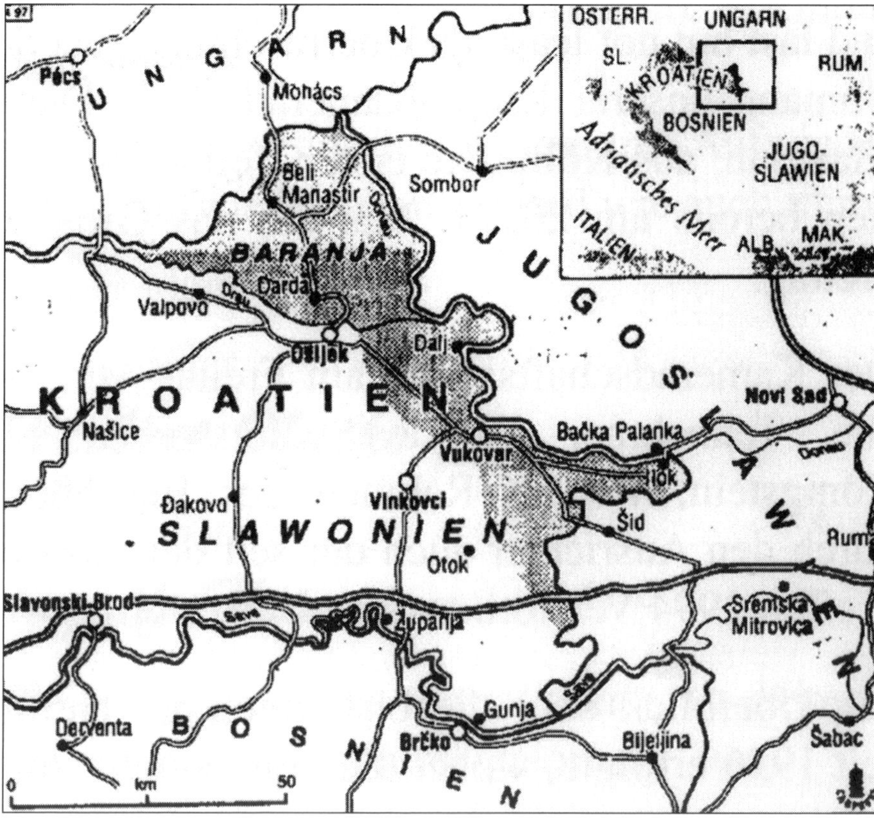

Einsatzgebiet in Slawonien, insbesondere bei der Stadt Vukovar

ein von der Drau, Save und Drina eingebettetes großes fruchtbares Tal mit zahlreichen Dörfern lag, deren Bevölkerung durch ständige Übergriffe der Partisanen stark eingeschüchtert worden war. Wichtiger indes noch erschien der Schutz der durch dieses Tal führenden Eisenbahnlinie Agram (heute Zagreb) – Belgrad, auf welche die Partisanen wiederholt Anschläge verübt hatten.

So brachen die Regimenter Mitte Oktober auf, wobei diesmal feststand, daß diese Operation ein weites Auseinanderziehen der einzelnen Einheiten bedingte, um das sich über eine riesige Weite ausdehnende Gelände unter Kontrolle zu bekommen.

Jedes Regiment wurde bei seinem Aufbruch durch eine reitende Batterie verstärkt und teilte sich oftmals je nach den Einsätzen in drei gleich starke

Kampfgruppen auf. Die Gliederung der Division erfolgte in zwei Brigaden. Die erste Brigade unter Führung des Obersten Freiherr Hans von Wolff setzte sich aus dem Donkosaken-Reiterregiment 1, dem Sibirkosaken-Reiterregiment 2 sowie dem Kubankosaken-Reiterregiment 4 zusammen. Die zweite Brigade mit Oberst von Bosse als Kommandeur bestand aus dem Kubankosaken-Reiterregiment 3, dem Donkosaken-Reiterregiment 5 und dem Terekkosaken-Reiterregiment 6.

Das Donkosaken-Reiterregiment, das in den Raum südlich Šid beordert worden war, erhielt als erste Einheit der Division seine Feuertaufe. Partisanen, die sich hier in den Dörfern festgesetzt hatten und sich schon dem Glauben hingaben, von deutschen Kräften nichts zu befürchten zu haben, gerieten in hellen Aufruhr, als plötzlich Kosakenreiter heranpreschten und das Feuer auf sie eröffneten. Da ihnen die Flucht zunächst abgeschnitten war, stellten sie sich zur Gegenwehr, bis es ihnen schließlich dennoch zu entkommen gelang.

Dieser Schußwechsel verursachte auch unter den Kosaken die ersten Opfer. Bei einer anderen Unternehmung war indes den Kosaken das Glück hold. Bei der Erstürmung des Savedamms Ende Oktober 1943 gelang ihnen erstmals die Gefangennahme einer großen Zahl von Partisanen und die Erbeutung beträchtlicher Mengen an Waffen und Munition. Dieser Erfolg machte sie nicht nur sehr stolz, sondern beflügelte zugleich ihre weitere Kampfkraft.

Bis zum Spätherbst hatte sich das Regiment südostwärts von Sisak vorgearbeitet. In diesem Gebiet lag die 11. SS-Freiwilligen-Panzergrenadierdivision „Nordland“, der hier nach verlustreichem Kampfeinsatz neue Reserven zugeführt wurden. Sie hatte nur noch das Eintreffen der Kosaken abgewartet, um sich wieder zu einem neuen Einsatz an die Ostfront zu begeben.

Ein Debakel hätte es beinahe für die 1. Batterie der I. Reit. Artillerieabteilung gegeben, die sich nach ihrer Verlegung von Šid nach Esseg in der irrigen Annahme befand, in diesem Gebiet vor den Partisanen sicher zu sein. Keinem der ausgeschickten Spähtrupps war etwas aufgefallen, was zu einer anderen Schlußfolgerung hätte führen müssen. Ortsbewohner, welche den Kosaken Vertrauen entgegenbrachten, warnten jedoch, daß die scheinbare Ruhe trügerisch sei. Irgend etwas wäre im Gange, sie wüßten jedoch nicht genau, was.

Eines Nachts war schließlich lauter Gefechtslärm aus einem Dorf der entfernteren Nachbarschaft zu vernehmen, in welchem das Kosakenpionierbataillon Quartier bezogen hatte. Der Versuch, per Fernsprecher Kontakt herzustellen, mißlang. Offenbar hatten die Partisanen die Leitungen gekappt. So entschloß sich dann die Führung der Batterie, einen Spähtrupp loszuschicken, der die Lage sondieren sollte.

Als dieser Spähtrupp das Dorf erreichte, war dort bereits wieder Ruhe eingekehrt. Was die Kosaken dann allerdings von ihren Kameraden vernahmen, klang wenig erfreulich. Zu tiefer Nachtstunde hatte es an dem Fenster eines Hauses geklopft, das dem Adjutanten des Pionierbataillons, einem deutschen Leutnant, als Quartier diente. Als der Offizier es schlaftrunken öffnete, um zu sehen, was los war, erhielt er einen schweren Schlag, der seinen Schädel zerschmetterte. Unbekannte drangen nun behende durch das Fenster in die einzelnen Räume des Hauses ein und töteten hier alle Soldaten, denen die Wahrnehmung der Nachrichtenverbindungen dieser Einheit oblag.

Nachdem sie ihre bestialischen Mordtaten verübt hatten, schossen sie eine Leuchtkugel ab, Zeichen zum Angriff für eine bereitstehende Partisanengruppe. Die stürmte darauf das Dorf in der Annahme, daß die hier noch vorhandenen Kosaken jeglicher Führung beraubt wären. Sie wußten nicht, daß der Kommandeur des Pionierbataillons ihrem heimtückischen Anschlag entgangen war. Ihm gelang es buchstäblich im letzten Augenblick, die übrigen Angehörigen des Bataillons zu alarmieren und mit ihnen den Versuch einer vollständigen Besetzung der Ortschaft durch die Partisanen zu vereiteln.

Die Kosaken aber zogen aus solchem Vorfall die Lehre, daß aufgrund der erbarmungslosen Kampfesweise des Gegners zu keiner Stunde und an keinem Ort von wirklicher Sicherheit ausgegangen werden konnte. Die kroatische Bevölkerung aber, der die kommunistische Propaganda einzureden versucht hatte, daß die Kosaken von Natur aus einen grausamen Charakter besäßen, lernte immer besser zu unterscheiden, was Wahrheit und Lüge war. So festigte sich allmählich die Zusammenarbeit der Kosaken mit den kroatischen Bewohnern. Auch so manches Mädchenherz erlag der feurigen Umwerbung eines verwegen dreinschauenden Kosaken.

Während die Kosakeneinheiten ihre ersten Einsätze hinter sich brachten, traten nach und nach immer weitere hohe deutsche Offiziere ihren Dienst in der Division an. Einer davon war Major Erwein Karl Graf zu Eltz, der Anfang November 1943 auf dem Wiener Südbahnhof einen Zug bestieg, der in Richtung Slawonien fuhr. Dieser Offizier hatte bis dahin eine Position im Heerespersonalamt bekleidet, die ihm nach einer erlittenen Verwundung zugewiesen worden war. General von Pannwitz, der ihn gut kannte und nicht nur seine militärischen Fähigkeiten schätzte, sondern auch seine menschlichen Charaktereigenschaften, hatte sich lange darum bemüht, ihn für eine führende Funktion in der Division zu gewinnen. Er sollte hier den Posten des I c besetzen.

Anfänglich hatte der Major sich dazu nicht entschließen können, doch mag es nun an der Überredungskunst des Generals gelegen haben oder aber daß ihn die Herausforderung reizte, welche mit dieser neuen Aufgabe verbunden war, schließlich gab er seine Zusage.

Die Familiengeschichte des Grafen zu Eltz reicht bis weit in die vergangenen Jahrhunderte zurück. Ein Vorfahr des Grafen war nach dem denkwürdigen Sieg des Prinzen Eugen dem vom österreichischen Hof ausgegangenen

Ruf gefolgt, sich als Wehrbauer im slawonischen Vukovar unmittelbar an der Grenze zum türkisch besetzten Gebiet niederzulassen. So war also Eltz jener Teil Europas, der als besonders geschichtsträchtig galt, keineswegs fremd.

Einen Kosaken hatte er allerdings noch nie zuvor zu Gesicht bekommen. Nach dem Eintreffen in Borowo und der anschließenden Weiterfahrt nach Vukovar, die am nächsten Tag, dem 3. November 1943, erfolgte, erlebte er hier erstmals den Vorbeimarsch einer Kosakeneinheit durch die Straßen der Stadt. Der Anblick dieser martialischen Gestalten beeindruckte ihn dermaßen, daß er später in seinem Kriegstagebuch festhielt: „Das Regiment machte einen sehr guten Eindruck im Vergleich zu dem, was ich über diese Truppe gehört hatte." Es waren wilde Gestalten darunter mit riesigen Schnauzbärten. Als besonders schmucke Haartracht trugen vorwiegend die jungen Männer auf der Stirn große lockige Haarbüschel (am Don = Tschub, am Kuban = Tscholka genannt), die unter den Pelzmützen keck hervorquollen und ihnen einen verwegenen Ausdruck verliehen. General von Pannwitz, der auf dem Wege nach Belgrad in Vukovar einen kleinen Halt einlegte, war über alle Maßen erfreut, als sich der Major bei ihm meldete. Eltz lernte bei einem Empfang im Schloß der Stadt auch den Führer jenes Regimentes kennen, dem zuvor seine Bewunderung gegolten hatte. Es war dies Oberstleutnant Paul Freiherr von Wolff, der Vetter des oben erwähnten Brigadekommandeurs Hans von Wolff. Paul von Wolff stammte aus Livland. Ihm war die Führung des Kubankosaken-Reiterregiments 4 anvertraut.

GRAF ZU ELTZ GERÄT IN EINE GEFÄHRLICHE SITUATION

Dem Major blieb nicht viel Zeit, sich mit den Besonderheiten der militärischen Lage vertraut zu machen, wie sie der Partisanenkrieg bedingte. Daß der Feind allgegenwärtig war und man buchstäblich jeden Moment darauf gefaßt sein mußte, angegriffen zu werden, wurde ihm drei Wochen später bei einer Bahnfahrt nach Agram in einer Weise vor Augen geführt, die er niemals vergessen sollte. Bis Brod (Bosnien) hatte es auf der Strecke keinerlei Probleme gegeben. Doch dann vermochte der Zug seine Fahrt nicht wie vorgesehen weiter fortzusetzen, da die Partisanen an zwölf verschiedenen Stellen durch Sprengungen das Gleisbett der Nord- und Südstrecke zerstört hatten.

Stunde um Stunde verging auf dem kleinen Bahnsteig, bis sich schließlich am späten Nachmittag ein Personenzug aus Vrpolje näherte. Zusammen mit weiteren Wehrmachtsangehörigen, deren Fahrtziel ebenfalls Agram war, bestieg der Major mit einer kleinen Gruppe von Kosaken, die ihm zu seinem persönlichen Schutz als Begleitmannschaft mitgegeben worden war, den Zug, dessen Gänge durch Reisende überfüllt waren. Hinzu kamen zahlreiche Gepäckstücke, durch welche ganze Abteile blockiert wurden. Auf ihnen hockten oder schliefen die Menschen, während Hinzusteigende sich rücksichtslos über sie hinweg einen Weg bahnten.

Eltz, der als Vorsichtsmaßnahme die Kosaken auf dem überfüllten Gang postierte, beschlich eine dunkle Vorahnung, daß auch dieser mit Reisenden vollgestopfte Zug Ziel eines Anschlags werden könnte. Während er hinaus in die düstere Landschaft starrte, schossen ihm allerlei Gedanken durch den Kopf. Insbesondere dachte er darüber nach, auf welche Weise er bei einem Überfall am schnellsten seine Bewegungsfreiheit erlangen könnte.

Der Blick aus dem Zugfenster war nicht dazu angetan, in ihm eine angenehmere Stimmung hervorzurufen. Ständig huschten Telegrafenmasten vorüber, die entweder nur schief in ihren Verankerungen hingen oder zersplittert wie nach einem Sturm ausschauten. Dies waren Anzeichen dafür, daß sie schon einmal oder mehrfach Ziel von Partisanen gewesen waren. Längst war man davon abgekommen, diese „Invaliden“ durch neue Masten zu ersetzen. Statt dessen beschränkte man sich darauf, die Leitungen behelfsmäßig auszubessern und sie nunmehr an den gekürzten Masten zu befestigen.

Zu dem trostlosen Anblick paßte es, daß die Lokomotive andauernd langgezogene Pfiffe ausstieß, als wollte sie sich selbst Mut zusprechen, daß schon alles gut verlaufen werde. Doch es verlief nicht gut. Als der Zug bei Paklenica an eine Stelle kam, wo ihn die Berghänge des Psunj-Gebirges förmlich zu erdrücken schienen, ertönte plötzlich eine dumpfe Detonation. Scheiben zerbarsten, Menschen schrien auf, der Zug hielt jäh an. Ehe sich jemand zu besinnen vermochte, was überhaupt geschehen war, setzte Maschinengewehrfeuer ein. Die Geschosse zerschlugen die Waggonwände. Immer wieder blitzte rechterhand am Berghang das Mündungsfeuer neuer Geschoßgarben auf.

Nach der ersten Erstarrung hatten sich die Reisenden entweder zu Boden geworfen oder Deckung hinter ihren Gepäckstücken gesucht. Furcht verzerrte ihre Gesichter. Jetzt war jene Situation eingetreten, die sich der deutsche Major zuvor ausgemalt hatte. An ein Verlassen des Abteils in geduckter Haltung war nicht zu denken. Jeder versperrte jedem den Weg. Einige seiner Reisegefährten gebärdeten sich wie wahnsinnig. Ein Geistlicher sprach unaufhörlich vor sich hin: „Misericordia, misericordia".

Ein plötzlicher Schlag an seinem Oberschenkel ließ den deutschen Offizier glauben, daß ihn eines der Geschosse getroffen hätte. Ein Gefühl völliger Hilflosigkeit ergriff ihn. Es bedurfte erst einiger Sekunden, bis er dahinter kam, daß er keine Verwundung davongetragen hatte, sondern einer der Reisenden tot auf ihn niedergestürzt war. Er versuchte sich von dem Körper des Mannes zu befreien, was ihm nur mühselig gelang, da der Zug immer wieder von neuen Geschossen getroffen wurde.

Schließlich, als eine Feuerpause eintrat, gewann Eltz seine Handlungsfähigkeit zurück. Er griff nach seiner Maschinenpistole im Gepäcknetz, bahnte sich den Weg hinaus in den Gang des Zuges und schrie mit lauter Stimme „Kasaki na polja", was auf kroatisch soviel wie „Kosaken hinaus aufs Feld" hieß. Dabei hoffte er nur, daß die Kosaken seiner Begleitmannschaft unverletzt den Angriff der Partisanen auf den Zug überstanden hatten. Doch darum konnte er sich jetzt nicht kümmern. Seine nächste Handlung bestand darin, daß er über mehrere Tote und etliche Gepäckstücke hinweg mit einem geradezu wahnwitzigen Sprung aus dem Wagenfenster hechtete und glücklicherweise, ohne sich etwas zu brechen, auf einem Nebenbahngleis landete.

Nachdem er hier längs des Bahndammes Deckung gefunden hatte, rief er in die Dunkelheit hinein: „Alle Wehrmachtsangehörigen sofort zu mir!" Dies wurde sowohl von den Kosaken als auch einer Anzahl weiterer deutscher Soldaten befolgt, die sich ebenfalls in dem Zug befunden hatten. Die Situation blieb aber weiterhin brenzlig, da die Partisanen zu beiden Seiten des Zuges Maschinengewehre in Stellung gebracht hatten, welche mit ihrem Feuer die Gleise bestrichen. Mitten in diesem Kugelhagel lag jetzt der kleine Haufen von Soldaten, dem der Bahndamm nur unzureichenden Schutz bot. Der Major wurde gewahr, daß die Partisanen inzwischen in den Zug geklettert waren, denn nun drangen verzweifelte Schreie und immer wieder Schüsse aus dem Inneren der Abteile. Der Offizier stand vor der Frage, was er unternehmen sollte, um die Fahrgäste im Zug vor dem Wüten der Partisanen zu schützen. Die Möglichkeit, den Zug unter Beschuß zu nehmen, war ihm verwehrt, da die Partisanen dann vermutlich die Zivilisten als Schutzschild benutzen würden.

Während er krampfhaft nach einer Lösung suchte, sah er, wie ein Oberarzt zusammen mit zwei Unteroffizieren in Richtung der Lok vorsprang. Ehe er sie von diesem unüberlegten Vorhaben abbringen konnte, tauchte eine baumlange Gestalt auf, welche die drei Deutschen mit einem Feuerstoß aus einer Maschinenpistole niederstreckte. In dem Major löste dies eine Art von Initialzündung aus. Er sprang den Partisanen wie ein Wilder an und versetzte ihm mit der MP einen Schlag gegen den Kopf, der seinen Gegner kampfunfähig machte.

Aus dem Zug klangen noch immer furchtbare Schreie. Inzwischen hatten sich die Augen der Männer an die Dunkelheit gewöhnt, und so konnten sie sogar einige der schrecklichen Vorgänge mit ansehen, die sich in dem Zug abspielten. Plötzlich forderte eine Stimme im gebrochenen Deutsch den Major und seine Leute auf, sich zu stellen. „Wieviel seid ihr? Kommt herüber!" tönte es von einem Trittbrett des Zuges, auf dem mehrere Partisanen standen und mit ihren Waffen herumfuchtelten. In diesem Augenblick sah Eltz endlich den richtigen Zeitpunkt gekommen, um die Initiative zu ergreifen. Er sprang hoch und gab auf die Gruppe der Partisanen zwei Feuerstöße ab. Dann suchte er erneut seine Deckung auf.

Einer seiner Kosaken wies warnend zum Zugende, wo Partisanen dazu übergegangen waren, eine Schützenkette zu bilden, um das gesamte Gleisgebiet abzusuchen. Jetzt galt es, alle Anstrengungen darauf zu richten, den Angreifern nicht in die Hände zu fallen. Aus einigen der Männer, die sich ihm angeschlossen hatten, bildete er einen Spähtrupp und schickte ihn voraus in Richtung Novska. Mit dem Rest – etwa 15 Mann – folgte er diesem Spähtrupp, bis sich plötzlich eine neue Detonation vernehmen ließ. In der Annahme, daß es sich um eine Mine handeln könnte, beschloß er mit seinen Leuten sich jetzt in ein sumpfiges Gelände zu begeben, welches der Save vorgelagert war.

Eiskaltes Wasser umspülte die Männer bis zur Hüfte. Doch instinktiv hatten sie das Richtige getan, als sie den ursprünglichen Weg entlang des Bahndammes verließen. Denn auf einmal setzte Granatfeuer genau dorthin ein, wo sich eben noch die kleine Gruppe der Deutschen befunden hatte. Major zu Eltz entschloß sich daraufhin, einen noch größeren Bogen einzuschlagen, um der Umklammerung der Partisanen zu entgehen. Als sich jedoch aus westlicher Richtung eine weitere Angriffsgruppe näherte, war an ein Entkommen nicht mehr zu denken, zumal man es mit völlig unbekannten Geländeverhältnissen zu tun hatte. Es blieb nichts weiter übrig, als erneut den Kampf aufzunehmen. Kurz entschlossen bildeten die Soldaten jetzt eine Art von Ringsumverteidigung und eröffneten auf die Angreifer das Feuer.

Eine gewisse Zeit gelang es, die Partisanen durch immer neue Feuerstöße auf Distanz zu halten. Auf einmal war von Novska, einem kleinen, etwa 6 Kilometer entfernten bosnischen Ort, ein sich nähernder Zug zu vernehmen. Offenbar war es den Männern des Spähtrupps gelungen, Hilfe herbeizubeordern. Nunmehr beschloß der Major, sich mit seinen Leuten den Weg zurück zum Zug zu bahnen, wo die Partisanen im Begriff standen, das Weite zu suchen.

Bahndamm und Gleise waren von Toten und Verwundeten übersät. Viele trugen keine Kleidung mehr, die Partisanen hatten alles geraubt, was ihnen irgendwie wertvoll dünkte. Einigen der Reisenden war es jedoch ebenfalls gelungen, sich aus dem Zug in Sicherheit zu bringen. Fast zweieinhalb Stunden, so viel Zeit war seit dem Überfall vergangen, hatten sie sich im Sumpfgebiet der Save verborgen gehalten.

Mit vor Schrecken geweiteten Augen und käsigen Gesichtern kehrten sie jetzt wieder zurück. Doch den Zug zu besteigen, kostete allen Überwindung. Gänge und Abteile waren voller Blut. Die Mehrzahl der Fahrgäste war nicht mehr am Leben. Die Partisanen hatten alle auf bestialische Weise umgebracht. Andere waren über und über mit Wunden bedeckt. Wäre nicht der Hilfszug aus Novska eingetroffen, hätten sie vermutlich ebenfalls nicht überlebt.

Die Rückfahrt gestaltete sich für Eltz zu einer seelischen Tortur sondergleichen. Die ganze Zeit über mußte er mit gespreizten Beinen über einem am Boden liegenden Leichnam stehen. In der in einem Güterwagen eingepferchten Masse Mensch gingen die Lebenden mit den Toten eine neue Art von Symbiose ein. Eltz zeigte sich von dem Erlebten stark aufgewühlt. Es hatte ihm die Augen darüber geöffnet, wie der von den Tito-Partisanen der Wehrmacht aufgezwungene Partisanenkrieg in Jugoslawien bar jedes menschlichen Gefühls geführt wurde. Wie sollte man mit einem Gegner fertig werden, der solche Erbarmungslosigkeit an den Tag legte?

Welch großes Unbehagen den Partisanen das Eingreifen der Kosaken in Jugoslawien bereitete, machte ein Drohbrief deutlich, den sie der Divisionsführung zugehen ließen. Darin wurde der sofortige Abzug der Kosaken verlangt. Für jeden getöteten Partisanen, so hieß es, würde man einen Kilometer Bahngleise in die Luft jagen. Auch sollte sich die deutsche Führung darauf einstellen, daß die Partisanen nicht noch einen weiteren Winter in den Bergen verbringen würden, sondern den offenen Kampf wählen wollten, der den Deutschen wie auch ihren kosakischen Verbündeten viel Blut kosten würde.

Gleichzeitig mit diesem Brief wurde eine neue Propagandakampagne gegen die Kosaken eingeleitet. Als Helfershelfer dienten den Partisanen Frauen, die sich an einzelne Kosaken heranmachten und ihnen einzureden versuchten, daß es in dem Wald bei den Partisanen viel lustiger und freier zugehe als unter der bei den Deutschen herrschenden strengen Disziplin. Außerdem würden die Deutschen sie nur für ihre Zwecke benutzen und könnten obendrein ihr Versprechen, die Kosakengebiete am Don und Terek zurückzuerobern, sowieso nicht einhalten, weil sich die militärische Lage längst gegen sie gewandt habe. Doch alle diese Einflüsterungen fruchteten wenig.

Die II. Kosakenbrigade, welche in das nördliche Bosnien eingerückt war, sah sich hier einer noch weit komplizierteren Situation gegenüber. Zum einen wiesen die Partisanen zahlenmäßig eine große Stärke auf, zum anderen kannten sie keinerlei Skrupel, deutsche oder kroatische Uniformen zu tragen und die Bevölkerung auf diese Weise zu täuschen. So manche Mordtat, die sie verübten, wurde dann später den Deutschen angelastet, was wiederum das Vertrauensverhältnis zur bosnischen Bevölkerung schweren Belastungen aussetzte, die nicht glauben mochte, daß die Partisanen zu derartigen Täuschungsmanövern fähig waren.

Andere Partisanen traten dagegen ausschließlich in Zivil auf, die Waffen am Leib versteckt. Dann gab es noch welche, die sich als harmlose Bauern tarnten, möglichst unauffällig unter den übrigen Dorfbewohnern ihrem Tagewerk nachgingen und erst in den Nachtstunden ihr wahres Gesicht offenbarten. Nun schlichen sie sich aus ihren Häusern, verlegten Minen auf den Straßen, zerschnitten Telegrafenleitungen und überbrachten den Partisanengruppen in ihren Berg- oder Waldverstecken nicht nur Verpflegung, sondern auch Nachrichten über deutsche Truppenverlegungen. Ihnen auf die Spur zu kommen, war nicht einfach.

Doch den Abwehrkräften innerhalb der Division gelang es, viele von ihnen unschädlich zu machen. Zu Weihnachten 1943 überfielen die Partisanen eine Kampfgruppe des Terekkosaken-Reiterregiments 6. Hatten sie geglaubt, einen Gegner vorzufinden, der auf diesen Angriff keineswegs gefaßt war, so sahen sie sich getäuscht. Ihnen schlug sofort von allen Seiten ein starkes Abwehrfeuer entgegen, das ihnen empfindliche Verluste zufügte. Dennoch bemühte sich General von Pannwitz, die Brigade aus Bosnien nach Kroatien zurückzuführen, um sie mit dem übrigen Teil der Division möglich schnell wieder zu vereinigen.

Allerdings dachte man keineswegs daran, das bosnische Nordgebiet kampflos aufzugeben, sondern der Rückmarsch der II. Brigade sollte dazu genutzt werden, gegen die überall in den Wäldern verborgenen Partisanen eine Art großer Treibjagd zu entfachen und sie zur Strecke zu bringen.

Das Unternehmen erhielt den Decknamen „Napfkuchen“. Es sah vor, die Regimenter von den motorisierten und pferdebespannten Trossen zu trennen, um ihnen größere Beweglichkeit zu verleihen. Während die Trosse den Rückmarsch über die Straße Derventa Brod–Nova Gradiška antraten, nahmen die Regimenter ihren Weg nach Kroatien über Prnjavor–Klasnica–Gradiška–Dubika. Das Hauptziel bestand darin, den Stab einer Partisanendivision in Prnjavor unschädlich zu machen. Diese Partisanendivision spielte übrigens eine äußerst wichtige Rolle, oblag ihr doch die Sicherung von Titos Hauptquartier in Jajce.

Verstärkt durch kroatische Einheiten, drang die 1. Kosakenbrigade trotz miserabler Straßenverhältnisse ziemlich schnell vor, war jedoch trotzdem nicht schnell genug gewesen, um das Stabsquartier der Partisanen ausheben zu können. Das Nest war leer, die Partisanen hatten, wie so oft, frühzeitig die Gefahr gewittert, die ihnen durch den Vorstoß der Kosaken drohte. Sie hatten sich in südlicher Richtung davongemacht.

Das einsetzende schlechte Wetter machte den Kosaken immer mehr zu schaffen. Bäche verwandelten sich durch niedergehende Regenschauer in reißende Ströme. Brücken brachen ein und wurden hinweggeschwemmt. Unaufhörlich mühten sich die Pionierzüge der Kosaken damit ab, Notbrükken zu errichten, Minen zu beseitigen, welche ganze Straßenabschnitte unpassierbar gemacht hatten. Obendrein bestand die Gefahr, daß die nach Süden ausgewichenen Partisanen zurückkamen und sich auf die langsamen Trosse stürzen könnten. So galt es, alles Augenmerk darauf zu richten, daß nirgendwo der Anschluß an die Regimenter verlorenging, um den Partisanen die Lust zum Angriff zu nehmen.

Es gelang, alle Verbände der II. Brigade ohne nennenswerte Verluste sicher zurückzuführen. Mitte Januar 1944 überschritten die Kosaken einen Nebenfluß der Save, die Una, und befanden sich danach wieder auf kroatischem Boden.

Zu ihrer Begrüßung hatte sich eigens General von Pannwitz eingefunden, dem die Kosaken einen stürmischen Empfang bereiteten, der zwar nicht ganz dem militärischen Zeremoniell entsprach, sondern teilweise Formen einer nicht mehr zu bändigenden Ausgelassenheit annahm, die Pannwitz jedoch mit Belustigung ertrug. Er kehrte auch nicht den strengen Vorgesetzten heraus, als einer der Kosaken mit seinem Pferd auf ihn zu jagte, sich einen Sombrero vom Kopf riß, ihn wie wild herumschwenkte und mit strahlendem Gesicht rief „Sdrasswuitje gospodin General".

In vielen derartigen Begebenheiten kam die große Verehrung und Liebe der Kosaken für diesen deutschen Offizier zum Ausdruck, der wie kein anderer ihr Wesen verstand und ihm Respekt zollte. Helmuth von Pannwitz wäre es nie in den Sinn gekommen, den Kosaken deutsche Lebensgewohnheiten aufzuzwingen oder sie einem militärischen Drill auszusetzen, den sie nicht mochten.

Von Überlebenden des XV. Kosakenkorps wird eine Begebenheit berichtet, die sich zu Ostern 1944 in der Stadthalle von Sisak in Kroatien zutrug. In dieser Halle hatten sich am 15. April um Mitternacht Hunderte von Kosaken eingefunden, um das bevorstehende Osterfest zu begehen. Es gab dort einen mit Birkenreisig geschmückten Feldaltar, auf welchem ein Priester die Ostermesse zelebrierte, die von den Kosaken in andächtigem Schweigen angehört wurde.

In einer der vordersten Reihen verfolgte auch Helmuth von Pannwitz voller Ergriffenheit die feierliche Handlung, von der ein mystisches Zeichen auszugehen schien, das die Gesichter der Kosaken mit einem hellen Schein verklärte. Neben Pannwitz waren die Kosakengeneräle Naumenko und Schkuro getreten, welche durch die Osterpredigt zu Tränen gerührt wurden.

Kurz vor Anbruch des Tages sprach der Priester den jetzt knienden Kosaken den österlichen Segen aus. Im gleichen Moment begannen überall in der Stadt die Glocken der Kirchen zu läuten. Nachdem Pannwitz in sein Quartier zurückgekehrt war, trafen dort zahlreiche Kosakenabordnungen ein, um ihm die Glückwünsche der Regimenter zu überbringen. Pannwitz begrüßte sie auf russisch mit den Worten: „Christos Woskrjese – Christus ist auferstanden." Daraufhin schallte ihm von allen Seiten entgegen: „Christos Woskrjese! Woistina Woskrjese – Er ist wahrhaftig auferstanden."

Dann breiteten die Kosaken ihre Geschenke aus. In selbstgeflochtenen Körben überreichten sie bunt bemalte Eier, Honigkuchen, andere Leckereien sowie ein gerade geborenes schneeweißes Osterlämmchen. Wie es der feierlichen Sitte des Tages entsprach, gab Pannwitz jedem der Kosaken einen Osterkuß auf beide Wangen, was die Kosaken mit gleicher Herzlichkeit erwiderten.

Daß Pannwitz sich vieles von den Kosaken zu eigen machte, hatte nichts Gekünsteltes an sich und geschah auch nicht in der Absicht, ihnen durch solche Gesten zu schmeicheln. All dies entsprang seinem Herzen, das ihm diktierte, was richtig oder falsch im Umgang mit den Kosaken war. Sie aber empfanden ihn längst als einen der Ihren, der sich der Sache der Kosaken so verschworen hatte, als handele es sich um seine ureigenste Angelegenheit.

Überhaupt herrschte zwischen den Kosaken und den deutschen Offizieren ein Verhältnis, das sich mit dem in der Wehrmacht zwischen Führern und Untergebenen nicht vergleichen ließ. Die Kosaken beobachteten anfänglich die deutschen Offiziere des Rahmenpersonals genauestens. Sie wollten herausfinden, ob diese Männer persönlich Mut besaßen, sich im Kampf nicht davonstahlen, sondern sich jeder Situation gewachsen zeigten. Hatten sie sich vergewissert, daß „ihr Offizier" kein Schwächling, sondern ein tapferer Mann war, ließen sie sich jederzeit auch etwas von ihm sagen, nahmen auch ein hartes Wort nicht krumm. Hatte ein deutscher Offizier einmal ihre Achtung errungen, bedeutete dies für ihn, daß er akzeptiert wurde und Aufnahme in einen Freundesbund gefunden hatte, der ihn künftig schützend umgab.

Die Kosaken wachten stets darüber, daß solchen Offizieren im Kampf nichts geschah, wehrten Bedrohungen von ihnen ab, ja, sie scheuten nicht einmal davor zurück, einen solchen Offizier inmitten eines Gefechts mit der Hand zurückzureißen, wenn sie glaubten, ihm könnte eine Gefahr drohen. Was nach anderem militärischem Verständnis die Verletzung einer Subordination bedeutet hätte, über einen Vorgesetzten bestimmen zu wollen, taten sie aus lauterer Absicht heraus, ein Stück Verantwortung für den deutschen Offizier tragen zu müssen, wie er sie ihnen zuteil werden ließ.

Manche deutschen Offiziere fühlten sich hiervon abgestoßen, mißverstanden solche Gesten als Anzüglichkeit, was wiederum die Kosaken verbitterte. Jeder Kommandeur aber, der sich darum bemühte, stärker in das Wesen der Kosaken einzudringen, ihre Mentalität besser zu verstehen, fand in den Kosaken einen Freund, der ihn niemals im Stich ließ. Die überwiegende Zahl der deutschen Offiziere in dem Kosakenkorps handelte dementsprechend. Und nur so ist es zu verstehen, daß manche von ihnen bis zum letzten Augenblick das Schicksal der Kosaken teilten.

Im Januar 1944 gab es eine Veränderung in der Kosakendivision. An Stelle von Oberst Hans Freiherr von Wolff, der als bisheriger Kommandeur der I. Kosaken-Reiter-Brigade zum deutschen Kavalleriekorps versetzt wurde, trat Oberst von Bosse, der bislang an der Spitze der II. Brigade gestanden hatte. Die II. Brigade aber erhielt Oberstleutnant von Schultz zum neuen Kommandeur. Bisher hatte er als I a dem Divisionsstab angehört, eine Aufgabe, die jetzt Major i. G. Rojahn übernahm. An die Spitze des I. Donkosaken-Reiterregiments trat Oberstleutnant Constantin Wagner, während das Kubankosaken-Regiment 3 der Führung von Oberstleutnant Lehmann anvertraut wurde.

Ein Schauspiel besonderer Art stellte es dar, als am 18. März 1944 das Kubankosaken-Regiment 4 unter den Klängen des Prinz-Eugen-Marsches durch Agram zog. Eine Schwadron folgte der anderen, vorneweg das Trompeterkorps der Division. Pannwitz, der die Parade abnahm, bezweckte damit, auch ein wenig Politik zu machen, wollte er doch in der Hauptstadt Kroatiens der Regierung, aber auch sonstigen Dienststellen einmal demonstrieren, daß sich die Kosaken durchaus auch als eine disziplinierte Truppe verstanden, im Gegensatz zu mancherlei Auffassungen, die darüber in der kroatischen Öffentlichkeit herrschten, wo man zwar die Kosaken noch nie selbst zu Gesicht bekommen hatte, sich aber haarsträubende Dinge von ihnen erzählte, die sämtlich nicht den Tatsachen entsprachen.

KOSAKEN ERSTMALS IM WEHRMACHTSBERICHT ERWÄHNT

Zweifel über die Kampffähigkeit der Kosaken wurden nachhaltig am 29. März 1944 widerlegt, als das 2. sibirische Kosakenregiment mit Oberstleutnant von Nolcken gemeinsam mit der Aufklärungsabteilung der Division, die unter dem Befehl des Majors Weil stand, nordwestlich von Sisak bei Dudravcak einen militärischen Erfolg zu verzeichnen hatte, der nicht nur in der kroatischen Presse für Schlagzeilen sorgte. Die Kosaken vermochten eine 400 Mann starke Partisanenbrigade, welche seit längerem die gesamte Gegend unsicher gemacht und die Bevölkerung terrorisiert hatte, zu stellen und im Verlaufe eines Gefechts völlig zu vernichten.

Der sich über Stunden hinziehende Kampf erbrachte auch schmerzliche Verluste auf seiten der Kosaken. 20 Unteroffiziere der Regimenter sowie Mannschaften fanden den Tod. Auf deutscher Seite fielen Oberleutnant Amelung, Ritterkreuzträger und Führer einer Schwadron, sowie der Zugführer Leutnant von Plotow. Sämtliche Gefallenen wurden auf dem Friedhof von Sisak unter starker Anteilnahme der kroatischen Bevölkerung beigesetzt.

Vielen Kroaten war erst jetzt bewußt geworden, daß die Kosaken auch für sie ihr Leben geopfert hatten. Mit dem Sieg des sibirischen Kosakenregiments fand erstmals in dem täglich herausgegebenen deutschen Wehrmachtsbericht die I. Kosakendivision des General von Pannwitz Erwähnung. Die Verlesung dieses Wehrmachtsberichtes vor den Regimentern erfüllte die Kosaken mit großem Stolz. Es gab ihnen das Gefühl, tatsächlich ein Teil der deutschen Wehrmacht zu sein, der auch in deren Ehrungen einbezogen wurde.

Am 30. März 1944 ging bei Major Graf zu Eltz eine Meldung ein, die ihn förmlich elektrisierte. Ein gemeinsames Unternehmen der Aufklärungsabteilung und des sibirischen Kosakenregimentes 2 hatte zu einem überragenden Erfolg geführt. Durch die überlegende Kampfesführung der Kosaken wurde an der Save bei Obrovo eine vollständige Partisanenbrigade vernichtet. Dies stellte einen schweren Schlag für Tito dar, der überzeugt gewesen war, daß seine inzwischen gewachsene Stärke ihm zur offenen Auseinandersetzung mit dem Gegner befähige.

Nach und nach erhielt dann der I c weitere Details dieses sehr schweren Gefechtes, das die Kosaken so glänzend bestanden hatten. Es schälte sich folgendes Bild heraus: Seit längerem benutzten Titos Verbände die dicht am Ufer der Save gelegene Ortschaft Dubravac, um ständig von einer Seite des Flusses auf die andere überzuwechseln. So gewann Dubravac mit der Zeit immer größere Bedeutung als Verbindungsglied der zu beiden Seiten der Save operierenden Partisanen.

Dem Divisionsstab der Kosaken war natürlich sehr daran gelegen, diesen unerträglichen Zustand zu beenden. Doch wie so oft standen die dazu erforderlichen Einsatzkräfte nicht zur Verfügung. Da kam von Major Weil, dem Kommandeur der Divisions-Aufklärungsabteilung 55, der Vorschlag, daß er sich mit seinen Leuten dieses Problems annehmen wollte. Die eigentliche Aufgabe der Abteilung bestand darin, jeweils dort als Sicherungsbataillon zu fungieren, wo der Divisionsstab Unterkunft genommen hatte. Nun behagte es Weil nicht, tatenlos zu verharren und irgendwelche Dinge, wie immer sie geartet sein mochten, an sich herankommen zu lassen. Ihn drängte es vielmehr danach, den Partisanen bereits auf die Finger zu klopfen, bevor sie die Hand ausstreckten.

Anfang des Jahres 1944 war Major Fritz Weil dazu übergegangen, aus den Reihen der von ihm geführten Aufklärungsabteilung eine Anzahl kleinerer Jagdkommandos aufzustellen, welche sich auf die Spur der Partisanen hefteten, eine günstige Situation abwarteten, um sie dann unversehens anzugreifen. Wenn man so will, bediente sich dieser deutsche Offizier einer über längere Zeit von den Partisanen angewandten Taktik. Er drehte jetzt sozusagen den Spieß um und bekämpfte sie mit ihren eigenen Waffen.

In der Aufklärungsabteilung 55 zeichnete sich besonders der junge deutsche Oberleutnant Römer aus, der die Partisanen mehrfach dadurch zu verwirren verstand, daß er blitzschnell dort auftauchte, wo sie sich besonders sicher wähnten, und dann wie ein Racheengel mit dem Schwert über sie herfiel.

Die besagte Ortschaft Dubravac lag etwa 15 Kilometer von Sisak entfernt. Überraschend drang der Oberleutnant, welcher Chef der 2. Schwadron innerhalb der Aufklärungsabteilung war, mit seinen Leuten in das gerade wieder einmal besetzte Dorf ein, kümmerte sich wenig um das Feuer, welches ihm entgegenschlug, vertrieb die Partisanen und kehrte mit mehreren Gefangenen sowie erbeuteten Waffen zum Ausgangspunkt des Unternehmens zurück.

Drei Tage später zogen die Partisanen wieder in Dubravac ein, und somit war der alte Zustand wiederhergestellt. Jetzt packte Major Weil der Ehrgeiz, den Partisanen eine Lehre zu erteilen. Er vereinte die gesamte Aufklärungsabteilung und rückte mit ihr im Morgengrauen in Richtung des Saveufers aus. Doch schon in Prečno, einer Ortschaft davor, stieß er auf eine große Anzahl von Partisanen, die sich dort in Häusern eingenistet und aus Fenstern und Wohnluken das Feuer auf die Kosaken eröffneten. Die arbeiteten sich entlang der Dorfstraße vor, bewiesen, daß sie sich auch im rein infanteristischen Kampf dem Gegner gewachsen zeigten.

Haus für Haus mußte der Widerstand der Partisanen gebrochen werden, bis sie schließlich unter Zurücklassung von 69 Toten flohen. Bei der Durchkämmung der einzelnen Häuser wurde dort auch eine komplette Druckerei entdeckt, auf welcher kommunistisches Propagandamaterial hergestellt worden war. Nachdem sich dann die Aufklärungsabteilung wieder auf dem Weg nach Dubravac machte, stellte sie jedoch fest, daß der Ort bereits verlassen worden war. Von Partisanen also keine Spur mehr. Plötzlich traf die Meldung über eine Ansammlung starker Feindkräfte auf der Westseite der Save ein. Die Partisanen befanden sich allem Anschein nach auf dem Rückzug vor einer sie verfolgenden Kosakeneinheit.

Diese Meldung lesen und sofort handeln war für Major Weil eins. Blitzschnell erfaßte er, was sich hier für eine einmalige Chance ergab, die Partisanen in die Zange zu nehmen. Er erteilte den Befehl, sofort das östliche Ufer der Save zu besetzen und die Stellung mit mehreren Granatwerfern zu bestücken. Die zweite Schwadron aber, unter Oberleutnant Römer, erhielt den Auftrag, möglichst unbemerkt auf das Westufer der Save überzusetzen und dort die feindlichen Gruppierungen ausfindig zu machen.

Dies war ein Auftrag so recht nach dem Geschmack des jungen, von Tatkraft erfüllten Offiziers. Obwohl er eigentlich nur den augenblicklichen Standort des Gegners erkunden sollte, war die Gelegenheit zu seiner Überrumplung derart groß, daß er sich dies nicht entgehen ließ und zum Angriff in den Rücken der Partisanen ansetzte.

Seine Forschheit bezahlte Oberleutnant Römer jedoch mit einem Bauchschuß, an welchem er am nächsten Tag in Sisak verstarb. Nachdem sich die Verwirrung der Partisanen über den so plötzlich aufgetauchten Gegner gelegt hatte, versuchten sie das Ostufer der Save zu erreichen, wo sie gewissermaßen von dem Regen in die Traufe kamen. Hier gerieten sie jetzt nämlich in ein mörderisches Granatwerferfeuer, dem sie nichts entgegenzusetzen hatten. Die Erkenntnis, daß ihnen kein Fluchtweg mehr blieb, nahm ihnen den letzten Rest an Mut. Doch statt sich in Gefangenschaft zu begeben, wählten sie den Tod.

Die Beisetzung des an seiner schweren Verwundung erlegenen Oberleutnants Römer fand auf dem Friedhof in Sisak statt. Viele deutsche wie auch Kosakenoffiziere umsäumten das offene Grab, das die sterblichen Reste des tapferen Offiziers aufnehmen und somit zu seiner letzten Ruhestätte werden sollte. In einer ergreifenden Traueransprache nahm Helmuth von Pannwitz Abschied von einem Offizier, der mehr als einmal wegen seines Mutes die Bewunderung der Kosaken errungen hatte. Das Grab auf dem Friedhof in Sisak wurde später von den Partisanen zerstört, deren Haß auch noch dem Toten galt.

Etwa vier Wochen später brach die Aufklärungsabteilung zu einem neuen Unternehmen auf. Es ging in Richtung Ivanić Grad und von hieraus weiter nach Čazma, das schon wiederholt im Mittelpunkt von Kampfhandlungen gestanden hatte.

In einem Nachtangriff säuberte die Aufklärungsabteilung mit Unterstützung von Ustaschaleuten das Städtchen von den Partisanen, die sich jedoch kaum zur Wehr setzten. Doch schon nach wenigen Stunden erreichte die Aufklärungsabteilung ein neuer Befehl, sich sofort in den ostwärts der Save gelegenen Raum Prečno – Zelina – Rugvica zu begeben, wo ein Aufklärungstrupp starke Partisanenverbände festgestellt hatte. Gleichzeitig wurde dorthin auch das Sibirienkosaken-Regiment 2 in Marsch gesetzt.

Die Aufklärungsabteilung, die, wie schon beschrieben, mit Fahrrädern ausgestattet war, traf als erste am Bestimmungsort Prečno ein. Alle Anzeichen deuteten darauf hin, daß sich das Dorf in der Hand des Gegners befand. Kurz entschlossen befahl Major Weil, es zu stürmen und die Partisanen außer Gefecht zu setzen. Eile war geboten, galt es doch, schleunigst entlang der Save eine Sperrlinie aufzubauen, in deren Richtung die Sibirienkosaken-Schwadronen den gestellten Feind treiben wollten.

Doch auch die Partisanen erkannten die Gefahr und taten alles, die Errichtung eines solchen Hindernisses zu vereiteln. Bei Obrovo schlug den Männern der Aufklärungsabteilung heftiges Feuer entgegen, welches besonders der 1. Schwadron schwer zu schaffen machte. Zeitweise war sie ohne Führung, nachdem Schwadronschef Ritterkreuzträger Oberleutnant Amelung gefallen war und wenig später auch Schwadronstruppführer Franz im Kugelhagel starb.

Die Partisanen hatten offenbar erkannt, wie es um die Schwadron stand, denn sie richteten jetzt alle Anstrengungen darauf, sie gänzlich außer Gefecht zu setzen. Der Kampf nahm immer härtere Formen an. Der Gegner hatte zehn Maschinengewehre in Stellung gebracht, deren Geschoßgarben die Schwadron am Boden festnagelten. Doch Major Weil, der übrigens eine Beinprothese trug, dachte nicht einen Moment daran, den Kampf abzubrechen. Er war sich der Tatsache bewußt, daß der gesamte Erfolg des Unternehmens davon abhing, dem Gegner solange den Kampf aufzuzwingen, bis die Schwadronen des Sibirien-Regimentes heran waren und in das Gefecht eingreifen konnten.

Durch das Beispiel des Kommandeurs, der seine Leute immer wieder ermutigte, keinen der Partisanen aus der Falle schlüpfen zu lassen, in welche sie sich selbst hineinmanövriert hatten, gelang es, die feindliche Brigade in der Stadt Obrovo einzuschließen und dort schließlich zu vernichten. Es stellte dies einen der bedeutendsten Erfolge der Division während ihres Einsatzes in Kroatien dar.

Im Kriegstagebuch der Division aber las sich diese Kampfhandlung so: „In einem Save-Abschnitt führten Teile der Kosakendivision ein umfassendes Unternehmen gegen die Banditen durch. Im schneidigen Zupacken wurde ein voller Erfolg erzielt. Dabei konnte eine Brigade und eine Abteilung des Feindes aufgerieben und ihm schwere blutige Verluste zugefügt werden. Er verlor 236 Tote, darunter einen Brigadekommandeur, und 203 Gefangene.

Erbeutet wurden 14 MG, zahlreiche Infanteriewaffen und eine große Menge an Munition und sonstigem Material. Da eine Feindbrigade eine Stärke von etwa 500 bis 600 Mann besitzt, wurde eine solche völlig vernichtet."

Das deutsche Rahmenpersonal hatte bei diesem Kampf noch einen weiteren schmerzlichen Verlust zu beklagen, war doch auch Leutnant von Flotow gefallen, ein junger mutiger Offizier, welcher der 2. Schwadron angehört hatte.

General von Pannwitz sprach der Aufklärungsabteilung und ganz besonders dem Führer dieser Einheit, Major Fritz Weil, seine besondere Anerkennung für die erwiesene Tapferkeit aus. So soll hier etwas mehr über diesen Offizier gesagt werden. Trotz schwerer gesundheitlicher Beeinträchtigung, die auf einen zu Beginn des Krieges erlittenen Motorradunfall in Frankreich zurückzuführen war, schonte er keinesfalls seine Kräfte. Während zahlreicher Einsätze ging von ihm immer wieder eine Vorbildwirkung aus. Zwischen ihm und Pannwitz bestand eine enge freundschaftliche Beziehung, die von dem früheren gemeinsamen Dienst in Stockerau herrührte.

Im Mai 1945 gehörte dieser deutsche Offizier zu denen, welche das Schicksal der von den Engländern an die Sowjetunion ausgelieferten Kosaken teilten. Er beschritt einen schweren Leidensweg, der ihn für acht Jahre nach Sibirien führte, wo er zur Verrichtung schwerster körperlicher Arbeit gezwungen wurde, ohne jegliche Rücksichtnahme auf seine körperlichen Leiden. Zu jener Zeit war schon seine Lunge nicht mehr intakt, das Ein- und Ausatmen fiel ihm sichtlich schwer.

Nach seiner Rückkehr in die Heimat im Jahre 1953 mußte er völlig von vorn anfangen und sich eine neue Existenz aufbauen. 1972 rief er in Coburg die Kameradschaft des XV. Kosaken-Kavallerie-Korps ins Leben, die anfänglich aus 16 Gründungsmitgliedern bestand. Mit der ihm eigenen Tatkraft, welche auch durch die Lagerhaft in Sibirien nicht zu brechen gewesen war – anfänglich war er von den Russen sogar zum Tode verurteilt worden, später wurde das Urteil in eine langjährige Haftstrafe umgewandelt –, richtete sich sein ganzes Bemühen in der Kameradschaft darauf, ihr jenen Geist zu verleihen, von dem Helmuth von Pannwitz bis zu seinem tragischen Lebensende erfüllt gewesen war.

Er schmiedete einen festen Bund zwischen den Überlebenden des deutschen Rahmenpersonals und den Angehörigen der Kosakenregimenter, welche die Hölle der Gulags überstanden. Selbst als ihn bereits seine Augen im Stich ließen und eine Erblindung nicht mehr abzuwenden war, setzte er mit Unterstützung seiner Frau Agnes die Tätigkeit für eine wohl einmalige Gemeinschaft von Menschen fort, welche sich im Zweiten Weltkrieg zusammengefunden hatte und deren inzwischen so kleine Schar sich noch heute trifft, weil sie eben so vieles, was sie durchlebt und durchlitten hat, als ein Stück Gemeinsamkeit empfindet, das für alle unverzichtbar geworden ist. Am 15. April 1997 betrauerte die Kameradschaft Fritz Weil, dessen Tod viele sehr schmerzlich berührte.

Am 5. April 1944 traf General der Kavallerie Köstring in Agram ein. In seiner Begleitung befand sich Rittmeister von Herwarth. Beide waren in der Absicht gekommen, mit Pannwitz Einzelheiten über die Erweiterung der Division zu einem Korps zu besprechen. Es sollte ein Weg gefunden werden, schleunigst weitere Kosakenverbände nach Kroatien nachzuziehen, um aus ihnen eine zweite wie eine dritte Division aufzustellen und hieraus dann das XV. Kosaken-Kavallerie-Korps zu formieren.

Köstring wie auch Herwarth versicherten Pannwitz, alles in ihren Kräften Stehende zu tun, um dieses gemeinsame Anliegen voranzutreiben. Pannwitz hatte wiederholt darauf gedrungen, die Kampfkraft der Kosaken in Kroatien und Bosnien durch Zuführung weiterer Kosakenverbände zu stärken, die bislang noch in Frankreich oder auf Truppenübungsplätzen im Reichsgebiet auf ihren Einsatzbefehl warteten. Außerdem bat er in Anbetracht der immer schwierigeren Kriegslage um eine angemessene Zuweisung schwerer Waffen.

Köstring imponierte Major Graf zu Eltz sowohl durch seine an den Tag gelegte Sachkompetenz als auch durch die ganze Art und Weise, wie er sich gab. Er unterschied sich völlig von anderen ihm bekannten hohen Wehrmachtsoffizieren. So kommt auch in seinem Kriegstagebuch zum Ausdruck, wie sehr ihn dieser General der Osttruppen beeindruckte. Eltz charakterisierte ihn mit folgenden Worten: „Nach dem Mittagessen, welches General Glaise in seiner Villa gab, fuhren wir mit General Köstring zum deutschen Gesandten Kasche. Zum ersten Mal erlebte ich in Köstring einen deutschen General, der den Eindruck eines Gelehrten machte. Er führte die Konversation mit feiner Stimme und im wohlklingenden Deutsch. Er widersprach nicht und schwieg, wenn eine Bemerkung gemacht wurde, die ihm mißfiel. Ein leichtes ironisches Lächeln huschte manchmal über sein Gesicht. Er erinnerte mich an eine Erzählung meiner Mutter über ihren Großvater Chlodwig Hohenlohe (nach Caprivi deutscher Reichskanzler; Anm.). Ich empfand es aber schon genug, diesem weisen und erfahrenen Menschen zu begegnen und endlich Urteile und Meinungen zu hören, die Gewicht hatten und denen man vertrauen konnte."

Tagsüber bestand ein großer Teil des Dienstes in der Abteilung I c der Kosakendivision in der Vernehmung gefangener Partisanen oder auch von Männern und Frauen, die in dem Verdacht standen, als Sympathisanten Titos Partisanen zu unterstützen. Der Umgang mit all diesen Leuten, Grobschlächtigen, Fanatikern, kriminellen Subjekten, geistig Unreifen, aber auch Jugendlichen aus gutem bürgerlichem Haus, verlangte dem I c viel Augenmaß und Fingerspitzengefühl ab. Dem Major erschien es einfach unklug, alle Partisanen über einen Kamm zu scheren. So wandte er mitunter Methoden an, die selbst seine engsten Mitarbeiter in Verblüffung versetzten.

Beispielsweise machte er sich am 12. Mai 1944 auf den Weg in das Dorf Prelošćica, von dem bekannt war, daß hier eine Anzahl Bauern ständig die

Titoleute mit Informationen über die Kosakenregimenter versorgte. Graf Eltz klopfte an die Türen verschiedener Gehöfte und stellte sich dann den Besitzern vor, als gelte es, einen freundschaftlichen Höflichkeitsbesuch abzustatten. Die Überraschung der Hausbewohner war groß. Viele verbargen nicht einmal ihre Unruhe. Manche blickten drein, als wollten sie im nächsten Moment die Flucht ergreifen. Doch um so größer war die Verblüffung, als der deutsche Offizier dann mit ihnen wie ein guter Bekannter plauderte und sie zum Abschluß des Gespräches einlud, ihn doch am nächsten Tag auf seiner Dienststelle in Sisak zu besuchen.

Allen war die Erleichterung über den Ausgang dieser Unterredung anzusehen, hatten sie doch schon mit ihrer Festnahme gerechnet. Am nächsten Tag war Graf Eltz neugierig darauf, ob auch nur ein einziger seiner Aufforderung nachkommen würde. Tatsächlich fand sich jemand ein, entschuldigte sogar noch einen anderen, der auch gern gekommen wäre, doch wegen der Ustaschaleute, die schon lange hinter ihm her waren, einfach nicht den Mut dazu gefunden habe.

Der Spaziergang in die Höhle des Löwen, der bei so manchen in der Abteilung I c ziemliches Unbehagen ausgelöst hatte, blieb nicht ohne Erfolg. Einige der Besuchten – oder sollte man von Heimgesuchten sprechen – zogen es fortan vor, ihren Kontakt zu den Partisanen mit dem Argument abzubrechen, daß die Sache keinen Sinn mehr habe, da sie von den Deutschen durchschaut worden seien.

Etwa einen Monat später wurde in das Dienstzimmer des I c eine Partisanin geführt, die ihn mit funkelnden, haßerfüllten Augen anblickte. Sonja Jazbinsek war Schülerin eines Gymnasiums, stammte aus einer gutsituierten Familie und hatte sich mit einer Anzahl ihrer Mitschüler den Partisanen angeschlossen, weil ihr dies die Liebe zum jugoslawischen Vaterland gebot, wie sie furchtlos dem deutschen Offiziere ihre Meinung ins Gesicht schleuderte.

Major zu Eltz ignorierte ihre feindselige Haltung und redete ihr ins Gewissen. In was für eine Situation sie ihre Eltern gebracht habe; ob sie glaube, ein Leben im Wald, unter den total verwilderten Männern zu ertragen; ja was wohl ihre Genossen mit ihr anstellen würden, falls sie einmal verwundet werde und man verhindern wollte, daß sie den Deutschen in die Hände fiel.

Ob diese Worte etwas fruchteten, ließ sich zunächst nicht erkennen. Das junge Mädchen hatte allerdings seine anfängliche Abwehrhaltung aufgegeben und blickte etwas nachdenklicher drein. Doch dann verkündete es mit neuer Willensstärke, daß ihr Weg klar vor ihren Augen liege, sie sei eine überzeugte Kommunistin, welche sowohl die Ustaschaleute wie die Deutschen gleichermaßen hasse und für die ausschließlich Tito den Begriff eines wahren Freiheitskämpfers verkörpere.

In den jugoslawischen Partisanenfilmen der Nachkriegszeit war an einer solchen Stelle stets die Szene eingeblendet, wie der deutsche Offizier ausrastete und in diesem Moment zur Reitpeitsche griff. Doch zwischen solchen Filmgeschichten und der Wahrheit liegt in der Regel eine tiefe Kluft. Graf Eltz verlor jedenfalls nicht die Nerven, negierte das kommunistische Treuebekenntnis seiner Gefangenen und ließ sie wissen, daß sie ihren Eigensinn eines Tages gewiß bitter bereuen würde, denn die von ihr vertretene kommunistische Sache sei so ziemlich das Schlechteste, was es auf der Welt gäbe. Niemandem reiche es zur Ehre, hierfür sein Leben aufs Spiel zu setzen. Daraufhin entgegnete das Mädchen nichts mehr und meinte bloß, für sie käme auf keinen Fall eine Rückkehr zu ihren Eltern in Betracht.

Der Major setzte sich noch am gleichen Tag mit einem ihm bekannten älteren Ehepaar in Sisak in Verbindung und bat es, das Mädchen eine Zeitlang bei sich aufzunehmen, bis es vielleicht doch wieder zur Besinnung kommen würde und einer Rückkehr ins Elternhaus nichts mehr im Wege stehe.

Nachdem er auf diese Weise seinem Protegé geholfen hatte, drängte sich ihm die Frage nach der Richtigkeit seines Handelns auf. Was für eine Rechtfertigung konnte es für ihn geben, wenn sie sich doch wieder den Partisanen anschloß, möglicherweise sogar jemanden auf deutscher Seite umbrachte? Eine quälende Vorstellung gewiß, aber nicht minder bedrückend die Überlegung, ein junges Menschenkind, das sich in etwas verrannt hatte, einfach seinem Schicksal zu überlassen oder es gar zu zerbrechen.

Ein Zwiespalt der Gefühle, in welchen so mancher Offizier des deutschen Rahmenpersonals in den Kosakeneinheiten während der Bekämpfung der Partisanen auf jugoslawischem Boden geriet. Niemand von ihnen hat es sich dabei einfach gemacht. In der Nachkriegszeit aber hieß es, daß sich die Deutschen in Jugoslawien beim Kampf gegen die Partisanen Titos erbarmungslos aufgeführt hätten. Doch die Tatsachen fügen sich nicht in ein Bild, das aus der roten Optik stammt, mit welcher die deutsche Wehrmacht in ihrer Gesamtheit als eine Horde von Barbaren an den Pranger gestellt wurde.

Am 4. April 1944 gab der deutsche Gesandte in Agram, Kasche, einen Empfang, zu welchem die gesamte kroatische Regierung unter Ministerpräsident Dr. Manditsch, das diplomatische Korps sowie hohe deutsche und kroatische Offiziere erschienen waren. Im Mittelpunkt der Begegnung stand eine Rede des Generalmajor Helmuth von Pannwitz, der erstmals die Gelegenheit bekam, vor der gesamten kroatischen Öffentlichkeit darüber zu sprechen, in welcher Absicht die Kosaken nach Kroatien gekommen waren und worin das Ziel ihres Kampfes bestand. Vor mehr als einem halben Jahrhundert gehalten, verkörpert diese Rede ein einzigartiges Zeitdokument, welches es verdient, festgehalten zu werden. Denn wer verstehen will, was einstmals die Ostfreiwilligen tatsächlich bewegte, dessen Frage wird hier eine Beantwortung finden:

„Meine Herren!

Als ich im Herbst vorigen Jahres nach Aufstellung meiner Division den Einsatzbefehl in diesen Raum erhielt, waren meine Kosaken die letzten, die darüber begeistert waren, nicht weil sie den Kampf hier fürchteten, sondern weil es sie nach der unmittelbaren Front gegen den Bolschewismus, nach dem Osten drängte. Sie wollten im Osten kämpfen, um als Rächer am Bolschewismus, wie ich meine Kosaken immer wieder bezeichnen möchte, Rechnungen zu quittieren, die ihnen die sowjetischen Machthaber seit 25 Jahren ausgestellt hatten.

Meine Herren, versetzen Sie sich einmal in die Lage unserer Kosaken. Nehmen Sie irgendeinen Soldaten aus ihren Reihen und fragen Sie diesen, warum er bei uns steht. Die Antworten werden Sie erschüttern: Dem einen wurde die Familie entrissen, dem zweiten ist der Vater erschossen, der dritte war selbst jahrelang in sibirischer Verbannung, und dem vierten ist die Mutter Hungers gestorben. Das sind Rechnungen, die kein aufrichtiger Mensch anders als mit Blut quittieren kann. Und diesen Menschen mußte ich nun ihren innigsten Wunsch, sich als Rächer rächen zu können, abschlagen, weil wir Soldaten nichts anderes kennen, als dem Befehl unseres Obersten Befehlshabers bedingungslos zu gehorchen. So kamen wir im Herbst vergangenen Jahres in den kroatischen Raum.

Die Kosaken kamen völlig unvoreingenommen nach West-Europa. Die Bolschewisten hatten ihnen nie die Möglichkeit gegeben, über die Grenzen der Sowjetunion zu kommen. Unsere Kosaken wußten nichts von den Menschen, die ihnen gegenüberstanden. Erst nach den ersten Feindberührungen, als sie die Banden und deren Abzeichen gesehen hatten, wußten sie, daß auch über diesen Gebieten der Sowjetstern stand.

Wir haben damals, meine Herren, unmittelbar mit der Schulung und Aufklärung der Kosaken begonnen und ihnen immer wieder den Sinn unseres Kampfes zu deuten versucht. Aber in der Praxis unseres Einsatzes zeigten die Wirren und das Durcheinander der Meinungen, daß sogar alte Kenner dieser Gebiete nicht wußten, wer Freund oder Feind war. Von der Bevölkerung wurde den Kosaken erzählt, daß die deutschen Okkupatoren, die Ustascha, die Gewalttätigen, die Četniks, die Gemeinen, die Partisanen, die Hinterhältigen, die Pravoslawen, die revolutionären Hetzer und die Kommunisten die Zerstörenden seien. Am nächsten Tage erzählte die gleiche Bevölkerung alles wieder umgekehrt. So ging es einige Wochen, bis sich meine Kosaken aus den eigenen Erfahrungen und unserer weiteren Schulung das Bild von Freund und Feind gemacht hatten.

Ich will hier aber einmal eindeutig feststellen, daß – abgesehen von einigen bedauerlichen Vorkommnissen, die sich überall zeigen und die bei uns stets streng geahndet worden sind – diese Greuelberichte in den meisten Fällen aus den Gehirnen und Redaktionsstuben unserer Gegner stammen, um die Bevölkerung von vornherein gegen uns aufzuputschen. Der Erfolg dieser Flüsterpropaganda unserer Feinde hat sehr oft erst zu den vorhin erwähnten bedauerlichen Vorfällen geführt. Denn glauben Sie nicht, meine Herren, daß die Kosaken diese Resistenz der Bevölkerung derjenigen Ortschaften, in die unsere Kosaken hineinkommen, nicht fühlen. Wenn dort die Bevölkerung den Kosaken gleich das richtige Verständnis entgegengebracht hätte, dann wäre es niemals zu den zwar unliebsamen, aber geringen Zwischenfällen gekommen.

Erlauben Sie mir, daß ich bei dieser Gelegenheit den verantwortlichen kroatischen Stellen nicht den Vorwurf ersparen kann, daß trotz der wiederholten Stellungnahme unsererseits und trotz des Einsehens der kroatischen Verbindungsorgane nichts dazu beigetragen wurde, bei der Bevölkerung das richtige Verständnis zu wecken. Seitens der kroatischen Stellen (Presse und Rundfunk) ist bisher nichts für die Aufklärung der Bevölkerung über Sinn und Zweck der Anwesenheit meiner Division im kroatischen Raum getan worden.

Denn es ist so, daß unsere deutsche Divisionsführung ja dazu da ist, etwaige Mißstände oder Vorfälle zu untersuchen und abzustellen. Bisher ist es jedoch fast ausschließlich so gewesen, daß die Beschwerden über das Benehmen der Kosaken zunächst über Gott weiß wie viele Stellen gelaufen sind und erst dann zu den Ohren der deutschen Kommandostellen kamen, wenn bereits Wochen oder Monate vergangen waren und eine Untersuchung des Falles nicht mehr möglich war. Ich habe keinerlei Veranlassung, mich hierher zu stellen, um meine Kosaken zu verteidigen. In einem derart unübersichtlichen Kriegsgebiet, in dem wir uns hier befinden, ist es nicht immer möglich, vor jedem militärischen Unternehmen nach Recht oder Unrecht zu fragen. Es ist nun mal so: Wo gehobelt wird, da fallen Späne. Auch mancher brave Kosak hat sein Leben lassen müssen, weil er von einem Zivilisten, in dem er einen zu schützenden Bauern sah, niedergemacht wurde.

In diesem Zusammenhang möchte ich Ihnen, meine Herren, auch ein paar Worte über die moralische und religiöse Haltung meiner Kosaken sagen. Den Kosaken ist, wie allen Völkern der Sowjetunion, die Religion durch das bolschewistische System bewußt entzogen worden. Als ich die Division aufstellte, waren es nur die alten Kosaken, die noch den treuen Glauben an ihre alte Religion besaßen. Durch ihr Vorbild und durch unsere Unterstützung sind wir nun wieder so weit, daß jeder Kosak seine religiöse Seelsorge erhält. Gerade noch vor einigen Wochen habe ich in allen Regimentern Geistliche eingesetzt. Diese religiöse Erziehung ist natürlich eine Aufgabe, deren Ergebnis sich bei den Kosaken, die 25 Jahre im umgekehrten Sinne erzogen sind, nicht von heute auf morgen zeigt.

Die Notwendigkeit, Geistliche in der Division einzusetzen, beweist am besten, wie wenig die Kosaken von Religion und Kirche wußten. Ich habe sie erst auf diesen Weg führen müssen. Die verbreitete Meinung, daß die Kosaken als Prawoslawen in den kroatischen Raum geschickt worden seien, ist daher völlig abwegig.

Die menschliche Haltung meiner Kosaken ist nicht anders als die eines westeuropäischen Soldaten im fünften Kriegsjahr. Hier muß man allerdings einen Unterschied machen: Der westeuropäische Soldat findet seinen moralischen Rückhalt in seiner Familie, in seiner Heimat. Der Kosak aber muß auf diesen Rückhalt verzichten, da er über das Schicksal seiner Familie in den meisten Fällen völlig im unklaren lebt und keine Möglichkeit hat, mit seinen vielleicht lebenden Angehörigen eine Verbindung aufzunehmen.

Im Verhältnis der Kosaken zur kroatischen Bevölkerung hat es sich immer wieder gezeigt, daß die kroatischen Bauern durch die bereits erwähnte Feindagitation verängstigt waren und daher den Kosak entweder mieden oder nicht beachteten. Gerade aus dem Gefühl der Nichtachtung empfindet der Kosak die ablehnende Haltung der Bevölkerung doppelt. Es ist daher nicht verwunderlich und es würde unter solchen Umständen Soldaten anderer Nationen sicherlich ebenso gehen, daß sie dann teilweise zum Alkohol greifen und in diesem Zustand ihren Ärger merken lassen.

Aus vielen anderen Gegenden, in denen die Kosaken gleich als Freunde der Bevölkerung empfangen wurden, habe ich dagegen keine oder nur belanglose Klagen über das Verhalten der Kosaken gehört. In Sisak wurden – um nur ein Beispiel des guten Einvernehmens zu nennen – bisher vier erfolgreiche Gemeinschaftsveranstaltungen der Kosaken-Division mit verschiedenen Einheiten der kroatischen Wehrmacht, mit der Ustascha und mit der Zivilbevölkerung durchgeführt. Ein anderes Beispiel ist Lekenik. In dieser Ortschaft zog vor einiger Zeit ein Kosaken-Regiment ein. Die Bevölkerung hatte zunächst fluchtartig den Ort verlassen, kam aber dann nach einigen Tagen zurück. Über das jetzige Verhältnis zwischen den Kosaken und der Bevölkerung habe ich mich am vergangenen Sonntag selbst überzeugen können. Die hier ausgelegten Bilder über eine dort vorgestern durchgeführte Gemeinschaftsveranstaltung legen ein beredtes Zeugnis davon ab.

Ich habe mich auch in vielen anderen Dörfern persönlich davon überzeugen können, wie der Kosak dem Bauern hilft und wie der Bauer abends mit den Kosaken in der Stube sitzt und interessiert zuhört, wenn sie Erlebnisse aus dem „Sowjetparadies" erzählen. In dieser Hinsicht ist gerade in den partisanenverseuchten Gegenden das Auftreten der Kosaken besonders wertvoll. Jeder einzelne Kosak leistet als lebender Zeuge eine unschätzbar wertvolle antibolschewistische Aufklärung in der Bevölkerung. Ich habe diese Aufklärung laufend durch den propagandistischen Einsatz von Hunderttausenden von Flugblättern und Broschüren unterstützen lassen.

Der beste Beweis dafür, daß die 1. Kosaken-Division gewillt ist, mit der Ustascha und dem Domobranen zusammenzuarbeiten, ist die freundschaftliche Zusammenarbeit in Sisak, Petrinia und Gorica usw. So tragen wir auch mit allen uns zur Verfügung stehenden Mitteln, dort wo uns die Ustascha entgegenkommt, dazu bei, ihr beim Ausbau ihrer Stützpunkte zu helfen und haben schon wiederholt gemeinsam Unternehmungen mit der Ustascha durchgeführt.

So bin ich nun, meine Herren, an die Dinge herangegangen, die am Rande unseres Einsatzes liegen, die aber, wie ich weiß, gerade Ihr besonderes Interesse beanspruchen. Als Soldat ist es für mich jedoch die erste und vornehmste Aufgabe, den Kosaken als Soldaten und Kämpfer im Einsatz so aufzuzeigen, wie er ist. Ich bin mit meinen Kosaken nun schon jahrelang auf den verschiedensten Kriegsschauplätzen zusammen gewesen und könnte Ihnen stärkste Beweise über die Tapferkeit dieser Männer am Kuban, an der Südfront des Ostens und jetzt noch auf der Krim erzählen.

Überall da, wo sich früher Gefahrenpunkte an den Fronten entwickelten, standen sie plötzlich wie aus dem Boden gestampft und wichen nicht eher, bis sie von der deutschen Führung andere Befehle erhielten. So ist es nun auch heute wieder. Während ich meine Kosaken mit besten Erfolgen zur Partisanenjagd angesetzt habe, stehen andere Einheiten an der Atlantik-Front und erwarten den gemeinsamen Feind. Die Einsatzfreudigkeit und der Kampfwille meiner Kosaken in diesem Raum beweist die Tatsache, daß überall dort, wohin die Kosaken-Einheiten kamen, große Gebiete in kurzer Zeit feindfrei gemacht und dadurch Handel und Wandel wieder in normale Bahnen gebracht wurden. So ist gerade erst vor wenigen Tagen in einem Unternehmen von 24 Stunden Dauer eine ganze Banditen-Brigade durch eines meiner Regimenter aufgerieben worden. Dabei zählten wir auf der Banditenseite 263 Tote und 203 Gefangene sowie eine größere Menge von Beute aller Art. In anderen Unternehmen wurden innerhalb der letzten drei Monate 2.437 tote Partisanen auf unseren Gefechtsfeldern gezählt und 661 Gefangene eingebracht.

Eine Strecke von tausend Kilometern zog die Division vom Osten nach dem Westen Kroatiens und säuberte dabei riesige Gebiete von den Banden. Überall wurde der Flankenschutz der Eisenbahnen und Verkehrswege übernommen, Eisenbahnattentäter gefaßt und das normale Leben garantiert. Meine Herren, überzeugen Sie sich selbst davon: Dort, wo meine Kosaken stehen, sind die Sabotageakte und Sprengungen auf ein Minimum beschränkt.

Auch in unserem jetzigen Operationsgebiet stehen wieder 361 Kilometer Eisenbahnschienen und Hunderte von Kilometern wichtiger Verkehrsstraßen in unserem Flankenschutz. In diesem Gebiet kann man sich wieder ohne die Gefahr einer besonderen Feineinwirkung bewegen.

Trotz aller Hetze der Partisanen, deren Führung immer wieder behauptet, die Kosaken würden jeden Überläufer umbringen, kamen dennoch 174 Partisanen zu den Kosaken-Einheiten und wurden dort genauso behandelt wie in anderen Verbänden. Ich betone das ausdrücklich, da ich nun bereits verschiedentlich sogar von ernst zu nehmenden Leuten gehört habe, daß auch die loyale Bevölkerung dieses Gerücht der Partisanen weiter verbreitet.

Gerade hier, meine Herren, komme ich nochmals auf die brennende Gefahr der Gerüchtebildung über die Kosaken-Division zu sprechen. Ich bin gewiß, daß die Zahl der Banden-Überläufer eine mehrfache sein würde, wenn nicht auch der loyale Bürger dieses Staates in unverantwortlicher Weise diese Märchen so weiter verbreiten würde, daß sie wieder bis hinüber zu den Partisanen gehört werden

Genauso verhält es sich mit der Verunglimpfung der soldatischen Ehre meiner Kosaken. Immer wieder hat man – auch in führenden kroatischen Stellen – von der Verstärkung der Partisanen durch Kosaken-Überläufer-Einheiten gesprochen. Ich kann Ihnen versichern, meine Herren, daß die Zahl der Überläufer von seiten der Kosaken derartig gering ist, daß die Partisanen auch nicht eine Einheit damit aufstellen können. Im übrigen haben wir nach den neuesten Meldungen erfahren, daß die Kosaken jede Gelegenheit benutzen, um zurückzukehren. Man ist daher jetzt bei den Banden dazu übergegangen, die Kosaken auf verschiedene Einheiten aufzuteilen und jeden von einem besonderen Partisanenspitzel überwachen zu lassen, genauso, wie man es mit den unsicheren Kroaten macht.

Ich kann Ihnen verraten, daß schon verschiedene Kosaken zu den Partisanen mit unserem Wissen übergelaufen sind und nach 14 Tagen wichtigste Papiere und in einem Fall sogar zwei Sprengmeister als Gefangene wieder mit zurückbrachten. Wenn aber die Agitation aus diesem Kapitel „Große Einheiten zur Verstärkung der Partisanen" macht, dann kann ich mich mit vollem Recht und bestem Gewissen hierher stellen und Richter derjenigen sein, die durch das unverantwortliche Weitertragen derartiger infamer Ehrabschneidungen meiner Kosaken den Wert und die Verdienste dieser tapferen Männer zu schmälern versuchen. Als die Division in diesen Raum kam, konnte man nur unter großen Schwierigkeiten mit dem Zug von Sisak nach Agram gelangen. Heute ist nicht nur die Sicherheit der Eisenbahn gewährleistet, sondern auch die Straßen sind wieder befahrbar geworden. Eine Fahrt im Wagen von Sisak nach Agram ist heute vollkommen ungefährlich. Schauen Sie nur in die Gebiete vor den Toren dieser Stadt. Dort verläuft das Leben wieder normal. Die Planken der Eisenbahn und Verkehrswege sind geschützt, Hunderte von Kilometern sind wieder frei von Attentätern und Gewaltverbrechern. Die Versorgung der Landeshauptstadt ist damit aus den Zonen einer unmittelbaren Gefahr hinausgerückt. Damit begnügen sich die Kosaken allein nicht. Die genannten Zahlen bewiesen bereits, daß immer wieder Vorstöße zur Säuberung weiterer Gebiete unternommen und der Kampf überall dort gesucht wird, wo er zum Ziel, der Vernichtung bolschewistischer Banden führen kann.

Ich neige mich vor den Opfern, die die Angehörigen meiner Division in diesem Kampf bisher gebracht haben. 18 Offiziere, darunter sechs Schwadronsführer, 41 Unteroffiziere und 228 Mann haben dabei ihr Leben lassen müssen. 18 Offiziere, 63 Unteroffiziere und 398 Mann wurden in diesem Raum verwundet; und das alles im Rahmen unsres großen Ziels.

Die Kosaken fragen nicht nach dem Preis für ihren Einsatz. Sie wissen, daß ihre deutsche Führung sie nicht nur nicht verlassen wird, sondern ihnen jede Unterstützung gibt. Die Kosaken setzen ihr Leben ein für ihr Kriegsziel, die Vernichtung des Bolschewismus und die Rückkehr in ihre Heimat. Respektieren wir diesen freiwilligen Einsatz und reichen wir ihnen die Hand. Bei der Errichtung eines neuen Europas muß jeder mithelfen. Die Hoffnung einzelner Elemente, sich in der Endphase des Kampfes unbeschadet zu halten, wird fehl schlagen. Siegen aber werden wir mit unseren tapferen Verbündeten, denn wir werden jeden vernichten, der sich uns auf dem Weg zum Siege entgegenstellt!“

TITO WIRD IN SEINEM FELSENNEST AUFGESTÖBERT

Im Mai 1944 sollte ein großer Schlag gegen die Partisanen geführt werden, dem zunächst eine Reihe von Einzeleinsätzen der Kosaken vorausging. Unter der Tarnbezeichnung „Ingeborg“ verbarg sich der Angriffsbefehl für das Donkosaken-Reiterregiment 1. Schon um die Jahreswende 1943/44 war diese Einheit mehrfach aus dem Raum Sisak gegen verschiedene Gruppierungen der Partisanen vorgegangen, die nahezu permanent Straßen- und Bahnanlagen zerstörten. Kaum waren sie wieder instandgesetzt, erfolgte der nächste Anschlag.

Der Kommandeur des Regiments, Graf Dohna, entschloß sich, den Partisanen ihr Konzept zu verderben und sie durch mehrere Angriffsoperationen wenigstens für eine gewisse Zeit an der Durchführung ihrer Pläne zu hindern. Nacheinander stieß das Regiment gegen die Ortschaften Josevica, Kukuruzari und Komogovima vor. Wenn es dabei auch nicht gelang, die Partisanen vollkommen zu schlagen, so konnten sie immerhin dazu gebracht werden, ihre Aktivitäten stark einzuschränken.

Nachdem Anfang Januar 1944 die II. Kosaken-Brigade aus Bosnien wieder nach Kroatien verlegt worden war, löste sie die I. Kosakenbrigade (Don) ab, der jetzt ein neues Einsatzgebiet nordwestlich Agrams zugewiesen wurde. Auch hier gab es eine starke Partisanentätigkeit, die sich ganz besonders darauf richtete, die Bahnlinie zwischen Agram und Karlovac durch ständige Zerstörungsakte über möglichst lange Zeiträume außer Betrieb zu setzen.

Die Brigade verwickelte die Partisanen in heftige Gefechte, die sich u. a. bei Jastrebarsko, Starjak sowie bei Okić Grad abspielten. Im Mai nahm das bereits erwähnte Unternehmen „Ingeborg“ seinen Beginn. Der Befehl lautete, diesmal die Partisanen aus dem Raum von Pisarovina vollständig zurückzudrängen, um dadurch die Voraussetzungen für ein Vorhaben zu schaffen, dessen Gelingen vollständig von seinem Überraschungseffekt abhing.

Mehrfach hatte es bereits Versuche gegeben, sich des Anführers der Partisanen, Broz Tito, zu bemächtigen. Doch zu einem Erfolg hatten sie nicht geführt. Wie der Fuchs in seinem Bau stets mehrere Schlupflöcher anlegt, die ihm im Augenblick der Gefahr die Flucht ermöglichen, war auch Tito meistens darauf bedacht, daß seine Quartiere so beschaffen sein mußten, daß sie ihm noch immer die Möglichkeit zum Entkommen boten. Doch nachdem die deutsche Frontaufklärung herausgefunden hatte, daß der Oberste Stab der Partisanenverbände für die Volksbefreiung, wie er sich bezeichnete, in Drvar südöstlich von Bihać sein Quartier aufgeschlagen hatte, hoffte die 2. Panzerarmee des Generalobersten Rendulic, daß der Fuchs endlich ins Fangeisen geraten würde.

Drvar lag in einem dicht bewaldeten Tal, das von hohen Bergen umgeben war. Ein schneller Vorstoß auf die Ortschaft war aufgrund der Unwegsamkeit des gesamten Geländes nicht durchführbar. Obendrein hätten Beobachtungsposten der Partisanen das Anrücken feindlicher Verbände schon in der Ferne ausgemacht. So wurde zunächst ein großes Ablenkungsmanöver gestartet, mit welchem die Regimenter Don 1 sowie Sibir 2 der I. Kosaken-Brigade beauftragt wurden. Dieses Teilunternehmen erhielt die Tarnbezeichnung „Schach", was diesmal sogar den Nagel voll auf den Kopf traf, sollten doch starke Kräfte der Partisanen solange in Schach gehalten werden, bis die Aktion „Rösselsprung" ihren Anfang nehmen konnte.

Am 23. Mai 1944 griffen die beiden Kosakenregimenter aus dem Raum Petrinja an. Zur gleichen Zeit setzten sich von Karlovac ein kroatisches Jägerbataillon sowie ein Polizei- und ein Domobranenbataillon (kroatische Wehrmacht) in Bewegung, die im späteren Verlauf dieser Operation dem Donregiment als Kampfgruppe unterstellt wurden. Schließlich traten in Bosnisch Nova zwei Bataillone des Infanterie-Regiments 373 und von Bihać ein motorisiertes Infanterieregiment 92 an.

Alle Anzeichen deuteten auf ein Erfolg des Unternehmens hin. Das von Oberstleutnant Freiherrn von Nolcken geführte Kosakenregiment Sibir 2 nahm die Stadt Glina ein, die als ein wichtiger Eckpfeiler der Partisanen in diesem Gebiet betrachtet wurde. Bis dahin hatten die Partisanen in dem gesamten Abschnitt so geherrscht, als ob es für sie keinerlei Gegner gäbe.

Sibir 2 drang unverzüglich weiter vor und besetzte für kurze Zeit den Flugplatz Topusko, wo bedeutende Vorratslager der Partisanen vernichtet wurden. Als das Regiment erfuhr, daß die beiden Bataillone des 373. Infanterie-Regimentes im Raum Katinovac – Staro Selo von starken Kräften der Partisanen eingeschlossen worden waren, brach es dorthin auf und sprengte den Einkreisungsring.

Das Donregiment 1 ging derweil auf der Straße Glina–Karlovac bis zu der Ortschaft Krnjako vor. Während die Kosaken bald überall in schwere Kämpfe verwickelt wurden und sich pausenloser Angriffe von etwa sechs bis acht Partisanenbrigaden zu erwehren hatten, nahm das eigentliche Unternehmen Rösselsprung am 25. Mai seinen Anfang.

Auf dem Flugplatz von Agram wurden mehrere Ju 52 und Lastensegler startklar gemacht. Männer des SS-Fallschirmjägerbataillons 500, geführt von Hauptsturmführer Rybka, bestiegen die Maschinen, die sie nach Drvar brachten, zum Partisanenhorst Titos. Als die Fallschirmjäger sich dort gegen 7 Uhr morgens zum Absprung anschickten, hatten die Partisanen noch nicht bemerkt, welche Gefahr ihnen drohte. Ihre Posten schlugen erst dann Alarm, als sich die Fallschirmjäger bereits dem Versteck Titos in einer Berghöhle, welche in eine hohe Felswand hineinführte, bis auf wenige Meter genähert hatten.

In der Ortschaft Drvar war ihnen kaum Widerstand entgegengesetzt worden. Anders jetzt bei der Erstürmung der Höhle, wo Titos Leibwache – darunter zahlreiche weibliche Partisanen – mit großer Verbissenheit kämpfte, um die Eindringlinge davon abzuhalten, Tito in ihre Gewalt zu bekommen. Was die Fallschirmjäger nicht wußten, war, daß sich außer Tito auch seine engsten Gefolgsleute in dem Höhlenversteck befanden. So beispielsweise Kardelj und Ranković, die später in der ersten jugoslawischen Nachkriegsregierung eine bedeutende Rolle spielten.

Über zwei Stunden tobte bereits der Kampf. Meter um Meter rückten die Fallschirmjäger vor. Diesmal schien es Tito verabsäumt zu haben, bei der Auswahl seines Versteckes sich vom Vorhandensein eines weiteres Fluchtweges vergewissert zu haben. Doch dann half ihm, wie schon so oft in seinem Partisanendasein, ein Glücksumstand. Das Innere der Höhle barg an der tiefsten Stelle einen Schacht, der sich durch versickertes Wasser gebildet hatte. Die Partisanen hatten dem zuvor keinerlei Aufmerksamkeit geschenkt und entdeckten diese Stelle erst jetzt bei ihrer verzweifelten Suche nach einem Ausweg.

Kurz bevor sich die Fallschirmjäger diesem Punkt in der Höhle näherten, zwängte sich Tito in den Schacht, der zu einem Felsplateau führte. Von dort aus bereitete es ihm keinerlei Mühe mehr, in dem dichten Wald unterzutauchen, der sich bis zu diesem Plateau erstreckte. Unter denjenigen, die mit ihm flohen, befand sich auch übrigens auch der Sohn Churchills, Randolph Churchill, der so etwas wie die Rolle eines britischen Verbindungsoffiziers bei den kommunistischen Partisanen einnahm.

So war Tito wieder einmal im allerletzten Moment der Festnahme entgangen. Nachdem er mit seinen Begleitern in der Tiefe der Wälder verschwunden war, bestand für die Fallschirmjäger keinerlei Chance mehr, dorthin die Verfolgung aufzunehmen. Für Tito selbst war der Schrecken jedoch noch nicht vorbei. Zwar saß ihm jetzt kein Gegner mehr im Nacken, doch fand er über viele Tage aus den Wäldern, in welche kaum ein Sonnenstrahl drang, nicht mehr heraus. Orientierungslos irrte er umher, geriet in immer größere Verzweiflung, die auch seine Gefährten ansteckte. Etwa zur gleichen Zeit nahm eine Gruppe britischer Verbindungsoffiziere die Suche nach dem Partisanenführer auf. Als man ihn fand, war Tito von all dem nervlich so mitgenommen, daß er sich nicht mehr unter Kontrolle hatte. Bereitwillig ging er deshalb auf das Angebot der Engländer ein, ihn zunächst erst einmal außerhalb des Landes zu bringen. Er erholte sich auf einer italienischen Insel, welche von den Engländern besetzt worden war. Erst nach einigen Monaten sah er sich wieder imstande, die Führung der Partisanen zu übernehmen.

Nachdem das Fallschirmjägerkommando seine Trumpfkarte einer Überrumplung Titos in seinem Felsennest nicht hatte ausspielen können, geriet es nun in der Ortschaft Drvar, wohin es sich nach dem mißglückten Handstreich zurückgezogen hatte, in große Bedrängnis. Von überall her strömten Partisanengruppen heran und machten jetzt Jagd auf die Fallschirmjäger. Da sich in dem Ort partout nichts anbot, was für eine Verteidigung geeignet gewesen wäre, zogen sich die Soldaten auf einen Friedhof zurück, wo sie sich im Schutz der Grabsteine ein Feuergefecht mit den Partisanen lieferten.

Der nun entbrannte Kampf gestaltete sich äußerst verlustreich, bis es schließlich anderen Verbänden gelang, die Fallschirmjäger am nächsten Tag aus ihrer schwierigen Situation zu befreien. Dabei wurden auch Gefangene aus den Reihen der Partisanen gemacht. Darunter befanden sich etliche englische, aber auch französische Verbindungsoffiziere, letztere von der in England ins Leben gerufenen Bewegung „Freies Frankreich“.

Eine nochmalige Durchsuchung des Titoversteckes beförderte eine Menge von Dokumenten ans Tageslicht, aus welchen sich wertvolle Anhaltspunkte über die Stärke sowie die Organisation der einzelnen Partisanenbrigaden ergaben. Doch nicht nur den Fallschirmjägern brachte „Rösselsprung“ Ungemach, sondern auch den Kosakenregimentern, die das Unternehmen in weitem Umkreis unterstützt hatten. Sie gerieten bei dem vom 69. Reserve-Armeekorps angeordneten Rückmarsch, den sie von Karlovac aus antraten, alsbald in eine schwierige Situation.

Von ihnen hing es jetzt ab, den am Fluß Korana gelegenen Übergang solange zu sichern, bis alle anderen weit vorgedrungenen deutschen Verbände diese Stelle passiert hatten. Der Standhaftigkeit aller Kosaken des Donregiments war es zu verdanken, daß letztlich Rösselsprung nicht zu einem Desaster für die daran beteiligten deutschen Verbände wurde.

Lediglich das Sibirienkosaken-Regiment 2 schaffte es nicht mehr, den rettenden Flußübergang zu erreichen. Von ihm traf die Meldung ein, daß es sich in eine kleinere Ortschaft zurückzuziehen gedenke. Zunächst hatte es den Anschein, als ob dies tatsächlich einen Ausweg darstellen könnte, doch dann änderte sich die Lage dramatisch. Neue Partisanenverbände, die von allen Seiten herangeführt wurden, verlegten dem Regiment den weiteren Rückzug. Als die Kosaken erkannten, daß sie fast vollständig eingekreist waren, verbarrikadierten sie sich in der Ortschaft Čemernica und versuchten von hieraus gegenüber dem von allen Seiten auf sie eindringenden Feind eine Abwehrstellung zu errichten.

Die Hoffnung, bei Einsetzen der Dunkelheit durchbrechen zu können, scheiterte an der Wachsamkeit der Partisanen. Am nächsten Tag spitzte sich die Lage weiter zu. Bei den Kampfhandlungen erlitt Schwadronschef Oberleutnant von Brasch einen Bauchschuß, an welchem er kurz darauf verstarb. Auch eine Anzahl Kosaken war gefallen. Dann trat etwas ein, was es bislang in dem Partisanenkrieg auf jugoslawischem Boden nicht gegeben hatte: Britische Jäger vom Typ Lightning tauchten auf und nahmen die Kosaken im Tiefangriff unter Beschuß.

Außerdem ging ein ständiges Granatwerferfeuer auf das Regiment nieder. Unter den Partisanen herrschte große Siegesgewißheit, erstmals eines der Kosakenregimenter vernichten zu können. Weibliche Partisanen tauchten vor der Stellung der sich verzweifelt wehrenden Kosaken auf und stellten auf schamlose Weise ihren Körper zur Schau, forderten die Kosaken zum Überlaufen auf, wo sie all solche Freuden weiblicher Reize erwarten würden.

Schließlich verfügten die Kosaken über keinerlei Verpflegung mehr, und auch die Munition verknappte sich zusehends. Obwohl eine bedrückte Stimmung in dem Regiment herrschte, gab es nicht einen einzigen Kosaken, der den „Verlockungen" des Gegners erlag. Aber General von Pannwitz bemühte sich, die Eingeschlossenen aus der Luft mit Verpflegung sowie der dringend benötigten Munition zu versorgen. Doch vieles von dem, was Flugzeuge abwarfen, fiel entweder dem Gegner in die Hände oder landete irgendwo im Niemandsland. Inzwischen wurde im Stab der Kosakendivision fieberhaft an einem Plan gearbeitet, dem eingeschlossenen Sibirregiment zu Hilfe zu kommen.

Mit der Durchführung dieser Aktion wurde Oberst Constantin Wagner betraut, der sich mit seinen Leuten von Karlovac aus auf das Nordufer der Kupa begeben sollte, um dann von dort aus weiter nach Petrinja vorzugehen, wo sich die Aufklärungsabteilung 55 sowie eine Anzahl kroatischer Verbände zu ihnen gesellen würden. Gemeinsam wollte man dann das Sibirregiment aus seiner verzweifelten Lage befreien.

Bei dem Erscheinen der Verstärkung auf dem Schauplatz der blutigen Kämpfe begruben die Partisanen ihre Hoffnung, das sibirische Kosakenregiment vernichten zu können. Sie verschwanden, wie so häufig, in den Bergen, nachdem sich die Situation zu ihren Ungunsten gewandt hatte.

Das Sibirienkosaken-Regiment 2 zog sich nach einem zehn Tage währenden Kampf, dem viele Kosaken zum Opfer gefallen waren und der auch den Verlust zahlreicher Pferde gebracht hatte, nach Sunja zurück, wo das Regiment wieder neu einsatzbereit gemacht wurde.

Genau eine Woche lang herrschte Ruhe, als sich die Kosaken bereits wieder zu einem neuen Gefecht stellen mußten. Der Partisanenkrieg wurde mit immer größerer Erbitterung geführt. Titos Brigaden kam es darauf an, vor dem Eintreffen der Roten Armee in Jugoslawien einen Beweis dafür anzutreten, daß sie auch auf sich allein gestellt den Sieg über die Deutschen erringen konnten.

Unterdessen hatte sich Major Graf zu Eltz in seinem Posten als I c der Kosaken-Kavallerie-Division gut eingearbeitet, was für Helmuth von Pannwitz eine gute Hilfe bedeutete. Täglich erwartete ihn nicht nur eine Fülle von Arbeit, sondern das meiste davon mußte mit ziemlicher Schnelligkeit bewältigt werden, da sich die Sicherheitslage der Gebiete, in denen die ein-

Die Ortschaft Gracanica in Bosnien, wo im Dezember 1943 ein Stützpunkt der Kosaken angelegt wurde.

August 1943 im Lager Mielau. Die Kosaken der sich in Aufstellung befindlichen 1. Division in Erwartung des Besuchs von Ataman General Krasnow.

Im Lager Mielau im südlichen Ostpreußen während der Ausbildung von Kosaken-Reiterregimentern.

Im Stützpunkt Sunja, Februar 1945. V. l. n.r. Major Hacke, Oberleutnant von Schoeller, Oberleutnant von Mossner.

Flucht von Angehörigen des Terekkosaken-regimentes Ende Mai 1945 von Mauterndorf nach Flachau in die US-Besatzungszone.

Der Kosakenheld des Bürgerkrieges nach der Oktoberrevolution 1917, General Schkuro, beim Terekregiment in Sunja, März 1945. Rechts neben ihm Major Grunst.

Kosaken an der Draufront.

Eine Kosakeneinheit auf dem Vormarsch nach Doboj in Bosnien (Dezember 1943

Der Regimentskommandeur des Terekkosakenregimentes 6, Oberst von Kalben, nimmt den Rapport des Chefs der 1. Schwadron Oberleutnant Gerling entgegen

zelnen Regimenter in Bereitschaft lagen, ständig verschlechterte. Besonders gefährdet waren weitab gelegene Dörfer, in welche die Partisanen nach Belieben hinein und wieder hinaus spazierten. Auf diese Weise infiltrierten sie systematisch ganze Landesteile, trieben eine Art Katz- und Mausspiel, welches solange nicht zu unterbinden war, als es in den einzelnen Ortschaften keine ständige Truppenpräsenz gab.

Doch dafür reichten weder die Regimenter der Kosaken noch jene der kroatischen Dombranen aus. Dennoch konnte es nach Auffassung des Majors so nicht weitergehen, da sich hieraus eine zusätzliche Gefahrenquelle für die Division auftat. So plante der I c den Aufbau eines Selbstschutzes, der in den entfernteren Gegenden in Form eines Schutzgürtels das Einsikkern der Partisanen zumindest erschweren sollte. Auch die getarnten Transporte von Waffen, Munition und Verpflegung zu den versteckten Zentren der Partisanen sollten, wenn sie schon nicht zu unterbinden waren, wenigstens erheblich eingeschränkt werden.

Der deutsche Offizier entsann sich deutlich, daß es einstmals einen solchen Schutzgürtel entlang der k. u. k. Militärgrenze zum Osmanischen Reich gegeben hatte, deren Errichtung von Prinz Eugen nach den harten Abwehrkämpfen gegen die Türken veranlaßt worden war. Dies geschah damals auf eine solche Weise, daß wehrfähige Männer mit ihren Familien an der Save angesiedelt wurden, um allein durch ihre Anwesenheit den Türken die Lust zu Streifzügen über die Grenze zu nehmen. Im Grunde genommen hatte seinerzeit Prinz Eugen ein Schema verwirklicht, welches schon lange davor im zaristischen Rußland mit der Anlage von sogenannten Kosakenwehrdörfern zum Schutz der Grenzen praktiziert worden war.

Als sich Graf Eltz jetzt mit einer solchen Problematik zu beschäftigen begann, ahnte er nicht, was er sich damit für eine Last aufgebürdet hatte. Gleich zu Beginn stieß er in ein wahres Wespennest. Eine deutsche Armeedienststelle hatte in der Ortschaft Sunja, die südlich des Flusses Kupa lag, einen solchen Selbstschutz noch vor dem Eintreffen der Kosakendivision auf dem Balkan ins Leben gerufen, sich dann jedoch nicht mehr darum gekümmert, was aus ihm geworden war. Der Kardinalfehler aber bestand darin, daß keiner auf die Idee verfallen war, die Angehörigen dieses Selbstschutzes einmal genauer unter die Lupe zu nehmen.

Was war geschehen? Wie aus dem Bauch des trojanischen Pferdes, das mit deutscher Hilfe in diese kroatische Ortschaft gelangt war, schlüpften lauter verkappte Partisanen, die nun sozusagen unter den Augen einer deutschen Dienststelle einen Stützpunkt schufen, ohne daß er über längere Zeit als solcher überhaupt erkannt wurde.

Als Major zu Eltz die deutsche Armeedienststelle darauf hinwies, welches Kuckucksei ihnen hier durch ihre Sorglosigkeit ins Nest gelegt worden war, begegnete man ihm mit völliger Ungläubigkeit. Erst bei der Ustascha fand er Gehör, welche nunmehr diesen Schlupfwinkel im Handstreich beseitigte. Die Lehre, welche die Führung der Kosakendivision hieraus zog, war, den Aufbau von Selbstschutzeinheiten in all den Gebieten zu forcieren, welche für die Gewährleistung der Sicherheit ihrer eigenen Truppen eine immense Bedeutung besaßen.

Dem Bereich des I c aber oblag es, sich stets vorher zu vergewissern, daß die zu einem solchen Selbstschutztrupp herangezogenen Männer loyal zur Sache der regulären kroatischen Regierung standen. Dank der Umsicht und der Tatkraft des deutschen Majors gelang es nunmehr, in vielen kroatischen Dörfern einen Selbstschutz aufzubauen, mit dessen Hilfe der Führungsstab der Division jederzeit über Bewegungen der Partisanen unterrichtet wurde, die auf einen bevorstehenden Angriff schließen ließen.

Mochte auch jeder Tag Major zu Eltz noch so viel Arbeit abverlangen, so nahm er sich jedoch stets die Zeit, ihn besonders berührende Ereignisse oder Begebenheiten seinem Kriegstagebuch anzuvertrauen. Am 14. Januar 1944 lautete beispielsweise die Eintragung:

„Der General ritt mit einem Zug der Jungkosaken nach Petrinja. Eigentlich ein bewegender Anblick. Die Jungkosaken, 12- bis 16jährige Buben, sind so gut beritten und stecken in extra für sie geschneiderten Uniformen und Pelzmützen. Einige haben richtige kleine Karabiner über den Rücken geschnallt. Erstaunlich, was die Kosaken auch in dieser Beziehung zuwege bringen, sie sind unglaublich einfallsreich im Improvisieren. Obwohl sie von den Altkosaken der Wachschwadron gut betreut werden, so ist es doch schwer zu verantworten, diese Kinder im Frontbereich zu halten. Aber wohin mit ihnen? Es wäre auch nicht besser, sie im Heimatgebiet unterzubringen, wo sie sicher in fremde Hand schlechten Einflüssen ausgesetzt wären. Abends eine große Veranstaltung des Kubankosakenchors mit einem Balaleikaorchester. Eine wirklich prachtvolle und ergreifende Darbietung, die dazu beitrug, die Gefühle und das Verständnis für diese wilden, urwüchsigen, unberechenbaren und mir doch so begreiflichen, einfachen und heimatlosen Menschen zu stärken."

Auf einer Fahrt zu dem kroatischen Innenminister Lorković nach Agram geriet der I c während des Passieren der Ortschaft Buševac in einen Feuerüberfall. Er sprang sofort aus dem Regierungsfahrzeug, das ihn abgeholt hatte, hastete zu einem Begleitwagen, auf dessen Dach ein MG montiert war, und nahm die Angreifer unter Beschuß. Sie ergriffen daraufhin die Flucht. Später fand der Major in einem Feld einen Toten, den die Partisanen zurückgelassen hatten. Neben ihm lag ein Käppi mit einem darangehefteten roten Sowjetstern.

Major zu Eltz machte dieser Vorfall wieder einmal deutlich, daß in diesem Land auf Schritt und Tritt Gefahren lauerten. Überall und zu jeder Stunde mußte mit einem solchen Hinterhalt gerechnet werden. Genau eine Woche später bestätigte sich dies erneut. Diesmal spielte sich das Geschehnis in Odra ab, einer Ortschaft, die an der Peripherie von Agram lag. Partisanen hatten ein Bekleidungsamt überfallen, in welchem zahlreiche Uniformstücke aufbewahrt wurden. Einen Teil davon hatten sie mitgenommen, den Rest in Brand gesteckt. Das Schlimme daran war, daß sie sich jetzt mit ihrer Beute leicht als Wehrmachtsangehörige ausstaffieren konnten.

Frühere Warnungen des Stabes der Kosakendivision beim kroatischen Innenminister, daß es in Odra nur so von Partisanen wimmele, waren in den Wind geschlagen worden. Jetzt reagierte der Innenminister ziemlich betroffen auf dieses Bubenstück der Partisanen vor seiner „Haustür".

Zwei der namhaftesten Offiziere der Kosaken-Division, Oberstleutnant Graf Dohna, Kommandeur des Donregimentes 1, sowie Oberstleutnant von Jungschultz, der das Kubankosaken-Regiment 3 angeführt hatte, wurden nach ihrem aus Altersgründen bedingten Ausscheiden aus der Division feierlich verabschiedet.

Eine der wichtigsten Aufgaben des I c bestand in der Vernehmung gefangener Partisanen oder abgefangener Kuriere. Letztere waren die wichtigsten Nachrichtengeber für die Tito-Einheiten. So manche Nachtstunde an Zeit kostete es, die Aufgegriffenen solange zu befragen, bis ihnen doch das eine oder andere unbedachte Wort entschlüpfte, welches, gleich einem Puzzle zusammengesetzt, bestimmte Aufschlüsse über die Absichten der Partisanen ergab. Jeden Monat einmal stellte der Major anhand all dieser von den Partisanen herausbekommenen Informationen und der im Kuriergepäck gefundenen Dokumente einen Lagebericht für die deutsche Armeeführung zusammen.

Einer der kommunistischen Kuriere, der den Kosaken in die Hand gefallen war, steckte sich kurz vor seiner Vernehmung eine Sprengkapsel in den Mund und tötete sich auf diese Weise. Der Fanatismus vieler auf seiten Titos stehender Kämpfer gab den Deutschen immer wieder Rätsel auf. Immerhin schälten sich aus solchen Vernehmungen oftmals Hinweise heraus, wo sich der gegenwärtige Aufenthaltsort Titos und anderer ranghoher Partisanenführer befand. Auf diese Weise gelangten die Kosaken auch dahinter, daß sich Tito im Juli 1944 mit seinem Stab in Topusko aufhielt. Allerdings war es nicht möglich, diese wertvolle Information in irgendeiner Weise auszunutzen. Die weiträumigen Gebiete, welche die Kosakenbrigaden abzuschirmen hatten, brachten sie oftmals in die Situation eines sich abhetzenden Hasen, der den Igel dennoch nicht einzuholen vermochte.

Im Stab der Abteilung I c waren keineswegs nur deutsche Offiziere tätig, sondern auch solche aus den Reihen der Kosaken. Drei von ihnen schätzte Major zu Eltz besonders. An Oberleutnant Pamochow mochte er die Besonnenheit und Ruhe, mit der dieser Mann Aufgaben zu meistern verstand, die mitunter größten Scharfsinns bedurften, um nicht zu Fehleinschätzungen zu gelangen.

Oberleutnant Sirota war der Propagandazug anvertraut, der jederzeit in der Lage sein mußte, der Agitation der Partisanen, mit der sie immer wieder die Kosaken zu verunsichern suchten, auf überzeugende Weise zu begegnen.

Eine der wohl interessantesten Persönlichkeiten in der Abteilung I c war Oberleutnant Gondarenko, der als Offizier für besondere Verwendung Dienst tat. Seine Lebensgeschichte spiegelte ein Stück der Situation in Rußland wider, wie sie für viele Kosaken typisch war, die nach Beendigung des Bürgerkrieges einen Weg des Überlebens suchten, wobei sie zwischen ihrer Vergangenheit und der jetzt auf sie einstürmenden Gegenwart hin- und hergerissen wurden.

Gondarenkos ursprüngliche Absicht war es gewesen, Priester in der russisch-orthodoxen Kirche zu werden. Er hatte es geschafft, in einem Priesterseminar bei Moskau Aufnahme zu finden, bis er seine Einberufung zur Roten Armee erhielt. Dort fiel er aufgrund seiner hohen Intelligenz auf und wurde zum Besuch einer Offiziersschule abkommandiert. Sich diesem Befehl zu widersetzen, hätte nicht nur ihn, sondern seine ganze Familie in Gefahr gebracht.

Im Anschluß an die Ausbildung auf dieser Offiziersschule entsandte man ihn zu einer Generalstabsakademie. Direkt von hier kam er nach Kriegsbeginn 1941 an die Front, wo er während einer der großen Kesselschlachten in Südrußland miterlebte, wie wenig Stalin das Leben seiner Soldaten wert war. Die Roten Kommissare trieben während eines Angriffs ihre Männer immer wieder sinnlos in das Feuer von Maschinengewehren, von denen sie reihenweise niedergemäht wurden. Gondarenko lernte jene zu hassen, die ihre Soldaten wie Schlachtvieh behandelten. Als der Offizier Gondarenko in deutscher Kriegsgefangenschaft von der Aufstellung einer Kosakendivision erfuhr, welche gegen Stalin antreten wollte, besann er sich seiner eigenen Kosakenvergangenheit und der blutigen Verfolgung, welcher die Seinen über Jahr und Tag in den Stanizen des Don durch die Kommunisten ausgesetzt gewesen waren.

Nunmehr bot sich ihm die Gelegenheit, für eine Sache Partei zu ergreifen, von der ihm sein Herz sagte, daß sie ihm näher stand als das, was vordem sein Leben ausgemacht hatte. Jede freie Minute benutzte dieser junge Kosakenoffizier für seine Weiterbildung, sprach immer wieder davon, daß er nach Beendigung des Krieges sich weiter auf die Aufgabe eines Priesters vorbereiten wollte. Sein hoher Begriff von Moral, seine Bescheidenheit und die Ehrlichkeit seiner Ansichten, die er vor niemandem verborgen hielt, machten diesen Offizier zu einem liebenswerten Menschen, der sich im deutschen Rahmenpersonal viele Freunde erwarb.

Major Graf zu Eltz selbst befand, daß er sich niemals hätte vorstellen können, einem in der Sowjetunion erzogenen jungen Menschen mit solchen Eigenschaften zu begegnen. Die wohl schillerndste Gestalt in der Abteilung I c war der Fürst Dschegodajeff-Tatarski, ein Nachkomme Dschingis-Khans. Auf all diese Leute konnte sich der Major bedingungslos verlassen.

Daß der Krieg immer stärker seine Krallen nach Kroatien ausstreckte, wurde in der ersten Jahreshälfte 1944 sichtbar. Erstmals erfolgte jetzt ein

Bombenangriff auf Agram. Viele Bewohner der Stadt liefen kopflos hin und her; niemand wußte, wie er sich verhalten sollte, denn mit dem Erscheinen feindlicher Flugzeuge war bisher nicht gerechnet worden.

Schon am nächsten Tag wurde Agram erneut aus der Luft angegriffen. Pannwitz und mehrere seiner Begleiter, die sich gerade mit dem Auto auf der Fahrt nach Agram befanden, gerieten bei Vukovina in diesen Luftangriff. Eine Flußbrücke war zerstört, so mußte das Auto zurückgelassen und statt dessen mit Floßsäcken der Fluß überquert werden. Kaum in Agram angekommen, gerieten sie erneut in einen Bombenhagel, so daß sie es vorzogen, die Stadt schnell wieder zu verlassen.

EINE ORDENSVERLEIHUNG IM LUFTSCHUTZKELLER

Erst am nächsten Tag kehrte die Gruppe der deutschen Offiziere nach Agram zurück, wo Helmuth von Pannwitz eine Auszeichnung des Poglavnik Ante Pavelić erhalten sollte. Die Übergabe war im Amtssitz Tuskanac vorgesehen. Doch erneut einsetzender Fliegeralarm veranlaßte die kroatischen Regierungsmitglieder, darunter auch den Poglavnik, sich in einen Luftschutzkeller zu begeben. In dieser nun ziemlich ungewohnten Umgebung fand dann die Ordensverleihung statt. Pavelić heftete General Pannwitz einen hohen kroatischen Orden an die Brust. Weitere Anwesende dieser Zeremonie waren der kroatische Ordenskanzler General von Percevic, Innenminister Lorković sowie ein Oberst namens Brabek.

Ante Pavelić, der Poglavnik (Führer) Kroatiens, war zu diesem Zeitpunkt 55 Jahre alt. Er hatte eine politische Laufbahn hinter sich, die ihm Höhen wie Tiefen beschert hatte. Immer wenn es schien, daß niemand mehr etwas von ihm wissen wollte, traten Ereignisse ein, die ihm wieder Auftrieb gaben.

1889 in Bradina (Herzegowina) geboren, studierte Pavelić Jura, war wie viele seiner Altersgefährten, deren rebellischer Geist die Universitäten und Hochschulen des Landes dominierte, von dem Wunsch durchdrungen, sich in irgendeiner Weise für die Selbständigkeit Kroatiens zu engagieren. Dies führte ihn zunächst in die nationale Studentenbewegung „Junges Kroatien“, Nachdem er auf dem Gebiet der Rechtswissenschaft promoviert hatte, betätigte er sich als Sekretär innerhalb der kroatischen Rechtspartei.

1927 schaffte er den Sprung ins Belgrader Parlament, in welchem die Bauernpartei unter Führung von Stjepan Radić den Ton angab. Sie verkörperte die stärkste politische Kraft in Kroatien, stemmte sich gegen die serbische Bevormundung. Bereits am 20. Juni 1920 hatte nach einer heftigen politischen Auseinandersetzung ein montenegrinischer Abgeordneter den Führer der kroatischen Bauernpartei erschossen. Daraufhin kam es zu bürgerkriegsähnlichen Ausschreitungen, welche Dr. Pavelić zu dem Trugschluß führten, es mit dem Beginn einer revolutionären Erhebung zu tun zu haben.

Der von ihm initiierten Bildung beruflicher nationaler Studentengruppen blieb der Erfolg versagt. Am 6. Januar 1923 wurde in Jugoslawien die Verfassung abgeschafft, über sämtliche politischen Parteien ein Verbot erlassen und von Alexander Karadjordjević eine Königsdiktatur eingeführt. Für Ante Pavelić bedeutete dies die Errichtung einer serbischen Polizeiherrschaft, welche er am darauffolgenden Tag mit der Gründung einer neuen Bewegung, der Ustascha, beantwortete. Sie verfolgte das Ziel, die serbische Vorherrschaft in Kroatien zu beseitigen.

Doch bald mußte Pavelić einsehen, daß dies offenbar nicht zu erreichen war. Enttäuscht verließ er das Land und begab sich nach Italien, wo er sich um die Unterstützung Mussolinis für seine Sache bemühte. Als am 9. Oktober 1934 in Marseille der jugoslawische König Alexander Karadjordjević sowie der französische Außenminister Barthou einem Anschlag zum Opfer fielen, der von jemandem ausgeführt worden war, der enge Beziehungen zur Ustascha unterhielt, gerieten Pavelić und seine Gefolgsleute in große Bedrängnis.

In Frankreich wurde der Verdacht geäußert, daß Pavelić einer oder sogar der alleinige Drahtzieher dieser terroristischen Tat gewesen sei, doch seine Auslieferung an Paris lehnte Italien ab. Fortan wurde der Kroate jedoch an der kurzen Leine gehalten. Auch Deutschland hielt sich ihm gegenüber zurück, was jedoch etwas mit der Abstimmung der deutsch-italienischen Interessen im Frühjahr 1938 zu tun hatte. Hiernach galt Kroatien als italienischer Einflußbereich.

Am 25. März 1939 erließ Außenminister Ribbentrop sogar eine Anweisung, in welcher es unmißverständlich hieß: Beziehungen zu kroatischen Organisationen dürfen im Interesse der deutsch-italienischen Verhältnisse in Zukunft überhaupt nicht mehr gepflogen werden.

Nach der im April 1939 erfolgten italienischen Besetzung Albaniens räumte Belgrad Kroatien im größeren Maße eine Selbständigkeit ein, um einem etwaigen kroatischen Aufstand mit italienischer Hilfestellung von vornherein die Spitze abzubrechen. Durch die Entwicklung geriet die Ustascha nahezu in völlige Bedeutungslosigkeit. Ihre Situation glich jetzt der eines Hundes, der fest an der Kette angepflockt war und nur gelegentlich mit ihr rasseln durfte.

Pavelić sah bereits seine und die Zukunft der von ihm geführten Bewegung in den schwärzesten Farben. Da brach der Zweite Weltkrieg aus, und die Karten wurden auf einmal neu gemischt. Der Beitritt Jugoslawiens zum Drei-Mächte-Pakt am 25. März 1941 in Wien löste in Belgrad einen Regierungsputsch aus. Das gerade geschlossene Abkommen wurde für null und nichtig erklärt.

Obwohl die deutsche Seite hierüber enttäuscht war, glaubte sie jedoch weiter auf die Lage Einfluß nehmen zu können, indem sie auf die einflußreiche Bauernpartei setzte, die jetzt von Vladko Macek geführt wurde. Da aber auch Belgrad gegenüber diesem kroatischen Politiker Avancen machte, befürchtete Deutschland, mehr und mehr ins Hintertreffen zu geraten. Der von Ribbentrop nach Belgrad entsandte junge Diplomat Dr. Edmund Veesenmayer unternahm große Anstrengungen, die Belgrader Regierung im Sinne der deutschen Ambitionen zu beeinflussen.

Hitler verlor die Geduld, da er vor der Ausführung des Plans Barbarossa stand, wofür er eine Absicherung der südosteuropäischen Flanke für ratsam hielt. Am 6. April 1941 rückten deutsche und italienische Truppen in Jugoslawien ein. Vier Tage später standen sie vor Agram. Damit geriet ein Stein ins Rollen, der das bisherige politische Gefüge Jugoslawiens ins Wanken brachte. Die Selbständigkeit Kroatiens, von vielen Kräften seit Anfang der 20er Jahre begehrt, rückte plötzlich in greifbare Nähe.

Dr. Veesenmayer forderte den Vertreter der Ustascha, Slavko Kvaternik, auf, die Initiative zu ergreifen und jetzt einen Unabhängigen Kroatischen Staat auszurufen. Nachdem auch der Führer der Bauernpartei, Macek, diesem Plan sein Einverständnis gegeben hatte, erging am Abend des 10. April 1941 über den Rundfunksender von Zagreb eine Proklamation folgenden Inhalts:

„Gottes Vorsehung und der Wille unseres großen Verbündeten sowie der jahrhundertelange Kampf des kroatischen Volkes und die große Opferbereitschaft unseres Führers Ante Pavelić und der Ustascha-Bewegung in der Heimat und im Ausland haben es gefügt, daß heute, vor der Auferstehung des Gottessohnes, auch unser unabhängiges Kroatien aufersteht. Ich rufe alle Kroaten, insbesondere die Offiziere, Unteroffiziere und Mannschaften der Streitkräfte und der Organe der öffentlichen Sicherheit, auf, Ruhe und Ordnung zu bewahren. Die Streitkräfte haben ihren Aufenthaltsort anzugeben und sofort den Eid auf den unabhängigen Staat Kroatien und seinen Poglavnik zu leisten. Ich habe heute als der Beauftragte des Poglavnik das Kommando aller Streitkräfte übernommen. Gott mit den Kroaten! Für das Vaterland bereit! Der Stellvertreter des Poglavnik und Oberkommandierende der Streitkräfte, Zagreb, 10. April 1941,

Slavko Kvaternik."

Am 12. April 1941 entstand eine provisorische kroatische Regierung. Am 15. April traf Ante Pavelić in Kroatien ein, wo er die Führung des Staates übernahm. Die Ausrufung eines unabhängigen Kroatiens war zunächst von großen Teilen der Bevölkerung begrüßt worden, doch kam es schon nach kurzer Zeit zur Mißstimmung, als immer mehr zu spüren war, daß das neue Staatsgebilde sich nicht wirklich als ein unabhängiges Kroatien bezeichnen konnte, weil sich sowohl die Deutschen, mehr aber noch die Italiener, Rechte anmaßten, welche die eigene Souveränität schmälerten.

Mit Italien gab es beispielsweise einen Interessensgegensatz hinsichtlich der dalmatinischen Küste. Der vermochte erst aus dem Weg geräumt zu werden, nachdem sich die Kroaten bereit erklärt hatten, sowohl auf Küstenstützpunkte als auch auf eine eigene Marine zu verzichten. Viele Kroaten erblickten darin die völlige Preisgabe Dalmatiens an Italien, was sie Ante Pavelić schwer verübelten und ihn als einen Steigbügelhalter Mussolinis bezeichneten.

Kroatien versuchte daraufhin, durch eine engere Anlehnung an Deutschland die italienischen Hegemoniebestrebungen zurückzudrängen, bekam jedoch von Berlin signalisiert, daß sich Deutschland aus berechtigten Gründen aus dieser Sache heraushalten wolle.

Dem unabhängigen kroatischen Staat machten auch andere Dinge zu schaffen. Insbesondere die Zusammensetzung der Bevölkerung bot Zündstoff für mancherlei Konflikte. Nur die Hälfte der sechs Millionen Einwohner des Landes bestand aus Kroaten. Es gab außerdem etwa 260.000 Slowenen, Tschechen und Ukrainer, denen sich noch etwa 140.000 Volksdeutsche sowie eine halbe Million bosnischer Moslems hinzugesellten.

Die Rolle eines deutschen Gesandten in der Landeshauptstadt Agram (Zagreb) war Siegfried Kasche übertragen worden, der sich seine Aufgabe mit General Glaise von Horstenau teilte, der den Rang eines bevollmächtigten deutschen Generals bekleidete. Letzterem fiel es zu, für den Aufbau einer kroatischen Polizei Sorge zu tragen, da die deutsche Seite gemeinsam mit Italien beschlossen hatte, keine größeren Besatzungstruppen im Lande zu belassen, sobald sich die Kroaten in der Lage befanden, für den inneren wie äußeren Schutz ihres Staates selbst die Verantwortung zu tragen.

Das kroatische Staatsgebiet umfaßte neben den ursprünglichen Landesteilen jetzt auch Gebiete von Bosnien, Herzegowina, Slawonien und Syrmien. Das Land war reich an Mineralien sowie Erdölvorkommen, was es für die deutsche Kriegswirtschaft zu einem beachtlichen Partner machte. Entsprechende Regelungen hierüber wurden in einem deutsch-kroatischen Wirtschaftsabkommen am 16. Mai 1941 getroffen.

Der neue Staat stand infolge verschiedener Fehler, die er beging, von Anfang an auf tönernen Füßen. In die Verfassung hatte die Ustascha den Grundsatz aufgenommen, daß sämtliche Führungspositionen im Staat ausschließlich von Kroaten wahrgenommen werden durften. Bereits diese Prämisse sorgte für böses Blut. Damit fühlten sich nämlich alle anderen erwähnten Volksschichten von vornherein ins zweite Glied gestellt.

Die Ustaschabewegung war mit der Aufgabe, sämtliche kommunalen wie auch staatlichen Behörden zu überwachen, völlig überfordert, da sie schon rein zahlenmäßig nicht einer großen Mitgliederorganisation entsprach. Die Bauernpartei, die über Jahrzehnte in Kroatien am stärksten in der Bevölkerung integriert gewesen war, fühlte sich von der Dominanz, welche sich jetzt überall die Ustaschaleute anmaßten, abgestoßen. Mit dem Führer der Bauernpartei, Macek, hatte sich die Ustascha völlig überworfen und ihn in Haft genommen.

Durch die ständige Propagierung eines nationalen Überlegenheitsgefühls machten sich die neu entstandenen Milizen der Ustascha weithin verhaßt. Dies veranlaßte Ante Pavelić, sie bereits im August 1941 wieder aufzulösen und durch eine Art geheimen Nachrichtendienst zu ersetzen, dem jetzt alle polizeilichen Aufgaben übertragen wurden.

Den aber wohl schlimmsten Fehler beging das Regime, als es den serbisch-orthodoxen Bevölkerungsschichten im Land mit allen Mitteln den katholischen Glauben aufzuzwingen versuchte. Zwangstaufen waren an der Tagesordnung. Wer sich gegen sie verwehrte, wurde zumeist des Landes verwiesen. Dieses Schicksal teilten auch die sogenannten Dobrovolzen, eine starke serbische Bevölkerungsgruppe, welche sich nach dem Ersten Weltkrieg in Slawonien angesiedelt hatte. Die Ustascha trieb sie jetzt auf grausame Weise aus dem Land.

WEHRMACHT UND USTASCHA GERATEN ANEINANDER

So wurde ständig neuer Haß geschürt. Bei der deutschen Gesandtschaft in Agram wuchs die Besorgnis, daß die Drangsalierung der serbischen Bewohner durch die Ustascha den Nährboden für eine Aufstandsbewegung darstellen könnte, die, wenn sie sich erst einmal ausgebreitet hatte, das ganze Land in einen permanenten Unruheherd verwandeln würde. Der deutsche Geschäftsträger, Gesandtschaftsrat Troll, richtete an das Auswärtige Amt in Berlin am 10. Juli 1941 die warnenden Zeilen:

„Die Serbenfrage hat sich in den letzten Tagen wesentlich zugespitzt. Die rücksichtslose Durchführung der Umsiedlung mit vielen üblen Begleiterscheinungen, zahlreichen Terrorakten in der Provinz, gibt selbst den besonnenen kroatischen Kreisen Anlaß zu ernster Besorgnis. Diese mit Härte betriebene Umsiedlung und die vielen vorangegangenen Greueltaten werden überall, wo Serben wohnen, gewaltigen Zündstoff anhäufen und in der nächsten Zeit einen schwer einzudämmenden Unruheherd schaffen."

Diese Prophezeiung sollte sich schon in Kürze bewahrheiten. In der Herzegowina wie in Teilen Bosniens entstanden Widerstandsgruppen aus den Kreisen königstreuer Serben, die Četniks, die nunmehr der Ustascha den Kampf ansagten. Diese Auseinandersetzung eskalierte alsbald und nahm immer blutigere Formen an. Dies wiederum nutzte der Kommunist Josip Broz, der sich Tito nannte, aus, um eine eigene Partisanenbewegung ins Leben zu rufen, da er das Feld nicht den Četniks allein überlassen wollte.

Die deutsche Seite hielt sich mit scharfer Kritik an der Ustascha nicht zurück, der sie unverhohlen die Schuld an dieser Entwicklung gab, deren schwerwiegende Folgen sich für den jungen kroatischen Staat absehen ließen. Doch es war bereits zu spät, den allgemeinen Gärungsprozeß im Land noch aufzuhalten. Es kam zu Anschlägen der von Tito zunächst in Form einer Geheimorganisation aufgebauten Partisanengruppen auf deutsche Dienststellen.

Von nun an wurde die Lage immer verwirrender. Da die Ustascha ganz offensichtlich alle deutschen Vorhaltungen in den Wind schlug und ihren Rachefeldzug gegen die Serben in nicht nachlassender Härte fortsetzte, ereigneten sich erste Zusammenstöße zwischen der deutschen Wehrmacht und der Ustascha. Die Italiener wiederum hetzten die Četniks gegen die Ustascha auf, nicht weil sie deren Übergriffen Einhalt gebieten wollten, sondern um die Italianisierung kroatischer Landesteile voranzutreiben.

Dies führte zu Problemen in Agram wie auch in Berlin, wo man erstmals eine Vorstellung davon bekam, daß die Uhren auf dem Balkan gänzlich anders gingen. Trotz der kreuz und quer zwischen den politischen Akteuren verlaufenden Fronten stellten im April 1943 die Ustascha und die Četniks für kurze Zeit ihre Feindseligkeiten ein und holten gemeinsam mit deutschen und italienischen Truppen zu einem Schlag gegen die von Tito in Bosnien errichteten Partisanenhochburgen aus.

Von allen Richtungen drangen jetzt die „verbündeten" Truppen dort ein und umzingelten die Verbände Titos. Dem gelang es buchstäblich im letzten Moment, sich der Umklammerung zu entwinden. Die Partisanen traten einen langen Marsch durch Westbosnien an, der sie bis nach Bihać führte. Durch diese Operation entging Tito nicht nur der Vernichtung seiner Bewegung, sondern erhielt auch viel Zulauf von jungen Leuten, die in ihm eine Art von Nationalhelden zu sehen begannen, der den Zusammenhalt Jugoslawiens wieder neu begründen wollte, jetzt allerdings unter kommunistischen Vorzeichen.

Kaum waren die Kampfhandlungen gegen Tito mit dieser ersten Phase der Auseinandersetzung abgeschlossen, endete auch schon wieder die für so kurze Zeit zustande gekommene Übereinstimmung der Interessen. Die Italiener schlugen sich mit den Kroaten herum, die Kroaten machten Jagd auf die Serben, und die wenigen deutschen Truppen, die wegen der Aufrechterhaltung von Verbindungswegen in Kroatien standen, entwaffneten mehrmals Ustaschaleute oder hinderten sie daran, Übergriffe an der serbischen Bevölkerung vorzunehmen.

Am 20. Juni 1943 wurde noch einmal eine Großoffensive zur Niederringung der kommunistischen Partisanen in Kroatien eingeleitet. Das sogenannte Unternehmen „Weiß", mit welchem die kommunistischen Parteigänger Titos endgültig ausgeschaltet werden sollten, mißlang jedoch. Obwohl Tito schwere Verluste erlitt, konnte er nach Montenegro ausweichen. Das Verschulden hieran trug die italienische Seite, die wieder einmal im Bunde mit den Četniks den Vorstoß deutscher und kroatischer Verbände im Süden Bosniens durch mangelhafte Bereitschaft zur Koordinierung dieser Operation zum Scheitern gebracht hatte.

Eine weitere Operation, die den Decknamen „Schwarz" trug, ging ebenfalls um diese Zeit über die Bühne. Ihr Ziel bestand darin, die Titopartisanen jetzt an ihrem neuen Standort in Montenegro aufzuspüren und dort unschädlich zu machen. Zugleich sollten auch die Angehörigen der Četniks zur endgültigen Aufgabe ihres Kampfes gezwungen werden.

Auch diesem Unternehmen blieb der Erfolg versagt, weil die Italiener ganz offensichtlich für die ihnen willfährigen Četniks Schlupflöcher offen ließen, durch welche dann auch die schwer angeschlagenen Einheiten Titos zu entweichen vermochten.

Die von Anfang an falsche Handlungsweise der Ustascha gegenüber serbischen Bevölkerungskreisen, bei der sich die Kroaten wie Zuchtmeister aufgeführt hatten, und die immer wieder spürbare Eigenmächtigkeit der Italiener, denen ein unabhängiges kroatisches Staatswesen ein Dorn im Auge war, hatten Kroatien innerhalb von zwei Jahren an den Abgrund gebracht. Als Ante Pavelić schließlich begriff, wieviel auf dem Spiel stand, hatte er während eines Aufenthaltes im Führerhauptquartier am 23./24. September 1942 Hitler offiziell um die Entsendung deutscher Truppen ersucht, welche ihm einzig noch die Gewähr dafür schienen, daß der Fortbestand Kroatiens als Staat trotz vieler unsicherer Faktoren weiter garantiert werden könne.

Dies führte zu einer Reihe von Veränderungen in Kroatien, deren gravierendste darin bestand, daß die gesamte vollziehende Gewalt an deutsche Truppenbefehlshaber überging. Generaloberst Löhr, der bisher die Funktion eines Wehrmachtsbefehlshabers Südost ausgeübt hatte, wurde nunmehr unter der Bezeichnung „Oberbefehlshaber Südost" zum obersten Verantwortlichen für das gesamte Territorium bestimmt, womit der Wehrmachtsführung die gesamte vollziehende Gewalt in Kroatien oblag.

Ante Pavelić sah ein, daß die Ustaschabewegung eine Reihe von verhängnisvollen Fehlern begangen hatte, die zum Entstehen einer hochexplosiven Lage im Lande geführt hatten. Durch eine Umbildung der Regierung und aller bisherigen Strukturen der Ustascha hoffte er noch einmal, das Schlimmste von Kroatien abwenden zu können. Doch all diese Maßnahmen kamen zu spät. Dies war der Zeitpunkt, zu dem die Kosakenregimenter des Helmuth von Pannwitz auf dem Boden Kroatiens in Erscheinung traten, um zu retten, was noch zu retten war. Die vielen komplizierten Widersprüche des Landes bereiteten Pannwitz zusätzliche Erschwernisse bei der ihm übertragenen Aufgabe, einer kommunistischen Machtübernahme in Kroatien Einhalt zu gebieten.

Als Italien am 3. September 1943 aus dem Kreis der Achsenmächte ausschied und gegenüber den westlichen Alliierten kapitulierte, gelang es Ante Pavelić, wieder die dalmatinische Küste unter kroatische Hoheit zu bekommen. Doch für ihn bedeutete dies lediglich einen Pyrrhussieg. Genau eineinhalb Jahre waren dem Unabhängigen Kroatischen Staat noch beschieden.

Am 23. August 1944 kapitulierte Rumänien, und 14 Tage später folgte Bulgarien. Kroatien hatte nur noch eine Funktion zu erfüllen, den Rückzug der deutschen Heeresgruppe E aus Griechenland und Albanien abzusichern. Fortan schrumpfte sein Staatsgebiet immer mehr zusammen, zum Schluß bestand es nur noch aus einem winzigen Stück südlich von Agram.

Damit war auch das Schicksal des Poglavnik besiegelt. Bevor Titos Truppen am 9. Mai 1945 in Agram einrückten, das sogleich wieder den Namen Zagreb erhielt, gelang es Pavelić, sich noch abzusetzen. Über die sogenannte

Rattenlinie gelangte er nach Argentinien, wo ihn Präsident Juan Perón zu seinem Polizeichef machte. Nach dem Sturz der Peronisten mußte Ante Pavelić Argentinien verlassen und begab sich nach Madrid, wo er am 28. Dezember 1959 verstarb.

Manche idealistische Hoffnung prägte sein Leben, doch die schwerwiegenden Irrtümer, die ihm immer wieder unterliefen, führten letztlich dazu, daß ihm vieles, was er bereits fest in seinen Händen zu halten geglaubt hatte, immer wieder entglitt.

Im Mai 1944 erging an das Terekkosaken-Reiterregiment 6 der Befehl, den Raum Kapelanova – Pleternica Trenkovo zu sichern. Im Mittelpunkt des etwa 25 Kilometer umfassenden Gebietsstreifens lag die Stadt Požega, an der die Morava vorbeifloß. In dem gesamten Gebiet hatten sich Partisanen festgesetzt. Die Kosaken lieferten sich mit ihnen ständig irgendwelche Scharmützel, doch reichte ihre Kraft nicht aus, sie völlig zu vertreiben.

Da in der Division kein Zweifel herrschte, daß man es in absehbarer Zeit direkt mit der Roten Armee zu tun bekommen würde, diente nunmehr jede kampffreie Minute dazu, um die Kosaken auf eine solche Begegnung vorzubereiten. So war angeordnet worden, in allen Regimentern Lehrgänge über die Bekämpfung von Panzern abzuhalten. Die Kosaken sollten lernen, wie mit panzerbrechenden schweren Waffen umzugehen war. Daß sich eine solche Voraussicht auszahlte, bestätigten die Ereignisse der kommenden Monate.

Auch war festgestellt worden, daß sich die Bewaffnung der Partisanenverbände ständig verbesserte. Sie verfügten in dieser Phase des Krieges bereits über zahlreiche solcher Waffen, die ansonsten nur zur Ausrüstung regulärer Truppenverbände gehörten.

Ende Mai 1944 wurde das Terek-Regiment in die Gegend von Požega verlegt, ein baukünstlerisches Kleinod ersten Ranges. Die Stadt selbst war von einer herrlichen Landschaft umgeben, deren friedliches Bild vergessen ließ, daß auch hierher der Krieg seinen Arm ausstreckte. Während der Zeit der osmanischen Herrschaft hatten die Türken diese Stadt in eine vollständige Festung verwandelt, die sie mit ihren Wällen und Türmen für uneinnehmbar hielten. Doch als die Herrschaft der Osmanen ins Wanken geriet, war es auch um diese Festung geschehen.

Nach der Rückgewinnung der Stadt ließ Kaiserin Maria Theresia die Festungsbauten schleifen. Požega wandelte sich von Grund auf; neue Bauten prägten das Bild der Stadt, überall machte sich der österreichisch-ungarische Einfluß bemerkbar. Es entstanden ein Gymnasium sowie zahlreiche neue Verwaltungsgebäude, deren Fassaden den typisch gelb-weißen Anstrich trugen, der einst in vielen kleinen Städten und Ortschaften in Österreich-Ungarn vorzufinden war. Bauten wie die Theresienkirche und das Franziskanerkloster entstammten der Zeit des Rokoko.

Vieles in Požega atmete Historie. Es war die Heimatstadt des Freiherrn Franz von der Trenck, der hier bei Ausbruch des Erbfolgekrieges im Jahre

1740 sein Pandurenkorps aufstellte, in welchem sich der spätere österreichische Feldmarschall Freiherr von Laudon als Hauptmann seine ersten Meriten verdiente. Was den Pandurenoberst von der Trenck betraf, so erinnert man sich seiner als einer wilden Gestalt. Mit einem einzigen Säbelstreich soll er einem starken Ochsen das Haupt vom Rumpf getrennt haben. Angeblich hätte er sich auch von den Türken abgeschaut, wie man gleich einer ganzen Menschengruppe, die sich in einer Reihe aufstellen mußte, mit einem solchen Säbelhieb die Köpfe vor die Füße legen konnte.

Ob Wahrheit oder nur von ihm selbst in die Welt gesetzt, ein Mann von starker Körperkraft war er auf alle Fälle. Im übrigen hätten die Kosaken in Požega gern einen solchen Pfundskerl in ihren Reihen gehabt. Daß der Pandurenoberst 1749 im Alter von nur 37 Jahren sein Leben hinter Gefängnismauern aushauchte, schien sie nicht sonderlich zu beeindrucken. Sein Vetter Friedrich, Ordonnanzoffizier in Diensten Friedrichs des Großen, dem eine Affäre mit der Schwester des Königs, Amalie, nachgesagt wurde, verlor im Alter von 68 Jahren sein Haupt unter einer französischen Guillotine, der adlige Abenteurer war Robespierre ein Dorn im Auge gewesen.

In diese geschichtsträchtige Gegend also verschlug es im Sommer 1944 die Terekkosaken. Für die Anwesenheit zahlreicher Partisanen, beispielsweise in dem Kurort Velika wie auch in dem Dorf Trenkovo, letzteres leitete seinen Namen von dem einstigen Trenckschen Gutsbesitz ab, sprachen immer wieder stattfindende Scharmützel. Zunächst jedoch vermieden beide Seiten größere Auseinandersetzungen. Požega lag wie in einen großen Talkessel eingebettet, umgeben von vielen Bergen. Zu deren Füßen erstreckten sich Wiesen und Wälder, welche sich bis an die Stadtgrenze heranschoben. Bei den Kosaken rief dieser Anblick so manche Erinnerung an ihre Heimat hervor.

Hierzu trug auch ein Umstand bei, der mit Pferden zu tun hatte, und deren Anblick versetzt bekanntlich die Gemüter der Kosaken in besondere Beschwingtheit. Etwa 15 Kilometer nordöstlich von Požega lag das Städtchen Kutjevo, mit dem es eine besondere Bewandtnis hatte. Vor rund 200 Jahren hatten hier in den Stallungen die Pferde der Panduren gestanden. Zu einem späteren Zeitpunkt war dann dieses Besitztum in die Hände der Grafen zu Eltz übergegangen, in deren Geschlecht die Pferdenarren stets so etwas wie die Mehrheit bildeten.

Als Oberst von Kalben, der Kommandeur des Terek-Regimentes, davon erfuhr, daß sich in der Nachbarschaft von Požega ein derartiges Gestüt befand, wendete er seinen ganzen Einfluß auf, um eine Verlegung dieses Gestütes nach Požega zu erreichen, was ihm dann schließlich auch gelang.

Hierbei ging es ihm nicht etwa darum, wie es bei einem Kavalleristen zu vermuten gewesen wäre, seinen Offizieren mit diesen herrlichen Pferden das Ansehen einer erlesenen Equipe zu verschaffen, sondern ihn trieb die Sorge, daß diese kostbaren Pferde schon bald in die Hände der kommunistischen

Partisanen fallen könnten, welche sie dann wohl über kurz oder lang zugrunde richten würden.

Jedenfalls nahm das Gestüt mit allem, was dazugehörte, einen Standortwechsel vor. Um den weiteren Geschehnissen kurz vorzugreifen: Als im Herbst 1944 die Kosaken sich in diesem Teil Kroatiens nicht mehr zu halten vermochten, ordnete der Regimentskommandeur die Verladung der Pferde an, was mit viel Aufregung verbunden war.

Ernst Walter von Mossner, der Anfang August 1944 nach seiner Tätigkeit als Regimentsadjutant die Führung der Schimmelreiterschwadron des Terekkosaken-Reiterregiments übernommen hatte, sah sich auf einmal unverhofft vor die Bewältigung der Aufgabe gestellt, für den sicheren Abtransport der Pferde zu sorgen. Unmittelbar bevor die Pferde in die Eisenbahnwaggons eingeladen werden sollten, hatten sich sämtliche Gestütswärter davongemacht. Kurz entschlossen befahl der Rittmeister seinen Kosaken jetzt, anstelle der geflohenen Gestütsmitarbeiter die Verladung der Pferde vorzunehmen. Daß er ihnen damit eine ganz besondere Freude bereitet hatte, wurde ihm bewußt, als er sah, wie liebevoll sie mit den Tieren umgingen, so als wären es ihre eigenen.

Mit der Bahn erfolgte der Abtransport der Pferde nach Lipik. Der Landstallmeister aber strahlte über das ganze Gesicht, daß doch noch alles so gut geklappt hatte. Als Zeichen seines Dankes überließ er dem Rittmeister aus dem Bestand des Gestüts einen Jagdwagen, der schon allein wegen seiner reichen Verzierung eine Kostbarkeit sondergleichen darstellte. Mossner nahm das Geschenk freudig entgegen, hatte aber nicht vor, es für sich zu behalten, sondern überließ es dem Ataman der Terekkosaken, Kulakoff, dem, wie an anderer Stelle erwähnt, während des Bürgerkriegs die Beine amputiert worden waren.

Die Freude des alten Kosaken war riesengroß. Wohin auch immer der Troß des Regiments befohlen wurde, Ataman Kulakoff saß kerzengerade in seinen Jagdwagen und genoß sichtlich die bewundernden Blicke, die dem Gefährt und natürlich auch ihm galten.

Rittmeister von Mossner aber erfuhr anderentags, daß auch der Landstallmeister das Weite gesucht hatte; sein Herz schlug offenbar für die Partisanen Titos, doch was die Geborgenheit der Pferde anging, so schien sie ihm offensichtlich anderswo besser gewährleistet zu sein. Mossner aber war jetzt als Schwadronschef ganz in seinem Element. Solange die Lage in der Umgebung von Požega verhältnismäßig ruhig blieb, nutzte er jede Stunde dazu, um den Kosaken seiner Schwadron etwas von der Reitkunst eines deutschen Kavalleristen beizubringen.

Wenn sein Kaukasier, der den süffigen Namen „Whisky“ trug, die Ohren spitzte, wußte er genau, daß der Reitersmann in seinem Sattel wieder einmal den Kosaken unter Beweis stellen wollte, daß Pferde nicht nur im Trab gehen oder im Galopp dahinpreschen konnten, sondern auch einen Hang hochklettern oder im Sprung über ein Hindernis hinwegzusetzen vermochten. Die Kosaken staunten nicht schlecht, als ihnen der deutsche Offizier demonstrierte, was „Whisky" so alles an tollkühnen Dingen zuwege brachte, wenn man sie ihm abverlangte.

Die Kosaken, welche eine andere Reitweise bevorzugten, packte nun der Ehrgeiz, auch ihren Pferden all das beizubringen, was „Whisky" aus dem Effeff beherrschte. Genau dies aber hatte der Schwadronschef mit seinen „Vorzeigekunststücken" bezweckt. Er wollte ihnen das Gefühl vermitteln, ihren Pferden alles abverlangen zu können, sofern sie die Tiere richtig zu führen verstanden. Die Tiere sollten den Eindruck erhalten, daß ihnen nichts zustoßen könnte, wann immer sie sich den Anweisungen ihrer Reiter fügten.

Mossner war hierzu prädestiniert wie kein anderer, denn wenn man einen Großvater hatte, der ein berühmter Kavalleriegeneral gewesen war, mußte sich schließlich etwas von diesen Fähigkeiten vererbt haben. So ganz nebenbei gewann der Schwadronschef im Verlauf dieser Ausbildung auch die Herzen seiner Leute. Schon während seiner Zeit als Regimentsadjutant war in einem Befehl des Terekkosaken-Heeres vom 31. Dezember 1943 verfügt worden, daß der damalige Oberleutnant von Mossner wegen seiner kameradschaftlichen Bindung zum Leben der Kosaken sowie für seinen Einsatz im gemeinsamen Kampf gegen den Kommunismus für würdig befunden worden sei, Kosak des Terek-Heeres zu werden. Im Befehl 58 des Atamanenstabes wurden ihm alle Rechte eines Kosaken der Staniza Gorjatschewodskaja im Kreis Pjatigorsk, Gebiet Terek, zuerkannt. Dieses Dokument trug die Unterschrift des Feldatamans Kulakoff.

Noch heute, im hohen Lebensalter, bedeutet ihm dieses Dokument sehr viel, denn noch immer fühlt er sich den Terekkosaken, insbesondere jenen aus dem XV. Kosaken-Kavallerie-Korps, die noch unter den Lebenden weilen, nachdem sie viel Schreckliches zu überstehen hatten, als ein treuer, verläßlicher Freund verbunden. So wurde ihm auch die große Freude zuteil, daß er von der heutigen Kosakengeneration gemäß Beschluß Nr. 115 des Terek-Heeres, Region Pjatigorsk, vom August 1997 erneut als Kosak der Staniza Gorjatschewodskaja bestätigt wurde und obendrein die entsprechenden Ehrenzeichen für den Wiederaufbau des russischen Kosakentums erhielt.

Im August 1944 war die vorübergehende, nur von kleinen Schießereien unterbrochene Ruhe in dem Gebiet vorüber. Das Terek-Regiment befand sich nach einem vorausgegangenen Waldgefecht bei D. Miklous auf dem Vormarsch nach Garešneca. Die von Mossner geführte Schimmelreiterschwadron bildete den Schluß der die Vorhut stellenden I. Abteilung. Nach stundenlangem Ritt stockte plötzlich der Weitermarsch vor der Ortschaft Šimljaicna. Von vorn war starker Gefechtslärm zu vernehmen. Da von der Abteilung keinerlei Nachricht und auch kein Einsatzbefehl kam, ritt Mossner mit einem seiner Melder nach vorn, um sich über die Lage zu informieren und gegebenenfalls einen entsprechenden Einsatzbefehl zu erhalten.

Er durchquerte den Ort und kam gerade dazu, als die beiden anderen Reiterschwadronen der Abteilung abgesessen zum Angriff auf ein etwa 500 Meter entferntes, höher gelegenes Waldstück antraten. Dort hatten sich überlegene Feindkräfte der Armee Titos eingegraben und nahmen die zu Fuß vorgehenden Kosaken unter ungewöhnlich starken Beschuß, in den auch die feindliche Artillerie unter erheblichem Munitionsaufwand eingriff. Die 4. (schwere) Schwadron der Abteilung war ausgangs des Dorfes an einem Hang zur Unterstützung des Vorgehens der Kosaken in Stellung gegangen. Dennoch kam der Angriff noch nicht voran. Das schwere Feuer des Gegners zwang die vorgehenden eigenen Kräfte, vorerst am Ortsrand liegen zu bleiben.

Als Mossner sich nach dem Abteilungskommandeur umsah, entdeckte er Major Grunst, der sich einen verwundeten Kosaken auf den Rücken geladen hatte und ihn aus dem Feuer schleppte. Keuchend erreichte er schließlich die Deckung, wo sich Sanitäter um den aus einer klaffenden Wunde blutenden Kosaken kümmerten. In diesem Moment erschien ein Melder des Regiments mit dem Befehl, daß der Rittmeister sich unverzüglich beim Regimentsgefechtsstand einzufinden habe, der sich auf einem erhöhten Punkt in der Ortsmitte befand.

Der Regimentskommandeur, Oberst von Kalben, hatte den Plan gefaßt, die verfahrene Lage durch ein kavalleristisches Glanzstück zu bereinigen. Die gute Ausbildung, welche Mossner seiner Schwadron hatte angedeihen lassen, sollte jetzt ihre erste Bewährungsprobe bestehen. Der Auftrag an die Schwadron lautete, den frontal gebundenen Gegner im Galopp von der linken Seite her zu umgehen, um ihn dann in seiner Flanke zu packen. Dies alles sprach sich zwar leicht aus, war indes nicht so einfach zu bewältigen. Mossner war sich darüber im klaren, daß eine Überrumpelung der Partisanen von der Schnelligkeit abhing, mit welcher die Kosaken die Distanz zurücklegen würden, welche sie von dem Gegner trennte.

Ein kurzer Blick ins Gelände genügte ihm, um einen Entschluß zu fassen. Der Offizier wies die Zugführer ein, schwenkte dann als Zeichen zum Galopp in seiner Rechten die Plotka (Reitpeitsche), und ab ging es wie Lützows wilde, verwegene Jagd. Es war ein unvergleichliches Bild, wie da die Kosaken tief geduckt auf ihren Pferden durch einen Hohlweg am Rande des Dorfes preschten, als wäre der Leibhaftige hinter ihnen her. Drei Züge hintereinander, mit einer nach links herausgeschobenen Seitensicherung, setzten sodann über Koppelzäune, Hecken und einen Graben hinweg, als wären diese Hindernisse überhaupt nicht vorhanden. Durch eine Talmulde wurde dann der direkte Stoß auf die Flanke der Titoleute durchgeführt, deren Kampfgeist sich angesichts der heranjagenden säbelschwingenden Kosakenschar verflüchtigte wie der Wind.

Da zur gleichen Zeit auch ein Frontalangriff der anderen Schwadron wieder aufgelebt war, ließen die Partisanen ihre gut ausgebaute Stellung im Stich und verschwanden wie Schemen im Walde. Die Kämpfe verlagerten sich jetzt in Richtung Samaricina, wo sie mit neuer Heftigkeit fortgesetzt wurden. Der Schreiber des Regiments-Tagebuches aber, der stets alle Gefechte mit der gebotenen militärischen Exaktheit kurz und bündig abhandelte, ließ sich diesmal zu dem schwelgerischen Satz verleiten: „Es war wie ein Bild aus längst vergangenen Zeiten."

Nach diesem gelungenen *Cross Country,* wie der Reitersmann solchen Galopp zu bezeichnen pflegt, wurde die Schimmelschwadron der II. Abteilung des Regiments unterstellt, welche am Nachmittag des gleichen Tages noch einen Angriff zu Fuß auf einen neuen Stützpunkt vornahm, in welchem sich jetzt die Partisanen bei Samaricina festgesetzt hatten.

Im Gedächtnis Ernst Walter von Mossners ist haften geblieben, daß die Sonne an diesem Tag noch zur späten Nachmittagszeit glühend heiß vom Himmel strahlte und die links und rechts einer Straße vorgehenden Schwadronen derart peinigte, daß die Männer mit schweißnassen Gesichtern nach Atem rangen. Alle paar Minuten zwangen Feuerstöße der Partisanen die Kosaken dazu, sich tief ins Erdreich zu krallen, um nicht getroffen zu werden. Die Handpferde hatte die Schwadron in der Nähe eines größeren Bauerngehöftes am Rande eines etwa ein Kilometer breiten Waldstückes zurückgelassen.

Der Kosak Swistonenko hatte von irgendwoher eine Fünfliter-Korbflasche mit Sliwowitz organisiert. Die streckte er jetzt dem Schwadronschef entgegen, als wäre darin ein wunderbarer kühler Trunk enthalten. Mossner ließ die Flasche in seinem Schwadronstrupp kreisen, nahm selbst einen tiefen Schluck, achtete jedoch darauf, daß keiner der Kosaken sich mehr davon einverleibte. Plötzlich trat wieder neue Feindberührung ein, und dann ertönte ein saftiger Kosakenfluch, der nicht zitierfähig ist.

Was war geschehen? Eine Kugel hatte die Sliwowitzflasche in ihre Bestandteile zerlegt, und das edle Gesöff war im Erdreich versickert. Der unglückliche Kosak wollte es gar nicht fassen, was da passiert war. Alles hatte die Flasche mitgemacht, sprungauf, marsch marsch, volle Deckung, und jetzt war sie dahin.

Während die Sonne allmählich wie ein blutroter Ball am Horizont verschwand, gelang es, die Partisanen aus Samaricina zu vertreiben. Das schwer umkämpfte Dorf befand sich nunmehr in den Händen der Kosaken. Sofort mußten Sicherungen gegen einen etwaigen Angriff des Gegners aufgestellt werden, während sich der Rest der Schwadron um die inzwischen nachgezogenen Pferde zu kümmern hatte. Da die Feldküche noch nicht heran war und man den ganzen Tag über nichts zu essen bekommen hatte, fing nun allen der Magen an zu knurren. Beim Chef erschienen bald seine Zugführer und baten mit den Worten: „Moschne Kurizza sabrale" um Erlaubnis, für ihre Leute Hühner „stehlen" zu dürfen, was ihnen in der jahrhundertealten kriegerischen Geschichte stets in solchen Fällen eine Selbstverständlichkeit gewesen war.

Mossner sah immerhin einen Erfolg seiner immerwährenden Bemühungen um „kultura“ darin, daß ihn die Kosaken hierzu überhaupt um Erlaubnis gebeten hatten. Nach altem Brauch wäre er gar nicht erst gefragt worden. Er ließ daraufhin den Bürgermeister dieses reichen slawonischen Bauerndorfes und einige Dorfälteste kommen und bat sie, für diesen einen Abend die Verpflegung der Kosaken zu übernehmen.

Die Bauern waren über solche Höflichkeit völlig perplex. Die Partisanen hatten bei ihrem Abzug aus dem Ort nochmals Ängste geschürt, daß sie jetzt gleich der Teufel in Menschengestalt heimsuchen würde. Nun waren die Dorfbewohner völlig konsterniert darüber, wie gesittet sich die Kosaken im Gegensatz zu den sich ständig gewalttätig gebärdenden Partisanen verhielten.

Am Abend tischte die Bevölkerung des Dorfes den Kosaken ein wahres Festessen auf. Als diese am nächsten Morgen wieder auf ihre Pferde aufsaßen, um weiterzuziehen, säumten sämtliche Dorfbewohner die Straße und winkten ihnen nach. Manches hübsche Mädchen reichte den Reitern am Ortsausgang noch eine Wegzehrung aufs Pferd. Wieder einmal war eine von den Partisanen stets verbreitete Lüge über die Erbarmungslosigkeit der Kosaken in alle Winde zerstoben.

Die Schimmelreiter-Schwadron, welche Rittmeister Ernst Walter von Mossner befehligte, war seit August 1944 in eine Reihe von Gefechten verwickelt gewesen, welche für sie sämtlich einen erfolgreichen Ausgang nahmen. Die drei Züge der Schwadron wurden ausschließlich von Kosakenoffizieren geführt. Die Leitung des 1. Zuges oblag Leutnant Tokareff, der später nach einer erlittenen schweren Verwundung durch den Unteroffizier Artumenko ersetzt wurde. Der 2. Zug unterstand Leutnant Iskumenko, während der 3. Zug Leutnant Perepeschonj anvertraut war.

Zu den vielen Erinnerungen, welche sich Mossner über diese Zeit eingeprägt haben, gehört auch eine Anekdote, in welcher Unteroffizier Artumenko eine Hauptrolle spielt. Es ist eine recht amüsante Geschichte, und außerdem hat sie auch etwas mit der Liebe zu tun, die auch im Krieg zu ihrem Recht kam:

Bei Artumenko handelte es sich um einen früheren Angehörigen der Roten Armee, in der man ihn für einen überzeugten Kommunisten hielt und sogar zum Kommissar beförderte. Kommissaren fiel in Stalins Armee die Aufgabe zu, ständig die Ideologie des Marxismus-Leninismus, welche die herrschende Doktrin der Sowjetunion verkörperte, unter den Rotarmisten zu verbreiten. Selbst kurze Kampfpausen dienten solchen Zwecken. Den Roten Kommissaren war jedoch auch aufgetragen, die Offiziere der einzelnen sowjetischen Einheiten zu überwachen, sich ein Bild von deren politischer Standhaftigkeit sowie ihrer Treue zum Sowjetstaat zu verschaffen.

Stalin hegte nach wie vor das allergrößte Mißtrauen gegen sein Offizierskorps, obwohl er es 1937 einer rigorosen Säuberung unterzogen hatte. Aber vielleicht hingen gerade damit seine Befürchtungen zusammen, daß die Offiziere nicht mehr bedingungslos bereit sein könnten, allen seinen Befehlen Folge zu leisten. Schließlich peitschten die Roten Kommissare die vorgehenden sowjetischen Truppen unerbittlich voran, was ihnen vielfach den Haß der einfachen Soldaten eintrug.

Die meisten Roten Kommissare empfanden sich als bedingungslose Parteigänger Stalins. Kommissar Artumenko gehörte nicht dazu. Er war in seinem Herzen ein Kosak geblieben und hatte niemals vergessen, auf welch unbarmherzige Weise sich das kommunistische System an der Kosakenschaft vergangen hatte. So zog Artumenko einen Schlußstrich unter diesen Teil seines Lebens und schloß sich wie viele andere Kosaken der deutschen Wehrmacht an. Die nahm ihn zwar in ihre Reihen auf, doch die Tatsache, daß er ein Kommissar gewesen war, sorgte für ein Gefühl des Mißtrauens ihm gegenüber, das sich erst im Laufe der Zeit legte.

Artumenko zeigte bei allen Einsätzen gegen die jugoslawischen Partisanen einen so hervorragenden Kampfgeist, daß er die anderen Kosaken förmlich mitriß. Immer wieder wurde er hierfür besonders ausgezeichnet, und nach der Erstürmung von Pitomača erhielt er sogar das Eiserne Kreuz an die Brust geheftet. „Ein besserer Zugführer als er ließ sich kaum denken“, so die Meinung des deutschen Schwadronschefs Mossner, der dann das wundersame Geschehnis des Verschwindens sowie Wiederauftauchens des Kosaken Artumenko zu berichten weiß.

Dieser war eines Tages zu ihm gekommen und hatte um Urlaub ersucht. Artumenko zog es nach Berlin, wo seine Braut, eine Ukrainerin, lebte, die er noch einmal wiedersehen wollte, weil er befürchtete, das Kriegsgeschehen werde ihm dazu bald keine Gelegenheit mehr geben. Gern hätte der Rittmeister dieser Bitte seines Zugführers entsprochen, doch zu dieser Zeit bestand eine totale Urlaubssperre für alle in Jugoslawien eingesetzten Verbände, weil ein bevorstehender Großangriff der Roten Armee befürchtet wurde.

Niedergeschlagen wandte sich Artumenko ab und begab sich zu seinen Leuten zurück. Wenige Wochen später zog die Schwadron als Vorhut des Regiments von ihrem Stützpunkt in Dinjevac zu einem Unternehmen gegen die Partisanen aus. Der Winter hatte über die Landschaft eine dichte Schneedecke ausgebreitet und den Bäumen weiße Kapuzen übergestülpt. Es war ein schweres Vorwärtskommen, immer wieder mußte die Gegend nach dem Feind abgesucht werden, um nicht in eine Falle zu tappen.

Von einem Hügel aus erhielt die Spitze der Schwadron plötzlich Feuer. Artumenko und Mossner krochen vorsichtig nach vorn, um festzustellen, wie stark der Gegner war und welche Kampfabsichten er hegte. Es fielen weitere Schüsse, und plötzlich brach Artumenko mit einem Aufschrei dicht neben dem Rittmeister zusammen. Erschrocken stellte Mossner dem Kosaken die Frage, ob er schwer getroffen worden sei. Artumenko schüttelte den Kopf und meinte wie beiläufig: „Glaube nicht, ist nur einfach Schuß durch Schulter, Gospodin Rittmeister.“

Der Schwadronschef ordnete an, daß Artumenko zunächst beim Troß verbleiben und sich dort verbinden lassen sollte. „Später ab nach Berlin, zum Genesungsurlaub", fügte er dann hinzu. Darauf glitt ein solches Strahlen über das Gesicht des Verwundeten, daß Mossner nur hoffen konnte, nicht voreilig zuviel versprochen zu haben.

Zehn Tage waren seitdem vergangen, da traf die Benachrichtigung ein, daß Unteroffizier Artumenko 14 Tage Genesungsurlaub in Berlin antreten könnte. Der Kosak verließ die Schwadron in der darauffolgenden Woche. Das Auf und Ab des Kriegsgeschehen, der eingetroffene Befehl, einen neuen Abschnitt links der Drau-Brücke von Barcs zu besetzen, ließ dem Schwadronschef keine Zeit, an viel anderes zu denken. Dann fiel ihm jedoch ein, wann wohl endlich der längst überfällige Artumenko wieder zurückkommen würde und seinen Zug übernehmen könne.

Eines Mittags schrillte im Unterstand des Rittmeisters das Feldtelefon. Hauptwachtmeister Pagenkopf meldete ihm die Vorkommnisse beim Schwadronstroß und bei den dort befindlichen Pferden und Pferdehaltern, der in der Draustellung zu Fuß eingesetzten Schwadron und beendete dann die Übermittlung der Einzelheiten mit den Worten: „Unteroffizier Artumenko vom Urlaub zurück – mit Braut." Rittmeister von Mossner verschlug es einen Moment die Sprache, dann wußte er nicht, ob er lachen oder losschimpfen sollte.

Danach erteilte er erst einmal die Anweisung, der Braut eine Unterkunft zu verschaffen und den Zugführer zu veranlassen, sich wieder bei seiner Schwadron zu melden. Nach einem weiteren Augenblick der Besinnung brach dann der Rittmeister in ein schallendes Gelächter aus. Was für ein Teufelskerl, dieser Kosak! Fährt mal so auf die Kürze nach Berlin, besteigt dann zusammen mit seiner Braut einen Fronturlauberzug und läßt sich von keinem Feldgendarmen aufhalten, der dem Kosakenunteroffizier jederzeit hätte die Frage stellen können, weshalb er denn in weiblicher Begleitung zur Front zurückkehre.

Zum vorgesehenen Zeitpunkt stand der über das ganze Gesicht strahlende Artumenko vor seinem Schwadronschef und meldete ihm seine Rückkehr vom Genesungsurlaub und die Ankunft seiner Braut, die er übrigens zu heiraten gedenke, sofern Batjuschka General seine Zustimmung geben würde. Dem Rittmeister verschlug es fast die Sprache über das Vorpreschen dieses Kosaken, der nicht einen Moment daran zu zweifeln schien, daß alles so verlaufen würde, wie er sich das vorgenommen hatte.

Das ukrainische Mädchen war im Troß untergebracht worden, wo niemand über sein Eintreffen besonders verwundert zu sein schien. Auch die Kosaken im Regiment fanden nichts dabei, daß Artumenko seine Braut nach Jugoslawien geholt hatte. „Frau gehört eben zu Mann", kommentierten sie lakonisch. Im übrigen sahen die Kosaken keinen besonderen Grund, über diese Sache viele Worte zu verlieren.

Einige Wochen später, als an der Drau-Front eine gewisse Ruhe eingekehrt war, schien Artumenko der richtige Zeitpunkt gekommen, um jetzt eine Heiratsgenehmigung einzureichen. Das Ersuchen, von dem Schwadronschef wärmstens befürwortet, nahm seinen Dienstweg, passierte Regiments- und Divisionsstellen und landete schließlich bei General von Pannwitz. Der begeisterte sich regelrecht darüber, was hier einer seiner Kosaken für ein Kunststück vollbracht hatte, sich mit seiner Braut wieder bei der Truppe einzufinden. So ließ die Zustimmung des Generals nicht lange auf sich warten, und in dem kleinen Dorf Kapanj, wo die 2. und 3. Schwadron des Terekkosaken-Reiterregiments 6 zu dieser Zeit untergekommen waren, nahm die gesamte Bevölkerung an dem Geschehen Anteil.

Der Ortsvorsteher von Kapanj bat die jungen Mädchen seiner Gemeinde, ein Hochzeitskleid zu nähen, das der Braut zum Geschenk gemacht werden sollte. Die Dorfkirche wurde für den Tag der Trauung festlich herausgeputzt. Alle schwirrten wie aufgeregt umher. Da galt es, Vorbereitungen für die Festtafel zu treffen, mußte für Musik gesorgt werden, und der Regimentspope, der die Trauung nach orthodoxem Zeremoniell vornehmen wollte, beschäftigte sich damit, seine Rede in schön gesetzte Worte zu kleiden, dem Ereignis angemessen. Kurzum, in dem gesamten Dorf herrschte ein reges Treiben.

Inmitten der Hochzeitsvorbereitungen erreichte die Schwadron der Befehl, für zwei Tage den etwa 40 Kilometer von Kapanj entfernt gelegenen Gefechtsstand des Generals gegen etwaige Überraschungsangriffe der Partisanen zu schützen. Als die Schwadron dort eintraf und die entsprechende Ortssicherung übernommen hatte, wurde dem Schwadronschef gemeldet, daß der General bereits auf dem Wege zur Schwadron sei.

Rittmeister von Mossner erwähnte dann bei dem Zusammentreffen mit Pannwitz, daß der Kosak Artumenko noch immer nur Unteroffizier sei, obwohl er längst die Beförderung zum Wachmeister verdient hätte, die ihm vermutlich wegen seiner Vergangenheit als Roter Kommissar auf höchstem Befehl vorenthalten werde. Pannwitz ließ sofort Artumenko herbeirufen, sprach ihm seine Glückwünsche zur bevorstehenden Hochzeit aus und gratulierte ihm dann zu seiner gerade ergangenen Beförderung zum Wachtmeister.

Ein überglücklicher Kosak kehrte zum Regiment zurück, wo es nun einen Grund mehr zum Feiern gab. Doch genau in dem Augenblick, als alle voller Frohsinn waren, traf die Nachricht ein, daß die Hochzeit abgesagt werden müsse. Dem Kommandeur des Terekkosaken-Regimentes 6, Prinz zu Salm, war von der Heeresgruppe auf dem Dienstweg der Befehl zugegangen, daß eine Trauung des Kosaken nicht erfolgen könne, da es versäumt worden sei, die notwendigen Formalitäten einzuleiten, beispielsweise ein polizeiliches Führungszeugnis der Braut aus Berlin anzufordern.

Die Bürokratie hatte ihren Schuß aus dem Hinterhalt abgefeuert. Wer wollte es jetzt auf sich nehmen, dem glückstrahlenden Brautpaar diese unselige Botschaft zu überbringen? Rittmeister von Mossner hatte die rettende

Einsatzgebiet des XV. Kosaken-Kavallerie-Korps zwischen Save und Papukgebirge

Idee und sagte, zu dem Regimentskommandeur gewandt: „Herr Oberstleutnant, Sie sollen wissen, daß bereits alle Vorbereitungen laufen, wir können es uns besonders in Anbetracht der gegenwärtigen Lage nicht erlauben, dem Brautpaar und auch den Kosaken des Regiments aus rein formalen Gründen eine solche Enttäuschung zu bereiten. Wenn wir auch keine standesamtliche Trauung vornehmen dürfen, so wollen wir offiziell eine Verlobungsfeier veranstalten, und der Pope sollte nach altem Kosakenbrauch die kirchliche Trauung vollziehen."

Prinz zu Salm atmete sichtlich auf, informierte General von Pannwitz über die eingetretene Entwicklung, und dieser war auch sogleich dafür, daß alles so vonstatten gehen sollte, wie es vorbereitet worden war. So fand dann in der Kirche des Dorfes Kapanj in Anwesenheit aller Angehörigen der Schwadron und vieler Dorfbewohner die feierliche Trauung des jungen Paares statt, während die Sicherung des Dorfes vor einer etwaigen Störung durch die im Papukgebirge liegenden Tito-Verbände von der 3. Schwadron unter Rittmeister von Randow übernommen wurde.

Als der Zeitpunkt der Trauung gekommen war, schritt das Brautpaar durch ein Spalier der Kosaken, die mit gekreuzten Säbeln Aufstellung vor dem Portal der Kirche genommen hatten. Nach dem Betreten des Altarraumes erklang eine feierliche Musik, dann ergriff der Pope das Wort, der dem Paar seinen Segen aussprach und ihm trotz des Krieges alles Glück der Welt wünschte. Die Kosaken ließen es sich dann nicht nehmen, nach einem alten Brauch, der stets in ihren Stanizen einer Hochzeit das besondere Gepräge verlieh, das Brautpaar zum Besteigen eines Kutschwagens aufzufordern, mit dem es dann im Galopp durch die Ortschaft ging. Sogar ein paar Salutschüsse wurden abgefeuert, die durften einfach nicht fehlen. Sie konnten auch guten Gewissens aufgrund der in Pitomača so zahlreich erbeuteten Munition vom Schwadronschef genehmigt werden.

Nach der Rückkehr von dieser rasanten Fahrt wurde dann an einer Festtafel Platz genommen, die im Hofe des größten Bauerngehöftes errichtet worden war. Hier wurde jetzt der Festschmaus in immer wieder neu nachgefüllten Schüsseln aufgetragen. Die schönsten Mädchen des Ortes reichten den Kosaken Speis und Trank, füllten auch immer wieder die Gläser nach, während ein Trinkspruch nach dem anderen auf das Wohl von Braut und Bräutigam erklang.

Gerade als sich Rittmeister von Mossner erhob, um auch sein Scherflein hierzu beizusteuern, ertönte am Hoftor Motorenlärm. Kameraleute der UFA-Wochenschau erschienen überraschenderweise, waren froh darüber, den langen Weg nicht vergebens gemacht zu haben. Eine Kosakenhochzeit in der deutschen Wehrmacht und dann noch inmitten eines Kampfgebietes, das wollten sie sich nicht entgehen lassen. Immer mehr Leute quollen zum Hoftor herein: Offiziere einer Propagandakompanie, Kameraleute einer Farbfilmgesellschaft, Mitarbeiter der Soldatenzeitung „Süd-Ost“. Alle machten sie sich an die Arbeit, um das stolze Brautpaar und die Hochzeitsgäste auf das Zelluloid ihrer Filme zu bannen. Dann begannen sie die einzelnen Angehörigen der Schwadron solange auszufragen, bis denen von all dieser Fragerei der Kopf schwirrte.

Doch schließlich, nachdem die Propagandaleute auch das letzte Quentchen von Fronterlebnissen aus den Kosaken herausgepreßt hatten, kehrten alle mit neuem Appetit und noch mehr Durst an die Festtafel zurück, und das Hochzeitsfest nahm noch über viele Stunden seinen Fortgang.

Niemand ahnte zu dieser Stunde, daß ein solch schäumender Quell an Lebensfreude sich letztmalig aufgetan hatte. Nur noch kurze Zeit trennte die Kosaken von dem Augenblick, da sie den Weg ins Verderben beschreiten sollten.

Was ist aus dem Kosaken Artumenko und seiner Frau geworden? Ihre Lebensspur verliert sich in den Wirrnissen einer Zeit, wo das Oberste zuunterst gekehrt wurde. Wachtmeister Artumenko wich mit seinen Leuten bis zum letzten Augenblick nicht von der Seite der deutschen Wehrmacht. Er blieb einer Sache, der er sich freiwillig verschworen hatte, auch dann noch treu, als sie dem Untergang geweiht war. Seine Frau kam noch vor Kriegsende zu den übrigen Kosakenfamilien nach Norditalien, die bald darauf den Rückmarsch nach Österreich antraten, wo ihrer in Lienz ein furchtbares Schicksal harrte. Es klingt Trauer aus den Worten des Rittmeisters von Mossner, wenn er feststellt: „Kaum einen habe ich jemals wiedergesehen."

Natürlich bestand der Kriegsalltag weniger in solchen Begebenheiten als vielmehr in den ständigen Kampfhandlungen mit den Partisanen. Sie setzten viel daran, der kroatischen Bevölkerung zu beweisen, daß es den Deutschen trotz aller Angriffe nicht gelang, die Verbände Titos gänzlich zu verdrängen. Tatsächlich bildete sich mit der Zeit immer mehr eine Art von Patt-Situation heraus. Alle Erfolge, welche die Kosakenregimenter erzielten, führten niemals zu einer endgültigen Vernichtung der Partisanen, sondern vermochten sie allenfalls nur über kurze oder längere Zeit in Schach zu halten. Es ließ sich lediglich erreichen, einem bestimmten Gebiet für eine gewisse Zeit Ruhe zu verschaffen, die oftmals aber nur trügerisch war.

Eine dieser Operationen, die das untermauerte, fand im Juni 1944 statt. Die Kosaken hatten den Befehl zur Einnahme der Ortschaft Čazma erhalten. Die Tatsache, daß sich in dieser Ortschaft, die östlich von Agram lag, schon seit längerer Zeit Partisanen festgesetzt hatten und keinerlei Anstalten mehr zum Abrücken machten, beunruhigte die kroatische Staatsführung sehr. Wenn sie sich auch damit abgefunden zu haben schien, daß eine völlige Befriedung ihres gesamten Territoriums wohl unter den waltenden Umständen reines Wunschdenken war, so kam es ihr jedoch darauf an, den Gegner wenigstens auf Distanz zur Landeshauptstadt zu halten. Deshalb sollten jetzt Einheiten der Kosaken gemeinsam mit Verbänden der kroatischen Wehrmacht die Lage in Čazma bereinigen.

Am 21. Juni 1944 setzten sich eine Reiterschwadron des Sibirkosaken-Regimentes sowie die 1. Batterie der Reitenden Artillerieabteilung dorthin in Marsch. Es galt, eine ziemliche Wegstrecke zu bewältigen, die zunächst von Sunja nach Popovaca führte, das auf der nördlichen Seite der Save lag. Hier war die Kontaktaufnahme mit einem kroatischen Gebirgsjägerbataillon vorgesehen, dem sich die Kosaken anschließen wollten. Eine weitere kroatische Einheit sollte zu einem späteren Zeitpunkt dazustoßen.

Während des Vordringens auf Čazma kam es bereits verschiedentlich zu Feindberührung. Die Partisanen versuchten durch eine Reihe von kleineren Scharmützeln den Vormarsch der Angreifer zu verlangsamen, um Zeit zu entsprechenden Gegenmaßnahmen zu gewinnen.

Unterdessen war es der anderen kroatischen Einheit, die selbständig operiert hatte, mit Panzerunterstützung gelungen, Čazma zu nehmen, ohne indes die dort befindlichen Partisanenverbände entscheidend schlagen zu können.

Die Titoleute hatten es vermieden, sich in der Ortschaft zum Kampf zu stellen, und waren nach Süden ausgewichen, von wo aus sie sich jetzt gegen die nachrückenden Kosaken und die kroatischen Truppen wandten. Diese sahen sich auf einmal einer Übermacht gegenüber, obendrein drohte sogar ihre Einschließung.

Um einen Ausweg aus dieser mißlichen Situation zu finden, mußte so schnell wie möglich die Verbindung zu den kroatischen Truppen innerhalb der Stadt Čazma hergestellt werden. Eine Berghöhe, welche die Partisanen mit Maschinengewehren bestückt hatten, bildete ein Hindernis, über dessen Beseitigung sich die Kosaken mit den kroatischen Domobranen nicht zu einigen vermochten. Der Vorschlag eines deutschen Oberleutnants, der zum Rahmenpersonal des kroatischen Bataillons gehörte, zum Angriff auf die Höhe überzugehen, stieß bei dem kroatischen Bataillonskommandeur auf wenig Gegenliebe. Statt dessen wurden bereits Überlegungen angestellt, sich zurückzuziehen und notfalls sogar die Geschütze zu sprengen, damit sie nicht in die Hände der Partisanen fielen.

Die Höhe im Sturm zu nehmen, lehnte der kroatische Kommandeur weiterhin kategorisch ab. Die Situation war also spannungsgeladen, die fehlende Entschlußkraft des Kroaten konnte für den Gesamtverband zum Verhängnis werden. Da ergriff der deutsche Offizier auf recht eigenwillige Art die Initiative, indem er die 12 Angehörigen des deutschen Rahmenpersonals zu einer Kampfeinheit formierte und ihr den Befehl erteilte, die Partisanen aus ihrer Stellung zu werfen. Ohne sich weiter um die Zustimmung der Kroaten zu kümmern, machte sich die Gruppe daran, die Bergkuppe zu erklimmen. Ein Geschütz der Kosaken belegte währenddessen die Maschinengewehrnester der Partisanen mit Dauerfeuer.

Als nach kurzer Zeit eine Leuchtkugel emporstieg, war dies das Zeichen, daß sich die Anhöhe nunmehr in der Hand der Deutschen befand. Nichts stand jetzt mehr im Wege, den Anschluß an die anderen Verbände herbeizuführen, die es geschafft hatten, die Partisanen aus der Stadt Čazma zu vertreiben.

Doch an ein wenig Ruhe nach all diesen Anstrengungen war in Čazma nicht zu denken. Brigadekommandeur Oberst von Bosse, der sein Stabsquartier westlich des Ortes aufgeschlagen hatte, beorderte den Batteriechef, Hauptmann Dallner, zu sich und beauftragte ihn, die Führung eines Kampfverbandes zu übernehmen, der sich aus etwa 400 Kroaten und Kosaken zusammensetzte. Sie sollten die Ortschaft über Nacht halten, da offensichtlich bei Anbruch der Morgendämmerung des nächsten Tages mit einem Angriff der Partisanen zu rechnen war.

Der ihm erteilte Befehl war dem deutschen Offizier über alle Maßen unangenehm, denn die Vorkommnisse bei der Erstürmung der Berghöhe hatten bei den Kroaten zwar ein Gefühl der Bewunderung für die Angehörigen des deutschen Rahmenpersonals hervorgerufen, gleichzeitig aber ihre Offiziere schwer gekränkt, fürchteten sie doch, vor ihren eigenen Leuten das

Gesicht verloren zu haben. Hauptmann Dallner hegte nun seinerseits die Befürchtung, daß durch eine Unterstellung des kroatischen Kommandeurs unter seine Befehlsgewalt sich unter Umständen die Gegensätze noch mehr verschärfen könnten.

Es war zu einer der typischen Situationen gekommen, für welche Pannwitz seinen Offizieren stets den Rat gegeben hatte, höchstes Feingefühl an den Tag zu legen, keinen der kroatischen Waffengefährten jemals vor den Kopf zu stoßen, jedoch stets darauf zu achten, daß es durch derartige Auseinandersetzungen keineswegs zu einer Verschlechterung der militärischen Lage kam. All dies miteinander zu vereinbaren, erforderte psychologisches Geschick.

Ein Glücksumstand wollte es, daß in diesem Moment Major Weil auf der Bildfläche erschien, der die Aufklärungsabteilung 55 anführte, die ausschließlich aus Deutschen bestand. Weil war ein Mann von sprichwörtlicher Tapferkeit. Er hatte schon so manche brenzlige Situation gemeistert, so daß er in dem Ruf stand, immer und überall einen Ausweg zu finden. So übertrug ihm nunmehr Oberst von Bosse die Führung der in Čazma zusammengestellten Kampfgruppe.

Inzwischen blieb nicht mehr viel Zeit, sich auf den bevorstehenden Angriff der Partisanen vorzubereiten. Die Kosakenbatterie wurde angewiesen, ihre Geschütze so zu plazieren, daß sie bestimmte Bereiche unter Sperrfeuer nehmen konnten. Die Domobranen hatten eine Stellung an der Westseite des Ortes bezogen, die durch ihren steilen Abfall zur Vorderseite einen zusätzlichen Schutz für die Soldaten bot.

Im Morgengrauen des nächsten Tages gingen die Partisanen zum Angriff über. Mit starken Kräften versuchten sie nun vom Süden her die Schlappe des Vortages wettzumachen und die Ortschaft zurückzuerobern. Besonders heftige Kämpfe spielten sich am östlichen Ortsrand von Čazma ab. Dort hatten sie es zuwege gebracht, eine Bresche in den Verteidigungsring zu schlagen. Durch ein vorgezogenes Geschütz der Kosaken wurden sie zwar gestoppt, doch das Gefecht entbrannte in aller Härte. Es kostete den Zugführer der Batterie, einen deutschen Oberwachtmeister, das Leben, eine Anzahl weiterer Männer der Geschützbedienung wurde verwundet, es gab einen weiteren Toten.

Durch seine vorgeschobene Stellung geriet das Geschütz zwar in eine isolierte Lage, konnte aber durch das einsetzende Feuer der anderen Geschütze davor bewahrt werden, in die Hände der vorgehenden Partisanen zu fallen.

Daß die Tito-Partisanen in Čazma den offenen Kampf mit der deutschen Seite aufnahmen, deutete darauf hin, daß sie zu Mitte des Jahres 1944 an Stärke zugenommen hatten und nicht mehr wie bisher die direkte Konfrontation mit dem Gegner scheuten. Von ihrer früheren Taktik, sich nach kurzen Feuerüberfällen sogleich wieder in die unwegsamen Wald- oder Gebirgsgegenden zurückzuziehen, schienen sie abgekommen zu sein. Das hatte zweifellos auch damit etwas zu tun, daß sich die Rote Armee zu nähern begann und die Partisanen unter allen Umständen den Beweis antreten wollten, daß sie ihren sowjetischen Genossen an Kampfkraft nicht nachstanden.

In späteren Jahren, als es zu dem Bruch zwischen Jugoslawien und der Sowjetunion kam, rühmte sich Tito bekanntlich, daß sein Land das einzige gewesen sei, das sich aus eigenen Kräften zu befreien vermocht hätte. Dabei übersah er geflissentlich, daß die Rote Armee zahlreiche deutsche Kräfte und vor allem auch deren schwere Waffen band, die bei der Bekämpfung der Partisaneneinheiten in Jugoslawien fehlten. Doch im ideologischen Gefecht zwischen Belgrad und Moskau waren den Kontrahenten alle Mittel recht, die Verdienste der anderen Seite zu schmälern, selbst mit Argumenten, deren Wahrheitsgehalt vielfach Zweifel aufkommen ließ.

Als die Partisanen in Čazma auch im Süden der Ortschaft dicht davor standen, einen Erfolg zu erringen, nachdem sie die Sicherungskräfte überwunden hatten, wurde ein Geschütz der Kosakenbatterie dorthin dirigiert und nahm die sich bereits in den ersten Häusern der Ortschaft eingenisteten Partisanen unter Feuer. Ein anderes Geschütz der Kosaken bezog weit vor der Frontlinie Stellung, wo es alsbald mehrere Treffer erhielt. Doch unbekümmert um diese Tatsache, feuerten die Kosaken weiter, erledigten feindliche MG-Stellungen und hinderten die Partisanen an einem weiteren Eindringen in den Ort.

Das schwere Gefecht währte bereits drei Stunden, als ein Panzer auftauchte und das Geschütz freikämpfte. Nach dem Aufkommen von Frühnebel ebbte die Kampftätigkeit allmählich ab. Doch immer wieder flackerten einzelne Gefechte neu auf.

Der Angriff auf Čazma brachte den Partisanen nicht den erhofften Erfolg, obendrein verlangte er ihnen einen hohen Blutzoll ab. Rund 200 ihrer Leute fanden bei den Kämpfen den Tod. Die deutsche Seite versuchte indes die Niederlage der Partisanen auszunutzen, indem sie ihnen keine Ruhe gönnte und jetzt ihrerseits den Angriff wieder vortrug. Das Kosakenregiment Kuban 4 war inzwischen am Ort des Geschehens eingetroffen und hatte unverzüglich die Initiative ergriffen.

Schwadronen des Regiments setzten zur Verfolgung der sich zurückziehenden Partisanen an und gingen auf Grabovnica und Vucane vor. Sie stießen dabei auf den starken Widerstand der Tito-Verbände und hatten sich auch immer wieder schwerer Gegenangriffe zu erwehren. Dabei wurde erstmals wahrgenommen, wie sehr sich die Bewaffnung der Partisanen in letzter Zeit verändert hatte. Viele von ihnen verfügten mittlerweile über hochmoderne Waffen aus amerikanischen Armeebeständen. Auch wurde festgestellt, daß zur Ausrüstung der Partisanen geländegängige Motorroller gehörten, die ihnen eine erhöhte Beweglichkeit verliehen.

Bei einem weiteren Vorstoß der Kubankosaken wurden Gefangene eingebracht sowie mehrere MGs erbeutet. Allmählich versiegten dann die Kämpfe. Die Kosakenbatterie zog ab und setzte mit einer Fähre über die Save, ein

Unterfangen, das viel Kraft und noch mehr Geschicklichkeit erforderte, um die Geschütze sicher über den Fluß zu bringen. Bei ihrer Anordnung auf der Fähre galt es, sie vom Gewicht her so zu verteilen, daß keine Schlagseite entstehen konnte. Ebenso mußte aufgepaßt werden, daß sie sich nicht aus ihrer Verankerung lösten und in den Fluß stürzten.

Nachdem die Kosaken an den Ausgangspunkt ihres Unternehmens wieder zurückgekehrt waren, empfingen etliche von ihnen hier eine Tapferkeitsauszeichnung. Jetzt stand ihnen der Sinn nach ein wenig Ruhe, doch daraus wurde nichts. Ein neuer Einsatzbefehl erreichte die Batterie. Verschiedene Kosakeneinheiten wurden in dem Raum von Ozalj zusammengezogen, einer Ortschaft, die dicht neben der Stadt Metlika südlich von Agram lag.

Metlika, das einst mit dem gesamten dazugehörenden Landstrich ein Teil der Donaumonarchie gewesen war und zu dieser Zeit den Namen Möthling trug, war eine ungemein malerische Stadt. Sie erstreckte sich zwischen den Flüssen Sušica und Kulpa-Kupa und bildete den Herrensitz der Fürsten von Auersperg, einer Dynastie, die in der österreichischen Militärgeschichte mit so manchem glanzvollen Heerführer in Erscheinung getreten ist.

Mitte 1944 bildete diese Stadt eine Hochburg der Tito-Partisanen, die sich hier so bewegten, als stellten sie bereits die Herren des Landes dar. Bisher waren sie von jeglichen Kampfhandlungen unbehelligt geblieben, da die Kosakenregimenter ständig in anderen Teilen des Landes zum Einsatz kamen. Doch inzwischen hatten die Partisanen in Metlika derart viele Kräfte konzentriert, daß davon eine immer größer werdende Bedrohung für die kroatische Hauptstadt Agram ausging.

In welcher Sicherheit sich die Partisanen in der Stadt wiegten, machte auch die Tatsache deutlich, daß sie die von dort nach Laibach führende Schmalspurbahn wieder instandgesetzt und in Betrieb genommen hatten. Sie erlegten den Bewohnern der umliegenden Ortschaften feste Abgaben auf, rekrutierten regelmäßig die Söhne der Bauern für ihre Einheiten, drohten Strafen an, wenn sich jemand ihnen widersetzte. Kurzum, sie rechneten eigentlich überhaupt nicht mehr damit, daß ihnen noch einmal jemand zu irgendeinem Zeitpunkt ihren „Herrschaftsbereich“ streitig machen könnte.

Genau dies aber beabsichtigte Helmuth von Pannwitz. Mit einem großen Teil der Division gedachte er, die Partisanen in ihre Schranken zu verweisen und die Gefahr für die reguläre kroatische Regierung zu bannen. Das Unternehmen, welches die symbolträchtige Bezeichnung „Dünkirchen“ erhielt, wurde im einzelnen durch die Kosakenregimenter Don 1, Sibir 2, Kuban 4 und die 1. und 3. Batterie der I. Reitenden Artillerieabteilung ausgeführt. Ferner war ein deutsches Jägerregiment in dem Operationsraum eingetroffen, der meilenweit von dem Ort seines bisherigen Einsatzgebietes entfernt lag.

Zur gleichen Zeit, da sich diese Zusammenballung von Kosakenkräften nahe Metlika vollzog, griffen die Kosakenregimenter Kuban 3, Don 5 und Terek 6 starke Partisanenverbände bei Požega an. Heute, wo militärische

Einheiten mittels Hubschraubern in abgelegenste Kampfgebiete gebracht werden, versetzt es noch immer in Erstaunen, welche riesigen Strecken die Kosakenregimenter innerhalb weniger Tage auf dem Balkan bewältigten. Die schnelle Verlegung der Kosakenverbände in Gebiete, die mitunter mehrere hundert Kilometer von ihren ursprünglichen Standorten entfernt lagen, und ihre dann an Ort und Stelle sogleich einsetzenden ebenso blitzschnellen Operationen gegen die Stützpunkte der Partisanen riefen bei diesen immer wieder Verblüffung hervor und wurden auch oftmals zu ihrem Verhängnis.

Am 3. Juli 1944 setzten sich die Kosaken von Ocalj aus in westlicher Richtung in Bewegung, während andere Einheiten von Rudolfswerth nach Süden aufbrachen. Es lief alles auf eine Umklammerung des Zentrums hinaus, das die Partisanen behaupteten. Allem Anschein nach hatte ihre Feindaufklärung von dem Vordringen der Kosaken in einen nunmehr gänzlich anderen Teil Kroatiens überhaupt noch nichts in Erfahrung gebracht. So radelte denn eine Partisanengruppe völlig ahnungslos in eine Einheit des vormarschierenden Donregimentes hinein. Ehe die Partisanen wußten, wie ihnen geschah, waren die meisten von ihnen bereits entwaffnet. Andere, die sich noch zur Wehr zu setzen vermochten, besaßen keinerlei Chance.

Das Kubanregiment hatte inzwischen den Ort Radovica eingenommen; die Ortschaft Draschitz war von dem Donregiment besetzt worden, während des Regiment Sibir 2 im Handstreich sich Badovincijas bemächtigt hatte. Erst jetzt erkannten die Partisanen, was sich da zusammenbraute. In den Nachtstunden unternahmen sie mehrere Angriffe auf Draschitz. Sie richteten auf die Ortschaft das Feuer von 10,5-cm-Haubitzen, wodurch die Kosaken zahlreiche Verluste erlitten. Geschütze derartiger Größe und Durchschlagskraft waren bisher im Partisanenkrieg noch nie zum Einsatz gekommen. Auch dies wertete Pannwitz als ein Zeichen dafür, daß die Partisanenbewegung allmählich den Charakter einer regulären Armee annahm, zu der sie dann später auch von Tito offiziell umgewandelt wurde, indem er ihr den Namen Jugoslawische Volksbefreiungsarmee gab.

Die Haubitzen stellten für die Kosaken eine erhebliche Gefahr dar, weil sie ihnen nichts Gleichwertiges entgegenzusetzen hatten. Ihren Feldkanonen, mit denen sie ausgerüstet waren, fehlte es an der entsprechenden Reichweite, um die Geschütze des Gegners ausschalten zu können.

Zu allem Ungemach schlug auch noch inmitten der Regimentsoffiziere, die sich gerade zur Entgegennahme von Befehlen um Oberst Wagner gruppiert hatten, eine Granate ein. Kosakenwachtmeister Gerassimow wurde hierbei tödlich getroffen, außerdem gab es Verwundete. Für die übrigen Offiziere ging es noch einmal glimpflich aus.

General von Pannwitz machten starke Befürchtungen zu schaffen, daß sich jetzt die Kosaken bei ihrem Angriff auf Metlika ebenfalls dem Geschoßhagel solcher Haubitzen ausgesetzt sehen würden, was bei ihnen zu schweren Verlusten führen konnte. Um seinen Leuten dies zu ersparen, forderte er beim Heereskommando Stukas zur Unterstützung an. Gerade als sich diese Maschinen vom Flugplatz Sesvete in die Luft erhoben, fingen die Kosaken auf der Frequenz ihrer Feuerleitung einen Befehl der Partisanen auf, welche ihre Einheiten anwiesen, sich sofort aus der vordersten Stellung zurückzuziehen, da unmittelbar ein deutscher Flugzeugangriff bevorstehe.

Hier war ganz offensichtlich Verrat geübt worden, doch es kam niemals heraus, wer sich als Informant bei Tito Liebkind gemacht hatte. Obwohl das Unternehmen „Dünkirchen" anfänglich für die Partisanen eine ziemliche Überraschung dargestellt hatte, warfen sie dennoch alle verfügbaren Kräfte dem Angreifer entgegen. Pannwitz dachte jedoch nicht daran, es abzubrechen. Er befahl am 12. Juli, den Angriff auf die Stadt wie vorgesehen durchzuführen. Als erstes besetzte das Kubanregiment 4 Brastjevica und Steinsdorf, zwei der Stadt benachbarte Ortschaften. Das Donregiment 1 selber nahm die Hauptlast auf sich und drang von Draschitz vorgehend in Metlika ein.

Die Partisanen zogen es daraufhin vor, sich nicht in der Stadt zum Kampf zu stellen, und zogen sich unter Zurücklassung großer Mengen von Munition zurück. Leider stellte sich bei der Besetzung Metlikas wieder einmal heraus, wie wenig klare Verhältnisse in Kroatien herrschten. Ein kroatischer Generalstabsoffizier, dem bisher die Regierung in Agram volles Vertrauen geschenkt hatte, entpuppte sich als Verräter. Über lange Zeit hatte er den Inhalt sämtlicher Befehle auf kroatischer Seite wortgetreu an Tito weitergegeben. Kein Wunder also, daß so manche Operation der Kosaken ins Leere stieß.

Genauso unerfreulich mutete das doppelzüngige Spiel an, welches die kroatische Bevölkerung in Kislovac getrieben hatte. Gegen Zahlung entsprechender Summen hatten sich die Ortsbewohner davon freigekauft, von den Partisanen belästigt zu werden. Die Partisanen hatten im Laufe der Zeit ihre Forderungen immer höher geschraubt und eine regelrechte Vereinbarung darüber getroffen, daß nur diejenigen, welche die nationale Bewegung Marschall Titos auf solche Weise unterstützen würden, nach einem Sieg über die Deutschen nichts zu befürchten hätten.

Pannwitz war über derartige Nachrichten ziemlich verbittert. Er gedachte nicht, das Blut der Kosaken für Leute aufs Spiel zu setzen, die längst die Seite gewechselt hatten. Auch ein weiterer Vorfall öffnete ihm die Augen darüber, wieviel in Kroatien im argen lag. Als einige seiner Kosaken sich bei kroatischen Bauern mit frischer Milch versorgen wollten, trauten sie ihren Augen nicht, als sie in den Kannen anstelle von Milch Benzin entdeckten. Es war vom Flugplatz Sesvete aus dem dort für die deutschen Stukas angelegten Treibstofflager entwendet worden und sollte nun getarnt in derartigen Milchkannen den Weg zu den Partisanen nehmen, die damit beabsichtigten, ihre Flugzeuge aufzutanken.

Da eine Hiobsbotschaft selten allein kommt, flogen auf dem Flugplatz Velika Gorica in dem Moment mehrere Bombendepots in die Luft, als gerade eines der Kosakenregimenter am Flugfeld vorbeimarschierte.

Die Besetzung Metlikas erfolgte nur für kurze Zeit. Um die Stadt auf Dauer unter Kontrolle nehmen zu können, fehlte es einfach an den entsprechenden Kräften. Ständig erreichten die Kosakentruppen neue Anforderungen, diesem oder jenem Landesteil Schutz angedeihen zu lassen, insbesondere aber die Verbindungswege nach Ungarn und Griechenland offen zu halten.

Ein Vorfall setzte die Beziehung der Kosaken zu den Kroaten einer schweren Belastung aus. Als Kosaken zwei kroatische Offiziere baten, sie doch in ihrer Kutsche ein Stück des Weges mitzunehmen, zeigten die hierfür keinerlei Verständnis. Die Kosaken wiederum scherte es wenig, wie borniert sich diese Offiziere ihnen gegenüber benahmen, und erklommen ganz einfach den Wagen. Darauf schlugen die kroatischen Militärs mit schweren Reitpeitschen auf sie ein, was wiederum die Kosaken in Weißglut versetzte. Das Geschehen eskalierte bis zu einer Schießerei, bei der einer der Kosaken getötet und ein anderer so schwer verletzt wurde, daß er dieser Verwundung erlag. Jetzt wollten die Kosaken mit Waffengewalt gegen die Kroaten vorgehen, was Angehörige des deutschen Rahmenpersonals buchstäblich nur im letzten Augenblick zu verhindern vermochten.

Solche Vorfälle waren es auch, die dem Grafen zu Eltz das Leben schwer machten. Mehr als einmal stellte er sich die Frage, wie es auf die freiwilligen Kämpfer in den Reihen der deutschen Wehrmacht wirken mußte, von Leuten beschimpft und herabgesetzt zu werden, deren Schutz ihnen anempfohlen worden war. Ein Zwiespalt der Gefühle, für den sich kaum eine befriedigende Lösung anbot.

Im Juli 1944 wurden im Stab der Kosaken-Division Vorbereitungen zu einem umfassenden Unternehmen ergriffen, mit welchem ein entscheidender Schlag gegen die kommunistischen Partisanen geführt werden sollte. Der Aufklärung lagen Informationen vor, wonach die Partisanen dazu übergegangen waren, stärkere Truppenverbände in den an Ungarn angrenzenden Gebieten zwischen Mur und Drau zu konzentrieren. So sollten erstmals deshalb auch ungarische Verbände zur Bekämpfung der Partisanen herangezogen werden.

Das Gelingen dieser Aktion, die in Form einer Zangenbewegung erfolgen sollte, hing von einer sorgfältigen Planung ab. Major Graf zu Eltz sollte sich auf Befehl des Generals von Pannwitz in die Vorbereitungen mit einschalten und sein Augenmerk ganz besonders auf alle Maßnahmen der Koordinierung des Einsatzes richten.

Am 4. Juli machte er sich auf den Weg nach Agram. Von dort ging es in Begleitung des I a der Division, Major von Schultz, mit einem Fieseler Storch nach Varaždin. Während des Fluges gab es einige bange Augenblicke, als plötzlich zwei feindliche Jabos (Jagdflugzeuge) auftauchten, die sich mit großer Geschwindigkeit näherten. Glücklicherweise jedoch entdeckten sie den Fieseler Storch nicht und drehten vorher in östlicher Richtung ab. Die deutschen Offiziere atmeten erleichtert auf. Hätten die Jabos sie erspäht, wären ihre Chancen davonzukommen gleich Null gewesen.

In Varaždin wurden erste Einsatzbesprechungen mit dem Leibgarderegiment des Poglavnik geführt. Der Major war darüber überrascht, in welchem guten Zustand sich diese Ustascha-Einheit befand. Verglichen mit anderen, trug sie den Charakter einer Elitetruppe, auch den Offizieren war anzumerken, daß sie ihr militärisches Handwerk verstanden.

Am nächsten Tag ging es weiter nach Pecs, wo das XV. ungarische Armeekommando seinen Sitz hatte. Die Fahrt dorthin fand in einem großen offenen Daimler-Wagen statt und führte durch eine Landschaft, die keinerlei Spuren von Kriegseinwirkungen aufwies. Wie völlig anders das Bild als in Kroatien, wo fast jedes Dorf mehr oder minder Zeichen der Zerstörung trug, welche ihnen die Titoleute bei ihren häufigen „Besuchen" zugefügt hatten. Nur ein schmaler Landstrich trennte Kroatien von Ungarn, und doch fühlte man sich auf einmal in eine gänzlich andere Welt versetzt. Nirgendwo mußte nach Partisanen Ausschau gehalten werden, kein Überfall, keine Maschinengewehrkugeln trübten die fast friedensmäßige Stimmung.

Sofort nach dem Eintreffen in Pecs wurde die Besprechung mit dem ungarischen Generalstabschef sowie weiteren Offizieren aufgenommen. Major Graf Eltz wandte seine ganze Überredungskraft auf, um die Ungarn für eine Teilnahme an dem Unternehmen zu gewinnen. Er erläuterte ihnen die Details des beabsichtigten Angriffs: Zu Beginn sollten die Titotruppen aus dem nördlichen Teil Zagoriens durch eine Umklammerungsaktion aus diesem Gebiet herausgedrängt und in Richtung des Kalnik-Gebirges getrieben werden, wo dann die Hoffnung bestand, größere Teile von ihnen vernichten zu können oder sie zumindest derartig zu versprengen, so daß es längerer Zeit bedürfen würde, bis es ihnen wieder gelänge, sich irgendwo neu zu formieren.

Deutsche, ungarische sowie kroatische Verbände sollten gemeinsam den Angriff aus dem Medjimurje-Gebiet (ein Landstrich zwischen Drau und Mur) unmittelbar in der Drauebene führen und gleichzeitig die Masse der ungarischen Truppen über Barcs in südöstlicher Richtung vorstoßen. Parallel hierzu würden die Kosaken aus dem Raum Bijelovar zum Angriff antreten und die Verbindungswege der Partisanen unter Kontrolle nehmen.

Doch schon während der I c diese Einzelheiten des Plans vortrug, hatte er das Gefühl, daß die Ungarn sehr unentschlossen wirkten. Immer wieder mußte der Vortrag unterbrochen werden, weil die ungarischen Offiziere beim Chef des ungarischen Generalstabs in Budapest anriefen, um Zwischenberichte zu geben. Bei Major Graf Eltz entstand der Verdacht, daß dies eine Art von Hinauszögern war. Wenn den Ungarn tatsächlich an einem derartigen gemeinsamen Unternehmen gelegen sein sollte, warum war dann nicht der ungarische Höchstkommandierende zu der Besprechung hinzugestoßen?

Nach dreieinhalb Stunden wurde die Aussprache beendet, ohne daß es zu einer Entscheidung gekommen war. Der I c der Kosakendivision ließ sich durch die von den Ungarn bekundete Höflichkeit nicht darüber täuschen, daß ihre Neigung, sich durch einen Vorstoß nach Kroatien ein zusätzliches Problem aufzuhalsen, welches für sie sogar die Gefahr heraufbeschwor, ihr eigenes Land zukünftig den Aktivitäten von Titos Partisanen auszusetzen, mehr als gering war.

Dessen ungeachtet zeigten die ungarischen Offiziere sichtlich Freude darüber, als sie herausfanden, daß ihnen mit Major zu Eltz ein Absolvent der Theresianischen Militärakademie in Wiener Neustadt gegenübersaß. Viele ungarische Offiziersanwärter zwischen Pecs und Veszprem hatten dort nämlich ebenfalls einen Teil ihrer Ausbildung absolviert und schwelgten in Erinnerungen an eine Zeit, die sich ihnen nachhaltig eingeprägt hatte. Längst war man anstelle des in der deutschen Wehrmacht üblichen „Sie" zum vertraulichen österreichisch-ungarischen „Du" übergegangen, was eine wohltuende Atmosphäre schuf.

Als ihn die ungarischen Offiziere zu überreden versuchten, doch noch ein wenig zu bleiben, mußte Major Graf Eltz ihnen zu seinem großen Bedauern eine Absage erteilen, da er noch einer Reihe weiterer Verpflichtungen nachzukommen hatte. Mit dem Daimler ging es nach Kaposvar, wo ein weiteres Gespräch mit einem ungarischen Truppenkommandeur stattfand. Wieder fühlte sich der deutsche Offizier in Friedenszeiten versetzt. Sein liebenswürdiger Gastgeber, ein Honved-Oberst, führte ihn in ein Lokal, in welchem vieles an Grinzing erinnerte. In einer weinumrandeten kühlen Laube nahmen sie das Mittagessen ein, das in keiner Weise zu wünschen übrig ließ.

Während Graf zu Eltz mit dem Oberst über alles mögliche plauderte, betraten immer wieder junge, fesch ausschauende ungarische Offiziere mit umgeschnalltem Ausgangssäbel das Lokal. Sie leisteten schwungvoll ihre Ehrenbezeugung, hielten sich aber in höflicher Distanz zu dem Tisch der beiden Offiziere. Sie trugen die alten kaiserlichen schwarzen Offiziersmützen, schwarze Pantalons und erinnerten den Major an die Zeit, in der dies früher einmal auch zu seinem eigenen Erscheinungsbild gehört hatte.

Schließlich hieß es, die Rückfahrt nach Varaždin anzutreten, wo die Ergebnisse dieser Besprechung mit der ungarischen Seite sogleich ausgewertet wurden. Am 9. Juli 1944 traf dann die Mitteilung ein, daß die ungarische Armee nicht die Absicht hätte, sich an dem besprochenen Unternehmen mit eigenen Truppen zu beteiligen. Damit war der gesamte Plan hinfällig, die darauf verwandte Zeit unnütz vertan.

Wenn es später nach dem Krieg immer wieder Behauptungen gab, daß irgendwelchen Anordnungen deutscherseits von den Armeen der Achsenmächte unverzüglich Folge geleistet werden mußte, dann entspricht dies nicht der Wahrheit. Im militärischen Zusammenwirken kam es nicht nur zu Spannungen, sondern jede Seite fühlte sich zunächst einmal ihren Interessen verpflichtet, auch um dadurch ihre Unabhängigkeit hervorzukehren. Mochte die jeweilige Staatsführung auch Hitler willfährig sein – und nicht einmal dies traf auf alle im absolutem Sinne zu –, so hatten die verschiedenen Armeekommandos durchaus ihren eigenen Kopf, stand es in ihrem Ermessen, sich an einer Aktion zu beteiligen oder sie zu verwerfen.

Nachdem Major Graf zu Eltz sich wieder im Divisionsstab in Nova Gradiška zurückgemeldet hatte, traf er dort eine niedergeschlagene Stimmung an. Durch die Absage der Ungarn war den Brigaden und Regimentern wieder einmal besonders drastisch vor Augen geführt worden, daß sie gewissermaßen allein auf weiter Flur standen. Viele der Offiziere verglichen ihre Situation mit einem Feuerwehrkommando, das unaufhörlich von einem Brandherd zum nächsten eilte. Kaum war es gelungen, die Glut an der einen Stelle zu ersticken, loderten anderswo schon wieder die Flammen neu auf. Den gesamten kroatischen Raum sowie Teile Bosniens unter Kontrolle zu halten, erwies sich immer mehr als eine schier unlösbare Aufgabe.

Der Vorschlag, sich aus einigen größeren Gebieten vollständig zurückzuziehen, um so die Voraussetzung zur Bildung einer Art von Frontlinie zu schaffen, war vom OKW mit der Begründung abgelehnt worden, daß hierdurch die deutschen Heeresverbände in Griechenland in die Gefahr des Abgeschnittenwerdens geraten könnten. Daß der Rückzug jedoch unvermeidbar werden könnte, sobald die Rote Armee erst einmal an der Drau stand, wollte zu diesem Zeitpunkt wider besseres Wissen niemand so recht wahrhaben.

Was General von Pannwitz, der von einem Einsatz bei Karlovac zurückgekehrt war, von dort zu berichten wußte, trug nicht dazu bei, die Stimmung der Stabsoffiziere zu heben. Pannwitz teilte mit, daß es inzwischen nicht mehr zuträfe, von den Partisanen als Banditen zu reden. Ihm hätten wohlausgerüstete, kampfkräftige Truppenverbände gegenübergestanden.

Schon anderen Tages sollte Major Graf Eltz eine eigene Anschauung davon erhalten, wie gefährlich die Partisanen inzwischen geworden waren. Bei einem Ausritt mit seinem Hengst, der ihn entlang eines Feldweges führte, der sich zwischen hohem Kukuruz (Mais) erstreckte und an dessen einer Seite eine schluchtartige tiefe Senke verlief, tauchten plötzlich wie aus dem Nichts heraus zwei Jabos auf. Sie brausten über seinen Kopf hinweg. Als er schon glaubte, sie hätten ihn nicht wahrgenommen, sah er plötzlich zu seinem Entsetzen, daß die Flugzeuge wendeten.

Als einzige Deckung bot sich für Roß wie Reiter die Schlucht an. Der Versuch, mit dem Pferd, einem noch jungen Tier, über eine Sandwölbung dort hinunter zu gelangen, scheiterte kläglich. Der Hengst stemmte sich auf seine Hinterbeine und war nicht zu bewegen, nur einen Schritt ins Ungewisse zu tun. Darauf glitt der Major blitzschnell aus dem Sattel, packte das Pferd am Zügel und zog es mit einem scharfen Ruck in die schutzverheißende Tiefe. Tatsächlich fügte sich der Hengst dem rohen Griff, als hätte er begriffen, daß sich ihnen etwas näherte, was nicht geheuerlich war.

Buchstäblich im letzten Moment schafften es so Reiter und Tier, sich in Sicherheit zu bringen. Sekunden später schlugen die ersten Geschosse am

Feldweg ein, stoben dann wie ein wütender Hornissenschwarm durch das Maisfeld, zerfetzten die Pflanzen, deren Blätter und Stengel durch die Luft wirbelten. Major Graf zu Eltz hatte alle Mühe, den verängstigten Hengst daran zu hindern, etwas Unkluges zu tun. Als es schien, als hätten die Jabos ihrer Jagdlust genügend gefrönt, bereitete es dem Offizier große Schwierigkeiten, aus dem tiefen Graben wieder nach oben zu gelangen. Immer wieder rutschte das äußerst erregte Pferd bei dem Versuch, einen Halt an der steilen Grabenwand zu finden, ab, traf dabei seinen Reiter einmal sogar empfindlich mit den Hufen.

Als es Graf zu Eltz endlich gelungen war, die Grabenwand zu erklimmen, zog er mit letzter Kraft das Pferd am Trensenzügel hinterdrein. Doch die Freude, daß alles so glimpflich verlaufen war, hielt nicht lange an. Denn schon wieder war in der Luft ein Getöse zu vernehmen, jagten die beiden Flugzeuge erneut heran. Diesmal blieb nicht einmal mehr genug Zeit, um nochmals im Graben zu verschwinden. Die Geschoßgarben näherten sich mit der Geschwindigkeit eines Orkans. Die Kugeln fuhren in die Wände des Grabens, lösten eine riesige Wolke Staub aus, welche sich wie ein dichter Schleier über die Stelle legte, wo Major Eltz bereits mit seinem Leben abgeschlossen hatte. Ehe die Jagdflieger zu einem erneuten Anflug ansetzten, gelang es dem Offizier, noch einmal zusammen mit dem Pferd Deckung in dem Graben zu nehmen. Diesmal zog es es jedoch vor, nicht an einer der seitlichen Steilwände zu verharren, sondern sich mit dem Pferd flach an die Grabensohle zu pressen, dort, wo sich eine besonders tiefe Stelle befand.

Erneut schwirrten die Geschosse heran, peitschten über den Boden des Grabens, doch gleich einem Wunder trafen sie weder Reiter noch Pferd. Mit Erstaunen beobachtete Eltz, wie der Hengst sich inzwischen mit der Situation abgefunden zu haben schien und geradezu stoisch alles über sich ergehen ließ. Jedes andere Pferd hätte sich in wilder Flucht davongemacht.

Als der Spuk endgültig vorüber war und die Jabos sich infolge Spritmangels zum Abdrehen gezwungen sahen, bestieg Major Eltz verschwitzt, erschöpft und verdreckt wieder sein Pferd, das jetzt völlig unbeeindruckt von dem Erlebten in die Stadt zurückzutraben begann. Im Stabsquartier aber empfingen ihn viele etwas boshaft lächelnd, in der Annahme, der junge Hengst hätte sich irgendwelche Eskapaden erlaubt und seinen Reiter ein oder sogar mehrere Male abgeworfen. Erst allmählich setzten die Spötter eine ernste Miene auf, als sie erfuhren, in welche Lebensgefahr der I c geraten war.

Von nun an richteten sich die Blicke der Kosaken nicht nur auf Sträucher, Waldstücke und Felder von hohem Bewuchs, sondern immer häufiger auch zum Himmel empor, wo von den plötzlich auftauchenden Tieffliegern zunehmende Gefahr ausging.

Die sich im zweiten Halbjahr 1944 rasch verschärfende Lage im kroatischen und bosnischen Operationsgebiet der Kosakenregimenter zwang General von Pannwitz zu drakonischen Maßnahmen, welche auch die Räumung von Gebieten nicht mehr ausschlossen, die zuvor im harten Kampfeinsatz erobert worden waren. Ob man es nun wahrhaben wollte oder nicht, die Zeichen der Zeit standen auf Rückzug, die letzte Phase des Krieges war angebrochen.

Auch die Kosaken begriffen, daß der Krieg nicht den erhofften Verlauf nahm. Doch jetzt waren es immer häufiger sie, die den deutschen Offizieren Mut zusprachen, daß sich die Lage vielleicht doch noch einmal ändern könnte. Sie verwiesen auf Artikel in den Frontzeitungen, wo von neuen deutschen Waffen die Rede war, durch welche eine Wende des Kriegs in Aussicht gestellt wurde. Welcher Offizier des deutschen Rahmenpersonals mochte ihnen schon den Glauben daran nehmen. Obendrein ließ die Entwicklung des Krieges keinerlei Spekulationen über den Ausgang zu.

Das erste alarmierende Zeichen, welches auf den Ernst der Situation hindeutete, kam aus der Stadt Daruvar. Erstmals waren dort kroatische und deutsche Verbände in großer Zahl von Titos jetziger jugoslawischer Volksbefreiungsarmee eingeschlossen worden. Sie hatte einen engen Ring um die Stadt gelegt, so daß nicht einmal mehr Munitionstransporte durchkamen. Die Belagerten versicherten zwar, noch geraume Zeit aushalten zu können, ließen aber zugleich wissen, daß der Munitionsmangel sie letztlich zur Kapitulation zwingen könnte.

Eine solche Alternative war bislang im jugoslawischen Partisanenkrieg für völlig ausgeschlossen gehalten worden; niemand hatte bis dahin jemals mit dem Gedanken einer Kapitulation gespielt. General von Pannwitz dachte nicht einen Moment daran, die Eingeschlossenen ihrem Schicksal zu überlassen. Am 9. August 1944 gab er drei seiner Kosakenregimenter den Befehl, den Einschließungsring zu sprengen.

Das Donregiment 1 setzte sich von Bjelovar aus in Marsch, während zur gleichen Zeit die Regimenter Kuban 3 und Terek 6 sich von Požega aus den Weg durch das Papukgebirge in Richtung Daruvar bahnten. Fünf Tage benötigte das Donregiment, bis es sich kämpfend an den östlichen Stadtrand von Daruvar herangearbeitet hatte. Hier war inzwischen auch die kroatische Leibgarde des Poglavnik eingetroffen, verstärkt durch ein bosnisches Bataillon.

Den beiden anderen Kosakenregimentern, deren Führung Pannwitz persönlich übernommen hatte, bereitete es ziemliche Mühe, das Papukgebirge zu durchqueren. Immer wieder stellten sich ihnen Partisanenverbände in den Weg. Noch ein Jahr zuvor war dasselbe Gebirge für die Partisanen lediglich eine Art Schlupfwinkel gewesen, wo sie sich vor den Kosaken verborgen hielten. Jetzt leiteten sie von hier direkte Angriffsoperationen ein. So kam General von Pannwitz mit seinen Leuten viel langsamer voran, als es seine Absicht gewesen war. Schließlich aber schafften es die beiden Regimenter und drangen bis zum Stadtrand vor.

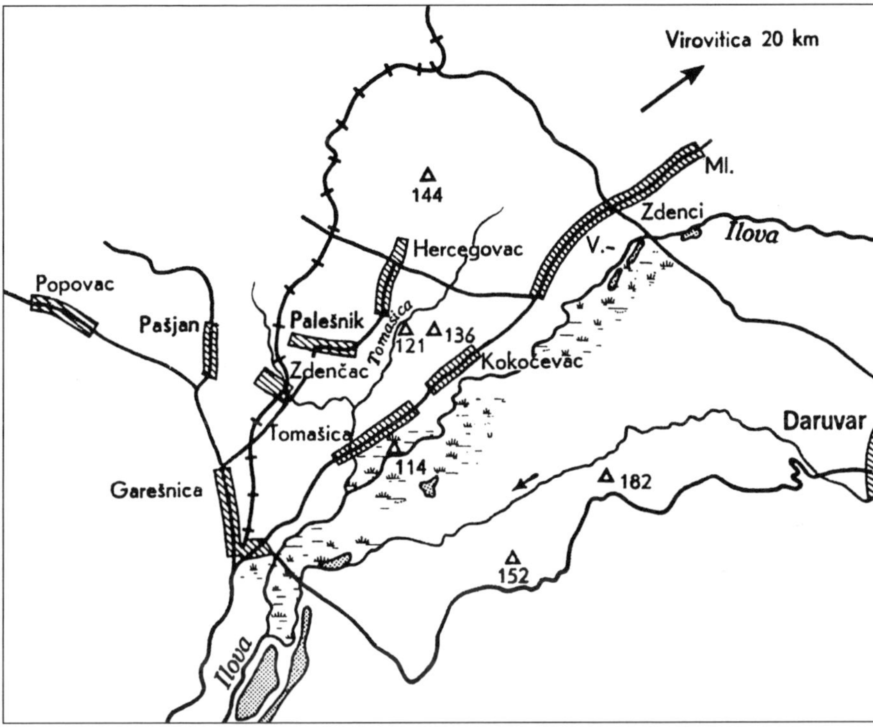

Kampfgebiet bei der Stadt Daruvar sowie bei Palešnik

Hier nahmen die von verschiedenen Seiten her operierenden Angriffsverbände Kontakt zueinander auf und machten sich an die Befreiung der Stadt, wo sie von der kroatischen Bevölkerung stürmisch begrüßt wurden. Auf dem Wege nach Daruvar hatte die von Oberleutnant von Mossner geführte Schimmelreiterschwadron des Terekregimentes erneut unter Beweis gestellt, daß sie mit jeder Kampfsituation, mochte sie zunächst auch noch so bedrohlich anmuten, zurechtkam.

Überall, wo die Schwadron in Erscheinung trat, so u. a. bei Okučani, Kostanjica, Mikluška und Gaj, bereitete sie dem Feind nicht nur Niederlagen, sondern brachte zahlreiche Gefangene ein, erbeutete eine Menge von Kriegsmaterial und war besonders erfreut darüber, als ihr ein Falbenmuli mit Spezialtragsattel in die Hände fiel, das gute Dienste bei dem Transport eines leichten Granatwerfers leistete.

Bei einem Vorbeimarsch aller an diesem Einsatz zur Befreiung Daruvars beteiligten Verbände in der Stadt an General von Pannwitz würdigte dieser besonders den Mut, den die Schimmelreiterschwadron immer wieder erneut an den Tag legte.

Für die Einkreisung von Daruvar hatte Tito insgesamt vier Divisionen aufgeboten, was seine inzwischen erlangte Stärke verdeutlichte. Einer direkten Konfrontation mit den Kosaken waren sie allerdings aus dem Weg gegangen und hatten sich inzwischen in Richtung des Papukgebirges zurückgezogen. Offenbar gedachten sie nicht, einen Abmarsch aus der Region vorzunehmen, sondern lauerten auf eine ihnen günstig erscheinende Gelegenheit, um dann erneut die Stadt zu umzingeln.

Doch Pannwitz wollte die Partisanen nicht ungeschoren davonkommen lassen. So wies er die Kosakenregimenter an, dem Feind nachzusetzen. Für das Terekregiment bedeutete dies, am 16. August 1944 einen Gewaltmarsch anzutreten, der es über einhundert Kilometer in nordwestlicher Richtung bis nach Moslavina führte, das im Landstrich von Podravska unmittelbar an der Drau lag. In dieser Gegend gab es zahlreiche Dörfer, die ausschließlich von Volksdeutschen bewohnt wurden. Die Partisanen hatten ihnen das Leben zu einer wahren Hölle gemacht. Über die Ankunft der Kosaken zeigten sie sich deshalb sehr erfreut und hofften nur, daß die Truppen auch bleiben würden, um ihnen zukünftig die Partisanen vom Leibe zu halten.

Das Donregiment war unterdessen in seinen alten Raum Bjelovar – Dubrava zurückgekehrt. Sehr bald geriet es in Gefechte mit zumeist kleineren Partisanenabteilungen, die offenbar als Vorposten fungierten. Zu einer größeren Kampfhandlung kam es dann in den Bergen südlich von Mikleuš. Hierbei machten die Kosaken eine erstaunliche Entdeckung. Sie stießen auf einen verborgenen Zugang zu einem umfangreichen Lager, in welchem riesige Mengen von Verpflegung und andere Güter angehäuft waren. Die Freude über diesen Fund war natürlich groß.

Doch bevor der Abtransport sicher gewährleistet werden konnte, trat erneut eine brenzlige Situation ein. Es stellte sich nämlich heraus, daß das Zurückweichen der Titoleute tatsächlich nur ein Täuschungsmanöver gewesen war. Wiederum hatten sie einen Einschließungsring um Daruvar gelegt, während die Kosakenregimenter regelrecht weggelockt worden waren und nun ziemlich weit entfernt standen. Jedoch unverdrossen setzte sich das Terekregiment noch einmal dorthin in Marsch, um das Spiel der Partisanen ein weiteres Mal zu durchkreuzen. Auch das Leibregiment der Ustascha trat wieder auf den Plan.

Am 23. August 1944 prallten die Terekkosaken gemeinsam mit den Ustaschaleuten bei Garešnica auf Titos Partisanen. Was anfänglich nur wie ein kleines Gefecht aussah, entwickelte sich mehr und mehr zu einem Kräftemessen, wobei es auf beiden Seiten zum Einsatz schwerer Waffen kam. Viermal stürmten die Kosaken ungeachtet des ihnen entgegenschlagenden Geschoßhagels auf den Feind ein, dann gelang es endlich, ihn niederzuringen. Den entscheidenden Ausschlag hierzu gab eine Attacke von drei Schwadronen. Wild und ungebärdig jagten sie auf die Partisanen zu; furchteinflößend anzusehen, wie sie mit ihren Säbeln die Luft durchschnitten, bereit, sie im nächsten Moment mit einem gewaltigen Hieb auf die Häupter der Partisanen niedersausen zu lassen.

Die wichen dem Angriff aus, verspürten keinerlei Lust darauf, mit den Säbeln der Kosaken Bekanntschaft zu machen. Am Ende dieses an Kampfhandlungen so reichen Tages mußten sich die Partisanen erneut aus der Stadt Daruvar zurückziehen. Ein weiteres Mal war ihr Versuch einer Einschließung dieser Stadt gescheitert.

HIMMLER WILL PANNWITZ FÜR SICH GEWINNEN

Am 26. August 1944 kam es zu einem Gespräch zwischen General von Pannwitz und Heinrich Himmler, das im Sonderzug des Reichsführers SS erfolgte, welcher sich auf der Fahrt zu einem Ausweichquartier in Hohenlychen (Mark Brandenburg) befand. Bei dieser Unterredung war auch der I a der Division, Oberst von Schultz, zugegen. Über diese Unterredung ist derart viel kolportiert worden, daß es nicht ganz einfach ist, die Wahrheit ans Tageslicht zu fördern. Schon über das Zustandekommen dieser Begegnung gibt es beispielsweise die Behauptung, wonach der Anstoß dazu von Pannwitz ausgegangen sei. Bereits dies entspricht nicht der Wahrheit. Himmler war bekanntlich nach dem auf Hitler erfolgten Attentat zum Oberbefehlshaber des Ersatzheeres ernannt worden, und in dieser Eigenschaft oblag ihm auch ein gewisses Mitspracherecht über die fremdländischen Verbände, die auf der Seite des Heeres kämpften.

Daß er die Kosaken gern in die Freiwilligen-Einheiten der Waffen-SS eingegliedert hätte, daran kann kaum ein Zweifel bestehen. Tatsächlich unterbreitete er Pannwitz bei der Zusammenkunft einen solchen Vorschlag. Es stimmt allerdings nicht, daß Pannwitz mit fliegenden Fahnen zum Reichsführer SS übergelaufen wäre. Das Gegenteil ist der Fall. Er machte Himmler deutlich, daß die Kosaken einer Übernahme in die SS kaum ihre Zustimmung geben würden. Gleiches würde auch auf die meisten Offiziere des deutschen Rahmenpersonals zutreffen. Auch für ihn käme ein solcher Schritt nicht in Frage, da er schon über sehr lange Zeit dem Heer angehöre und sich ihm zutiefst verbunden fühle.

Rittmeister von Mossner berichtet in diesem Zusammenhang, daß General von Pannwitz nach der Rückkehr seine Offiziere zusammengerufen und nach ihrer Meinung befragt habe. Die weit überwiegende Mehrheit des deutschen Rahmenpersonals teilte die Auffassung des Generals, so wie er sie gegenüber Himmler vertreten hatte. Im übrigen versicherte Pannwitz den Offizieren, daß Himmler sich seiner Argumentation gebeugt hätte.

Dennoch räumte dies gewisse Irritationen nicht aus. Pannwitz hatte während seines Zusammentreffens mit dem Reichsführer SS auf Anraten des für die Freiwilligenverbände des deutschen Heeres zuständigen Generals Köstring versucht, von Himmler eine Zusage über dringend benötigte schwere Waffen zu erhalten. Solche Waffen standen Köstring schon seit geraumer Zeit nicht mehr zur Verfügung.

Bei manchem Beobachter der Zeitgeschichte führte dies jedoch zu der Interpretation, daß Pannwitz dem Reichsführer SS die Hand weit entgegengestreckt habe. Fest steht, daß es im Ergebnis dieses Gespräches zu einer rein versorgungsmäßigen Zuteilung des Kosakenkorps zur Waffen-SS kam.

Pannwitz hatte jedoch im Grunde genommen lediglich den Versuch unternommen, etwas für seine Division herauszuschlagen. Diese versorgungsmäßige Zuteilung seines im Entstehen begriffenen Korps zur SS bedeutete für ihn keineswegs eine Überführung zu dieser Waffengattung. Hierfür spricht auch die Tatsache, daß die Besoldung der Kosaken und des deutschen Rahmenpersonals bis zum Kriegsende nach wie vor durch die entsprechenden Heeresstellen der Wehrmacht vorgenommen wurde. Auch änderte sich nichts an den Uniformen und Schulterstücken.

Dies besagt natürlich nicht, daß insgeheim die Führungsspitze der Waffen-SS weiterhin derartige Pläne verfolgte und bereits hier und da kolportieren ließ, daß Pannwitz einer der Ihren geworden sei. Hierzu ist zu sagen, daß sich Pannwitz über lange Zeit um all jene Kosakeneinheiten bemüht hatte, die ihm bei der Aufstellung der Division in Mielau nicht zugeführt worden waren. Es handelte sich hierbei u. a. um die Reste der Kosakenbataillone 622 und 623, die zum Bestand der 708. Infanterie-Division gehörten. Weitere Kosakenverbände unterstanden der 719. Infanterie-Division, die in Frankreich an der Invasionsfront lag. In Frankreich befand sich auch das Kosaken-Ersatz-Regiment, das nach dem Abmarsch der Division in den kroatischen Raum weiterhin in Mielau verblieben war und dann im Frühjahr 1944 nach einer weiteren Zurücknahme der Ostfront auf das Plateau de Langres nach Frankreich verlegt wurde.

Die meisten dieser Kosakeneinheiten waren gemäß einem Befehl Hitlers nach Frankreich gebracht worden, nachdem es während der Panzerschlacht bei Kursk zum Überlaufen einer größeren Zahl sogenannter Hilfswilliger gekommen war. Hitler bestand auf einem völligen Abzug aller Freiwilligen von der Ostfront. Dabei hatte sich unter den Überläufern nicht ein einziger Kosak befunden. Doch Hitler verschloß sich diesbezüglichen Einsichten und rückte von seinem Befehl keinen Deut ab.

In Frankreich wurden die Kosaken anfänglich zu Bauarbeiten bei der Verstärkung des Atlantikwalls und dann auch zum Wachdienst an den Befestigungen herangezogen. Später waren sie auch zur Bekämpfung von französischen Partisanen eingesetzt. Doch überall war zu spüren, daß sie solche Aufgaben mit großer Unlust verrichteten. Mit dem Geschehen in Frankreich vermochten sie sich nicht zu identifizieren, ihnen ging es ausschließlich um die Sache der Kosaken, und die wurde im Osten ausgetragen. Dort wollten sie hin, und dies wollte auch General von Pannwitz.

Himmler sicherte Pannwitz die Bewaffnung des Korps mit schweren Waffen zu. Zum Abschluß des Gesprächs machte er ihm noch einmal das Angebot, zur Waffen-SS überzutreten, was Pannwitz erneut abschlägig beschied. Daß dieses Gespräch tatsächlich so und nicht anders verlaufen ist, wird auch von dem SS-Obergruppenführer und General der Waffen-SS Gottlob Berger bestätigt, der Chef des SS-Hauptamtes war. Nach dem Krieg hierzu befragt, erinnerte er sich noch daran, daß Pannwitz sich auch für die Versorgung der Kosakenangehörigen im norditalienischen Raum eingesetzt hatte, was ihm ebenfalls zugesagt worden sei.

Am 4. November 1944 erließ das SS-Führungsamt eine Anweisung zur Aufstellung des XV. Kosaken-Kavallerie-Korps. Hierüber kam es zu der Spekulation, daß Pannwitz sich diese Entscheidung durch gewisse Zugeständnisse an die SS erkauft habe. So wurde beispielsweise die Behauptung in Umlauf gebracht, er persönlich hätte Himmler seinen Übertritt zur Waffen-SS vorgeschlagen, sich allerdings ausbedungen, daß dies vorerst nicht publik gemacht werden sollte und er auch weiterhin eine Uniform der Wehrmacht tragen dürfe.

Nach dem Zweiten Weltkrieg wurde von verschiedener Seite der Versuch unternommen, das Kosakenkorps und insbesondere seinen Führer, Generalleutnant von Pannwitz, auf jede erdenkliche Weise zu diffamieren. Einige Zeitgeschichtler wie auch linke Publizisten setzten alles daran, um Pannwitz zu einem Günstling Himmlers abzustempeln. Doch dies war er nun wirklich nicht. Aus vielen seiner Briefe, die er an seine Familie richtete, sprach ein Gefühl der Bitterkeit über die verfehlte deutsche Ostpolitik, welche zahlreiche nationalsozialistische Würdenträger zu verantworten hatten, was nicht zuletzt das Entstehen starker Partisanenbewegungen begünstigte.

Mehr als einmal stellte sich Pannwitz auch schützend vor seine Offiziere, wozu auch Rittmeister von Mossner zählte, um die Gestapo daran zu hindern, diesen Männern politisch etwas anzuhängen. All dies aber hätte kaum zu einem Offizier gepaßt, der so ohne weiteres bereit gewesen wäre, zu Kreuz zu kriechen. Warum aber dann die vielen bösartigen Behauptungen, mit denen später über ihn hergefallen wurde? Einen Teil dieser Kampagne entfachte die Sowjetunion mit Unterstützung der Fälscherwerkstatt innerhalb des Ministeriums für Staatssicherheit der früheren DDR. Dort waren auch die dubiosen Dokumente gegen Theodor Oberländer fabriziert worden.

Pannwitz hatte sich zweifellos den besonderen Haß der UdSSR zugezogen, da er mit den von ihm geführten Kosaken einen Beweis dafür geliefert hatte, wie leicht es war, das Gespinst der sowjetischen Propaganda zu zerreißen, wonach im „Großen Vaterländischen Krieg“ sich alle Völkerschaften wie ein Mann um Stalin geschart hätten. Da dies eben nicht der Fall gewesen war, gab es die Bestrebungen, General von Pannwitz als einen Handlanger im Solde der Waffen-SS hinzustellen, der die Kosaken über sein wahres Gesicht getäuscht hatte.

Bis zum heutigen Tag sind derartige Verdächtigungen noch immer nicht verstummt, und auch die nach dem Zusammenbrechen der Sowjetunion in Rußland entstandene neue Kosaken-Union sieht sich Anschuldigungen ausgesetzt, daß die noch lebenden Angehörigen des Korps angeblich nicht als Vorbild dienen könnten, da ihr Kampf auf deutscher Seite sich immerhin gegen das eigene Volk gerichtet habe.

Hier soll indessen noch ein Zeitzeuge gehört werden, der viel zur Erhellung der damaligen Vorgänge beitragen kann. Dr. Fritz Arlt, dem die Freiwilligen-Leitstelle Ost im SS-Hauptamt unterstand, vermutet, daß die Zuständigen für Personalfragen bei der SS entweder eine gewisse Eigenmächtigkeit an den Tag gelegt haben oder vielleicht in Absprache mit Himmler Pannwitz durch seine Ernennung zum SS-Gruppenführer auf einen Weg bringen wollten, den einzuschlagen er im direkten Gespräch mit dem Reichsführer SS nicht bereit gewesen war.

Es läßt sich nicht klären, ob Pannwitz überhaupt von einer solchen Ernennung Kenntnis erhielt oder ob man einfach über seinen Kopf hinweg handelte. Ein Indiz dafür, daß alles wie ursprünglich blieb, ergibt sich aus der Tatsache, daß Pannwitz und Oberst von Schultz nach ihrer Rückfahrt von der Unterredung mit dem Reichsführer SS in Berlin einen Zwischenaufenthalt einlegten und hier von den entsprechenden Heeresdienststellen informiert wurden, daß zwischenzeitlich bereits alle Anweisungen zur Aufstellung eines Kosaken-Kavallerie-Korps erfolgt seien.

Auch das Versprechen, dem Korps schwere Waffen zuzuführen, wurde eingehalten. So trafen 3,7-cm-Flakgeschütze, schwere Granatwerfer sowie 10,5-cm-Haubitzen bei den Einheiten auf dem Balkan ein. Auch die in Frankreich herausgelösten verschiedenen Kosakenverbände wurden nach Kroatien in Marsch gesetzt. Wenn es noch eines Beweises dafür bedurft hätte, daß sich die Wehrmacht weiterhin für das sich jetzt in Aufstellung befindliche Kosakenkorps verantwortlich fühlte, so kam dies darin zum Ausdruck, daß sämtliche jetzt notwendig gewordenen Versetzungen deutscher Offiziere beispielsweise in den Korpsstab der 2. Division und zur Plastun-Brigade (Bezeichnung für Kosaken-Infanterie) durch das Heerespersonalamt ausgesprochen wurden.

Zum Chef des Korpsstabes wurde jetzt Oberstleutnant i. G. von Steinsdorf ernannt. Die Neugliederung der Divisionen sah folgendermaßen aus: Zur 1. Division gehörten das 1. Don-Regiment, das 2. Sibir-Regiment sowie das 4. Kuban-Regiment. Die Führung dieser Division hatte Oberst Constantin Wagner inne.

Die 2. Division setzte sich zusammen aus dem 3. Kuban-Regiment, dem 5. Don-Regiment sowie dem 6. Terek-Regiment. Sie unterstand der Führung von Oberst von Schultz. Was die 3. Division anging, so wurde sie aus zwei Plastun-Regimentern gebildet, über welche der inzwischen zum Generalmajor aufgestiegene Kononow die Befehlsgewalt bekam.

Im Zusammenhang mit dem bisher Gesagten sei noch auf ein Faktum hingewiesen, das ebenfalls als Beleg dafür dienen kann, daß vom SS-Hauptamt ein Übereifer an den Tag gelegt wurde, als es beispielsweise der Intendantur des Korps feldgraue Uniformen mit den Insignien der SS zur Verwendung schickte. Eine Rückfrage bei dem Heeresamt führte zu der Antwort, daß sofort von diesen Uniformstücken alles zu entfernen sei, was auf eine Zugehörigkeit zur Waffen-SS schließen ließe. So bekamen die Schneider in den Nähwerkstätten viel zu tun, denn sie mußten alle Uniformen wieder wehrmachtsgemäß herrichten.

Bis zum Ende des Krieges trugen sämtliche Angehörigen des XV. Kosaken-Kavallerie-Korps vom Kragenspiegel bis zur Schulterklappe und den Schulterstücken alles so vorschriftsmäßig, wie es dem Bild der deutschen Wehrmacht entsprach. Dr. Arlt hat auch nie wieder etwas davon erfahren, daß die Versuche, Pannwitz und seine Kosaken in die Waffen-SS einzugliedern, in irgendeiner Weise weiter verfolgt worden seien. Er ist der Überzeugung, daß Himmler tatsächlich anfänglich eine solche Absicht gehabt habe, sie dann jedoch durch den überstürzenden Verlauf, welche die Kriegsereignisse vom Herbst 1944 an nahmen, offenbar aus den Augen verloren habe, weil er viel zu sehr mit seiner eigenen „Überlebensstrategie" befaßt war. Jedenfalls erfolgte am 1. Februar 1945 die offizielle Ernennung Generalleutnants von Pannwitz zum Kommandierenden General des XV. Kosaken-Kavallerie-Korps (Heer).

Im Spätsommer 1944 verschlechterte sich für die deutsche Seite die militärische Situation auf dem Balkan dramatisch. Mehrere Faktoren waren hierfür ausschlaggebend. Am 25. August war Rumäniens Staatschef Marschall Ion Antonescu gestürzt worden, woraufhin das Land Deutschland den Krieg erklärte. Die Abwendung des rumänischen Staates von den Achsenmächten gestaltete sich zu einer Initialzündung.

Einen Tag später, am 26. August 1944, verkündete der bulgarische Ministerpräsident Iwan Bagrjanow, daß sich Bulgarien angesichts des bevorstehenden Einmarsches der Roten Armee in das Land zu einem Rückzug aus dem Krieg entschlossen habe. Am 19. September unterzeichnete Finnland in Moskau einen Waffenstillstand mit der Sowjetunion. Am 25. September begab sich eine ungarische Delegation nach Moskau, um dort ebenfalls über einen Waffenstillstand zu verhandeln.

Nach dem Wegbrechen der gesamten Südostflanke erklärte Hitler Athen zur offenen Stadt und ordnete den Rückzug sämtlicher deutschen Verbände aus Griechenland an. Am 15. Oktober, nachdem die ungarische Regierung einen Waffenstillstand mit der UdSSR geschlossen hatte, besetzten deutsche Truppen Budapest gemeinsam mit Honvedverbänden, die den Befehl des Reichsverwesers Admiral Nikolaus Horthy zur Niederlegung der Waffen nicht befolgt hatten. Zusammen versuchten sie noch einmal, eine Verteidigungslinie gegen die heranflutende Rote Armee zu errichten.

Am 20. Oktober fiel Belgrad in die Hände der Sowjets. Doch nicht nur ihre Truppen zogen in die Stadt ein, sondern auch Titos Partisaneneinheiten. Am 28. Oktober schloß Bulgarien einen Waffenstillstand nicht nur mit der Sowjetunion, sondern auch mit den westlichen Alliierten ab. Gleichzeitig verpflichtete es sich, nunmehr Krieg gegen Deutschland zu führen.

All diese Geschehnisse hatten natürlich große Auswirkungen auf die in Kroatien stationierten Kosakenregimenter. Die jetzt in die ungarische Tiefebene vorgedrungene rote Streitmacht erreichte mit ihrem linken Flügel das Nordufer der Drau. Es war unschwer ihre Absicht zu erkennen, sich mit den im nördlichen Teil Kroatiens operierenden Partisanen zu vereinen.

Die größte Gefahr aber ging von einem Brückenkopf bei Barcs aus, der bereits die kroatische Stadt Virovitica am südlichen Ufer der Drau mit umfaßte. In dieser hochbedrohlichen Situation trafen die von General von Pannwitz sehnlichst erwarteten Verstärkungen ein. Verschiedene Kosakenabteilungen sowie auch weitere Artillerie wurden den beiden Brigaden zugeführt. Mit diesen beträchtlichen neuen Kräften war es jetzt möglich, eine dritte Brigade aufzustellen.

Im Dezember 1944 hatte die Rote Armee damit begonnen, die Drau an mehreren Stellen zu überqueren und sich auf der südlichen Seite des Flusses verschiedene Ausgangsbasen für weitere Angriffsoperationen zu verschaffen. Die Besetzung der Orte Gradac und Pitomača stellte für sie einen ersten Erfolg in dieser Richtung dar. Das Terekkosakenregiment 6, das nach der Ablösung des Obersten von Kalben, der zur Übernahme einer anderen Aufgabe nach Deutschland zurückgekehrt war, als seinen neuen Regimentskommandeur den Prinzen zu Salm bekommen hatte, war als erstes dazu ausersehen, die Klingen mit der Roten Armee zu kreuzen.

Beide Ortschaften, so besagte der Befehl, sollten zurückerobert und die sowjetischen Truppen der 3. Ukrainischen Front dazu veranlaßt werden, sich wieder auf die andere Seite der Drau zurückzuziehen. In einem Nachtmarsch rückte das Kosakenregiment bis dicht an Gradac heran. Als der Morgen dämmerte, überzogen Nebelschwaden die Flußniederung und verwehrten jeden Blick auf die sowjetischen Stellungen. Dennoch pirschten sich die Kosaken vorsichtig heran, darauf bedacht, auch nicht den geringsten verräterischen Laut von sich zu geben. Die Überraschung gelang ihnen.

Nur noch wenige Meter trennten sie von den ersten feindlichen Posten, ohne daß sie von ihnen wahrgenommen wurden. Dann aufgerissene Münder, entsetzte Schreie, verzerrte Gesichter, Feuerstöße aus den Maschinenpistolen und ein Urrähgeschrei der Kosaken, wie es sonst nur von den Rotarmisten bei deren Sturmangriffen zu vernehmen war. Dies alles zusammen entnervte den Gegner vollends. Während die Kosaken darüber Bescheid wußten, wem sie gegenüberstanden, hatten die Politkommissare der Roten Armee es offenbar nicht für notwendig erachtet, ihre Soldaten darüber aufzuklären, daß sie es mit Landsleuten zu tun hatten, Russen wie sie und ihnen dennoch feindselig gesinnt.

Wer nicht im ersten Moment des Angriffes umgekommen war, der floh in Richtung des Flusses. Das Kosakenregiment 6 verzeichnete einen durchschlagenden Erfolg. Die Sowjets waren aus Pitomača vertrieben. Mit besonderem Stolz aber erfüllte die Angehörigen der Brigade, daß am darauffolgenden Tag im Wehrmachtsbericht zu hören war, daß eine in den Reihen der deutschen Wehrmacht stehende Kosaken-Reiterbrigade der Roten Armee an der Drau eine erhebliche Schlappe beigebracht hatte.

Bei der Einnahme von Pitomača verzeichnete die Schimmelreiterschwadron des Rittmeisters von Mossner einen besonders großen Erfolg. Sie machte über 100 Gefangene, erbeutete mehrere Geschütze sowie die dazugehörende Artilleriemunition, zahlreiche MGs, Gewehre und Granatwerfer sowie ein russisches Heeresfahrzeug.

Nach diesem bedeutenden Sieg, der auch im Ehrenblatt des Heeres Erwähnung fand, trat am 27. Dezember 1944 die 2. Kosaken-Brigade vor General von Pannwitz an, der sie belobigte und vielen Kosaken Auszeichnungen für ihre besondere Tapferkeit überreichte. In einer kurzen Ansprache betonte Pannwitz: „Mit meinen Kosaken hole ich den Teufel aus der Hölle."

Während der Erstürmung der Stadt Pitomača am zweiten Weihnachtsfeiertag 1944 spielte sich auch das Folgende ab, das dem Rittmeister von Mossner lange nicht aus dem Sinn kommen sollte. Der erste Zug der Schimmelreiterschwadron erhielt während eines Straßenkampfes im Innern der Stadt heftiges Feuer aus einer Häuserzeile. In das Gebäude einzudringen, hätte viele Menschenleben gekostet. So suchte der Schwadronschef krampfhaft nach einer anderen Lösung, doch ihm wollte partout nichts einfallen.

Da trat plötzlich der Führer des 1. Zuges, Wachtmeister Artumenko, an ihn heran und schlug vor: „Gospodin Rittmeister, moschne Propaganda?" Der deutsche Offizier stimmte sogleich zu. Daraufhin wurde aus einem herumliegenden Stück Blech ein provisorisches Sprachrohr geformt, mit welchem der Kosak eine zündende Ansprache an die Rotarmisten in dem gegenüberliegenden Haus hielt, die sich bislang dem deutschen Angriff so hartnäckig widersetzt hatten.

Das Resultat war einfach umwerfend. Etwa 30 Sowjetsoldaten verließen nacheinander das Haus, legten ihre Waffen nieder und stellten dann den Antrag, in die Reihen der Kosaken aufgenommen zu werden, dem auch entsprochen wurde. Mossner aber konnte es kaum fassen, daß sich noch in einem Augenblick, in dem an einen Sieg der deutschen Wehrmacht nicht mehr zu denken war, Rotarmisten dazu entschlossen, die Seite zu wechseln. Nicht etwa die Kosaken liefen über, wie von höheren deutschen Dienststellen befürchtet worden war, sondern Stalins Soldaten erwiesen sich als ideologisch so wenig gefestigt, daß sie noch zu diesem späten Zeitpunkt des Krieges die Fronten wechselten.

Eine besondere Rolle bei der Erstürmung von Pitomača hatten auch die Donkosaken unter ihrem Anführer Oberst Kononow gespielt. Ihr Angriff gegen die stark befestigte sowjetische Stellung war frontal erfolgt. Als dann den Kosaken beim Überwinden einer schneebedeckten Fläche, vor der sich ihre Gestalten deutlich abzeichneten, ein mörderisches Artilleriefeuer entgegenschlug, sprang Major Graf Rudolf Kottulinsky, der die II. Artillerie-Abteilung der 2. Division befehligte, auf und lenkte aus der vordersten Linie weit emporgereckt wie ein Dirigent das Feuer der eigenen Geschütze, wodurch es dann gelang, die sowjetische Artillerie allmählich zum Verstummen zu bringen.

Der Versuch der Sowjets, sich an diesem Teil des südlichen Drauufers festzusetzen, war damit vorerst gescheitert. Im OKH aber löste das furiose Angriffsunternehmen der Kosaken an der Draufront sichtlich Erstaunen und auch Nachdenklichkeit aus. Vielleicht wurde jetzt erst dem einen oder anderen bewußt, was hier für ein militärisches Potential über lange Zeit in völlig unzureichendem Maße genutzt worden war.

Die schon mehrmals erwähnte Schimmelreiterschwadron, welche sich besonders durch ihre tollkühnen Attacken großes Ansehen erworben hatte, befand sich Mitte Dezember 1944 westlich von Virje, zwischen Pitomača und Koprivnica, in Bereitschaft. Da mit einem bevorstehenden Angriff der Rotarmisten aus dem Brückenkopf bei Virovitica gerechnet wurde, richteten sich die Kosaken auf die Verteidigung dieses Teilstückes der Draufront ein. Es wurden Panzergräben angelegt, Schützengräben ausgehoben, Erdbunker errichtet, flankierende Feuerstellungen geschaffen, aber es wurde auch für genügend freies Schußfeld gesorgt.

Für die Kosaken stellte es eine völlig neue Erfahrung dar, jetzt in einen fronttypischen Stellungskrieg einbezogen zu werden. Über die Anlage all solcher Befestigungen wurde aber auch die weitere Ausbildung der Mannschaften nicht vernachlässigt. Die Kosaken hatten jetzt zwei Gegner im Auge zu behalten, die sowjetischen Truppen vor ihnen und die jederzeit in ihrem Rücken in Erscheinung tretenden Partisanen Titos.

Noch vor Tagesanbruch bekam der Schwadronschef Rittmeister von Mossner den Befehl, sich beim Abteilungskommandeur zu melden. Der teilte ihm mit, daß sich eine neue Lage ergeben hätte. Der Spähtrupp des Regiments hatte herausgefunden, daß nördlich und nordöstlich von Molve, das zehn Kilometer von Virje entfernt lag, zu beiden Seiten der Drau eine starke Zusammenballung feindlicher Kräfte im Gange war. In den Abendstunden des Vortages hatten die Partisanen Molve besetzt und planten offenbar von dort aus weiter vorzudringen.

Das Terekregiment sollte im Laufe des Vormittags gegen den Ort antreten und das gesamte Gebiet vom Feind säubern. Die Schimmelreiterschwadron aber war dazu ausersehen, noch vor diesem Angriff sich von Virje aus in Richtung Molve zu begeben, um dort die Lage zu erkunden. Sollte es sich dabei herausstellen, daß die feindlichen Kräfte nur zu einem geringen Widerstand fähig waren, stand es der Schwadron frei, in den Ort einzudringen.

Molve, so schärfte der Abteilungskommandeur dem Rittmeister ein, gelte es dann solange zu halten, um dem Terekregiment Zeit zu verschaffen, von hier aus einen Vorstoß auf die Draubrücke bei Ždala zu führen.

Neben der Schimmelreiterschwadron wurde auch noch die 5. Schwadron der 2. Abteilung unter Führung des Oberleutnants von Subtschewski angewiesen, aus nordwestlicher Richtung sich auf Molve zuzubewegen.

Nach der Einweisung der Schwadron verließen die Kosaken Virje; vorneweg ritt ein Spähtrupp, der bald den Blicken der übrigen Reiter entschwand. Ein herrlicher Wintermorgen brach an, die Sonne sandte ihre ersten Strahlen aus, welche die weite Drauebene, die von einer leichten Schneedecke überzogen war, zum Funkeln brachten.

Nachdem etwa fünf Kilometer zurückgelegt worden waren, fand sich der Spähtrupp wieder ein. Er brachte die Meldung, daß sich nur noch geringe Kräfte der Partisanen in Molve aufhielten. So näherte sich die Schwadron weiter ihrem Ziel. Etwa eineinhalb Kilometer vor dem Ort beobachtete Rittmeister von Mossner durch ein Fernglas, wie sich eine große Kolonne von Partisanen in nordöstlicher Richtung entfernte. Bei den in Molve Verbliebenen schien es sich lediglich um eine Nachhut zu handeln.

Ein leicht welliges Gelände, das sich bis dicht an den Ort erstreckte, bot sich förmlich für eine Attacke an. Da eine Funkverbindung zu der 5. Schwadron, die sich ja aus einer anderen Richtung auf Molve zubewegte, nicht zustande kam, entschloß sich der Rittmeister, allein zu handeln. Eine Mulde rechts der Straße, auf welcher sie bisher entlanggeritten waren, eignete sich dafür, die Schwadron in Form eines breiten Keils zu formieren. Der Plan des Offiziers bestand darin, den Ort im Galopp zu durchstoßen, ihn dann in nördlicher wie östlicher Richtung zu sichern und die Verbindung zur 5. Schwadron herzustellen.

Mossner schärfte seinen Zugführern, Leutnant Iskumenko, Wachtmeister Artumenko sowie Leutnant Perepeschonj, ein, daß die ganze Aktion von einem richtigen Anreiten abhängen würde. Leutnant Iskumenko meinte später, der Schwadronschef sei ihm wie ein Schäferhund vorgekommen, der ständig seine Herde umkreiste. Als alle ihre Aufgabe kannten, erging der Befehl zum Angaloppieren. Etwa tausend Meter galt es bis zum Ortsrand zurückzulegen. Die Partisanen waren total verstört, als sie die herannahenden Kosaken ausmachten. Nicht einer griff nach seiner Waffe, statt dessen streckten sie die Arme empor und ergaben sich.

Auf dem Marktplatz traf unterdessen auch die andere Schwadron ein. Aus einem Waldstück nordwestlich von Molve hatte Oberleutnant von Subtschewski beobachtet, wie die Schimmelreiterschwadron zur Attacke ansetzte, und sofort den gleichen Befehl an seine Leute erteilt.

Ein Gegenangriff der Partisanen blieb aus. Zwei Stunden später traf das Terekregiment in der Ortschaft ein, der nicht im geringsten anzusehen war, daß hier erst kürzlich eine Reiterattacke stattgefunden hatte.

Inmitten all dieser Kriegsgeschehnisse spielten sich auch immer wieder kleinere Szenen ab, die meistens tragischer Natur waren, bisweilen aber auch nicht der Komik entbehrten. Einige der hier erwähnten Begebenheiten entstammen den Aufzeichnungen, welche der langjährige Kommandeur des Terekregiments, Oberst Heinrich Detloff von Kalben, sowie Oberst Constantin Wagner hinterließen.

Ein Vorfall prägte sich Oberst von Kalben in ganz besonderem Maße ein. Eine Gruppe von Kosaken, die eine Angriffshandlung ausführte, sah sich durch ein sowjetisches Maschinengewehrnest am weiteren Vordringen gehindert. Beide Seiten beobachteten sich durch Ferngläser voller Argwohn, was wohl der andere als nächstes vorhabe. Auf einmal klang von der Seite der Rotarmisten der Ruf herüber: „Grischa, Grischa, daß wir uns hier wiedersehen!" Der Kosak Grischa stürmte daraufhin auf das Maschinengewehrnest zu, aus welchem jetzt kein Schuß mehr abgefeuert wurde. Auf der anderen Seite erhob sich ein Rotarmist und lief ihm entgegen. Mitten im Niemandsland trafen sie aufeinander, umarmten sich, Tränen flossen über die Gesichter.

Die Wiederbegegnung von zwei Freunden, die im gleichen Heimatdorf aufgewachsen waren, verhalf dem Krieg zu einer winzigen Atempause. Kosaken wie Rotarmisten verließen ihre Stellungen, eilten aufeinander zu, schlugen sich voller Begeisterung über das soeben Miterlebte auf die Schultern, vergaßen darüber ganz, daß eigentlich zwischen ihnen Feindschaft herrschte.

Als die Zeit der Trennung gekommen war, blickten sich die Rotarmisten gegenseitig an, und dann klang es wie aus einem Mund: „Wir möchten uns eurer Einheit anschließen." Als die Kosaken mit ihren neuen Kampfgefährten sich bei dem deutschen Schwadronschef einfanden, war der total perplex über das Ganze. Schließlich raffte er sich zu der Frage auf, was denn die Rotarmisten veranlaßt hätte, nach so langer Zugehörigkeit zur sowjetischen Armee nunmehr die Seiten zu wechseln. Als ihm daraufhin die Antwort zuteil wurde: „Weil ihr so schöne Kubankas habt", hatte er sichtlich Mühe, seine Gesichtszüge unter Kontrolle zu halten.

General von Pannwitz, der einmal die Kosaken des Kubanregimentes wegen eines unerfreulichen Vorfalls in einem kleinen kroatischen Bergdorf mit barschen Worten abgekanzelt und sie als Räuberbande und Spitzbuben tituliert hatte, erlebte einige Zeit später, daß ihm bei einer Belobigung dieses Regiments für seinen hervorragenden Einsatz bei der Verteidigung von Bosnisch-Gradiska der Ruf entgegenscholl: „Ja, ja, Räuber- und Banditenregiment, Gospodin General." Pannwitz schmunzelte hierüber, die Kosaken schienen sich seine Worte sehr zu Herzen genommen zu haben.

Nicht ganz unproblematisch verlief so manche Begegnung zwischen den Kosaken und den jetzt auf seiten der Sowjets kämpfenden Bulgaren. An einem Abschnitt der Drau bildete sich ein merkwürdiges Verhältnis zwischen beiden Parteien heraus. Gelegentlich fuhren die Kosaken mit einem Boot zum Fischen hinaus, wo sie in der Mitte des Flusses auf die Bulgaren stießen, die das gleiche Verlangen dorthin geführt hatte. Nichts hielt sie jetzt davon ab, gemeinsam ein paar Handgranaten in das Wasser zu werfen und sich dann die hochquellende Fischausbeute getreulich zu teilen. Die neue „Freundschaft" ging soweit, daß sich beide Gruppen Mitteilungen darüber machten, wann von hüben oder drüben ein Feuerüberfall der Artillerie zu erwarten sei.

Dieses entspannte Verhältnis wurde jedoch auf eine harte Bewährungsprobe gestellt, als die Bulgaren eines Tages den Kosaken zu verstehen gaben, daß sie natürlich sofort das Feuer eröffnen würden, sowie sich ein Deutscher am Drauufer erblicken lasse. Dies machte die Kosaken wütend. Sie erklärten den Bulgaren, daß in diesem Fall ihre Freundschaft passé sei. Dies wollten die Bulgaren nicht riskieren, und sie versicherten, es nicht so gemeint zu haben; allerdings würde der deutsche Kommandeur, sobald sie seiner ansichtig würden, für sie eine gute Zielscheibe abgeben. Dies versetzte die Kosaken erst recht in Zorn. Sie drohten den Bulgaren jede Höllenpein an, wenn sie es wagen sollten, auch nur einen einzigen Schuß auf einen deutschen Offizier abzugeben. So konnte sich der deutsche Kommandeur ohne weiteres mit seinem Fuchs einen Ausritt entlang des Drauufers erlauben. Die schützende Hand seiner Kosaken bewahrte ihn vor Ungemach. Er ahnte nicht einmal, daß seine Person Gegenstand von Verhandlungen beider kriegsführenden Parteien gewesen war.

Zu einem Geschehnis mit makabren Zügen kam es während eines Gefechts an der Drau. Ein Kosakenunteroffizier, der sich vorsichtig durch das Gelände gepirscht hatte, entdeckte plötzlich in einem dichten Gebüsch einen Rotarmisten, der den Heranschleichenden nicht wahrnahm. Als der Kosak ganz dicht vor dem Rotarmisten stand, legte er seine Waffe auf ihn an, drückte jedoch nicht sofort ab, sondern begann, seinem Gegner alle höllischen Qualen auszumalen, die seiner harren würden. Gleich werde des Teufels Großmutter ihn auf die Gabel stecken und in das ewige Feuer halten.

Nachdem er auf diese Weise dem Rotarmisten schon auf Erden die Hölle bereitet hatte, entschloß er sich zu schießen, nicht ohne nochmals seine jetzige Handlung mit den Worten: „Im Namen des Vaters und des Sohnes" absegnen zu lassen. Die anderen Kosaken erblickten in diesem Vorfall nichts Besonderes, einer der Ihren hatte sich halt auch für die arme Seele des Feindes verantwortlich gefühlt und ihm ein wenig geistliches Zehrbrot mit auf den Weg gegeben.

Konnten früher nach solchen harten Kampfhandlungen Ruhepausen eingelegt werden, so ließ dies die sich ständig verstärkende Aktivität der Partisanen nicht mehr zu. Kaum war die Einschließung von Daruvar zunichte gemacht, galt es, 500 eingeschlossenen kroatischen Soldaten in Palešnik Hilfe zu erweisen. Mit dieser Aufgabe wurde das Donkosakenregiment 1 betraut, dem für diesen Angriff auch die Leibgarde des Poglavnik zur Verfügung stand.

Es gelang sehr schnell, Palešnik zu befreien, doch behielten die Partisanen inzwischen eine von ihnen häufig praktizierte Taktik bei, nämlich zurückzuweichen, um sich sogleich an anderer Stelle wieder zu sammeln und zu einem Angriff in gänzlich anderer Richtung anzusetzen. Dies hielt die Kosaken fortwährend in Bewegung, immer wieder mußten sie den Partisanen förmlich hinterherjagen, um sie entweder zu stellen oder zu veranlassen, ein bestimmtes Gebiet wenigstens für eine gewisse Zeit zu meiden.

Als das Kosakenregiment durch seine Feindaufklärung davon Kenntnis bekam, daß der Gegner nunmehr starke Kräfte bei Grabisno Polje zusammenzog, beschloß die Regimentsführung, auch dort zum Angriff überzugehen. Von drei Seiten wurde der Ort angegriffen und dann gestürmt. Die Partisanen flohen in die unwegsame Gebirgsgegend der Bila Gora. Bei der Eroberung von Grabisno Polje stellte sich heraus, daß sich in dieser Ortschaft das Hauptquartier des VIII. Partisanen-Korps befunden hatte. Die Flucht seiner Anführer war so überstürzt erfolgt, daß sie nicht einmal dazu gekommen waren, wichtiges Kartenmaterial zu vernichten.

Jedoch nicht alle Partisanen hatten es geschafft zu entkommen. Sie traten jetzt den Weg in die Gefangenschaft an. Andere Partisanengruppierungen bemächtigten sich in der Zwischenzeit großer Teile der Stadt Požega. Sie hatten sich die Tatsache zunutze gemacht, daß die einzelnen Kosakenregimenter in entlegenen kroatischen Gebieten hinreichend damit beschäftigt gewesen waren, dort des Gegners habhaft zu werden.

Erstmals im Verlaufe des Partisanenkrieges auf jugoslawischem Boden entschloß sich General von Pannwitz zur Aufgabe des gesamten Bezirks, welcher die Stadt Požega umgab. Ihm war klar geworden, daß die bisherige Kampfführung, die Partisanen aus einem bestimmten Gebiet zu verjagen, in welches sie dann nach kurzer Zeit wieder zurückkehrten, so nicht mehr fortgesetzt werden konnte. Weder die Kosaken noch die Kroaten besaßen genügend Kräfte, welche eine dauerhafte Besetzung auch der kleinsten Ortschaften erlaubt hätten.

Die Partisanen Titos waren inzwischen sowohl von ihrer Mannschaftsstärke her als auch, was ihre Ausrüstung mit schweren Waffen betraf, den Kosakenregimentern überlegen. Noch wirkte sich dies in den einzelnen Gefechten jedoch nicht entscheidend aus. Natürlich blieb es den Partisanen nicht verborgen, daß die Kosaken und mit ihnen die kroatischen Domobranen offensichtlich entschlossen waren, sich aus dem Bezirk Požega zurückzuziehen, nachdem sie beobachtet hatten, daß dort systematisch ein Abtransport sämtlichen beweglichen Gutes im Gange war.

Auch die Mehrheit der hier lebenden Bevölkerung hatte sich dazu entschlossen, diesen Teil ihrer Heimat gemeinsam mit den Truppen zu verlassen. Die Menschen verspürten keine Neigung dazu, unter kommunistische Herrschaft zu geraten. Viele glaubten allerdings zu diesem Zeitpunkt noch daran, daß all diese Maßnahmen nur vorübergehender Natur sein würden.

Daß dem unabhängigen kroatischen Staat nur noch eine kurze Frist des Daseins beschieden war, stand noch außerhalb jeder Erwägung.

Besonders viel wurde zu dieser Zeit dem Terekkosaken-Regiment 6 abverlangt. Gerade erst nach mehrwöchiger Kampftätigkeit zu ihrem Ruhepunkt Sibinj westlich der Stadt Brod zurückgekehrt, mußten die Schwadronen schon wieder aufsitzen, um in der Stadt Požega den Abzug der sich in einer verzweifelten Lage befindlichen Domobranen-Garnison sowie von Teilen der Bevölkerung zu sichern. Das Kosakenregiment vermied es jedoch, noch einmal tiefer in die Stadt vorzudringen, sondern beschränkte sich darauf, eine aus Požega führende Bahnlinie sowie eine Straße nach Pleternica freizukämpfen, über die dann sämtliche kroatischen Soldaten sowie die sich ihnen angeschlossene Bevölkerung sicher aus der Stadt geleitet wurden.

Ein Teil der Bewohner von Požega hatte sich jedoch dafür ausgesprochen, weiterhin dort zu verbleiben, was von dem Kosakenregiment respektiert wurde. Nicht ein einziges Vorratslager wurde von den Kosaken zerstört, keine Straße unpassierbar gemacht, nirgendwo ging ein Gebäude in Flammen auf. Obwohl der Regimentsführung der Terekkosaken bekannt war, daß es keinerlei Rückkehr nach Požega geben würde, kam es niemandem in den Sinn, dem Gegner die Ortschaft etwa in Form eines Stücks verbrannter Erde zu überlassen.

Allen späteren Behauptungen zum Trotz, hielten sich die General von Pannwitz unterstehenden Einheiten jederzeit an der Kriegsregel, weder Zivilisten noch ihren Besitz irgendeiner Gefahr auszusetzen. Jeder Angehörige des deutschen Rahmenpersonals sowie auch die einzelnen Kosaken, welche bekanntlich den Status der Wehrmachtssoldaten hatten, trugen in ihrem Soldbuch ein kleines Merkblatt bei sich, das zehn Gebote für die Kriegführung enthielt. Merkwürdigerweise findet sich hierüber in den Werken, welche sich zeitgeschichtlich mit dem Zweiten Weltkrieg auseinandersetzen, weder ein Hinweis noch irgendeine Anmerkung in Hinblick auf die Tatsache. Es wird so getan, als ob es niemals einen solchen Moralkodex für das deutsche Heer gegeben hätte. Gerade General von Pannwitz verwies bei all seinen Ansprachen an die Kosaken immer wieder besonders darauf, was einen Wehrmachtssoldaten von einem kommunistischen Partisanen Titos unterschied.

Im einzelnen besagten diese Gebote folgendes:

„1. Der deutsche Soldat kämpft ritterlich für den Sieg seines Volkes. Grausamkeiten und nutzlose Zerstörungen sind seiner unwürdig. 2. Der Kämpfer muß uniformiert oder mit einem besonders eingeführten, weithin sichtbaren Abzeichen versehen sein. 3. Es darf kein Gegner getötet werden, der sich ergibt, auch nicht der Freischärler oder Spion. Diese erhalten ihre gerechte Strafe durch die Gerichte. 4. Kriegsgefangene dürfen nicht mißhandelt oder beleidigt werden. Waffen, Pläne und Aufzeichnungen sind ihnen abzunehmen. Von ihrer persönlichen Habe darf ihnen nichts weggenommen werden. 5. Dum-Dum-Geschosse sind verboten. Geschosse dürfen auch nicht in solche umgewandelt werden. 6. Das Rote Kreuz ist unverletzlich. Verwundete Gegner sind menschlich zu behandeln. Sanitätspersonal und Feldgeistliche dürfen in ihrer ärztlichen bzw. seelsorgerischen Tätigkeit nicht gehindert werden. 7. Die Zivilbevölkerung ist unverletzlich. Der Soldat darf nicht plündern oder mutwillig zerstören. Geschützte Denkmale und Gebäude, die dem Gottesdienst, der Kunst, Wissenschaft oder der Wohltätigkeit dienen, sind besonders zu achten. Natural- und Dienstleistungen der Bevölkerung dürfen nur von Vorgesetzten gegen Entschädigung beansprucht werden. 8. Neutrales Gebiet darf weder betreten oder überflogen, noch durch Beschießung in die Kriegshandlungen einbezogen werden. 9. Gerät ein deutscher Soldat in Gefangenschaft, so muß er auf Befragen seinen Namen und Dienstgrad angeben. Unter keinen Umständen darf er seine Zugehörigkeit zu seinem Truppenteil und etwas über die militärischen, politischen und wirtschaftlichen Verhältnisse auf der deutschen Seite aussagen. Weder durch Versprechungen noch durch Drohungen darf er sich dazu verleiten lassen. 10. Zuwiderhandlungen gegen die vorstehenden Befehle in Dienstsachen sind strafbar. Verstöße des Feindes gegen die unter 1–8 angeführten Grundsätze sind zu melden. Vergeltungsmaßnahmen sind nur auf Befehl der höheren Truppenführung zulässig."

Nach der Räumung des Bezirkes sowie der Stadt Požega zeigte es sich, daß auch anderswo dieselbe Entwicklung unausweichlich geworden war. Schon seit längerem hatte sich auch in der Stadt Daruvar eine ähnliche Lage herausgebildet. Einmal herrschten hier die Partisanen, dann hatten wieder Kroaten und Kosaken in der Stadt das Sagen, und so wechselte sich dies fortwährend ab, was für die Kosakenregimenter einen Kräfteverschleiß sondergleichen darstellte.

Die immer wieder erforderlichen Vorstöße zum Durchbrechen von Umklammerungsringen strapazierten die Kräfte der Kosaken über Gebühr. Da sie niemals einen Erfolg auf Dauer bescherten, entschloß sich General von Pannwitz schweren Herzens, jetzt auch Daruvar aufzugeben. Zuvor erwies es sich noch einmal erforderlich, die gerade wieder einmal von starken Partisanengruppen belagerte kroatische Garnison aus ihrer mißlichen Lage zu befreien und außerdem für kurze Zeit zu gewährleisten, daß alle wichtigen Kriegsgüter aus der Stadt herausgebracht werden konnten.

Der überwiegende Teil der kroatischen Bevölkerung Daruvars hatte sich dafür ausgesprochen, die Truppen zu begleiten. Schon bald türmten sich auf den Treckwagen Betten, Kleidungsstücke, Decken, Kochgeschirr, Körbe mit Kleinvieh, Eßwaren in jeder Menge, aber auch herumkrabbelnde Kinder und kleine Hunde. Es kam für die Kosaken darauf an, alle Voraussetzungen zu schaffen, die es diesem langen Treck erlaubten, unbehindert von den Partisanen, die an den Fliehenden ein blutiges Exempel zu statuieren gedachten, die Stadt zu verlassen.

An das Terekregiment erging deshalb der Befehl, eine Bresche in den Belagerungsring der Partisanen zu schlagen, die dann als Fluchtweg für die Eingeschlossenen dienen sollte. Da General von Pannwitz die Befürchtung hegte, daß ein solches Unterfangen angesichts der Stärke der Partisanen nicht mehr so leicht wie früher zu bewältigen sein würde, setzte er vorsorglich auch noch das Donkosaken-Regiment 1 dorthin in Marsch. Der Kommandeur des Terekregimentes 6, das den anderen Einheiten weit vorausgezogen war, machte sich ebenfalls seine Gedanken, ob auch alles gut verlaufen werde.

Oberst Heinrich Detloff von Kalben hatte im Verlaufe der letzten Kampfhandlungen einen Eindruck davon erhalten, daß aus den Partisanen von einst inzwischen eine militärische Einheit geworden war, die durchaus als ebenbürtiger Gegner angesehen werden mußte. Die Ausbildung der Partisanen hatte sich entscheidend verbessert, die Kommandeure verstanden ihr Handwerk, und ähnlich den in der Roten Armee herrschenden Bräuchen sorgten Politoffiziere mit gezogener Waffe dafür, daß für die Genossen Kämpfer kein Zweifel daran bestand, daß jederzeit auch auf sie eine tödliche Kugel von hinten abgefeuert werden konnte.

Regimentskommandeur von Kalben beschloß deshalb, eine List anzuwenden, um bei den Partisanen den Eindruck zu erwecken, daß nicht nur ein einziges Regiment, sondern die ganze Kosakendivision im Anmarsch begriffen war. Er befahl seinen Kosaken, beim Durchzug einzelner Dörfer dort an den Häusern die typischen Zeichen für eine Quartiernahme anzubringen, welche auf verschiedenste Regimenter hinwies. Wer immer einen Blick darauf warf, für den mußte es so erscheinen, als ob sich eine ganze Anzahl von Kosakenregimentern im Anrücken befand.

Die Partisanen, wie stets durch ihre geheimen Verbindungsleute über alles Auffällige informiert, fielen auf den Trick herein und glaubten, es mit der kompletten Division des Generals von Pannwitz zu tun zu haben. So überwog bei ihnen die Vorsicht, sie ließen die Terekkosaken einfach des Weges ziehen. Ein Anschlag auf das Regiment, von dem sie ja annahmen, es bilde nur die Vorhut, schien ihnen nicht ratsam.

Die Kosaken erreichten auf diese Weise den Stadtrand von Daruvar, ohne einen einzigen Schuß abgeben zu müssen. Die kroatischen Garnisonssoldaten waren überglücklich, als auf einmal die Kosaken bei ihnen auftauchten, um sie nunmehr zusammen mit dem bereitgestellten Treck aus der Stadt hinaus zu geleiten. Rund 2.000 kroatische Soldaten ließen die Mauern von Daruvar hinter sich. Das Gefühl, in diesem Augenblick ein Stück ihrer Heimat preisgegeben zu haben, kam ihnen offenbar nicht. Ebensowenig dachten sie darüber nach, was Kosaken vom Don und Terek dazu veranlassen könnte, sich für sie in die Schanze zu schlagen.

Während der lange Zug sich langsam aus der Stadt hinausbewegte, kamen die Partisanen dahinter, daß sie einer Täuschung zum Opfer gefallen waren. Obwohl sie nun sogleich einen Angriff mit Unterstützung von Panzern auf die Kosaken durchführten, vermochten sie die Aktion der Evakuierung nicht mehr aufzuhalten. Über zwei Tage währte der Auszug der Bevölkerung von Daruvar, der so etwas wie ein Omen darstellte für die vielen

Menschenkolonnen, die schon bald gleich Treibgut aus ganz Osteuropa an die westlichen Gestade geschwemmt werden würden.

Noch aber überwog bei vielen Menschen die Erleichterung, daß man sie nicht einfach den Händen der kommunistischen Partisanen überlassen hatte. Doch fortan sollten die Kosakenregimenter nicht mehr zur Ruhe kommen. Titos Leute, ermutigt durch das ständige Näherrücken der Roten Armee, wollten mit aller Gewalt unter Beweis stellen, daß sie nunmehr ihren Gegnern die Initiative des Handelns entrissen hatten.

Banja Luka, nach Sarajewo die bedeutendste Stadt in Bosnien-Herzegowina, hatte dem Druck der Partisanen nicht mehr standzuhalten vermocht und war mit Ausnahme der sich noch verteidigenden Zitadelle von ihnen erobert worden. Einheiten der Ustascha wie der Domobranen stoben in wilder Flucht dahin. Kein Befehl konnte sie mehr dazu bewegen, Titos Truppen noch einmal gegenüberzutreten. Um sie auf ihrer Flucht in Richtung Bosnisch-Gradiska wenigstens davor zu bewahren, in die Gefangenschaft der Partisanen zu geraten, brach das Regiment Kuban 3 von Alt Gradiska auf.

Die Kosaken stellten sich nunmehr den Fliehenden, die größtenteils völlig verstört waren, in den Weg und bildeten aus ihnen so etwas wie eine Verteidigungslinie, welche freilich nur dem Zweck dienen sollte, nunmehr wenigstens einen geordneten Rückzug antreten zu können. Der Gedanke an eine sofortige Rückeroberung Banja Lukas mußte vorerst fallengelassen werden, da hierzu nicht genügend Kräfte zur Verfügung standen.

Die Kosaken beabsichtigten, sich mit den aufgegriffenen Kroaten deshalb nach Bosnisch-Gradiska zurückzuziehen, diesen an der Save gelegenen Ort jedoch unter allen Umständen zu halten, da er als Brückenkopf für heranzuziehende Kosakenabteilungen vom anderen Ufer der Save eine immense Bedeutung besaß.

Am 19. September 1944 traf das durch die vielen Kämpfe der letzten Zeit so stark beanspruchte Terekregiment 6 auf dem Schauplatz des Geschehens ein. Es setzte über die Save und löste in Bosnisch-Gradiska das Kubanregiment ab, welches im Verlauf der schweren Rückzugskämpfe viele Opfer erlitten hatte. Überhaupt ist zu sagen, daß die Kämpfe bei Banja Luka für beide Seiten äußerst verlustreich verliefen.

Mit einem gewissen Erstaunen und auch zugleich einem Gefühl der Abscheu beobachteten die deutschen Offiziere erstmals bei den Kämpfen vor Bosnisch-Gradiska, daß die Partisanen sich hier fast haargenau einer Kampfesweise befleißigten, die ihnen ganz offensichtlich von ihren sowjetischen Beratern vermittelt worden war. Eine Partisaneneinheit nach der anderen wurde unbeeindruckt des ihnen entgegenschlagenden Abwehrfeuers immer wieder nach vorn getrieben, was viele Lücken in ihre Reihen riß.

Obwohl Bosnisch-Gradiska eigentlich nicht über die entsprechenden Voraussetzungen verfügte, nahm es immer mehr den Charakter einer Festung an. Aus dem Stadtgebiet heraus machte das Kosakenregiment, das unterdessen durch weitere Einheiten verstärkt worden war – darunter auch zwei Kosaken-Batterien sowie die erneut herangeführte Leibgarde des Poglavnik –, ständig Ausfälle in die umliegenden Dörfer, um die Partisanen daran zu hindern, ihre übliche Taktik, Bildung eines Einschließungsringes, anwenden zu können.

Den Kosaken wollte es nur schwer in den Sinn, warum sie den Partisanen lediglich nur Nadelstiche versetzten, anstatt ihnen einmal zu zeigen, wer wem überlegen war. Die Ankunft des Generals von Pannwitz in Bosnisch-Gradiska nahmen sie als ein Zeichen dafür, daß sich jetzt bald etwas Entscheidendes tun würde. Hiermit hatten sie völlig recht. Pannwitz war gekommen, um höchstpersönlich von hier die Führung einer Angriffsoperation auf Banja Luka einzuleiten.

Am 27. September 1944 war es dann soweit. Das Terekregiment 6 bildete den rechten Flügel des Vorstoßes, während eine vom Regimentsstab der Kubankosaken geleitete Kampfgruppe parallel dazu auf der linken Seite der von Bosnisch-Gradiska nach Banja Luka führenden Straße vorging. Noch immer tobten um die von deutschen und kroatischen Soldaten verteidigte Zitadelle erbitterte Kämpfe. Die Verteidiger sehnten die Stunde ihrer Befreiung herbei.

Zwei Tage nach ihrem Abmarsch erreichten die Kosakenverbände den Stadtrand von Banja Luka und ergriffen wenig später von der gesamten Stadt wieder Besitz. Nach der geglückten Befreiung der Eingeschlossenen verblieb die Pannwitz-Einheit allerdings nur für kurze Zeit in der Stadt. Banja Luka teilte endgültig das Schicksal von Daruvar sowie Požega. All diese Gebiete galten als verloren, was mit der veränderten Lage zu tun hatte, die im Herbst 1944 auf dem Balkan eingetreten war.

Das Ausscheiden Rumäniens und Bulgariens aus dem Verband der Achsenmächte bürdete der deutschen Führung eine Reihe schwerwiegender Probleme auf. Die in Griechenland stationierten deutschen Truppenverbände konnten dort nicht länger verweilen, da der Zeitpunkt abzusehen war, wo die Front auf dem Balkan, wenn ein solcher Begriff für die weit auseinanderklaffenden Verbände überhaupt anwendbar war, zurückgenommen werden mußte, da ihre Kampfstärke nicht ausreichte, um zusätzlich zu den Partisanen auch noch der Roten Armee Widerstand entgegenzusetzen.

Als besonders fatal erwies es sich, daß die Bulgaren als bisherige Verbündete Deutschlands sich nunmehr bestrebt fühlten, nach ihrem Übertritt auf die Seite der Westalliierten ihren neuen Freunden Verläßlichkeit zu demonstrieren, und sich deshalb jetzt an den Kampfhandlungen gegenüber Deutschland beteiligten.

Churchill hatte ihnen in einer Unterhausrede vom 28. September 1944 zu verstehen gegeben, was er von ihnen erwartete. Sie sollten sich jetzt nicht etwa kleinlaut niederkauern und auf Absolution hoffen, sondern mit aller Energie über Deutschland herfallen, um die Aufmerksamkeit der siegreichen Nationen von ihren früheren Untaten abzulenken.

Diesen Wink mit dem Zaunpfahl verstanden die bulgarischen Minister durchaus, die keinerlei Lust darauf verspürten, sich später einmal auf einer Anklagebank der Alliierten wiederzufinden. Vier bulgarische Divisionen, die über bestes militärisches Gerät verfügten, das sie von Deutschland erhalten hatten, schickten sich an der Drau an, eine zweite Front im Südosten des Balkans gegen Deutschland zu eröffnen. Die bulgarischen Truppen verfügten über 60 Tiger-Panzer sowie Sturmgeschütze, welche sie ebenfalls aufgrund des mit Deutschland abgeschlossenen Bündnisvertrages erhalten hatten. Selbst deutsche Stukas nannten sie ihr eigen sowie eine Luftwaffe, deren Offiziere auf deutschen Fliegerhorsten ausgebildet worden waren.

Dies alles zusammen stellte eine bedrohliche Macht dar, mit der es auch bald die Kosakenregimenter zu tun bekommen sollten. Den deutschen Offizieren fiel es nicht leicht, die Frage mancher Kosaken zu beantworten, warum sich die slawischen Brüder Bulgariens von Deutschland abgewandt und sich auf die Seite des Feindes gestellt hatten. Ob sie nicht wüßten, was sie von den Kommunisten zu erwarten hätten? Es war nicht einfach, hierauf eine Antwort zu finden, die tatsächlich überzeugend genug klang, um die Fragesteller zu befriedigen.

EINE DEKLARATION UM JAHRE ZU SPÄT

Am 14. November 1944 erfolgte in Prag die Gründung eines Komitees für die Befreiung der Völker Rußlands (KONR), zu dessen Vorsitzendem Wlassow berufen wurde. Die meisten, die daran teilnahmen, ahnten, daß es längst zu spät war, um noch auf den Verlauf des Krieges Einfluß nehmen zu können. In Prag gab es völlig neue Töne zu hören. Die wohl frappierendste Aussage lautete, daß die zu schaffende Befreiungsarmee Russkaja Oswoboditelnaja Armija (ROA) den Status der Armee eines mit Deutschland verbündeten Staates tragen würde. Sie sollte der Wehrmachtsführung lediglich bei operativen Entscheidungen unterstellt sein.

Als das in Prag verkündete Ziel der russischen Befreiungsbewegung wurde der Sturz Stalins, die Vernichtung des Bolschewismus, der Abschluß eines ehrenvollen Friedens mit Deutschland, die Schaffung eines neuen Rußlands, das in Freundschaft mit Deutschland und den anderen Völkern Europas stehen sollte, deklariert.

Zunächst war an die Aufstellung von zwei Divisionen gedacht. An der Seite von Wlassow standen viele erfahrene Frontoffiziere, die zuvor der Roten Armee angehört hatten. Sie nahmen jetzt als Stabsoffiziere oder Truppenführer hohe Positionen in der russischen Befreiungsarmee ein. Generalstabschef und zugleich stellvertretender Oberbefehlshaber wurde Generalmajor Truchin, der einst an der Akademie der Roten Armee in Moskau jungen Offiziersschülern das Wesen von Strategie und Taktik beigebracht hatte.

Zu den führenden Kommandeuren dieser Armee gehörten unter anderen Generalleutnant Schilenko, welcher in der Roten Armee als Korpskommissar gedient hatte; Oberst Sacharow, Sohn eines ehemaligen Adjutanten Admiral Koltschaks, und Oberst Meandrow, dessen Vater Priester gewesen und in die Verbannung getrieben worden war. Meandrow leitete in der ROA eine Schule zur Ausbildung des Offiziersnachwuchses für die Befreiungsarmee.

Aufgefallen war er der deutschen Wehrmachtsführung im August 1941, als er während eines Verhörs nach seiner Gefangennahme die Frage, ob der sowjetische Widerstand nicht bald zusammenbrechen würde, entschieden verneinte. Meandrow fügte dann die Worte hinzu: „Ich habe die größte Hochachtung vor der Wehrmacht. Trotzdem wird die deutsche Armee die

Sowjetunion nicht besiegen können, es sei denn, es gelänge ihr, das russische Volk gegen Stalin zu mobilisieren."

Weiter setzte sich Wlassows Führungsstab aus dem Korpskommissar Sykow, einem ehemaligen Mitarbeiter Bucharins sowie dem Fliegerobersten Maljzew, dem in Folterkellern des NKWD während der Parteisäuberungskampagne schreckliche Qualen zugefügt worden waren, sowie Generalmajor Bunjatschenko zusammen.

Die 60. Infanteriedivision der ROA wurde auf dem Truppenübungsplatz in Münsingen feierlich vereidigt. Die Offiziere, Unterführer und Mannschaften legten dabei den Schwur ab, bis zum letzten Blutstropfen für das Wohl des russischen Volkes gegen den Bolschewismus zu kämpfen. Vom Führer des Großdeutschen Reiches, Hitler, war in der Eidesformel nicht die Rede.

Viel Beachtung fand in der deutschen Presse eine Mitteilung des Deutschen Nachrichten-Büros (DNB) vom 19. Dezember 1944. Darin hieß es, daß Reichsmarschall Hermann Göring der Bildung einer Luftwaffe der ROA seine Zustimmung gegeben habe und entsprechende Maschinen dem aus sechs Jagdgeschwadern bestehenden 1. Fliegerregiment zur Verfügung gestellt worden seien. Zum Kommandeur dieses Regiments, das aus insgesamt 5.000 Mann bestand, wurde der bereits erwähnte und inzwischen zum Generalmajor beförderte Maljzew ernannt. Zur Ausstattung der Fliegergeschwader gehörten Me 109, Ju 88, He 111, Do 17. Dem Regiment war auch ein Fallschirmjägerbataillon angegliedert.

General Wlassow war zu Beginn des Jahres 1945 das Recht eingeräumt worden, das Offizierskorps der ROA völlig nach eigenem Ermessen auswählen und auch entsprechende Beförderungen vornehmen zu können. Es erging auch der Befehl, das XV. Kosaken-Kavallerie-Korps unter Pannwitz in die Streitkräfte der KONR einzugliedern. Pannwitz entsandte Oberst Kononow zu Wlassow, um die entsprechenden Absprachen zu treffen. Durch die sich kurze Zeit darauf an der Ostfront überschlagenden Ereignisse kam der Zusammenschluß beider Verbände nicht mehr zustande.

Die Streitkräfte des Komitees zur Befreiung der Völker Rußlands bestanden jedoch nicht nur aus der ROA, sondern auch aus einer Anzahl weiterer slawischer Freiwilligenverbände. Da gab es beispielsweise die 1. Russische Nationalarmee (RNNA), dessen Oberbefehlshaber Generalmajor Holmston-Smyslowskij war, ferner die Russische Nationale Volksarmee, das Freiwilligenregiment Warjag (Waräger) sowie die Russische-Befreiungs-Volksarmee (RONA). Sie alle wurden nach der Prager Deklaration ein Bestandteil der KONR-Truppen. Damit verfügte Wlassow über insgesamt 100.000 Mann.

Die russische Befreiungsstreitmacht besaß eine Anzahl schwerer Waffen wie Artillerie, Flak und Panzer. Doch der Krieg war bereits zu weit vorangeschritten, als daß die ROA noch hätte eine entscheidende Bedeutung spielen können. Als die Rote Armee bereits ihre ersten Brückenköpfe auf dem westlichen Ufer der Oder bei Küstrin und Frankfurt/Oder errichtet hatte, kamen dort zwei Sturmbrigaden der ROA namens „Rossija“ und „Weichsel“ zum Einsatz, die unter dem Befehl von Oberst Galkin standen. Ihr Angriff war zunächst von Erfolg begleitet, geriet dann aber infolge mangelnder Artillerieunterstützung ins Stocken. Immerhin bestätigte die Feuertaufe der ROA, daß die Soldaten nicht davor zurückschreckten, gegen die Rote Armee zu kämpfen. Am 26. Januar 1945 spielte sich in Ostpreußen eine Szene ab, die der damalige Offizier der Roten Armee, Alexander Solschenizyn, miterlebte und über die er später in seinem mehrbändigen Werk „Archipel Gulag“, das ihn als Schriftsteller weltberühmt machen sollte, berichtete. Solschenizyn war mit seiner Batterie in einen Hinterhalt geraten. Ehe die Geschützbedienungen auch nur eine einzige Granate abzufeuern vermochten, sahen sie sich von heranstürmenden Soldaten umringt. Die trugen zwar Uniformen der deutschen Wehrmacht, waren jedoch keine Deutschen. Ihre Ärmelstreifen mit dem Georgskreuz wiesen sie als Angehörige der ROA, der Russischen Befreiungsarmee, aus.

Russen kämpften gegen Russen. Die Angreifer waren unter lauten Urrährufen gegen die Feuerstellung der Roten Armee angestürmt, hatten die Geschützmanschaften umringt, die jetzt ihr Heil in wilder Flucht suchten. Solschenizyn war von seinen derart todesmutig kämpfenden Landsleuten auf der anderen Seite so beeindruckt, daß er sich im Jahre 1994 in der renommierten russischen Literaturzeitung „Nowy Mir“ – zu deutsch Neue Welt – mit Wesen und Charakter der auf der deutschen Seite aufgestellten Russischen Befreiungsarmee befaßte.

Den großen russischen Literaten bewegten dabei mehrere Fragen; so, ob beispielsweise die „Wlassowzi“, wie die Angehörigen dieser Befreiungsarmee nach ihrem Anführer Wlassow genannt wurden, tatsächlich aus niedrigen Instinkten handelnde Vaterlandsverräter waren, wie sie von Stalin dargestellt wurden. Lag ihrem Eintritt in die Befreiungsarmee einzig der Wunsch zugrunde, dem in den Kriegsgefangenenlagern herrschenden Hunger zu entgehen? Hatten sie dem Sowjetkommunismus für ein Linsengericht abgeschworen? Weshalb waren sie bereit, für Deutschland noch zu einer Stunde in den Tod zu gehen, als dieses Land schon am Boden lag und sich für die Rote Armee der Sieg abzeichnete?

Viele Fragen, auf welche Solschenizyn eine Antwort suchte. Je tiefer er in die Geschichte der ROA eindrang, je mehr Fakten er sich zu verschaffen wußte, desto mehr zerriß das Gespinst der Unwahrheit, mit welchem Verfechter des Großen Vaterländischen Krieges über viele Jahrzehnte die Russische Befreiungsarmee wie einen Kokon umgeben hatten.

So stieß der Schriftsteller beispielsweise auf die erstaunliche Tatsache, daß genau in dem Augenblick, da sich die Rote Armee anschickte, nach Westeuropa vorzudringen, Zehntausende von Russen freiwillig um ihre Aufnahme in diese Befreiungsarmee ersuchten. Solschenizyn schreibt: „Hier wurde die Stimme des russischen Volkes wahrnehmbar.“

Vor einigen Jahren erschien in dem Moskauer Verlag AST, der sich auf die Herausgabe militärwissenschaftlicher Werke spezialisiert hat, ein Buch über die Russische Befreiungsarmee. Nach der Öffnung vieler früherer sowjetischer Archive gelangten die Autoren in den Besitz von Materialien, welche die Wlassowarmee in einem gänzlich anderen Licht erscheinen lassen. Bereits die ersten Sätze in diesem Buch wenden sich gegen die Behauptung, daß Wlassow und seine Leute für einen Silberling Verrat an ihrem sowjetischen Vaterland begangen hätten.

Der russische Militärhistoriker S. Drobjasko stellte dagegen fest: „Es hat sich bei den Angehörigen dieser Armee um Patrioten gehandelt, die voller Leidenschaft den Versuch unternahmen, das Vaterland vom inneren Feind zu befreien, der ihrer Überzeugung nach um ein Vielfaches grausamer und gefährlicher war als der Gegner." Weiter heißt es dann: „Sowjetische Publikationen über den Zweiten Weltkrieg haben im Laufe von 50 Jahren die fundamentale Tatsache verschwiegen, daß mehr als eine Million unserer Landsleute auf der Seite Deutschlands gekämpft haben."

Eine weitere starke Gruppierung innerhalb der Freiwilligenverbände der Wehrmacht bestand aus Tataren. Allerdings nahm diese Einheit auch andere Völkerschaften aus dem Wolga-Ural-Gebiet auf. So die Baschkiren, Tschuwaschen, Mordwinen, Udmurten, Marier u. a. Als ihre politische Interessenvertretung existierte in Deutschland eine Tatarische Leitstelle, die sich um die kulturelle Betreuung der Legion kümmerte, Schriften in tatarischer Sprache herstellte und auch ein tatarisches Rundfunkprogramm betrieb.

All diese Freiwilligenverbände bedeuteten für die deutsche Wehrmacht ein erhebliches militärisches Potential. Angesichts der hohen Verluste, welche sie gerade bei den Kämpfen in der Sowjetunion zu verzeichnen hatte, wäre es ihr ohne die Freiwilligenverbände kaum möglich gewesen, bestimmte Kampfaufträge überhaupt noch wahrnehmen zu können.

Als sich der Krieg dem Ende zuneigte, wurden verschiedene Versuche unternommen, den Freiwilligen-Einheiten das Schicksal zu ersparen, welches ihnen bei einer Auslieferung an Stalin beschieden sein würde. Nachdem an der italienischen Front erstmals Freiwillige in größerer Zahl von den Amerikanern wie den Briten gefangengenommen worden waren, veranlaßte General Köstring das Auswärtige Amt, sich dafür einzusetzen, daß diese Kriegsgefangenen als deutsche Soldaten angesehen würden.

Die Führungsspitze der Wehrmacht war sich der Tatsache bewußt, daß ihr jetzt eine besondere Verantwortung oblag, damit die Freiwilligen nicht gegen ihren Willen an die Sowjetunion ausgeliefert wurden. Man hoffte, daß Briten wie Amerikaner den internationalen Grundsatz respektieren würden, daß die Zugehörigkeit zur Wehrmacht sich allein aus der Uniform ergab und die Nationalität des einzelnen Soldaten keine Rolle spielen würde. Da sich die westlichen Alliierten jedoch nicht in dem gewünschten Sinne äußerten, abgesehen von einigen wenigen Stimmen, ahnten die Wehrmachtsstäbe, daß sich vor den Angehörigen der Freiwilligenverbände ein Abgrund auftat. Es nutzte auch nichts, die alliierte Seite darauf hinzuweisen, daß Deutschland im umgekehrten Fall Tschechen und Polen, welche britische Uniformen getragen hatten, nach der Gefangennahme entsprechend der Genfer Konvention behandelt hätte.

Die Wehrmacht verließ sich nicht nur auf entsprechende Demarchen, sondern verlegte eine Reihe von Verbänden, so der Kaukasier als auch der Turkmenen, in den Westen. Soweit es den Stäben möglich war, wurden Angehörige des Offizierskorps, für welche die Gefahr einer sofortigen Liquidierung bestand, wenn sie den Sowjets in die Hände gerieten, mit Ausweisdokumenten versehen, die keinen Aufschluß auf ihre nationale Herkunft gaben. Wer einigermaßen die deutsche Sprache beherrschte, wurde zu einer Ersatzeinheit einer Wehrmachtseinheit abkommandiert.

Doch dies alles entsprach nur dem berühmten Tropfen auf den heißen Stein. Die Freiwilligenverbände waren dem Untergang geweiht, und viele aus der kämpfenden Truppe wußten dies auch. Als dann später das Inferno über sie hereinbrach, gelang es nur wenigen, sich der Auslieferung an die Sowjetunion zu entziehen. Daß in dieser aufgewühlten Zeit sich dennoch ein Stück Menschlichkeit erhalten hatte, bewies das Beispiel des kleinen Fürstentums Liechtenstein. Als die Reste einer russischen Einheit unter General Smyslowsky keinen Ausweg mehr für sich sahen, bot ihnen Fürst Franz Josef von Liechtenstein an, auf das Territorium seines Landes überzutreten. Diese Geste des Fürsten rechnete ihm sein Volk hoch an.

Was sich damals, am Abend des 2. Mai 1945, kurz vor der Grenze Liechtensteins abspielte, verdient ein paar Worte mehr. Bei einbrechender Dunkelheit näherte sich aus Österreich eine Militärkolonne, über welcher seltsamerweise eine weiß-blau-rote Fahne wehte, die der zuständige Polizeioffizier, welcher seinen Dienst an der Liechtensteiner Grenze versah, nicht einzuordnen wußte. Er forderte die Kolonne zum sofortigen Halt auf. Als dem nicht Folge geleistet wurde, ließ er eine Warnsalve schießen. Daraufhin bahnte sich eines der Fahrzeuge den Weg nach vorn, dem behende ein Mann entstieg, der sich gegenüber dem Liechtensteiner Polizeioffizier als Generalmajor Boris Holmston-Smyslowsky auswies. Mit der Gestik, wie sie früher am Petersburger Hofe üblich gewesen war, stellte er sich als Befehlshaber der 1. Russischen Nationalarmee vor. Früher, so fügte er dann hinzu, habe er in der Garde des Zaren gedient.

Während diese Offenbarung bei dem Polizeioffizier sichtliches Erstaunen auslöste, nahm seine Überraschung noch zu, als ihm dann noch der Urenkel des Zaren Alexander II., Großfürst Wladimir Kyrillowitsch, die Hand entgegenstreckte.

General Smyslowsky hatte sich nach dem Ausbruch der Oktoberrevolution sofort auf die Seite der Weißen gestellt und war für die Wiederherstellung des Zarentums eingetreten. Nach der Niederlage der Weißen wählte er die

Bild oben links:
Der letzte Regimentskommandeur des Terekkosakenregiments 6 Prinz zu Salm-Horstmar.

Bild oben rechts:
Der Kommandeur des Terekregimentes, Oberst von Kalben, vor der angetretenen 1. Schwadron in Sunja 1944.

Bild unten:
Kosakenhochzeit des Wachtmeisters Artumenko März 1945 in Kapan/Kroatien, ausgerichtet von den kroatischen Dorfbewohnern sowie von den Angehörigen des Terekregiments.

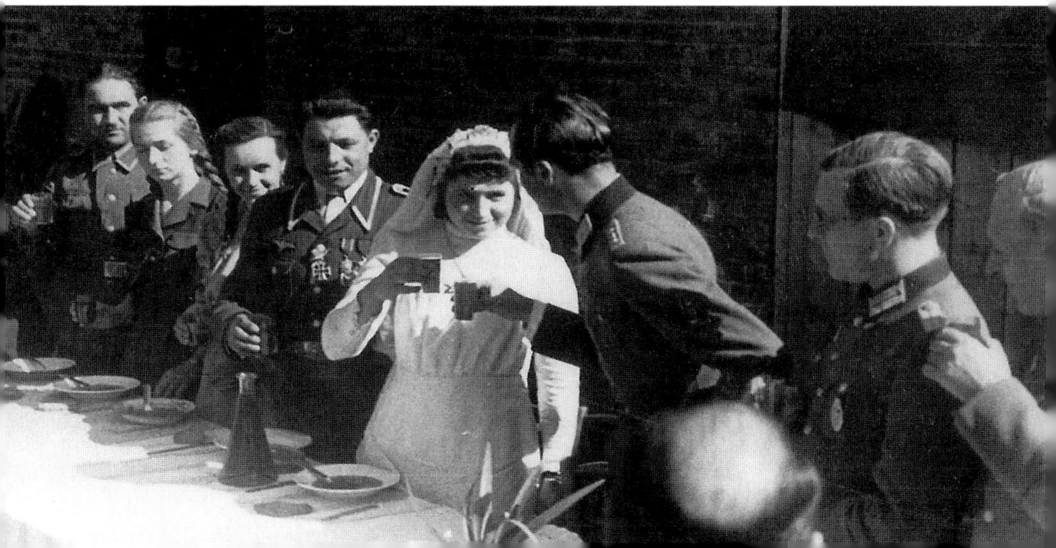

Bild oben links:
Juni 1944 im Stützpunkt Požega. Links mit dem Gesicht nach vorn der Kommandeur der 2. Kosaken-Reiterbrigade Oberst von Schultz.

Bild oben rechts:
An der Draufront, wo im Frühjahr 1945 die letzte große deutsche Offensive unter Beteiligung des Kosakenkorps eingeleitet wurde.

Bild unten:
Offiziersbesprechung mit Oberst von Kalben, Kommandeur des Terekregiments 6 (sitzend im Wagen)

Bild oben links:
General Schkuro beim XV. Kosaken-Kavallerie-Korps März 1945.

Bild oben rechts:
Ataman Krasnow schreitet in Mielau die Einheiten der 1. Kosakendivision im Herbst 1943 ab.

Bild unten:
Die Schimmelreiterschwadron im Raum Slatina/Kroatien während des Rückzugs 1945.

Worüber redeten Kosaken am liebsten? Natürlich über ihre Pferde und ebenso über die Fohlen, die einmal versprachen, ein tüchtiges Reittier abzugeben.

Der greise Ataman Kulakoff, der ein besonders schweres Schicksal während des Bürgerkriegs in Rußland erlitten hatte, ließ es sich nicht nehmen trotz seiner Beinamputation den Vormarsch der Kosakeneinheiten in Kroatien und Bosnien zu begleiten. Oberleutnant Medwetzky (v. stehend) fühlte sich persönlich für den Schutz des Kosakenoffiziers verantwortlich.

Emigration. Anfänglich hielt er sich in Polen auf, später in Deutschland, wo er sich zu Beginn des Rußlandfeldzuges um einen Eintritt in die deutsche Wehrmacht bemühte, dem stattgegeben wurde. Die Wehrmacht schickte ihn zunächst auf eine Kriegsakademie, wo er sein militärisches Wissen auf den neuesten Stand brachte. Im Anschluß daran übertrug sie ihm die Führung eines Ausbildungsbataillons für russische Freiwillige.

Diese Einheit wuchs allmählich auf 12.000 Mann an. Im Jahre 1943 besaß sie dann eine Stärke, welche eine Umwandlung in eine Division gestattete. Das Offizierskorps dieser Division bestand aus einem Konglomerat von früheren zaristischen Kommandeuren sowie übergelaufenen Rotarmisten. Obgleich dadurch mancher Konfliktstoff über die politische Zukunft Rußlands vorhanden war, kam es erstaunlicherweise zu keinen nennenswerten Spannungen. Der Haß gegen die Sowjetbewegung einte die Soldaten zweier Generationen.

Nachdem der Liechtensteiner Polizeioffizier seine Vorgesetzten davon in Kenntnis gesetzt hatte, daß Russen in deutschen Wehrmachtsuniformen darum ersucht hätten, die Grenze überschreiten zu dürfen, wurde der Fürst darüber informiert, dessen Zustimmung nicht lange auf sich warten ließ.

Die Bewohner Liechtensteins kümmerten sich in rührender Weise um die internierten Russen, denen es so an nichts mangelte. Als die sowjetische Regierung den Fürsten aufforderte, sofort sämtliche sowjetischen Staatsbürger, denen er in Liechtenstein Zuflucht gewährt hatte, auszuliefern, wies der Herrscher dieses Ansinnen mit Entrüstung zurück. Der Fürst ließ die Russen wissen, daß er sich einzig dem Völkerrecht verpflichtet fühle, woraus er sein gesamtes Handeln ableite.

Franz Josef von Liechtenstein wußte übrigens genau darüber Bescheid, wem er in seinem Lande Schutz angeboten hatte und was diesen Menschen Schreckliches bevorstand, sobald man Stalin den Zugriff auf sie gestattete. Eine Cousine der Gattin des Fürsten war mit einem der höchsten Offiziere des Pannwitzschen Kosakenkorps verheiratet, dem I c Major Erwein Karl Graf zu Eltz. Dieses hohe Lied der Menschlichkeit stellte ein Zeichen der Ermutigung dar. Menschen, die alles auf sich genommen hatten, um ihrem Land einen Weg in die Freiheit zu bahnen, brauchten nicht länger um ihr Leben zu bangen.

Die von Smyslowsky geführte Russische Nationalarmee hatte im letzten Augenblick des Krieges noch den Versuch unternommen, sich mit der 3. ROA-Division General Wlassows sowie einer weiteren Einheit zu verbünden, welche in Belgrad lebende Emigranten aufgestellt hatten. Doch die turbulenten Ereignisse an der Front vereitelten diese Absicht. So begab sich Boris Smyslowsky dann mit den ihm noch verbliebenen Truppen nach Feldkirch in Österreich, wohin auch der mit den Deutschen sympathisierende russische Großfürst Wladimir Kyrillowitsch geflohen war.

Seiner Bitte, sich der Kolonne anschließen zu dürfen, entsprach der durch die kaiserlich russische Tradition geprägte Offizier bereitwillig. Der gesamte Trupp bestand jetzt aus 462 russischen Wehrmachtsangehörigen, 30 Frauen und 2 Kindern. Kurz vor der Liechtensteiner Grenze ereignete sich ein Zwischenfall, mit dem die Weltgeschichte demonstrierte, daß sie durchaus auch einen gewissen Sinn für Ironie besaß.

Der Kraftwagen, mit dem Großfürsten als Insassen, verweigerte seine bisherigen guten Dienste und blieb stehen. So verfügte der russische Generalmajor, daß die Jüngsten seiner Soldaten, bei denen es sich sämtlich um frühere Angehörige der Roten Armee handelte, den jetzt mit Seilen versehenen Wagen mit dem zaristischen Großfürsten darin über die Grenze schleppen sollten. Dies gelang zwar, doch nutzte es letztlich dem Großfürsten nichts, da ihm Vaduz das Asyl versagte. Er blieb jedoch weiterhin guten Mutes, rechnete er doch damit, daß ihm wohl keine direkte Gefahr einer Auslieferung an die Sowjetunion drohen würde, da er sich schon sehr lange im Exil befand und die Kommunisten doch wohl auch seine exponierte Stellung in Betracht ziehen würden.

Der Großfürst blieb der einzige, der zurückgewiesen wurde. Alle anderen Offiziere der Russischen Nationalarmee fanden zunächst Aufnahme in dem Hotel Waldeck in Schellenberg, während den Mannschaften ein Quartier in zwei Schulen zugewiesen wurde.

Mitte August 1945 erschien in Vaduz eine sogenannte Repatriierungskommission. Sie bestand darauf, mit den internierten Angehörigen der Russischen Nationalarmee sprechen zu dürfen, um von ihnen zu erfahren, ob auf sie irgendein Zwang ausgeübt worden sei, damit sie sich gegen eine Rückkehr in die Sowjetunion aussprechen.

Am 16. August 1945 standen die Abgesandten der Sowjetunion Auge in Auge denen gegenüber, welche das kommunistische System mit der Waffe bekämpft hatten. Das Zusammentreffen fand im Rathaus von Vaduz statt. Der sowjetischen Delegation gehörten überwiegend NKWD-Offiziere an. Sie bedienten sich sogleich einer Taktik der Einschüchterung. Sie sprachen die Drohung aus, daß ein Verbleiben im westlichen Ausland für ihre Angehörigen bestimmte Konsequenzen haben könnte. Danach wurde mit einem Köder gelockt, daß während des Großen Vaterländischen Krieges gerade die Besinnung auf das Nationalbewußtsein eine große Rolle gespielt hätte und auch für Menschen dieses Denkens die Möglichkeit bestehe, in der sozialistischen Gesellschaft nunmehr einen geachteten Platz einzunehmen.

Die von den sowjetischen Vertretern angewandte Überredungsstrategie trug schließlich ihre Früchte. Nach mehreren Begegnungen ließen sich etwa zwei Drittel der übergetretenen Russen davon überzeugen, daß die von der UdSSR in Aussicht gestellte Amnestie wohl ehrlich gemeint sei. Die Rückkehrwilligen versprachen den in Liechtenstein Verbliebenen, nach ihrer Ankunft in der Sowjetunion sofort ein Lebenszeichen zu übermitteln.

Eine solche Nachricht traf niemals ein. Nie wieder war etwas von dem Schicksal der Rückkehrer zu erfahren, das sich nur erahnen ließ. Über zwei Jahre verblieben die restlichen Angehörigen der Russischen Nationalarmee in Liechtenstein, dann nahm sie Argentinien als Einwanderer auf. Etwa hundert von ihnen traten die Überfahrt nach Buenos Aires an.

Am Rande sei noch auf einen Vorgang hingewiesen, der in die Zeit der ersten deutschen Bundesregierung hineinspielt. Sie ersetzte Liechtenstein die Kosten, welche der über zweijährige Aufenthalt der Russen dem Land verursacht hatte. Dies konnte eigentlich nur in der Weise zu deuten sein, daß Konrad Adenauer keinen Zweifel daran hegte, daß diese russischen Freiwilligen Angehörige der deutschen Wehrmacht mit allen sich daraus ergebenden Pflichten und Rechten gewesen waren.

DAS XV. KOSAKEN-KAVALLERIE-KORPS ENTSTEHT

Nachdem die Kosakenregimenter ihre erste direkte Konfrontation mit der Roten Armee am südlichen Drauufer bestanden hatten, trat an dieser Front eine Phase des Stellungskrieges ein. Jedoch belauerten sich beide Seiten ständig; die Artillerie lieferte sich Duelle über den Fluß hinweg. Immer wieder kam es zu kleinen oder mittleren Landungsversuchen, die den Anschein erweckten, als ob die Einheiten der 3. Ukrainischen Front nach Schwachstellen in der deutschen Verteidigungslinie suchten.

Am 25. Februar 1945 entstand das XV. Kosaken-Kavallerie-Korps. Es setzte sich aus zwei Kavalleriedivisionen sowie einer Schützenbrigade zusammen, die aus zwei Plastun-(Infanterie-)Regimentern bestand. Diese Brigade, welche vorgesehen war, zum Grundstock einer dritten Division zu werden, erhielt eine rein russische Führung, mit Oberst Kononow an der Spitze, der damit kurz vor Kriegsende einen Aufstieg sondergleichen vollzogen hatte.

Mit dem jetzt geschaffenen Kosakenkorps erfüllte sich der größte Traum des Generalleutnants von Pannwitz, der am 1. Februar 1945 zum Kommandierenden General dieses Truppenverbandes berufen wurde. Doch er war sich vollständig darüber im klaren, daß all diese Maßnahmen zur weiteren Erhöhung der Schlagkraft seiner Kosakentruppe viel zu spät kamen, um damit noch etwas beim damaligen Stand des Krieges bewirken zu können.

Das Kosakenkorps wurde nunmehr der Heeresgruppe E unterstellt und erhielt den Auftrag, gemeinsam mit der 11. Luftwaffen-Felddivision wie in den zwei Monaten davor entlang der Drau eine etwa hundert Kilometer umfassende Front gegen die Rote Armee zu bilden. Sie erstreckte sich von Esseg, dem heutigen Osijek, bis Koprivnica. Nahezu zwei Jahre war das OKH davor zurückgeschreckt, die Kosaken direkt gegen die Rote Armee zum Einsatz zu bringen. Da die verschiedenen deutschen Heeresteile sich an der gesamten Ostfront im Rückzug befanden, gab es die Befürchtung, daß die Kosaken vor allem durch ihr enges Verhältnis zu dem slawischen Brudervolk der Bulgaren jetzt ebenfalls darauf aus sein könnten, im letzten Moment des Krieges noch einen Seitenwechsel vorzunehmen. Doch es sollte sich alsbald zeigen, daß ihre Treue zu Pannwitz unerschütterlich war und nichts sie dazu bewegen vermochte, ihren geliebten Batjuschka General im Stich zu lassen.

Auch das Terekkosaken-Regiment 6 lag im Februar 1945 an der Drau, und zwar nordöstlich von Gornje Bazije, in Stellung. Für die an ständige Bewegung gewohnten Kosaken bedeutete es jetzt eine ziemliche Umstellung, hier ununterbrochen auszuharren und die gegnerischen Stellungen am anderen Flußufer ständig durch Ferngläser zu beobachten.

Das Korpskommando hatte sich etwa 15 Kilometer hinter der Frontlinie in Virovitica eingerichtet. Hierhin hatte das Terekregiment auch seinen Troß sowie die Handpferde gebracht, da gegenwärtig an kavalleristischen Unternehmungen kein Bedarf war. Der Gefechtsstand der Schimmelreiterschwadron befand sich etwa 400 Meter vom Drauufer entfernt in einem Gehöft. Hier waren auch etliche Pferde der Meldereiter untergebracht sowie der von Rittmeister von Mossner gerittene „Whisky".

Trotz der entlang der Front waltenden Ruhe, die nur durch gelegentliche Feuerüberfälle unterbrochen wurde, mußte außerordentlich auf Scharfschützen achtgegeben werden, die am anderen Ufer darauf lauerten, daß einer der Kosaken die gebotene Vorsicht unterließ. Die Kosaken der Schimmelreiterschwadron wurden mit der Zeit ein wenig unwirsch, weil sie vor allem ihre Pferde vermißten. Bevor ihre Stimmung jedoch vollends in Verdrossenheit umschlug, erging an das Terekregiment die Anweisung, einen Stellungswechsel vorzunehmen und einen anderen Abschnitt an der Drau zu übernehmen, der sich westlich einer den Fluß überquerenden Brücke bei Barcs befand.

Der Befehl lautete, nach Übergabe des bisherigen Abschnitts an eine andere Einheit die Nachtstunden zum Aufbruch zu nutzen und zunächst in ein Dorf bei Gornje Bazije zu marschieren, welches bis zum Morgen des nächsten Tages erreicht werden mußte. Von dort sollte es dann nach einem Ruhetag zu dem neu zu besetzenden Abschnitt weitergehen. Obwohl im Marschbefehl nicht ausdrücklich erwähnt, ging die Regimentsführung offenbar davon aus, daß die Kosaken ihren Marsch zu Fuß zurücklegen würden.

Rittmeister von Mossner, der in den Augen seiner Kosaken zu lesen verstand, beschloß, den erhaltenen Befehl ein wenig nach eigenem Gutdünken zu interpretieren, und ordnete deshalb das Verlegen der Schwadron zu Pferde an; er tat dabei so, als ob er die strahlenden Gesichter der Kosaken nicht bemerkte. So ganz einfach war es freilich nicht, diesen Befehl in die Tat umzusetzen. Der für die Handpferde in Virovitica zuständige Hauptwachtmeister erhielt den Auftrag, mit seinen Leuten die Pferde zeitlich so nach vorn zu schaffen, daß sie dann nach Einbruch der Dunkelheit auf einem verabredeten Platz etwa drei Kilometer hinter der jetzigen Draustellung bereitstanden. Da auch feindliches Störfeuer in Betracht gezogen werden mußte, sollten die Pferde möglichst weit auseinander gruppiert werden.

Obwohl alles genau abgesprochen worden war, bangte Mossner ein wenig, ob es auch klappen würde. Nachdem die Übergabe der Stellung an die andere Einheit erfolgt war, zeigte sich, daß alles programmgemäß verlief. Die Kosakenpferde warteten an der vorher festgelegten Stelle, und so manches freudige Gewieher begleitete das Wiedersehen. Die Kosaken der Schimmelreiterschwadron aber waren überglücklich, als sie sich nach so langer Zeit wieder einmal in den Sattel schwingen durften.

Ein langer Zug von Reitern bewegte sich durch die sternenklare Nacht. Außer einem gelegentlichen Hufgeklapper war kein anderer Laut zu vernehmen. Doch da der Rittmeister längst ebenso wie General von Pannwitz und noch mancher andere deutsche Offizier wie ein Kosak empfand, ermunterte er die Sänger der Schwadron, das alte Kosakenlied „Stenka Rasin" anzustimmen. So erschloß sich den Reitern ein Stück der alten Kosakenromantik, die in ihnen ein Gefühl der Verbundenheit beschwor, wie es sich einst auch im Wesen der Freikorps ausgeprägt hatte. Später wurde dann die normale Marschordnung wiederhergestellt. Die Sänger begaben sich zurück in ihre Züge, und es wurde auf Abstand geachtet.

Bei Anbruch des Tages wurde eine Straßenkreuzung 9 Kilometer nördlich von Virovitica erreicht, wo es nunmehr hieß, wieder Abschied von den Pferden zu nehmen, um sie nicht dem Beschuß der feindlichen Artillerie auszusetzen. Kaum hatten die Pferde ein Stück ihres Weges zurückgelegt, da heulten bereits die ersten Granaten über die Drau, setzte das übliche morgendliche Störfeuer der Roten Armee ein. Glücklicherweise befanden sich die Tiere jedoch schon so weit weg, daß ihnen nichts mehr passieren konnte. Auch niemand aus der Schwadron kam zu Schaden.

Als die Schimmelreiterschwadron nunmehr ohne Schimmel zu Fuß in die als ihr Marschziel benannte Ortschaft einzog, war von den anderen Schwadronen des Terekregimentes dort noch nichts zu sehen. Sie trafen erst allmählich ein. Die Gesichter der Marschierenden spiegelten die Anstrengungen des zurückgelegten Weges wider. Mit Erstaunen musterten sie ihre Kameraden, die ihnen ausgeruht und frohgemut entgegenkamen.

Nun gestand Rittmeister von Mossner dem Abteilungskommandeur Major Grunst ein, daß die Schimmelschwadron ein wenig Schummel betrieben und nicht per pedes, sondern zu Pferd den größten Teil der Strecke hinter sich gebracht hatte. Der Major ließ sich nicht anmerken, wie er darüber dachte. Sollte doch der Regimentskommandeur, wenn er es für richtig hielt, dem Mossner die Leviten lesen.

Der Befehl, sich bei ihm einzufinden, ließ nicht lange auf sich warten. Oberst Prinz zu Salm-Horstmar aber reagierte gänzlich anders, als Mossner befürchtet hatte. Nachdem er ihm Meldung erstattet hatte, brach der Prinz in ein lautes Gelächter aus und meinte dann: „Ich gratuliere Ihnen, daß Sie daran gedacht haben, die Pferdebeine auszunutzen. So etwas ist kavalleristisch geschätzt."

General von Pannwitz, der einige Zeit später von der Eigenmächtigkeit der Schimmelreiterschwadron und ihrer nächtlichen „Gesangsaufführung" erfuhr, fand ebenfalls daran nichts auszusetzen. Ihm war völlig klar, daß die Kerle aus reinster Sehnsucht nach ihren Pferden gar nicht anders hatten handeln können.

PANNWITZ WIRD FELDATAMAN ALLER KOSAKENHEERE

Zwei Ereignisse bestimmten den März 1945. Sie stellten jedes für sich noch einmal einen Höhepunkt im Dasein des XV. Kosaken Kavallerie-Korps dar. Einer Tradition folgend, die seit jeher von den Kosaken hoch in Ehren gehalten wurde, sollten Abordnungen aus allen Regimentern die Wahl eines Feldatamanen aller Kosakenheere vornehmen. Zum Tagungsort wurde die große, prachtvolle Stadthalle von Virovitica auserkoren. Die Wahl sollte in einer besonders feierlichen Atmosphäre stattfinden, wollten doch die Kosaken noch einmal ein öffentliches Bekenntnis für ihren Kampf und dessen Ziele ablegen.

Von allen Teilen der Draufront trafen die Abgesandten ein, ihre besten Uniformen hatten sie angelegt, so manches Eiserne Kreuz und auch weitere Tapferkeitsauszeichnungen waren darauf zu erblicken. Reihe um Reihe füllte sich. Die Ehrenplätze blieben den Kosakenatamanen sowie den deutschen Kommandeuren vorbehalten. In ihrer Mitte hatte auch General von Pannwitz Platz genommen. Als einem der jüngsten deutschen Offiziere war auch dem Rittmeister von Mossner die große Ehre zuteil geworden, als Kosak der Staniza Gorjatschewodskaja von dem Terekregiment zu dem Kosakenkongreß delegiert zu werden.

Es stellte für ihn ein ungewöhnliches Erlebnis dar, wie die Kosakenschaft einen Zusammenhalt demonstrierte, der angesichts der Kriegslage um so beeindruckender war. Oberst Kononow, Kommandeur der Donkosaken, bestieg nach langanhaltendem Beifall die Rednertribüne und zeichnete dort auf eine mitreißende Weise den Lebensweg des Generals Helmuth von Pannwitz nach, der alles getan habe, um Zehntausenden von Kosaken nach den Jahren der stalinistischen Schmach ein Stück ihrer verlorenen Würde zurückzugeben.

„Er war es, der die Kosaken aufrichtete und ins Leben zurückholte, ohne unseren Batjuschka General waren wir nichts, mit ihm sind wir alles. Er liebt die Kosaken, als wäre er einer von uns, er ist einer von uns, der beste, den wir haben."

Der nach diesen Worten einsetzende Beifall ließ die Halle beben. Nunmehr stimmte das Trompeterkorps den Prinz-Eugen-Marsch an. Der greise Ataman der Terekkosaken, Oberst Kulakoff, forderte Helmuth von Pannwitz auf, das Podium zu betreten, um die Entscheidung der Delegierten der Konferenz zu vernehmen. In feierlichem Geleit schritt der deutsche General unter dem Dröhnen von Kesselpauken nach vorn.

Als sie wieder verstummten, verkündete Oberst Kulakoff mit bewegter Stimme, daß die Abordnungen der Kosakenregimenter einstimmig beschlossen hätten, Generalleutnant Helmuth von Pannwitz zum Feldatamanen aller Kosakenheere zu ernennen. Die Anwesenden sprangen vor Begeisterung auf, bildeten um den General einen dichten Kreis, ließen ihn immer wieder hochleben, versicherten ihm ihre Treue auf Lebenszeit.

Es war ein feierlicher Anblick, der Ernst Walter von Mossner noch heute vor Augen steht, als ein Stück Begeisterung von Soldaten für ihren General, der durch die Aufrichtigkeit seines Wesens die Herzen aller Kosaken für sich eingenommen hatte.

In der langen Geschichte des Kosakentums war es bis dahin nie vorstellbar gewesen, daß eines Tages einem Deutschen die Führerschaft über alle Kosakenheere übertragen werden könnte. Einen Aufruhr hätte dies früher verursacht. Demjenigen, der es gewagt hätte, einen solchen Vorschlag zu unterbreiten, wäre die Verachtung aller zuteil geworden. Doch mit General von Pannwitz stellten die Kosaken jemanden an ihre Spitze, mit dem ein Zeichen für den Beginn einer neuen Ära der Kosakenheere gesetzt werden sollte. In ihrem Kampf für die Freiheit vertrauten sie sich einem Mann an, von dem sie wußten, daß er niemals von ihrer Seite weichen würde, mochte kommen, was da wollte. Und wurden sie auch später von vielen bitter enttäuscht, der Feldataman von Pannwitz sollte auch in schwerster Stunde ihr Schicksal teilen.

Das zweite Ereignis im März 1945 bestand in einem letzten Aufbäumen der deutschen Truppen, dem Versuch, noch einmal zu einer offensiven Kampfesführung überzugehen. Man wollte im ungarischen Raum die Initiative zu einem nochmaligen Vordringen zurückgewinnen. Beteiligt an diesem Vorhaben war auch die Heeresgruppe E, welche an zwei Stellen die Drau, und zwar bei Valpovo und Donji Miholjac, zu überschreiten gedachte und sich dann der ungarischen Stadt Mohacs zuwenden wollte.

Auch das XV. Kosaken-Kavallerie-Korps wurde in die Angriffsposition mit einbezogen. Am 6. März 1945 setzten die Regimenter Don 1 und Kuban 4, unterstützt von zwei Bataillonen kroatischer Truppen sowie einer deutschen Luftwaffen-Felddivision, bei Valpovo über die Drau. Die letzte Attacke der Kosaken, acht Wochen vor Ende des Zweiten Weltkrieges, stand bevor. Unbeschreibliche Szenen spielten sich dabei ab. Noch einmal lehrten die Kosaken die Rote Armee das Fürchten. Es war wie eine Art von Schlußakkord.

DIE LETZTE ATTACKE DER KOSAKEN

Während die Operation zunächst planmäßig verlief und ein Brückenkopf am Nordufer der Drau gebildet werden konnte, kam dies an dem zweiten hierfür ausgewählten Punkt, bei Donji Miholjac, nicht zustande, wodurch sich für den linken Flügel der an dem Unternehmen beteiligten Kräfte eine komplizierte Lage ergab. Nachdem eine Abteilung des Kubanregimentes bei tiefer Dunkelheit mit Schlauchbooten über den Fluß gesetzt war und jetzt die Ostflanke der ebenfalls die Drau überquerenden beiden Bataillone der Luftwaffen-Felddivision absicherte, entstand bei einem weiteren Vordringen dieser Einheiten eine Gefahr für ihre offene rechte Flanke.

Tagsüber hatten sowjetische Schlachtflieger den Brückenkopf immer wieder angegriffen, aber nunmehr nach Eintritt der Dunkelheit tauchten sie nicht mehr auf. Dies machte sich die I. Abteilung des Kubanregimentes zunutze und überschritt eine Pontonbrücke, die Pioniere hinüber zur anderen Flußseite geschlagen hatten. Nach Erreichen des Ufers wählten die Kosaken für ihre Pferde und Fahrzeuge ein Waldstück zur Tarnung aus, das sich bis dicht an die Flußniederung erstreckte. Anschließend hoben sie tiefe Gräben aus, um vor dem tagsüber herrschenden Artilleriebeschuß der Rotarmisten geschützt zu sein.

Die sowjetische Seite hielt inzwischen den gesamten Brückenkopf nicht nur fest umklammert, sondern hatte auch einen Teil davon abgespalten und eine darin befindliche Gruppe von den restlichen Verbänden isoliert. Die Führung des Kosakenregimentes erkannte, daß die Gesamtlage außer Kontrolle zu geraten drohte. An einer deshalb angesetzten Kommandeursbesprechung nahm auch General von Pannwitz teil. In dem Moment, da er aus seinem Kübelwagen stieg, eröffnete die sowjetische Artillerie das Feuer. Ihre Beobachtungsposten hatten erspäht, daß sich an dieser Stelle irgend etwas abspielte, was sie nicht näher zu definieren vermochten. Auf alle Fälle schossen die Russen eine Salve ab.

Der General ließ sich davon wenig beeindrucken, witzelte, daß es Salutschüsse gewesen seien, die eigentlich nur Fürsten gebührten. Der nunmehr gefaßte Plan sah vor, zunächst an einer Stelle den um den Brückenkopf befindlichen Einschließungsring zu durchbrechen. Durch die so entstandene

Lücke sollten die Kosakenschwadronen der Regimenter Kuban 4 und Don 1 eine Attacke mit dem Ziel der Befreiung der eingeschlossenen Einheit führen. Sofern sie erfolgreich verlief, sollten sich dann die Kosaken an anderer Stelle auf den Feind werfen und mittels ihres Schwunges einen neuen Angriff aus dem Brückenkopf heraus einleiten.

Der Generalleutnant machte seinen Leuten klar, daß jetzt alles von ihrer Entschlußkraft abhängen würde, ob noch einmal neuer Elan in die Offensive käme. Im übrigen hegte er keinen Zweifel daran, daß die Kosaken genau begriffen hatten, was auf dem Spiel stand. Sorgfältig bereiteten sie sich in ihrem Aufstellungsraum, der sich hinter einem Hochwasserdamm erstreckte, auf den Angriff vor. Noch einmal wurden die Waffen überprüft, die Gurte der Pferde festgezogen, ein letzter Blick auf Sattel und Zaumzeug gerichtet.

Nachts gegen 1.15 Uhr stieg eine Leuchtkugel empor. Nach ihrem Zerplatzen senkte sie sich wie drei grüne Herzen über das geisterhaft daliegende Land. Das Zeichen zum Angriffsbefehl war ergangen. Die Reiter saßen auf, ein leichtes Schnalzen trieb die Pferde an. Die tiefschwarze Nacht machte es den Schwadronen schwer, den richtigen Weg zu finden, der sie zu ihrem Ziel führen sollte.

Dessen ungeachtet lief alles wie auf einem Übungsplatz für Kavalleristen ab. Die Pferde griffen immer weiter aus, ständig wurden ihre Bewegungen schneller, die gewaltigen Kräfte, welche eine Attacke jedesmal freisetzte, pflanzten sich wie eine Welle durch die anstürmende Schar fort. Die Hufe der Tiere veranstalteten ein Stakkato, das laut durch die Nacht schallte. Dann peitschten Schüsse auf, zerbarsten Minen mit lautem Knall. Die ersten Rotarmisten in ihren erdfarbenen Uniformen tauchten auf.

Beim Anblick der auf sie eindringenden Kosaken ergriff sie eine wahre Panik. Niemand von ihnen dachte daran, sich zur Wehr zu setzen. Mit angstverzerrten Gesichtern sprangen sie aus ihren Stellungen und liefen nach allen Seiten davon. Unbekümmert jagten die Kosaken weiter durch die Nacht, die jetzt an verschiedenen Stellen durch blutrote Flammen erhellt wurde. Nach einiger Zeit fielen die Pferde in einen leichten Galopp zurück, bis eine zweite Leuchtkugel aufstieg und eine neue Angriffsrichtung wies.

Erneut spannten sich die Leiber der Pferde, wieder wurde der Befehl zur Attacke gegeben. Rufe klangen auf: „Sa prava na Kuban" – für unser Recht auf den Kuban! Immer mächtiger entfaltete sich das Kampfgetöse. Pferde, die in einen Stacheldrahtverhau geraten waren, wieherten schmerzvoll auf. Getroffene Kosaken fielen aus den Sätteln, eine Maschinengewehrgarbe durchriß die Nacht. Weiter, immer weiter, mit Urräh-Geschrei wurde eine sowjetische Batteriestellung attackiert. Die Kanoniere ließen ihre Geschütze im Stich, mit stolpernden Schritten hasteten sie davon, fielen nieder, richteten sich wieder auf, blieben dann schicksalsergeben einfach hocken.

Die Kosaken aber sprangen von ihren Pferden, schwenkten die ihnen gerade in die Hände gefallenen Geschütze herum und richteten sie auf die rote Infanterie, die immer wieder in neue Panik über die Geschehnisse dieser Nacht verfiel. Die Kosaken kämpften nicht nur wie die Berserker, sondern schrien mit zornerfüllten Worten auf ihre Gegner ein.

Daß da Russen auf Deutschlands Seite fochten, sorgte für immer größere Verwirrung in den Reihen der Rotarmisten. Sie wußten nur noch, daß es um ihr Leben ging und jeder Widerstand zwecklos sein würde. So nahmen dann auch die roten Schützenregimenter reißaus. Mochte Väterchen Stalin die Kosaken zur Räson bringen, ihnen war es nicht beschieden, diese Teufel zu bekehren. Wo kamen sie überhaupt her? Vom Kuban? War hier denn nicht die Drau? Was hatten Kosaken vom Kuban an der Drau zu suchen? Der Teufel mochte sich da auskennen, es galt auf jeden Fall, die Beine in die Hand zu nehmen und so schnell davonzulaufen, wie es jedermann vermochte. Selbst die Roten Kommissare zogen es diesmal vor, lieber feige weiterzuleben als tot vom Schlachtfeld gekarrt zu werden.

Als der Morgen des 8. März 1945 anbrach, hatten die Kosakenschwadronen die Rotarmisten überall zum Zurückweichen gezwungen, was größtenteils in eine heillose Flucht ausgeartet war. Diese Attacke der Kubankosaken, welche der Roten Armee förmlich in die Glieder gefahren war, stellte die letzte des Zweiten Weltkrieges dar. Noch einmal hatten die Kosaken unter Beweis gestellt, daß sie der Roten Armee nicht nur gewachsen waren, sondern weitaus mehr Mut und Kampfkraft aufzubringen vermochten, als sie Stalins Soldaten hier an den Tag legten.

Doch auf den Ausgang des Krieges hatte diese Waffentat der Kosaken keinerlei Einfluß mehr. Was jetzt kam, waren nur noch Hinhaltekämpfe, die den Augenblick vorbereiteten, wo der Befehl zu einer umfassenden Absetzbewegung aus dem kroatischen-bosnischen Raum ergehen würde.

Als sich der Krieg dem Ende zuneigte, setzte das XV. Kosaken-Kavallerie-Korps alles daran, sich dorthin durchzuschlagen, wo es auf Truppenteile der westlichen Alliierten stoßen würde. Richtung Westen, lautete jetzt das Ziel. Genauer gesagt, man wollte unter allen Umständen nach Österreich gelangen, wo die britische Armee bereits weit vorgestoßen war.

Weder Helmuth von Pannwitz noch die anderen Offiziere seines Korpsstabes ahnten zu dieser Stunde, daß alle ihre Überlegungen, auf solche Weise der Roten Armee entgehen zu wollen, sich schon bald als eine totale Fehlspekulation erweisen sollten. Über das Schicksal der Kosaken sowie aller anderen Ostvölker, die auf deutscher Seite gekämpft hatten, war längst die Entscheidung gefallen. Bereits Monate zuvor hatte ein perfides Spiel seinen Anfang genommen; der Einsatz waren jene Menschen, die im Glauben an die Gerechtigkeit ihrer Sache den Kampf gegen die kommunistische Versklavung ihres Vaterlandes geführt hatten,

Nur dieser eine Gedanke beherrschte all ihre Handlungen, die sie ein Bündnis mit Deutschland hatten eingehen lassen. Kluge Köpfe in der Wehrmacht wußten durchaus einzuschätzen, daß die Kosaken ein Ziel verfolgten, das mit der nationalsozialistischen Ideologie Deutschlands so wenig im Sinn hatte wie mit dem Marxismus-Leninismus stalinistischer Prägung. Freiheit beinhaltete für sie, selbst über ihr Leben entscheiden zu dürfen. Trügerisch war lediglich ihre Hoffnung, hierfür auch bei den Westmächten auf Verständnis zu stoßen.

Rittmeister Ernst Walter von Mossner erlebte mit, wie die Kosaken angesichts der sich abzeichnenden Kriegsniederlage Deutschlands ihren Offizieren immer wieder die Frage stellten, ob es wohl möglich sein würde, die Geschlossenheit der Kosakeneinheiten weiterhin bewahren zu können, da der Kampf gegen Stalin doch unbedingt fortgesetzt werden müsse.

Auf solche Fragen, die dem schlichten, geradlinigen Denken der Kosaken entsprangen, blickten sich die Offiziere meist hilflos an. „Wir kamen uns zu dieser Zeit vor, als hätten wir Schuld daran, sie ins Unglück geführt zu haben, und würden sie jetzt ihren Weg ins Ungewisse allein antreten lassen. Doch wenn später auch Helmuth von Pannwitz eine gewisse Naivität zum Vorwurf gemacht wurde, die er gegenüber den westlichen Alliierten an den Tag gelegt habe, so teilten wir doch alle zu jener Zeit seine Meinung, daß Briten wie Amerikaner sicherlich die Klugheit besäßen, die Kosaken wenigstens vor der Auslieferung an Stalin zu bewahren. Niemand von uns ahnte, welches Verhängnis diesen Männern schon alsbald beschieden sein würde, die als unsere Kriegskameraden treu an unserer Seite aushielten, als Deutschlands schwerste Stunde anbrach“, so Ernst Walter von Mossner.

Zu welchem Zeitpunkt begann man sich im Stab des Kosaken-Kavallerie-Korps Gedanken darüber zu machen, worin das Schicksal dieser Einheiten bei einer deutschen Kriegsniederlage bestehen würde? Aller Wahrscheinlichkeit nach wurde dies durch einen Bericht ausgelöst, den BBC London Mitte Mai 1944 ausstrahlte. Diese Informationssendung bestach durch ihre sachliche Darstellung sowie eine Vielzahl von nachprüfbaren Details. In letzteren lag die Wirkung, denn die Angaben über die gegenwärtige Stärke der deutschen Wehrmacht an den verschiedensten Fronten, ihren täglichen Ausfall an Mannschaften und Material sowie die Verluste bereits eroberter Territorien führten auf überzeugende Weise vor Augen, wie hoffnungslos es um die deutsche Kriegssituation bestellt war.

Als dieser Bericht auch dem I c der Division, Major Erwein Karl Graf zu Eltz, während eines kurzen Aufenthaltes in Wien in die Hände geriet, war er besonders erschrocken darüber, daß sich die britische Rundfunkanstalt erstmalig auch mit den auf seiten der deutschen Wehrmacht kämpfenden Kosakenverbänden befaßt hatte. In dieser Sendung wurde auch eine Namensliste aller führenden Offiziere der Division verlesen, worunter sich auch sein eigener Name befand. Der Kommentar dazu lautete, daß jeder einzelne der Genannten am Ende des Krieges zur Verantwortung gezogen werden würde.

Über die Kosaken hieß es, daß ihre Auslieferung an die Sowjetunion außer Frage stehe. Helmuth von Pannwitz, der gerade im Kreis seiner Familie in Stockerau Kindstaufe feierte, vernahm den Bericht seines I c mit ziemlicher Gelassenheit. Es war ihm nicht anzumerken, was wirklich in seinem Innern vorging.

Natürlich blieb es nicht aus, daß mitunter Zweifel über die Standhaftigkeit der Kosakenregimenter aufkamen. Wie würden sie sich verhalten, sobald die Fronten im Osten weiter zurückgenommen werden mußten? Es kam hinzu, daß Oberst Kononow, der Kommandeur des 5. Donregiments, seinen Unmut über den Ausgang des Krieges nicht mehr verbarg. Gegenüber den deutschen Offizieren ließ er sich seine Besorgnis nicht anmerken, aber unter seinen eigenen Leuten hielt er sich nicht mehr mit hämischen Bemerkungen zur militärischen Lage zurück. Er gab ziemlich unverhohlen der deutschen Führung die Schuld an dem allgemeinen Desaster, brachte auch seine Verbitterung darüber zum Ausdruck, wie geringschätzig General Wlassow bisher behandelt worden sei.

Der Oberst spielte mit dem Gedanken, die Kosakendivision zu verlassen und sich Wlassow anzuschließen. Doch die üble Laune des Kosakenoffiziers erwies sich nicht als ein ansteckender Bazillus. Als mehrere Achsenmächte, darunter Italien, Rumänien und Bulgarien, aus der Kriegsallianz mit Deutschland ausscherten, spielte sich am Rande eines Feldgottesdienstes bei Kutina, den das hier liegende Terekregiment beging, eine kleine, aber bezeichnende Szene ab. Ein Kosak trat an einen der deutschen Offiziere heran und meinte wie beiläufig: „Wir keine Finnen, Italiener, Rumänen, wir stehen bis zum Ende."

Und diese Worte eines einfachen Kosaken sollten sich in jeder Weise bestätigen. Deutsche und Kosaken kämpften weiter auf bisherige Weise zusammen. Ihre Hoffnung bestand darin, daß selbst nach einer Ausschaltung Hitlers der Kampf gegen die Sowjetunion seinen Fortgang nehmen würde. Die Kosaken waren davon überzeugt, daß sich in einem solchen Augenblick die westlichen Alliierten mit den noch intakten Truppen der Wehrmacht zusammentun würden, um gemeinsam Rußland von dessen kommunistischem System zu befreien. Danach konnte dann ein erträglicher Friedensabschluß mit Deutschland vorgenommen werden.

Major Graf zu Eltz trug zu jener Zeit in sein Tagebuch folgende Worte ein: „Bisher ist mir noch keine Nation begegnet, bei der die Liebe zum eigenen Volk so ausgeprägt ist wie bei der russischen. Es gibt Nationalismus, es gibt Patriotismus, und es gibt auch Chauvinismus. Diese Begriffe sind alle beim Russen nicht anwendbar. Er kennt nur eine wahre, ganz große Liebe für sein Volk und für seine russische Heimat. Eine Liebe, die unaufdringlich, ohne Dünkel und ohne Überheblichkeit ist."

Auch in der deutschen Führungsspitze gab es eine Reihe von Männern, die genügend Verantwortungsbewußtsein besaßen, sich über das Schicksal der Freiwilligenverbände innerhalb der deutschen Wehrmacht zu sorgen, nachdem immer düsterere Aussichten den Kriegsverlauf bestimmten. Sie waren sich durchaus der Tatsache bewußt, daß eine Auslieferung von Angehörigen der Ostvölker an Stalin oder Tito für die meisten von ihnen einem Todesurteil gleichkommen würde.

Insbesondere General Ernst Köstring, der durch seine frühere Tätigkeit als Militärattaché in Moskau genügend Einblicke in das kommunistische System besaß, war sich als Verantwortlicher für die Freiwilligenverbände darüber im klaren, daß ein Damoklesschwert über diesen Einheiten hing.

Diese Meinung teilten mit ihm auch Dr. Fritz Arlt, Leiter der Freiwilligen-Leitstelle Ost im SS-Hauptamt, sowie Prof. Dr. Gerhard von Mende, der als Staatssekretär dem Reichsministerium für die besetzten Ostgebiete angehörte. Alle drei entschlossen sich deshalb gemeinsam im Winter 1944/45, einen Schritt zu wagen, der für ihr eigenes Leben mit ziemlicher Gefahr verbunden war. Sie begaben sich nämlich in die Schweiz, wo sie Kontakt zu Allan Welsh Dulles, dem Bruder von John Foster Dulles, suchten, der in Bern den amerikanischen Geheimdienst leitete.

Allan Dulles befaßte sich zu jener Zeit bereits mit Überlegungen, wer und was aus der Konkursmasse des NS-Staates für die USA zukünftig von Wert sein könnte und worüber man deshalb rechtzeitig den Mantel des Vergessens werfen sollte. Dulles dachte weiter voraus als etwa der amerikanische Präsident Roosevelt, der in Stalin noch immer den Kriegsverbündeten sah, dem er ein schon fast leichtsinnig zu nennendes Vertrauen schenkte, uneinsichtig gegenüber allen Warnungen, die ihm über dessen bereits erkennbare Nachkriegsabsichten zugingen.

Was Dulles betraf, so erblickte dieser bereits zu jener Zeit in der UdSSR einen zukünftigen Gegner, auf dessen Bekämpfung sich der US-Geheimdienst einzustellen hatte; mochten auch andere in den Vereinigten Staaten noch eine Politik betreiben, als ob alles in schönster Harmonie verlaufe.

Als sich deshalb die drei Deutschen bei ihm einfanden, um mit ihm ein Gespräch über die Zukunft der Freiwilligenverbände auf deutscher Seite zu führen, war er darüber nicht sonderlich überrascht. Dulles war nämlich bereits selbst schon darauf gekommen, daß hier ein einmaliges antikommunistisches Potential der USA in dem Augenblick von großem Nutzen sein könnte, wenn die amerikanische Politik gegenüber der Sowjetunion einmal unter anderen Vorzeichen stehen würde.

Der amerikanische Spionagechef glaubte auch, eine Lösung gefunden zu haben, durch welche sich seiner Ansicht nach eine Auslieferung der deutschen Freiwilligenverbände an Stalin vereiteln ließe. Sein Vorschlag an die Deutschen lautete: sofortige Schaffung von nationalen Völkerkomitees, Aufhebung der früheren Eidesleistung an Hitler und statt dessen eine Vereidigung auf die neuen nationalen Führungen.

Sichtlich erleichtert verließen General Köstring, Staatssekretär Prof. Dr. von Mende sowie der Leiter der Freiwilligen-Leitstelle Ost, Dr. Arlt, Bern. Nach ihrer Rückkehr begannen sie sofort mit der Umsetzung dieser Vorschläge, die ihnen durchaus vernünftig erschienen. Nacheinander besprachen sie dies mit den Führungsspitzen der Armenier, Aserbaidschaner, Ukrainer, Turkestanen, Weißrussen, Kaukasier sowie der Kosaken.

Nahezu unbekannt und in der Nachkriegszeit geflissentlich verschwiegen, blieb die Tatsache, daß sich auf deutschem Boden auch ein polnischer Hauptausschuß nach der Kriegsniederlage Polens konstituiert hatte, der ebenfalls eine eigene Zusammenarbeit mit dem Deutschen Reich anstrebte und dessen Vorstellungen über eine spätere Nachkriegsordnung Polens sich sehr von der Ansicht der polnischen Exilregierung in London unterschieden, ganz zu schweigen von den Plänen des auf sowjetischem Geheiß geschaffenen sogenannten Lubliner Komitees. Dieser polnische Hauptausschuß stand unter dem Vorsitz des Grafen Adam Ronikier.

Am 17. Februar 1945 erfolgte in Potsdam die Bildung einer lettischen Exilregierung, an deren Spitze General Bangerski trat. Diesem Vorgang widmete die reichsdeutsche Presse breiten Raum, was allgemein als Anzeichen einer sich gewandelten Einstellung gegenüber den Selbständigkeitsbekundigungen der verschiedenen Völkerschaften im Sowjetstaat angesehen wurde. Freilich kam dieses Umdenken viel zu spät, um noch entscheidenden Einfluß auf den Kriegsverlauf ausüben zu können. Viel zu lange war etwa die Repressionspolitik des Reichskommissars Ukraine, Erich Koch, typisch für die deutsche Haltung gegenüber den Ostvölkern gewesen.

Diese auf Rassedünkel beruhende Politik, die konträr zu dem Wunsch vieler Völkerschaften im Ostraum stand, sich als gleichberechtigte Partner Deutschlands an der Beseitigung der stalinistischen Drangsal zu beteiligen, hatte einen Schaden gestiftet, der sich nicht mehr beheben ließ.

General Köstring und auch so manch anderer hatte immer wieder die Meinung kundgetan, daß sich das Bemühen darauf richten sollte, vor allem die nichtrussischen Völkerschaften innerhalb der UdSSR im Kampf gegen Stalin, welcher der Wehrmacht einen hohen Blutzoll abverlangte, auf die deutsche Seite zu ziehen. Sie waren davon überzeugt, daß sich nur so ein Sieg über die Rote Armee erreichen lassen würde und die kommunistische Herrschaft in diesem riesigen Land ihr Ende fände.

Als die deutsche Wehrmacht im Juni 1941 die Grenzen zur Sowjetunion überschritten hatte, war ihr in den von Stalin okkupierten baltischen Staaten, aber auch in der Ukraine, in Weißrußland, im Kaukasus und insbesondere in den Zentren der Kosaken am Don und Terek eine Welle von Sympathie entgegengeströmt. Die Wehrmacht wurde vielerorts als Befreier vom sowjetischen Joch begrüßt. Dies wäre der Zeitpunkt gewesen, dem Verlangen nach nationaler Eigenständigkeit vieler dieser Völkerschaften in Form einer entsprechenden Deklaration Rechnung zu tragen und die Gründung nationaler Komitees zu fördern.

Doch solche Einsichten fanden damals keinerlei Gehör. Die Propaganda von dem Untermenschentum vernagelte die Köpfe, und die daraus resultierende brutale Handlungsweise ließ vieles von der anfänglichen Sympathie alsbald in Feindschaft umschlagen.

Der Meinungswandel Ende 1944, der durch die katastrophale Lage an der Ostfront hervorgerufen wurde, kam zu spät und konnte deshalb nur noch Stückwerk bleiben. Weder die zu diesem Zeitpunkt erfolgte Aufstellung des XV. Kosaken-Kavallerie-Korps noch die nach vorausgegangener langer Verzögerung geschaffene Russische Befreiungsarmee vermochten noch eine Änderung zu bewirken.

Für die rund eine Million Mann zählenden Freiwilligenverbände, die allen Schicksalsschlägen zum Trotz auch in der letzten Kriegsphase weiter an der Seite der Deutschen standen, ging es jetzt um ein Überlebensrezept, das sie vor der Rachsucht Stalins bewahren sollte.

Am 15. März 1945 ließ das deutsche Auswärtige Amt eine Mitteilung verbreiten, wonach ein ukrainisches Nationalkomitee unter Vorsitz des Generals Pawlo Schandruk gebildet worden sei. General Schandruk werde des weiteren auch den Oberbefehl der ukrainischen Armee übernehmen, welche sich an der Seite Deutschlands an den harten Abwehrkämpfen im Osten beteilige.

Mit dieser Verlautbarung sicherte das Auswärtige Amt dem neugeschaffenen ukrainischen Nationalkomitee alle Rechte einer Exilregierung zu. Dies war ein Schritt, der vier Jahre früher vermutlich dem unheilvollen Treiben eines Erich Koch in der Ukraine hätte Einhalt gebieten können. Jetzt stellte dies nichts anderes als ein Stück Makulatur dar.

Noch im April 1945 legte die Waffen-SS-Division „Galizien“, die in der Südsteiermark in der Nähe von Gleichenberg eine Frontstellung bezogen hatte, den Eid auf das neue ukrainische Nationalkomitee ab. Die Ärmelstreifen der Waffen-SS wurden entfernt, die erste Division der ukrainischen Armee war geboren, einige Wochen vor der Kapitulation Deutschlands.

Der Vorsitzende des kaukasischen Nationalkomitees, Mischa Kedia, hatte von dem in Bern geführten Gespräch General Köstrings mit dem Chef des US-Geheimdienstes erfahren. Da er im Besitz eines Schweizer Passes war, kam er auf die Idee, sich ebenfalls nach Bern zu begeben, um selbst aus dem Munde von Allan Dulles zu hören, was denn nach amerikanischer Auffassung mit den Freiwilligenverbänden nach einer deutschen Kriegsniederlage passieren würde. Allan Dulles versicherte dem Kaukasier, daß niemand etwas zu befürchten habe, sofern die Nationalkomitees auf deutschem Boden noch rechtzeitig den Status von Emigrantenregierungen erlangen würden. Dies stelle die Voraussetzung dafür dar, um ihnen im westlichen Einflußbereich dann sofort Asyl nach vorübergehender Internierung zu gewähren.

Hocherfreut über diese Zusage kehrte Mischa Kedia nach Deutschland zurück und sorgte dort für die Verbreitung dieser Information. Die Führer der verschiedenen Freiwilligeneinheiten begriffen nun, daß es im entscheidenden Moment darauf ankommen würde, sich aus der Ostfront zu lösen und Verbindung zu den britischen oder amerikanischen Streitkräften aufzunehmen.

Im März 1945 machte der Staatssekretär im Reichsministerium für die besetzten Ostgebiete, der schon erwähnte Prof. Dr. Gerhard von Mende, seinem Chef, Alfred Rosenberg, klar, daß es jetzt alle früheren Vorbehalte über Bord zu werfen gelte. Er drängte Rosenberg, eine öffentliche Erklärung abzugeben, in welcher er sämtlichen im deutschen Reichsgebiet inzwischen tätig gewordenen Nationalkomitees der verschiedenen Völkerschaften der Sowjetunion zusichern sollte, daß man sie als die einzigen bevollmächtigten Vertreter ihrer Heimatgebiete betrachte.

So entschloß sich Rosenberg jetzt, die Autonomie dieser Länder offiziell zu garantieren, sobald das Ziel einer Befreiung ihrer Territorien vom kommunistischen Regime herbeigeführt worden sei. Jahrelang war es gerade in den ihm unterstehenden Dienststellen verpönt gewesen, solche Gedankengänge auch nur ins Auge zu fassen. Jetzt, wo die Rote Armee zum Todesstoß auf Deutschland ansetzte, umschmeichelte man nunmehr diejenigen, welche man über lange Zeit nicht für ebenbürtig angesehen hatte.

Auch das XV. Kosaken-Kavallerie-Korps erhielt im März 1945 die Nachricht, daß sofort ein Nationalkomitee der Kosaken zu gründen sei, auf welches dann sämtliche Kosaken neu zu vereidigen wären. Der Kosakenoberst Poniakow war aus Oberitalien herbeigeeilt, um Helmuth von Pannwitz die Bedeutsamkeit dieser Maßnahme klarzumachen, von der das weitere Schicksal aller Kosakenregimenter abhing.

Ende März 1945 kam es dann in Virovitica (Kroatien) zu einem Allkosakenkongreß, auf welchem der greise Kosakengeneral Pjotr Krasnow zum Führer einer nationalen Regierung gewählt wurde.

Doch all diese Versuche, die Freiwilligenverbände dem Verderben zu entreißen, das sich immer drohender vor ihnen auftat, fruchteten nichts. Längst hatte der rote Diktator das Versprechen eines seiner westlichen Verbündeten in der Tasche, daß er an den Freiwilligenverbänden, die in seinen Augen schnöden Vaterlandsverrat begangen hatten, sein Mütchen werde kühlen können, sobald man ihrer habhaft geworden sei. Mochten sie in dem geschlagenen Deutschland unterkriechen, wo sie wollten. Stalin verließ sich darauf, daß ihm Briten wie Amerikaner alle zuführen würden. Keiner von ihnen sollte noch einmal die Gelegenheit erhalten, seine Hand gegen ihn zu erheben.

RÜCKFÜHRUNG IN DEUTSCHES REICHSGEBIET

Am 26. März 1945 tauschte sich General von Pannwitz in Virovitica mit dem Kommandeur der 2. Kosaken-Kavallerie-Division über die politische Lage aus. Keiner machte dem anderen etwas vor. Beide waren sich darüber bewußt, daß es jetzt auf das Ende zuging.

Im Divisionsstab der 1. Kosaken-Kavallerie-Division, welcher in Podrav Slatina lag, traf Pannwitz kurz darauf auch mit deren Kommandeur, Oberst Constantin Wagner, zusammen. Pannwitz sprach hierbei erstmals davon, daß alles getan werden müsse, um die Kosaken auf deutsches Reichsgebiet zurückzuführen. Käme es zu einer Waffenniederlegung auf jugoslawischem Territorium, könnte dies für die Kosaken verheerende Folgen haben. Titos Leute würden, so sei er gewiß, sie allesamt umbringen.

Doch auch in die Hände der Roten Armee dürften sie unter keinen Umständen fallen. Stalins Grausamkeit sei schließlich hinreichend bekannt. Daher richte er alle seine Hoffnung auf die Engländer oder Amerikaner, daß sie gegenüber den Kosaken ihr angeborenes Gefühl für Fairneß bekunden würden.

Ständig kreisten die Gedanken des Generals von Pannwitz darum, was er seinerseits noch tun könnte, um seine Kosaken vor jeglichem Rachegefühl der Sieger zu bewahren. Im April 1945 erreichte die 1. und 2. Kosaken-Kavallerie-Division sowie die sich noch bei Zagreb befindliche Plastunbrigade der Befehl, sich in den Raum Cilli abzusetzen.

Währenddessen gingen in den verschiedensten Teilen Kroatiens die Kämpfe weiter, ja sie nahmen sogar noch an Heftigkeit zu. Ständig versuchten Titos Truppen, den Rückstrom der deutschen Einheiten aus Griechenland zu erschweren, indem sie sich bemühten, die hierfür vorgesehene Rückzugsstraße Našice–Suhopolje–Virovitica–Koprivnica unter ihre Kontrolle zu bringen. Nur allzugern hätte Tito seinem Lehrmeister Stalin die vollständige Gefangennahme der deutschen Griechenlandtruppen vermeldet; doch es waren wieder einmal die Kosaken, die ihm einen Strich durch die Rechnung machten. Immer wieder kämpften sie bestimmte Abschnitte dieser Straße frei, welche die Partisanen bereits fest in ihrer Hand glaubten. Den aus Griechenland zurückgehenden deutschen Verbänden gelang es so überall, nach Norden zu gelangen und sich von hier aus weiter zur deutschen Reichsgrenze zurückzukämpfen.

Inmitten des sich abzeichnenden baldigen Zusammenbruchs beging die kroatische Staatsführung am 10. April 1945 den Gründungstag des Unabhängigen Kroatiens in Podrav Slatina, wozu auch General von Pannwitz eine Einladung erhalten hatte. Der General kam sich während dieses gespenstischen Festaktes vor, als habe man sämtliche Teilnehmer zu einer Totenmesse gebeten.

Mit keinem Wort wurde der Krieg erwähnt, niemand schien sich über die Lage sonderlich Gedanken zu machen. Statt dessen wurden Gedichte vorgetragen, kroatische Heldenepen vergangener Zeiten beschworen und immer wieder die Gläser zum Toast auf Kroatien erhoben, das zu diesem Zeitpunkt nur noch ein Schatten seiner selbst war. Obwohl keiner der Anwesenden sich noch irgendwelche Illusionen über den Fortbestand des kroatischen Staates machen konnte, schienen alle vereinbart zu haben, sich an diesem Tag aus dem Zeitgeschehen in eine Welt von früher zurückzuziehen, wohin ihnen andere nicht zu folgen vermochten.

Als General von Pannwitz sich von den kroatischen Ministern verabschiedete, geschah es in dem Bewußtsein, daß er wohl kaum einem von ihnen jemals wieder begegnen würde.

Die Ereignisse überstürzten sich nun förmlich. Auf einmal tauchten all die Namen der Ortschaften in den täglichen Lageberichten der Regimenter an den Divisionsstab wieder auf, die in den vergangenen Jahren so häufig zu vernehmen gewesen waren. So geriet auch die Stadt Virovitica, in welcher Pannwitz noch im März zum Feldatamanen aller Kosakenheere gewählt worden war, in den Mittelpunkt neuer Kampfhandlungen. Den Partisanen war bekannt, daß hier der Stab der 1. Kosaken-Kavallerie-Division lag. So bedrängten sie die Stadt durch immer wieder neue Angriffe, deren sich die Kosaken-Abteilung 55 nur schwer zu erwehren vermochte.

Auch in der Stadtmitte entbrannten heftige Gefechte. Immer wieder mußte das hier eingesetzte Kubanregiment 4 die Partisanen aus Abschnitten werfen, die sie bereits erobert hatten.

Nachdem es den Partisanen gelungen war, die Bahngleise der von Virovitica nach Koprivnica führenden Eisenbahnstrecke nahezu völlig zu zerstören, erteilte der Divisionskommandeur den Befehl, einen Panzerzug zu sprengen, weil an seine Rückführung nicht mehr zu denken war. Schwerer als dies wog jedoch die Tatsache, daß damit auch der Abtransport der Verwundeten auf diesem Wege nicht mehr erfolgen konnte.

Überall waren jetzt Rückzugsbewegungen voll im Gange. Das Absetzen vom Gegner führte zu erbitterten Kämpfen um die Sicherung von Rückzugsstraßen. Bei der befohlenen Räumung der Stadt Virovitica kam es zu erschütternden Szenen. Viele verzweifelte Menschen versuchten, auf bereits überladenen Fahrzeugen noch aus dem Ort herauszukommen. Andere liefen wie kopflos umher, wußten überhaupt nicht, was sie tun sollten.

Die Gefechtsfahrzeuge der abrückenden Division waren mit verwundeten Kosaken beladen worden. Sie kamen auf der verstopften Straße nach Koprivnica nur mühselig voran. Immer wieder drängten sich Trecks zwischen die militärischen Kolonnen. Viele deutsche Bauern, deren Vorfahren sich vor Jahrhunderten in den fruchtbaren Landstrichen Syrmiens, der Baranja oder auch in den Tälern des Papukgebirges angesiedelt hatten, flohen jetzt aus ihrer Heimat. Die Angst vor den kommunistischen Partisanen, von denen sie sich nichts Gutes für die Zukunft erhofften, ließ sie alles das aufgeben, dem einst ihre ganze Liebe gehört hatte.

In den Trecks der Bauernfamilien befanden sich auch zahlreiche Frauen mit Säuglingen sowie alte Menschen. Die Not unter ihnen war groß, da der urplötzlich gefaßte Entschluß zu fliehen ihnen keine Zeit gelassen hatte, alles richtig zu bedenken, was es mitzunehmen galt. So mancher von ihnen war auf ärztliche Hilfe angewiesen, doch in dem Chaos blieben viele Bitten unbeantwortet.

Am 25. April 1945 gab die Division ihren Gefechtsstand in Virovitica auf und verlegte ihn nach Virje. Schritt für Schritt zogen sich jetzt auch die Verteidiger der Stadt, welche die umliegenden Höhen so lange besetzt und die ununterbrochen erfolgenden Angriffe der Partisanen zurückgewiesen hatten, aus ihren Stellungen zurück.

Unter ihnen befanden sich auch die Jungkosaken, die bis zuletzt ihre Verteidigungslinie behauptet hatten, obwohl sie von den Partisanen am Abend des 25. April durchbrochen worden war. Auch danach kämpften sie noch mit unbeschreiblichem Mut weiter, um ein schnelles Nachdrängen des Gegners zu verhindern. Sie setzten sich erst in dem Moment ab, da die Truppen der Partisanen sich bereits im Innern der Stadt befanden. Einige der Jungkosaken schlüpften mitten durch die Reihen der vorgehenden Partisanen hindurch und retteten sich im letzten Moment auf einen Panzer.

Zwei Tage nachdem Virovitica gefallen war, befand sich die erste Kosaken-Kavallerie-Divsion weiter auf dem Rückzug, der jetzt wesentlicher geordneter vonstatten ging, als dies in Virovitica der Fall gewesen war. Die inzwischen in Koprivnica eingetroffenen Flüchtlingstrecks wurden jetzt regelrecht in die Marschkolonne der Division mit eingereiht. Hierdurch kam es zu keinerlei unkontrollierten Handlungen mehr, auch konnten die Flüchtlinge mit dem Notwendigsten aus den Beständen der Kosaken mit versorgt werden.

Der Weg führte über Rasinja-Lepoglava nach Rotatec. Der Schutz der Rückzugsstraße oblag einer 1.800 Mann starken Kalmückenabteilung. Der Absetzbewegung der Kosakenregimenter hatten sich neben den vielen Flüchtlingstrecks auch Einheiten der Ustascha sowie der kroatischen Wehrmacht angeschlossen. Auch viele versprengte kroatische Soldaten auf der Suche nach ihren Einheiten wurden in den Marschzug aufgenommen.

Südlich der Straße, auf welcher sich das Gros der 1. Division bewegte, kämpfte sich zur gleichen Zeit auch die 22. Infanteriedivision der Wehrmacht zurück, welche lange zur Besatzung der Insel Kreta gehört hatte. Nach einem langen Rückzugsmarsch aus Griechenland hatte sie es geschafft, Kroatien zu erreichen, und schlug sich jetzt mit Titoverbänden im Gebirge der Bila Gora herum.

Die 1. Kosaken-Kavallerie-Division strebte unterdessen als nächstes Etappenziel ihres Rückzugs aus dem Balkan die bereits in Slowenien gelegene Ortschaft Gradec an. Völlig anders gestaltete sich hingegen die Lage der 2. Kosaken-Kavallerie-Division. Sie hielt noch immer Stellungen an der Drau besetzt und wehrte sich gegen den zunehmenden Druck der Roten Armee und der mit ihr verbündeten Bulgaren, um so von dieser Seite her die Absetzbewegung der 1. Division abzusichern. Allerdings hatte auch sie Vorkehrungen für den Rückzug getroffen und eine entsprechende Auffangstellung im Gebiet von Sokolovaci – Koprivnica vorbereitet.

Die Führung der Plastunbrigade war unterdessen an den langjährigen Stellvertreter Kononows, Oberstleutnant Borissow, übergegangen. Kononow selbst, inzwischen vom Oberst zum Generalmajor avanciert, hatte sich nach dem Kosakenkongreß in Virovitica auftragsgemäß auf den Weg zu General Wlassow gemacht und hoffte, in dessen Armee weiterhin den Kampf gegen die Sowjetunion fortsetzen zu können. Kononow war zu jenem Zeitpunkt sogar noch der Meinung, daß die Kosakenregimenter jetzt nur noch die Wahl hätten, sich in die Wlassowarmee einzugliedern.

Ende April 1945 verteidigten Regimenter der 2. Kosaken-Kavallerie-Division noch immer ihre Stellungen an der Drau. Anfang Mai 1945 traf der Befehl des XV. Kosaken-Kavallerie-Korps ein, daß sie sich aus der Front zu lösen und über Windisch Feistritz bis nach Unterdrauburg zurückzuziehen hätten. Teile der Division standen noch an der Hauptkampflinie, die sich zwischen Varazdinski und Ivanec erstreckte. In Ivanec erfuhr der Kommandeur der 2. Division Oberst von Schultz am 9. Mai 1945, daß die Kapitulation erfolgt und die Waffenruhe eingetreten sei.

Der Divisionskommandeur sah sich vor eine schwere Entscheidung gestellt. Da er sich unter keinen Umständen mit seinen Einheiten den Partisanen ergeben wollte, blieb ihm nichts anderes übrig, als die Waffenruhe zu negieren und sich gewaltsam den Weg zum Reichsgebiet freizukämpfen. So erteilte er dem Kubankosaken-Regiment 3 am gleichen Tag den Befehl, den Gegner anzugreifen und ein bestimmtes Areal solange besetzt zu halten, bis der Rückzug der Regimenter als gesichert angesehen werden konnte.

In der Nacht zum 10. Mai 1945 setzte sich die Division in Richtung Windisch Feistritz in Bewegung. Das Terekkosaken-Regiment 6 bildete die Spitze, während des Kubanregiment 3 den Rückzug deckte. Nach einiger Zeit tauchte auch die Plastunbrigade auf, deren Kommandeur Oberstleutnant Borissow darauf gehofft hatte, mit den Engländern in gesonderte Kapitulationsverhandlungen eintreten zu können, wovon er sich bessere Bedingungen für seine Leute versprach. Diese Absicht war jedoch fehlgeschlagen. Erste vorsichtige

Sondierungsgespräche, die er durch seine Vertrauten in Österreich mit den Briten hatte führen lassen, erbrachten keinerlei Ergebnis. So schloß er sich jetzt dem Rückzug der 2. Kosaken-Kavallerie-Division an.

Oberst von Schultz sah allerdings in dieser Handlungsweise des Chefs der Plastunbrigade eine große Eigenmächtigkeit und unterstellte sie jetzt seiner Befehlsgewalt, um etwaige weitere Alleingänge des Kosakenoffiziers zu unterbinden. Mitten in dieser gespannten Situation wurde dem Divisionskommandeur die Ankunft eines Parlamentärs der Titotruppen gemeldet. Er übermittelte den Befehl der Partisanen, sofort sämtliche Waffen zu strecken und sich in Gefangenschaft der jugoslawischen Volksbefreiungsarmee zu begeben.

Um ihren Worten Nachdruck zu verleihen, hatten die Partisanen mehrere Wegsperren auf der Rückzugsstraße errichtet. Oberst von Schultz ließ sich hiervon jedoch nicht ins Bockshorn jagen, sondern gab dem Abgesandten Titos unmißverständlich zu verstehen, daß man jederzeit dazu bereit sei, noch einmal die Waffen sprechen zu lassen. Der Parlamentär zog daraufhin unverrichteter Dinge ab. Doch die Gefahr für die Division, noch einmal mit den Partisanen aneinanderzugeraten, nahm zu.

Die nächste brenzlige Situation ereignete sich im Raum Unterdrauburg, wo sich noch kurz zuvor die Kosaken mit Titos Partisanen sowie bulgarischen Truppen herumgeschlagen hatten, um einen freien Durchzug zu erzwingen. Bei diesen Auseinandersetzungen passierte es, daß die Bulgaren an den Kommandeur des 2. reit. Kosaken-Artillerie-Regiments 55, Graf Kottulinsky, Hand anlegten und ihn ans gegenüberliegende Ufer der Drau verschleppten. Doch der Offizier vermochte nach kurzer Zeit seinen Häschern wieder zu entkommen und fand sich nach dem Durchschwimmen der Drau wieder in der Division ein.

Unterdrauburg glich zu diesem Zeitpunkt einem Feldlager Wallensteins. Der ganze Ort war von deutschen Wehrmachtseinheiten verstopft, darunter den Angehörigen der 2. Panzerarmee, die sich aus Westungarn abgesetzt hatten und jetzt ebenfalls danach trachteten, vor dem endgültigen Niederlegen ihrer Waffen noch das Reichsgebiet zu erreichen.

Das heillose Durcheinander veranlaßte den Kommandeur der 2. Kosaken-Kavallerie-Division, sich jetzt in Richtung Lavamünd zu wenden, wohin auch bereits das Kubankosaken-Regiment 4 unterwegs war, dessen Führung Oberstleutnant von Klein innehatte.

Dieser Offizier hatte auf eigene Faust mit einem der Partisanenführer ausgehandelt, daß die jugoslawische Volksarmee sich dem weiteren Rückzug seines Regiments nicht widersetzen würde, was ihm auch zugesagt wurde. Als das Regiment aufbrach, schloß sich ihm auch die Plastunbrigade an, die alles daran setzte, schleunigst der Zugriffsmöglichkeit einer sowjetischen Panzerdivision in Unterdrauburg zu entkommen. Die Offiziere dieser Einheit, die sich fast ausschließlich aus Überläufern der Roten Armee zusammensetzten, hätten eine sofortige Erschießung zu gewärtigen gehabt.

Das Kubanregiment wie auch die Plastunbrigade erreichten so ungeschoren Lavamünd, wo sie die Draubrücke überquerten und sich im Bereich der hier befindlichen 11. Britischen Panzerarmee in Sicherheit wähnten. Auch das Terekregiment 6 mußte eine List anwenden, um aus dem Raum Unterdrauburg herauszukommen. Die sowjetischen Truppen, welche die Stadt besetzt hielten, zeigten keine Bereitschaft, die Kosaken so einfach des Weges ziehen zu lassen.

Oberstleutnant Prinz zu Salm ahnte, wie gefährlich sich die Situation für das von ihm geführte Regiment schon in den nächsten Stunden entwickeln könnte, sobald erst einmal ein höherer sowjetischer Befehlsstab davon Kenntnis bekam, wer ihnen da in die Fänge geraten war. So schien es angebracht, sich möglichst schnell und klammheimlich davonzustehlen. Da eine Flucht zu Pferde Aufsehen erregt hätte, befahl er den Kosakenschwadronen, den überwiegenden Teil der Tiere zurückzulassen.

Für die Kosaken war dies ein schmerzvoller Augenblick, doch sahen sie ein, daß es keinen anderen Ausweg gab. Unter Ausnutzung der Dunkelheit schlichen sie sich aus Unterdrauburg davon und schlugen zu Fuß den Weg über die Berge nach Lavamünd ein. In Lavamünd regelte Prinz zu Salm mit den Engländern das Überschreiten der Demarkationslinie durch die Kosaken.

Alle deutschen Kommandeure, wie auch die übrigen Offiziere des Rahmenpersonals, waren sehr froh darüber, daß es ihnen mit den Kosakenregimentern noch in den letzten Tagen des Krieges und sogar noch nach der deutschen Kapitulation gelungen war, sich aus Jugoslawien abzusetzen. Wie für Kosaken und Deutsche die Zukunft beschaffen sein würde, darüber gab es zu diesem Zeitpunkt nur Vermutungen. Doch die meisten glaubten noch, daß es zumindest allemal besser sein würde, sich gegenüber den Engländern zu ergeben als etwa der jugoslawischen Volksbefreiungsarmee Titos oder Stalins Roter Armee.

Wer ahnte schon das ganze Ausmaß der verräterischen Machenschaften, denen sie sich schon bald im Bereich der westlichen Siegermächten ausgeliefert sehen würden? Erst später fiel es den deutschen Offizieren und Kosaken wie Schuppen von den Augen, warum die Rote Armee so geringe Anstalten gemacht hatte, sie an dem Verlassen jugoslawischen Gebietes zu hindern. Die Beute war ihnen nicht etwa entschlüpft, sondern geradewegs in eine für sie vorbereitete Falle gelaufen, wo die Jäger nur noch darauf zu warten brauchten, daß sie zuklappte.

EIN STÜCK RUSSLAND IN ITALIEN

Wen der Weg im Spätherbst 1944 in die norditalienische Stadt Tolmezzo führte, der glaubte sich in eine andere Welt versetzt. Wo war das typisch italienische Bild der Straßen und Gassen geblieben? Ja, wohin hatte es die Italiener selbst verschlagen? Auf Schritt und Tritt begegneten einem bärtige Gestalten, welche Pferde zum Tränken an die nächste Straßenpumpe führten, als wäre dies die selbstverständlichste Sache der Welt. Statt der melodiösen italienischen Laute war fast überall ein kehliges Russisch zu vernehmen. Die Stadt schien nicht nur ihren Charakter verändert, sondern auch ihre Bewohner ausgetauscht zu haben.

Doch nicht nur in Tolmezzo hatte sich ein solcher Wandel vollzogen, sondern die gesamte Umgebung glich diesem Bild. Ein Stück Rußland schien über Nacht nach Italien mit allem verpflanzt worden zu sein, was dazugehörte, Popen in ihren langen Gewändern, sich bekreuzigende Babuschkas, herumstolzierende Kosaken, die eine Kuhherde des Weges trieben, und dazwischen immer wieder Soldaten, bekleidet mit Uniformstücken, wie man sie hier nie zuvor zu Gesicht bekommen hatte.

Im gesamten Gebiet östlich des Flusses Piave lagerten Menschen, die gleichsam in einer Völkerwanderung aus allen Teilen Osteuropas hierher geströmt waren. Alles in allem waren es etwa 40.000, die sich überall so einrichteten, wie sie es von ihrer Heimat her gewohnt waren, mochte diese nun am Don oder Terek, in der kalmückischen Steppe oder den Hochtälern des Kaukasus gelegen haben.

Dies führte zu manch wunderlicher Erscheinung. Das Städtchen Olesso legte zeitweilig seinen alten Namen ab und wurde von den jetzt hier lebenden Donkosaken in Novotscherkassk umbenannt. Doch nicht genug damit, auch den Straßen gaben die Kosaken neue Bezeichnungen. In Tolmezzo erschien eine Zeitung, die sich „Kazackaja Ziemlia“, „Kosakische Erde“, nannte. Eine Zeitlang hegten die Kosaken, welche Ataman Domanow auf dem langen Weg durch das östliche Europa hierher geführt hatte, sogar die Hoffnung, nunmehr an dieser Stelle ihren so lange gehegten Traum von der Gründung eines Staates „Kosakia“ Wirklichkeit werden zu lassen.

Doch die Realität war solchen Träumereien nicht hold. Auch in Italien spitzte sich die militärische Lage immer mehr zu, und die Führer der Kosaken erlangten die schmerzliche Einsicht, daß es wohl auch hier für sie und ihre Leute kein langes Verweilen mehr geben würde. Ursprünglich waren es nur die Kosaken des Atamans Domanow gewesen, die in Norditalien vor den Unwägbarkeiten des Krieges Zuflucht gesucht hatten. Doch bald gesellten sich ihnen viele weitere Völkerschaften hinzu, die ebenfalls ihre Heimat in Rußland aufgegeben hatten, nachdem sie nur für einen Moment den Geschmack der Freiheit gekostet hatten und fortan nicht noch einmal in Unfreiheit leben wollten.

Über das Flußgebiet des Po hatten sich die Regimenter der 162. turkmenisch-aserbaidschanischen Division verteilt. Auch das russische Freiwilligenregiment „Waräger" befand sich hier in Wartestellung. Die Soldaten glaubten an ein nur zeitweiliges Verbleiben in Norditalien, bestand doch ihre feste Absicht darin, sich der in Aufstellung befindlichen Wlassow-Armee anzuschließen. In der Nähe von Paluzza hatte sich das von Sultan Keletsch Girej geführte kaukasische Korps in einem weiträumig angelegten Lager eingerichtet. Girej und sein Offiziersstab hegten die Überzeugung, daß auch nach einer deutschen Kriegsniederlage die Auseinandersetzung mit dem sowjetischen Kommunismus weitergehen würde. Darauf bereiteten sich die Kaukasier vor, indem sie in Italien aufmerksam die weitere Entwicklung verfolgten.

Ähnlich dachte auch Oberst Lukjanienko, der mit seinen Kubankosaken nahe Covazzo darauf wartete, wieder eingesetzt zu werden. Manche der georgischen oder armenischen Einheiten hatten zuvor an der Westfront gestanden, waren dann nach ihrer dortigen Herauslösung in den italienischen Raum verlegt worden. Den meisten dieser Verbände ging es darum, nicht in den Strudel der deutschen Niederlage hineingerissen zu werden. Vor allem sollte alles getan werden, die Truppen weiterhin zusammenzuhalten, um sie gegebenenfalls für den Kampf gegen den Kommunismus unter veränderten Bedingungen einsetzen zu können.

Zu jener Zeit wurde auch der ziemlich irreale Plan erwogen, die unterschiedlichsten antikommunistischen Einheiten wie etwa die Wlassow-Armee, die Ukrainische Aufständische Armee UPA, Teile der polnischen Armija Krajowa, die Verbände der Kaukasier, Tscherkessen sowie der Kosaken zu vereinen und dann mit ihnen gegen die Sowjetunion solange einen Partisanenkrieg zu führen, bis den Westmächten die Erkenntnis gekommen war, daß nur durch eine militärische Auseinandersetzung mit Stalin die kommunistische Gefahr von Westeuropa gebannt werden könnte.

Doch bei all dem war mehr der Wunsch der Vater des Gedankens. Jegliche Hoffnung der osteuropäischen Freiwilligen, in Norditalien so etwas wie einen großen Ruheraum gefunden zu haben, wo man gewissermaßen überwintern konnte, bis ein neuer Frühling in Sicht kam, erwies sich als ein Trugschluß. Denn ähnlich wie in Jugoslawien entstand auch in Italien eine Partisanenbewegung, in der die Kommunisten den Ton angaben. Es ließ sich nicht lange vermeiden, daß die Ostfreiwilligen mit diesen Partisaneneinheiten aneinandergerieten.

Die „friedliche Zeit“ ging für sie dem Ende entgegen, als am 9. April 1945 die 8. Britische Armee und eine Woche darauf die 15. Amerikanische Armee den letzten deutschen Frontriegel in Norditalien durchbrach, wodurch die Kapitulation der deutschen Truppen nur noch eine Frage von Tagen war. Die Führer der Kosaken blickten der Gefahr offen ins Auge, jetzt ein Opfer der haßentflammten italienischen Partisanen zu werden, welche ganz offensichtlich nunmehr auch von den Kommandostellen Titos die Anweisung erhalten hatten, auf sie eine Treibjagd zu veranstalten.

Ataman Domanow, der in Tolmezzo sein Quartier aufgeschlagen hatte, erhielt dort am 29. April 1945 den Besuch von General Krasnow, der zusammen mit seiner Frau Lydia Fjedorowna gekommen war, um sich ein Bild über die Lage zu verschaffen, die er äußerst beunruhigend fand. Krasnow, der damals schon im 76. Lebensjahr stand und einer der weitblickendsten Kosakenführer war, machte sich im Gegensatz zu so manchen anderen, die noch immer irgendwelchen Traumgespinsten nachhingen, keinerlei Illusionen über das, was sich jetzt, gleich einer düsteren Wolkenwand, als Vorzeichen eines Unheils immer näher heranschob.

Genau zu dem gleichen Zeitpunkt sann ein anderer Kosakengeneral gerade darüber nach, wieviel Saatgut er wohl dieses Frühjahr benötigen würde, um all die italienischen Felder bestellen zu können. General Krasnow stellte unterdessen Ataman Domanow die Frage, ob er wohl so närrisch wäre, weiterhin in Norditalien zu bleiben und sich von den Partisanen massakrieren lassen zu wollen.

Im Verlauf des Gespräches ergab sich, daß Domanow bereits seine Vorkehrungen getroffen hatte, um mit allen Kosaken sowie deren Familien schleunigst Norditalien zu verlassen, weil er sich der stündlich wachsenden Gefahr durchaus bewußt war. Im übrigen hatte den Ataman die Nachricht erreicht, daß Tito sich mit der Absicht trage, auch die Stadt Triest zu besetzen, woraus weitere Gefahren für eine Rückführung der Kosaken entstehen konnten.

Die Absicht des Atamans war es, aus allen Abrückenden einen großen Troß zusammenzustellen und diesen durch wehrfähige Kosakengruppen zu schützen. Die einzige freie Straße, über welche sich ein solches Unterfangen noch bewerkstelligen ließ, führte aus Norditalien über den Plöckenpaß nach Österreich. Hier in Österreich wollte sich Domanow mit dem XV. Kosaken-Kavallerie-Korps des Generalleutnants Helmuth von Pannwitz, das sich kämpfend den Weg aus Jugoslawien zurückbahnte, treffen, um sich dann gemeinsam den Engländern zu ergeben. Unter gar keinen Umständen durfte es dazu kommen, so Domanow zu Krasnow, daß die Kosaken vor ihrem Eintreffen in Österreich von den Partisanen dazu gezwungen würden, ihre Waffen abzugeben.

Domanow hatte vielerlei bedacht, so beispielsweise auch, durch die Fähnriche einer Kosakenschule eine Linie entlang des Flusses Tagliamento besetzen zu lassen, um schon vom frühesten Zeitpunkt an den Schutz der abziehenden Kosakenfamilien zu gewährleisten. Doch bereits hier passierte die erste Panne. Eine Gruppe Kosaken, die aus dem Städtchen Olesso abzog, wählte hierfür nicht die vorgesehene Straße. Bei dem Dorf Grovo ging es dann nicht weiter. Partisanen hatten diesen Ort, in welchem sich ein Lazarett der Kosaken befand, umstellt und verweigerten allen den Durchzug. Versuche, durch Parlamentäre eine friedliche Regelung zu erreichen, zeitigten keinen Erfolg. Erst als sich die Kosaken gewaltsam den Weg freikämpften, konnte Grovo passiert werden.

Doch es blieb nicht bei diesem einen Zwischenfall. Alle Kosakenregimenter, die südlich von Udine standen, waren, nachdem sie die Nachricht von der Kapitulation der deutschen Truppen in Italien erhalten hatten, ohne einen Befehl des Atamans abzuwarten, sofort in Richtung Tolmezzo aufgebrochen. Sie durchquerten die Stadt und schlugen dann die Richtung zum Gebirge ein. Inzwischen hatte ein Dauerregen eingesetzt, der die Flüchtlinge bis auf die Haut durchnäßte. Viele von ihnen hatten nach einigen Kilometern die Kraft verloren, sich gegen den peitschenden Regen zu stemmen. Planen hatten sich von den Karren gelöst, schreiende Kinder liefen verstört umher, überall herrschte ein Bild des Jammers.

Nicht alle Kosakenfamilien verfügten über entsprechende Transportmittel, so daß sich die Kräftigsten von ihnen schwere Lasten aufbürdeten, die ihnen jeden Schritt zur Qual machten. Ein Problem stellten auch die mitgeführten Kühe, Schafe und Ziegen dar, welche, angesteckt von der allgemeinen Hektik, ziellos herumliefen und das Vorankommen der Kolonne immer wieder neu behinderten.

In vielen Gesichtern der Kosaken stand Schmerz zu lesen, denn schon wieder hatten sie nun einen Weg ins Ungewisse angetreten. Am nächsten Tag kam es zwar zu keiner Besserung des Wetters, noch immer rann der Regen in Strömen hernieder, doch es war den Offizieren des militärischen Begleitkommandos gelungen, wenigstens etwas Ordnung in den Treck zu bringen, der sich jetzt schon über eine Länge von mehr als zehn Kilometern erstreckte. Er bewegte sich auf einer Straße voran, die eigentlich diese Bezeichnung nicht verdiente. Sie war löchrig, entbehrte stellenweise jeglichen Unterbelages, was dazu führte, daß ständig Deichseln oder Räder an den Wagen auseinanderbrachen, Lasten am Straßenrand abgelegt werden mußten, bis es dann nach einer notdürftigen Reparatur wieder mühsam weiter ging.

Die Spitze des Zuges bildete ein Bus, in welchem der Offiziersstab der Kosaken untergebracht war. Ihm schlossen sich eine Anzahl von Werkstattwagen an, denen dann die Troßfahrzeuge der einzelnen Stanizen folgten. Den Abschluß bildete der militärische Verband der Kosaken, in dessen Mitte ein Auto mit drei Insassen fuhr – einer davon war General Krasnow.

Ataman Domanow und weitere Kosakenoffiziere hatten sich dafür entschieden, zunächst noch in Tolmezzo zu verbleiben, bis auch die letzten Fahrzeuge des Trosses die Stadt passiert hatten. Auch hofften sie noch, hier eine Nachricht von dem 3. Kosaken-Ersatz-Regiment zu erhalten, von dem seit Tagen nichts mehr zu vernehmen war. Außerdem sollte auf das Eintreffen einer verspäteten Gruppe von Fähnrichen gewartet werden.

Die abgehörten Radionachrichten sorgten bei den Kosakenoffizieren für Unruhe, hieß es doch darin, Titoverbände hätten bereits von Triest Besitz ergriffen und würden sich weiter auf dem Vormarsch nach Italien befinden. Niemand vermochte zu sagen, ob das der Wahrheit entsprach. Noch während sich die Offiziere über das soeben Gehörte austauschten, peitschten plötzlich Schüsse auf. Ehe der Ataman und die anderen sich darüber schlüssig geworden waren, was dies zu bedeuten hatte, wurde plötzlich die Tür zu ihrem Raum aufgerissen, und italienische Partisanen stürmten herein.

Der Anführer der Partisanen wußte offenbar genau, mit wem er es zu tun hatte, denn er wandte sich sofort an Domanow mit der Aufforderung, unverzüglich den ihm unterstehenden Kosaken den Befehl zu erteilen, die Waffen zu strecken. Der Partisanenführer fügte noch hinzu, daß alle ausländischen Truppen, die auf der Seite der Deutschen gestanden hätten, als Feinde behandelt werden würden.

Während der Wortwechsel immer heftigere Formen annahm, brach plötzlich unter der Begleitung des Partisanenführers Verwirrung aus. Sie wurde durch das Eintreffen der verspäteten Fähnrichsabteilung ausgelöst. Nun hatten es auf einmal die Partisanen eilig, sich davonzumachen, während ihr Anführer sichtlich um die Bewahrung seiner Fassung rang.

Nachdem sich die Situation schlagartig verändert hatte, kehrte Domanow den Spieß um. Er forderte den Partisanenführer auf, sofort eine schriftliche Erklärung abzugeben, in welcher den Kosaken ein freier Abzug aus Italien zugesichert werde. Sollte er hierzu nicht bereit sein, würden er und seine Leute von den Kosaken in Gewahrsam genommen werden. Der Partisanenchef hielt es in dieser Situation für angebracht, sich sofort zu fügen, um dann eiligst aus Tolmezzo zu verschwinden. Allerdings war beiden Seiten klar, daß diese Vereinbarung zwischen ihnen nicht das Papier wert war, auf dem sie stand. Einen Zeitgewinn bedeutete sie jedoch allemal.

Am 3. Mai 1945 zog der Ataman mit den restlichen Kosaken ebenfalls aus Tolmezzo ab, um noch rechtzeitig den Treck vor dem Überqueren des Alpenpasses zu erreichen. Wie wenig sich die Partisanen an ihr Versprechen gebunden fühlten, stellte sich schon kurz danach heraus, als sie bei der Ortschaft Convazzo über mehrere hundert Kosakenfamilien herfielen, die infolge großer Erschöpfung hinter dem Treck zurückgeblieben waren. Mit Gewißheit wäre es wohl hier zu einem Blutbad gekommen, wenn nicht eine kleine militärische Einheit der Kosaken plötzlich aufgetaucht wäre, vor der die Partisanen das Weite suchten. Allerdings hatten die Partisanen zuvor noch die wehrlosen Menschen bis aufs Hemd ausgeplündert.

Indessen gab es noch immer in Norditalien eine starke Gruppe von Kosaken, welche sich zum Bleiben entschlossen hatte, um sich am Ort ihres Verweilens, Gemona, bei Ankunft der britischen Truppen diesen zu ergeben. Der Führer dieser Kosakeneinheit, Lobysewitsch, hoffte, durch eine solche frühzeitige Kapitulation auf italienischem Boden von den Engländern bessere Bedingungen herausholen zu können. In seinem Kopf setzte sich sogar der Gedanke fest, dann wahrscheinlich mit seinen Leuten in Italien verbleiben zu dürfen, was ihm sicherer erschien, als sich in die Reichweite der Roten Armee zu begeben, von der man nicht wußte, ob und wo sie in Österreich haltmachen würde.

Die italienischen kommunistischen Partisanen versuchten, die Kosaken noch vor dem Eintreffen der Engländer zum Niederlegen ihrer Waffen zu bewegen. Doch diese ließen sich hierauf nicht ein. Einen Tag nachdem sich Ataman Domanow zu dem großen Kosakentreck begeben hatte, der sich unter unvorstellbaren Strapazen eine schmale Straße entlangwälzte, die sich in Serpentinen zum Plöckenpaß emporschraubte, erschien am 4. Mai 1945 in Gemona ein äußerst arrogant wirkender britischer Offizier bei den hier verbliebenen Kosaken.

Bereits die erste Begegnung mit diesem Offizier ließ die Hoffnung des Kosakenführers, etwas von Bedeutung für seine Leute durchsetzen zu können, zerrinnen. Eiskalten Tones forderte ihn der Engländer auf, sofort die Waffen zu strecken. Alles weitere würde sich entscheiden, sobald britische Truppen herangerückt seien. Lobysewitsch bemühte sich vergebens, von dem Briten zu erfahren, wann denn dies etwa der Fall sein würde. Der Engländer zuckte die Achseln und drängte die Kosaken, endlich ihre Waffen aus der Hand zu legen.

Kaum hatten sie dies getan, verschwand der Brite und überließ alles Weitere den italienischen Partisanen. Diese bemächtigten sich sofort der abgelegten Waffen, stürzten sich dann wie Raubtiere auf die Kosaken, mißhandelten viele von ihnen schwer, nahmen ihnen den gesamten Besitz ab, zwangen sie selbst noch die Stiefel auszuziehen. Dann formierten die Partisanen aus den etwa 1.100 jetzt ihrer völligen Willkür überlassenen Kosaken einen langen Gefangenenzug, den sie südwärts trieben.

Viele der Kosaken waren äußerst ergrimmt darüber, daß sie nunmehr mit ihren eigenen Waffen von den Partisanen in Schach gehalten wurden. Andere hegten noch immer die Überzeugung, daß sich alles zum Besseren kehren würde, sobald die Engländer erst einmal mitbekommen hätten, wie unverschämt sich die Partisanen aufführten. Etliche Kosaken, welche sich die Demütigung nicht gefallen ließen und sich gegen die Anweisungen der Bewacher auflehnten, wurden von diesen kurzerhand erschossen. Erstmals dämmerte es nun den Kosaken, daß die Engländer offenbar den Partisanen eine Art Freibrief ausgestellt hatten, ganz nach Belieben mit ihren Gefangenen zu verfahren.

In der Stadt Udine übergaben dann die Partisanen ihre geschundenen Gefangenen einem englischen Truppenverband. Keiner der Engländer äußerte irgendein Wort des Bedauerns. Sie wußten zweifellos darüber Bescheid, wie übel den Kosaken mitgespielt worden war. Der trostlose Zug schleppte sich langsam weiter. Erst in Ancona fand der Marsch ein Ende. Die meisten Kosaken langten hier mit blutigen, eiternden Füßen an. In Ancona hatte die englische Armee ein riesiges Kriegsgefangenenlager errichtet, in welches jetzt auch die Kosaken hineingetrieben wurden. Doch erwartete sie hier nicht das Ende ihrer Leiden, sondern der Anfang von viel Schlimmerem.

Den etwa 25.000 Kosaken hingegen, welche sich auf den Weg nach Österreich gemacht hatten, fiel jeder Schritt immer schwerer. Hatten sie es zunächst mit einem Dauerregen zu tun gehabt, stapften sie jetzt, je höher es ging, in einem dichten Schneetreiben voran, das ihnen zunehmend die Sicht nahm. Zu allem Ungemach kam auch noch ein schwerer Sturm auf, der sie fürchten ließ, bei dem geringsten Fehltritt in eine der Schluchten zu stürzen, welche den Weg hinauf zum Paß säumten.

Die Verzweiflung der Kosaken wuchs von Stunde zu Stunde. Viele glaubten, nicht mehr die Kraft zu besitzen, sich noch weiter vorwärts bewegen zu können. Die Schwächsten von ihnen hatten sich am Boden niedergelassen, wo sie apathisch vor sich hin starrten. Kein Wort des Trostes oder Mitgefühls vermochte sie mehr aufzurichten.

Die Offiziere der Kosaken kümmerten sich immer wieder um die Zusammengebrochenen, räumten ihre eigenen Fuhrwerke und machten darin Platz für jene Hilflosen, die es nicht einmal mehr schafften, von allein auf die Beine zu kommen. Kleine Kinder, die in ihren Müttern keine Stütze mehr fanden, setzten sich die Offiziere auf die Schultern. Trotz allem erlitten immer mehr der am Straßenrand vor sich hindämmernden Menschen den Tod. Zuweilen ertönten Schüsse; Partisanentrupps, die sich irgendwo in einen Hinterhalt gelegt hatten und dort unberührten Gesichts beobachteten, wie der lange Kosakenzug immer mehr dem Elend verfiel, feuerten auf die zusammengebrochenen Menschen; sie stahlen sich dann davon, bevor die zum Schutz des Trecks eingesetzten bewaffneten Kosaken sie zu stellen vermochten.

Das Auto, in welchem der greise General Krasnow saß, gab seinen Geist auf. Es wurde an den Bus des Offiziersstabes mit Seilen festgezurrt und auf diese Weise mitgeschleppt. Das Wetter nahm immer schlimmere Formen an. Der Schnee hatte sich jetzt zu dicken, nassen Klumpen zusammengeballt, die den Menschen auf der stark ansteigenden Straße noch mehr zusetzten. Nur schrittweise kam der Troß voran.

Schließlich erreichten die Kosaken Timau, die letzte Ortschaft auf italienischem Boden. Das vereinsamte Dorf lag 831 Meter hoch, darüber erhob sich noch eine winzige Kirche, über welcher nach weiteren 300 Metern des Anstiegs eine Kapelle thronte, in der so mancher Bergsteiger vor dem Antritt einer gefährlichen Klettertour sich des Wohlwollens der Madonna versichert hatte. Entweder Domanow oder Krasnow hat auf dem Zug durch Timau dem dortigen Pfarrer eine offenbar gut gefüllte Kasse übergeben mit der Bitte, im Falle des Untergangs dieser Kosaken zu ihrem Gedächtnis eine Kirche zu bauen. Dort steht jetzt eine für den kleinen Ort viel zu große Kirche „Christo Regi", allgemein die „Kosakenkirche" genannt, mit einem eigens den Kosaken gewidmeten Seitenaltar.

Jetzt brach die schwierigste Wegstrecke an, die zu dem 1.360 Meter hohen Paß führte, dem Übergang nach Österreich. Bei Anbruch der Nacht überschritten die ersten Kosaken den Paß. Von der Hohen Warte ging der Weg hinunter ins Gailtal, dessen lieblicher Reiz in der Dunkelheit verborgen blieb.

General Krasnow, der sich noch immer in seinem kaputten Auto befand, wollte als erstes herausfinden, wie sich inzwischen die militärische Lage gestaltet hatte. Er war sich auch nicht ganz darüber im klaren, wie man ihn und seine Leute in Österreich, das damals noch als sogenannte Ostmark Teil des Deutschen Reiches war, aufnehmen würde. Immerhin hatte er mit niemandem zuvor über seinen Entschluß gesprochen, aus Italien abzuziehen. Noch immer war der früher einmal ergangene Befehl für den nicht kämpfenden Teil der Kosaken verbindlich, sich solange in Italien aufzuhalten, bis eine anderweitige Entscheidung ergehen würde.

Als die Kosaken jenseits der Grenze in der ersten österreichischen Ortschaft, Kötschach-Mauthen, eintrafen, fanden die Offiziere in dem dortigen Bahnhofshotel Unterkunft. Hatte Krasnow geglaubt, das Erscheinen der Kosaken würde für große Überraschung sorgen, so war dies nicht der Fall. Zu einem Zeitpunkt, da das Kriegsgeschehen sein Ende gefunden hatte und sich buchstäblich alles in Auflösung befand, war jedermann viel zu sehr mit sich selbst beschäftigt, als daß sich noch jemand über irgend etwas gewundert hätte, mochte es auch noch so ungewöhnlich sein.

Ein Kreisleiter der NSDAP nahm die Kosaken in Empfang. Er versicherte ihnen, daß niemand etwas gegen ihr Kommen einzuwenden habe. Es verstörte freilich die Kosaken sehr, als sie aus seinem Munde erfuhren, daß an allen Fronten die Kämpfe eingestellt worden seien, Deutschland nach über fünfeinhalb Kriegsjahren kapituliert habe.

In die Gesichter vieler Offiziere trat eine wächserne Blässe. Es war etwas anderes, über eine deutsche Kriegsniederlage zu spekulieren, als jetzt zu erfahren, daß sie nun wirklich eingetreten war. General Krasnow raffte sich zu der Frage auf: „Und was wird nun aus uns?" Ein verlegenes Achselzucken war die Antwort. Jemand, der nicht einmal wußte, worin seine eigene Zukunft bestehen würde, wie sollte der wissen, welches Schicksal anderen zugedacht war.

Auch der stellvertretende Gauleiter von Kärnten vermochte keine andere Auskunft zu geben. Er hätte auch keine Antwort darauf gewußt, was in wenigen Tagen aus seiner Dienststelle werden würde. Nichts hing mehr von den Deutschen ab, sondern so ziemlich alles von den Truppen der westlichen

Alliierten, die im Begriff standen, weite Teile Österreichs zu besetzen, ganz abgesehen von der Roten Armee, die auch ein großes Stück von dem Kuchen beanspruchte.

Unterdessen stand am Plöckenpaß noch immer ein Mann auf Wacht, der die Ankunft der Kosaken sogar mit gewisser Erleichterung zur Kenntnis genommen hatte, denn als Führer des örtlichen Volkssturms trieb ihn die Furcht, hier noch einmal kurz vor Kriegsende Mannesmut unter Beweis stellen zu müssen.

Während sich die Offiziere der Kosaken mit General Krasnow über die weiteren Schritte ihres Vorgehens in dem Bahnhofshotel des Ortes besprachen, traf von den noch funktionierenden Dienststellen des Reiches die Anweisung ein, daß die Kosaken weiter in Richtung des Drautales ziehen sollten. An eine Aufnahme in den Dörfern des Gailtales war nicht zu denken, weil die kleinen örtlichen Gemeinden angesichts der großen Menschenmenge, welcher dieser Treck nach Österreich gespült hatte, sich außerstande sahen zu helfen. Ein Problem bereitete auch die Vielzahl an Pferden, für die es hier einfach nicht genug Futter gab.

Die Kosaken schienen der Sache indes nicht ganz zu trauen und hatten das Gefühl, hin- und hergeschoben zu werden. Inzwischen traf auch Ataman Domanow in Mauthen ein, der die Nachhut des Kosakentrecks geleitet hatte. Er und Krasnow redeten jetzt viele Stunden miteinander, konnten sich nicht darüber verständigen, wie sie weiter vorgehen sollten.

In der Erinnerung von Krasnow haftete mehr als ein unliebsames Erleben aus dieser Zeit, wo die Gemeinsamkeit der antikommunistischen Kräfte mit den westlichen Alliierten nur von kurzer Dauer gewesen war. Wenn Ataman Domanow jetzt gegenüber jedermann unbeirrt seine Meinung kundtat, daß es für die Kosaken keinerlei Anlaß zu irgendwelchen Sorgen gäbe und sich bald alles zum Besten wenden würde, so teilte General Krasnow diese Überzeugung nicht. Zwar setzte auch er auf eine gewisse Vernunft der Briten und Amerikaner, die seiner Ansicht nach schon bald erkennen würden, daß sich zwischen ihnen und den Sowjets ein tiefer Graben auftat, was ihn aber nicht davon abhielt, auch gewisse Bedenken anzumelden.

Krasnow rechnete damit, daß die Briten, zumindest was den gegenwärtigen Augenblick betraf, kaum irgendwelches Interesse haben dürften, die Russen gegen sich aufzubringen. Seine Warnungen schlugen die meisten der Kosakenoffiziere jedoch in den Wind. Sie beurteilten die Engländer ganz einfach nach den Maßstäben ihrer eigenen Lebensart, wo man denen Treue bewahrte, mit welchen man zusammen etwas gemeinsam durchstanden hatte. Krasnow wurde von einigen sogar wegen seines hohen Alters für senil angesehen, dessen gesamte Weltsicht nur noch auf pessimistischen Anschauungen beruhe.

Ataman Domanow drängte ihn, dem britischen Feldmarschall Alexander einen Brief zu schreiben und ihm die Erinnerung an vergangene Zeiten ins

Gedächtnis zu rufen. Krasnow erklärte sich hierzu bereit, wollte er doch nichts unversucht lassen, was sich den Kosaken in ihrer jetzigen Lage als nützlich erweisen könnte. Er setzte sich sogar noch ein weiteres Mal hin, um dem Feldmarschall in bewegenden Worten darzulegen, daß sie beide einmal ein Stück ihres Weges gemeinsam beschritten hätten und jeder von der anderen Seite eine hohe Auszeichnung empfangen habe. Er selbst, so schrieb Krasnow, wäre damals mit dem britischen Militärkreuz ausgezeichnet worden, während Alexander einen russischen Orden entgegengenommen hätte, der sich während der Zarenzeit bei vielen russischen Offizieren großer Wertschätzung erfreute.

Es läßt sich nicht mit Sicherheit sagen, ob der Feldmarschall jemals diese Briefe bekommen hat. Einige Historiker vertreten die Meinung, daß dies durchaus der Fall gewesen sein mag. Alexander, der doch genau über die Absprachen der Jalta-Konferenz Bescheid wußte, habe es wahrscheinlich vorgezogen, sich aus allem herauszuhalten. Jedenfalls unternahm er nichts, um die Auslieferung der Kosaken an Stalin zu verhindern. Auch seine spätere Versicherung, wie leid ihm dies alles getan habe, ändert nichts an der Tatsache als solcher, daß er seinen alten Gefährten aus der Zeit des Bürgerkrieges im Augenblick ihrer größten Bedrängnis die Hilfe versagte.

General Krasnow erhielt von Feldmarschall Alexander niemals eine Antwort. Ob er mit einer solchen gerechnet hatte, darüber schwieg er sich aus. Seine Schreiben hatten ihm zumindest einen Aufschluß über die wahren Absichten der westlichen Alliierten in Hinblick ihres Umganges mit den Kosaken verschafft.

Krasnow und Domanow beschlich das unbehagliche Gefühl, mit ihrem Abzug aus Norditalien vielleicht eine Handlung begangen zu haben, die von den Engländern mißverstanden worden sein konnte. Vielleicht hatten sie damit den Eindruck erweckt, als wollten sie sich der Gefangenschaft entziehen. So verständigten sich die beiden Kosakenführer schließlich darüber, eine kleine Delegation zurück über den Plöckenpaß zu schicken, um einen direkten Kontakt zu den Engländern herzustellen. Die Parlamentäre sollten sich noch einmal nach Tolmezzo begeben. Es war zu vermuten, daß dort inzwischen nicht nur britische Truppenverbände, sondern aller Voraussicht nach auch schon Stäbe von Regimentern oder Divisionen anzutreffen sein würden.

General Krasnow hatte für diese Delegation auch seinen Enkel Nikolai ausgewählt, dem er am meisten vertraute, daß er den Engländern die Beweggründe der Kosaken erläutern könnte, warum sie sich mit den Deutschen zusammengetan hatten und weshalb sie in den Bolschewisten ihren Feind sähen.

Als die Kosakenparlamentäre in Tolmezzo eintrafen, schlug ihnen dort eine äußerst feindselige Stimmung seitens der italienischen Bevölkerung entgegen. Die Italiener hatten sich niemals mit der Tatsache abgefunden, daß die Kosaken sich sowohl in Tolmezzo als auch in den umliegenden Ortschaften auf eine Weise eingerichtet hatten, als wollten sie hier für alle Zeit verbleiben. Der mühselig unterdrückte Zorn, den sie darüber empfunden hatten, brach sich jetzt mit aller Gewalt Bahn. Der junge Krasnow war froh, als er schließlich in demselben Gebäude, das vor wenigen Tagen noch Domanow und seinen Stab beherbergt hatte, jetzt dem englischen Generalmajor Arbuthnoth gegenüberstand.

Dieser britische Offizier kommandierte die 78. Infanteriedivision, die zusammen mit der 36. Infanteriebrigade am weitesten in Norditalien vorgedrungen war. Das Gespräch der Abgesandten des Generals Krasnow und des Atamans Domanow mit der britischen Seite verlief nicht so, wie es sich die Kosaken vorgestellt hatten. General Wasiljew, als Wortführer, mühte sich reichlich ab, den für die Westalliierten zweifellos schwer zu verstehenden Hintergrund deutlich zu machen, weshalb es Kosaken, die sich als Gegner Stalins bezeichneten, nach Italien verschlagen hatte und weshalb sie sich nun um das britische Einverständnis bemühten, an der Seite des Generals Wlassow den Kampf gegen die Sowjetunion fortsetzen zu dürfen.

Von einer russischen Befreiungsarmee hatte der britische Offizier noch nie etwas vernommen und blickte deshalb die Parlamentäre der Kosaken ziemlich verdutzt an. Der britische General liebte klare Fronten und kein politisches Wirrwarr, wo man sich als Militär leicht in irgendwelche Fallstricke verfangen konnte. Die Versicherung der Kosaken, daß sie niemals in den westlichen Alliierten ihre Feinde gesehen hätten, nahm er höflich zur Kenntnis und gab dann dem Gespräch eine Richtung, wo er sich auf festerem Boden befand.

Die Kosaken sollten zunächst erst einmal ihre Waffen strecken, über alles Weitere würde sich dann gewiß schon bald Klarheit ergeben. Auch der hinzugekommene Brigadegeneral Geoffrey Musson schloß sich dieser Meinung an. So war eigentlich das Wesentlichste ungeklärt geblieben, was die Zukunft der Kosaken betraf. Auch der junge Leutnant Krasnow vermochte nach einer Unterredung mit den britischen Offizieren nicht davon auszugehen, ob es ihm gelungen war, ein wenig Verständnis für die Sache der Kosaken zu wecken.

Die einzige konkrete Vereinbarung bestand darin, daß die britischen Offiziere versprachen, am nächsten Morgen persönlich nach Kötschach zu kommen, um mit den Anführern der Kosaken die Durchführung der Waffenniederlegung zu regeln.

Nach der mit großer Spannung erwarteten Rückkehr der Parlamentäre ließen sich Domanow und General Krasnow genauestens schildern, wie das Gespräch mit den britischen Offizieren verlaufen war. Jede Einzelheit schien ihnen wichtig. Domanow wollte nicht nur erfahren, was die Engländer gesagt hatten, sondern auch aus der Atmosphäre des Gespräches seine Schlüsse ziehen. So erkundigte er sich immer wieder, ob die Briten freundlich gewesen seien, vielleicht auch gelegentlich gelacht oder einen Scherz gemacht hätten.

Während General Krasnow sich alles still mit angehört hatte, was die Parlamentäre berichteten, geriet Domanow immer mehr in eine euphorische Stimmung, ließ sich sogar zu der Behauptung hinreißen, die Engländer hätten bereits ihre Zusage gegeben, daß eine Auslieferung der Kosaken an die Sowjetunion völlig außer Frage stehe.

Es ist im zeitlichen Abstand von mehr als einem halben Jahrhundert schwer nachzuvollziehen, ob er mit seiner lärmenden Haltung die eigene Unruhe verbergen und sich etwas vormachen wollte oder ob ihn eine gewisse Naivität dazu brachte, Dinge zu glauben, für welche es überhaupt keinen Anhaltspunkt gab. Aus seinem Verhalten am nächsten Tag, an dem es im Bahnhofshotel von Kötschach nunmehr zu der vereinbarten Zusammenkunft mit den hohen britischen Offizieren kam, ließ sich entnehmen, daß er ganz offensichtlich der festen Überzeugung war, die Engländer würden nichts tun, was für die Kosaken eine Gefahr bedeuten könne.

Brigadegeneral Musson vermied es, gegenüber Domanow sich über irgendwelche politischen Ansichten zu verbreiten, sondern war ausschließlich darauf bedacht, in einem bewußt sachlich gehaltenen Ton nur solche Fragen zu behandeln, welche die einzurichtenden Sammelstützpunkte betrafen, wohin sich die Kosaken zu wenden hatten. Es wurde festgelegt, daß die Kosaken mit ihren Familien Lager zwischen Lienz und Oberdrauburg beziehen sollten. Sultan Keletsch Girej, der sich mit den von ihm geführten etwa 5.000 Kaukasiern ebenfalls dem Treck der Kosaken nach Österreich angeschlossen hatte, wurde an das Lager zwischen Oberdrauburg und Dellach verwiesen.

Während dieses Gespräches gaben die Engländer den Kosaken zu verstehen, daß sie auf dem Weg in diese Lager noch ihre Waffen behalten dürften, zu gegebener Zeit würde dann die Entwaffnung erfolgen. Ataman Domanow versprach, seinen Leuten die entsprechenden Anweisungen zu erteilen. Es machte ihn überhaupt nicht stutzig, daß die Engländer, deren Truppen erst am 7. Mai den Plöckenpaß überschritten hatten, bereits so zielsicher die Kosaken zu bestimmten Sammelpunkten zu lenken wußten.

Das 8. Schottische „Argyll and Sutherland Highlander Batallion“, das zu der 78. Infanteriedivision gehörte, bekam den Befehl, die Stadt Lienz zu besetzen. Während sich das schottische Bataillon anschickte, diesen Befehl zu befolgen, begegneten sich auf dem Wege zum Plöckenpaß der Kommandierende dieser Einheit, Oberstleutnant Malcolm, und Brigadegeneral Musson. Beide führten ein Gespräch miteinander, das sich ausschließlich um die Behandlung der Kosaken drehte. Erstmals machte hierbei der Brigadegeneral deutlich, wie diffizil alles zu handhaben sei, was mit den Kosaken zu tun habe. Der britische Oberstleutnant wurde von ihm instruiert, was die Kosaken wissen durften und was nicht.

Zweifellos hatte inzwischen das britische Oberkommando eine genaue Anweisung erteilt, wie mit den Kosaken und allen anderen Ostfreiwilligen der Wehrmacht zu verfahren sei. Dafür sprach auch die Tatsache, daß Malcolm sogleich nach der Ankunft seiner Verbände in Kötschach-Mauthen bei den Kosakenführern erschien und sie aufforderte, sich in Kürze auf den Weg nach Lienz zu machen, sobald das britische Bataillon dort eingetroffen war. Wenig später war es dann soweit. Ataman Domanow und seine engsten Begleiter bekamen von den Engländern ein Hotel in der Stadt Lienz als ihre neue Unterkunft zugewiesen, während General Krasnow mit seiner Frau in eine requirierte Villa einzog.

Rings um Lienz wuchsen nun die Lager der Kosaken empor, in denen über 21.000 Männer, Frauen und Kinder untergebracht wurden, auch für mehrere tausend Pferde reichte der Platz. Noch ahnte keiner der Kosaken, was die Zukunft für sie bereithielt. Alles deutete zu dieser Stunde noch auf einen glücklichen Ausgang hin. Die Engländer hatten einen Verbindungsoffizier zu den Kosaken eingesetzt; dies war Major Davis, der sich nun fast jeden Tag mit Domanow oder Krasnow traf und, was festgehalten zu werden verdient, ihnen versicherte, daß sie sich wegen einer etwaigen Auslieferung an die Sowjetunion keinerlei Sorge zu machen brauchten, denn hierzu würde es unter keinen Umständen kommen.

Es gibt unter den Historikern einen Streit darüber, ob dieser britische Offizier entsprechend den ihm erteilten Befehlen bewußt den Kosaken die Wahrheit vorenthalten habe oder ob er von allem, was er ihnen sagte, tatsächlich überzeugt gewesen sei. Manche Zeitgeschichtler wiederum hegen die Vermutung, daß die ständigen beschwichtigenden Worte des britischen Offiziers nichts anderes als Teil einer Taktik gewesen seien, um die Kosaken ganz einfach ruhigzustellen.

Auch Oberstleutnant Malcolm betrieb das gleiche Spiel, was dann wohl zu der Annahme berechtigt, beide handelten so, weil dies von ihnen verlangt wurde. In einer späteren Phase allerdings, als mit der gewaltsamen Räumung der Kosakenlager und der Auslieferung dieser Menschen an die Sowjetunion begonnen wurde, geriet Major Davis in einen schweren Gewissenskonflikt, der ihn nicht mehr gutheißen ließ, was sich da vor seinen Augen abspielte und was er selbst mit in Szene gesetzt hatte.

Doch eilen wir den Ereignissen nicht voraus. Die Entwaffnung der Kosaken, welche nunmehr auf Geheiß der Engländer vorgenommen wurde, ging reibungslos vonstatten. Die Kosaken befolgten die Befehle ihrer Anführer und gaben widerstandslos ihre Waffen her. Lediglich ihre Offiziere durften Säbel und Pistolen behalten, was die Kosaken in dem Glauben bestärkte, daß alles seine Ordnung und Richtigkeit habe.

Das friedliche Dasein in den Lagern, in denen die Kosaken ihr Alltagsleben so aufnahmen, wie sie es von ihren Stanizen her gewohnt waren, ließ manchen die Zukunft in hellsten Farben erscheinen. Auch die offensichtliche Begeisterung der englischen Soldaten an ihren Reiterkunststücken wiegte die Kosaken in der Sicherheit, daß sie sich über nichts Sorgen zu machen brauchten. Viele von ihnen nahmen an, daß es schon demnächst zwischen den Westmächten und der Sowjetunion zu einem großen Konflikt kommen werde. Mit allergrößter Wahrscheinlichkeit würde es dann wieder zu einem Einsatz der Kosaken im Kampf gegen die Bolschewiki kommen.

Es machten Nachrichten die Runde, daß die Kosaken vorerst nach Kanada oder Australien verschifft werden sollten. In diesen Ländern, so hieß es, sollten sie sich verfügbar halten, bis man ihrer militärischen Fähigkeiten wieder bedürfe. Geradezu für Hochstimmung sorgte die Information, welche einer der Kosakenführer nach seiner Rückkehr von einer Besprechung im britischen Stab in Umlauf brachte. Die Engländer hätten ihm zu verstehen gegeben, daß es für die Kosaken an der Zeit wäre, wieder ihre militärischen Übungen aufzunehmen.

Selbst die Tatsache, daß die jetzt vom Britischen Roten Kreuz verteilten täglichen Rationen in den Kosakenlagern beträchtlich erhöht wurden, faßten die Kosaken als einen Beweis dafür auf, daß man sie ganz offensichtlich bald wieder brauchen würde. Während des orthodoxen Osterfestes, das mit einem feierlichen Zeremoniell in den Lagern begangen wurde, sprachen die Popen von der neuen Hoffnung, welche der auferstandene Christus in die Herzen der Menschen pflanze.

Unter den Kosaken in den Lagern befanden sich viele hochgebildete Menschen. Künstler gab es, Schriftsteller, Journalisten, Musiker. Ein Bildhauer machte sich in dem Lager Peggetz sogar daran, ein Denkmal zu entwerfen, welches dem Gefühl der Verbundenheit der Kosaken zu den Engländern Ausdruck geben sollte. Zunächst belächelten die Kosaken seinen Eifer, als jedoch Major Davis am 20. Mai 1945 davon sprach, daß die Herausgabe einer Zeitschrift beabsichtigt sei, die einen Beitrag zu dem sich anbahnenden freundschaftlichen Verhältnis zwischen Engländern und Kosaken leisten sollte, erntete er stürmischen Beifall.

Eine ganze Anzahl von Journalisten aus den Reihen der Kosaken meldete sich zur Mitarbeit. Der britische Offizier ließ eine Namensliste anlegen und wollte zugleich wissen, wie er jeden einzelnen in der Lagerbaracke zu jeder Zeit erreichen könne. Schon an einem der nächsten Tage hatte der umtriebige Major eine neue Idee; er regte an, einen Kosakenchor sowie ein Orchester ins Leben zu rufen. Instrumente sollten angeschafft, ein Probenraum ausfindig gemacht werden. Die Kosaken waren glücklich, wie gut sich alles für sie anließ. Der britische Offizier schien sich in jeder Weise für ihr Wohlergehen einzusetzen.

Sie wähnten sich in einen Traum versetzt, doch um so schmerzlicher war das Erwachen. Es kündigte sich zunächst durch einen Vorfall an, der sie in tiefes Erschrecken versetzte. Eine Gruppe britischer Soldaten fing sich einige der prächtigsten Kosakenpferde ein, die auf den Wiesen bei Lienz weideten. Sie machten sich daran, die Tiere wegzutreiben, was schließlich einige Kosaken bemerkten, die hierüber Ataman Domanow informierten. Domanow schickte sofort einen seiner Offiziere zu dem britischen Stab, um den, wie er glaubte, nicht allzu bedeutsamen Vorfall aus der Welt zu schaffen. Die Briten würden gewiß ihren Soldaten die Wegnahme der Kosakenpferde verbieten, und deshalb sollte seiner Meinung nach davon nicht allzuviel Aufhebens gemacht werden.

Als dieser Kosakenoffizier nach einiger Zeit zurückkehrte, bebte ihm die Stimme. Die Engländer hätten ihn kaum angehört, sondern unmißverständlich erklärt, daß es sich bei den Kosaken schließlich um Kriegsgefangene Seiner Majestät handele. Sie besäßen keinerlei Recht mehr auf den Besitz ihrer Pferde, die schließlich Kriegszwecken gedient hätten.

Ataman Domanow wurde leichenblaß, als er dies vernahm. Er unterrichtete General Krasnow von dem Vorgefallenen. Der ließ jedoch keine Reaktion erkennen, ob und wie sehr ihn diese Mitteilung berührte. Einen Zufall konnte dies alles nicht mehr darstellen, denn am 26. Mai bekamen die Kosaken erneut zu spüren, daß die Zeit, in der die Briten von einer Freundschaft gesprochen hatten, nunmehr vorbei war.

An diesem Tag beschlagnahmte eine Gruppe Soldaten des 8. Bataillons die Kasse des Kosakenstabes, in welcher das Vermögen aller Familien aufbewahrt wurde. Seit jeher war es bei den Kosaken üblich gewesen, auf solche Weise die Ersparnisse zu deponieren, die den einzelnen Mitgliedern der Gemeinschaft auf Wunsch mit Zins und Zinseszins ausgezahlt wurden. Doch alle Vorhaltungen des Leiters der Kosakenkasse, daß niemand das Recht habe, sich an dem privaten Vermögen der Kosakenfamilien zu vergreifen, fruchteten bei den Engländern nichts. Sie rückten mit ihrer Beute, sechs Millionen italienischen Lire und einer hohen Summe in deutscher Reichsmark, ab.

Ehe die Kosaken auf diese neuen Repressalien reagieren konnten, traf sie wie ein Blitz die Nachricht, daß der am Vorabend in Lienz eingetroffene General Schkuro, Held des Bürgerkriegs und Vorbild einer ganzen Kosakengeneration, von den Briten festgenommen und mit unbekanntem Ziel verschleppt worden war.

Noch am gleichen Tag, an dem sich dies abspielte, erhielten sämtliche Offiziere der Kosaken die Aufforderung, dem Beispiel der Mannschaften zu folgen und den britischen Soldaten ihre Waffen auszuhändigen. Noch vermochten sich nicht alle Kosaken ein Bild darüber zu machen, was dies alles zu bedeuten hatte. Woher kam der plötzliche Sinneswandel bei den Engländern? Hatten sich vielleicht inzwischen auf der Bühne der Weltgeschichte Dinge abgespielt, von denen sie nichts wußten? Oder auch, weit schlimmer noch, zeigten die Engländer erst jetzt ihr wahres Gesicht und hatten sie die ganze Zeit zuvor lediglich Masken getragen? Fragen, auf die niemand eine Antwort wußte. Noch nicht. Denn schon am nächsten Tag, dem 28. Mai 1945, öffneten sich ihnen die Augen dafür, wie sie von jenen getäuscht worden waren, denen sie so sehr vertraut hatten.

DIE STUNDE DER WAHRHEIT BRICHT AN

Was sich in den letzten Tagen des Zweiten Weltkrieges und kurz nach der Kapitulation im Führungsstab des XV. Kosaken-Kavallerie-Korps abspielte, war reich an Dramatik. Hoffnung wechselte mit tiefster Verzweiflung. Versprechungen der westlichen Alliierten hinsichtlich des Schicksals der Kosaken erwiesen sich als leere Worthülsen, das Ehrenwort britischer Offiziere diente der Täuschung über die wahren Absichten der Sieger. Schließlich brach die Stunde einer schrecklichen Wahrheit an.

Das XV. Kosakenkorps, unbezwungen im Krieg, war rettungslos verloren. Von den Westmächten preisgegeben an Stalin, dem Verderben überlassen. Über die Anstrengungen deutscher Offiziere, das bittere Schicksal von den Freiwilligenverbänden und insbesondere auch von deren Familien abzuwenden, gibt es im Bundesmilitärarchiv in Freiburg/Breisgau eine Vielzahl von Berichten. Sie spiegeln auf eindrucksvolle Weise ein Stück jener Zeitgeschichte wider, die kein Ruhmesblatt der Sieger von 1945 darstellt.

Noch immer wühlen diese Geschehnisse viele Menschen auf. Zu schmerzhaft waren die Empfindungen, welche in der Seele des einzelnen ihre Spuren hinterlassen haben. Übernehmen wir deshalb die Rolle des Chronisten, der die Ereignisse so aneinanderreiht, wie sie sich im Bewußtsein vieler Zeitzeugen eingeprägt haben: Am 29. und 30. April 1945 herrschte im Stab des Korps eine fieberhafte Tätigkeit. Generalleutnant von Pannwitz hatte sich entschlossen, nicht länger abzuwarten, wie sich die Dinge in der nächsten Zeit entwickeln würden, sondern wollte durch eigenes Handeln Einfluß ausüben.

Der Plan war entstanden, den westlichen Alliierten, die sich in Italien im schnellen Vormarsch befanden, das Angebot zu unterbreiten, sämtliche Flugplätze im kroatisch-bosnischen Raum für die Landung ihrer Truppen oder zumindest Kommandogruppen offen zu halten. Als Gegenleistung erhoffte sich die Führungsspitze der Kosaken, daß die Briten die Kosakenregimenter als eine Art von Polizeitruppe in ihre Dienste nehmen und vielleicht irgendwo im mittleren Osten stationieren würden.

Durch einen solchen Vorschlag würde sich immerhin den Westmächten die Chance auftun, einen Fuß in die Tür zum Balkan zu bekommen, die zukünftige Entwicklung dort mit beeinflussen zu können.

Niemand dachte im Korpsstab lange darüber nach, ob ein solches Angebot überhaupt sinnvoll war, ob der bisherige Kriegsgegner daran interessiert sein konnte. Einige Offiziere, darunter auch Major Graf zu Eltz, wurden mit der Ausführung dieses Plans betraut. Ein Fieseler Storch sollte die Unterhändler zur 8. Britischen Armee bringen. Doch nachdem das Flugzeug bereits während des Anfluges zum Startplatz vom Himmel geholt worden war, zerrann dieser Plan so jäh, wie er entstanden war.

Neue Überlegungen traten an seine Stelle. Doch vieles davon erwies sich bereits im Ansatz als nicht mehr durchführbar. So etwa die Absicht, sich mit den Kosaken nach Italien durchzuschlagen, um sich dort dann geschlossen den Briten zu ergeben. Für diese Idee, sich in Italien noch zuvor mit dem Kosakentreck von Domanow und seinen Leuten bei Tolmezzo zu vereinigen, sprach zwar vieles, nur nicht die Realität. Längst hing es nämlich nicht mehr vom Willen der Korpsführung ab, den Rückzug aus Kroatien noch mehr zu beschleunigen. Überall umklammerten Partisanengruppen die Zurückgehenden, hinderten sie an einem schnellen Verlassen des Landes.

Auch wurde ernsthaft der Plan erwogen, die Regimenter in die Schweiz zu überführen, was jedoch eine vorhergehende Kontaktaufnahme zu diesem neutralen Staat bedingte. Für dieses „Unternehmen“ wurde zunächst ein Citroën organisiert. Mit ihm sollte sich Rittmeister Chiqui von Gudenus in Begleitung der Gefreiten Lückert und Meistermann auf den Weg nach Genf machen. Da zu befürchten war, daß sie das Mißtrauen der Feldgendarmerie erregen könnten, war ihnen ein fingierter Marschbefehl ausgehändigt worden. Aus ihm ging hervor, daß ein äußerst wichtiger Nachschubtransport für das Kosakenkorps im Alpenraum steckengeblieben war, den die drei nun dort loseisen sollten.

Graf zu Eltz hatte jedoch noch ein weiteres Eisen im Feuer. Er hoffte, über den kroatischen Erzbischof Stepinac in Agram den Vatikan zu einer Vermittlungsrolle bei den westlichen Alliierten bewegen zu können. Über diese Absicht hatte er jedoch bislang im Korpsstab Stillschweigen bewahrt. Während der Fahrt nach Agram weihte er Gudenus in diesen Plan ein.

In Agram versuchte der I c des Korps – hierzu war der Major nach Bildung des Korps am 25. Februar 1945 aufgerückt – sich einen Eindruck von der allgemeinen Lage zu verschaffen. Ein Besuch bei der Heeresgruppe E erbrachte nichts. Die vorsichtigen Äußerungen des Majors, daß die Kosakenregimenter unter den deutschen Heeresteilen eine Besonderheit darstellen würden und es deshalb diplomatische Kanäle zu benutzen gelte, um eine politische Lösung zu deren Gunsten zu erwirken, wurden von dem I a der Heeresgruppe E unter Hinweis auf Befehle des OKW zurückgewiesen.

Ein gemeinsamer schneller Rückzug vom Balkan käme für die Heeresgruppe aus militärischen Erwägungen überhaupt nicht in Frage. Auch Pannwitz habe sich hieran zu halten. Hiermit war das Gespräch beendet. Am Vormittag des 1. Mai 1945 suchten Gudenus und Eltz den ungarischen Gesandten in Agram, Hubert Pallavicini, auf, von dem sie wußten, daß er gute

Kontakte nach Rom unterhielt. Pallavicini schlug ihnen vor, nicht nur mit dem Erzbischof eine Unterredung zu führen, sondern auch den kroatischen General Percević über die Bedrängnis der Kosaken zu unterrichten.

Der kroatische General, der die beiden deutschen Offiziere am gleichen Tag empfing, erblaßte bereits bei ihren ersten Worten. Tief erschrocken reagierte er auf die Mitteilung, daß das Kosakenkorps seinen Abzug plane. Damit wäre Kroatien verloren, erwiderte er niedergeschlagen den Offizieren. Eltz und Gudenus stimmten ihm zu, führten jedoch an, daß sie der kroatischen Sache auf militärischem Wege so oder so nichts mehr zu nutzen vermochten. In dem Gesicht des Kroaten spiegelte sich große Traurigkeit wider. Der Abschied fiel dementsprechend aus. Die Offiziere ließen einen völlig gebrochenen Mann zurück.

Das Gespräch mit dem Erzbischof wurde für den Vormittag des nächsten Tages vereinbart. Im Ordinariat trat ihnen ein Mann entgegen, der auf beide deutsche Offiziere einen tiefen Eindruck machte. Eltz schilderte ihn später mit den Worten: „Ich war überrascht, eine Persönlichkeit anzutreffen, die ihrer Erscheinung und dem Alter nach keineswegs den Vorstellungen entsprach, die man normalerweise von einem Kirchenfürsten hat. Ein hagerer mittelgroßer Mann von vielleicht 40 Jahren trat uns entgegen und begrüßte uns mit raschen, fast soldatisch wirkenden Bewegungen, nicht unfreundlich, doch mit ernster Zurückhaltung. Seine energischen, straffen Gesichtszüge hatten trotz ihrer Blässe nichts priesterlich Weiches, sondern vielmehr etwas Kämpferisches an sich. Als typischer Sohn seiner Heimat hätte er rein optisch mit seinen tiefschwarzen Haaren und auffallend dunklen Augen viel besser in eine Pandurenuniform als in ein bischöfliches Ornat gepaßt."

Erzbischof Alois Stepinac hörte sich aufmerksam die Überlegungen der Offiziere an, die sie hinsichtlich des Schicksals der Kosaken hegten, wenn diese in die Hand der Sowjets fallen würden. Der Erzbischof versprach sogleich, dem Poglavnik die Sorge des Kosakenkorps vorzutragen. Er ließ durchblicken, daß er für derartige Bedenken jegliches Verständnis habe.

Das Verhältnis zwischen dem Erzbischof und der kroatischen Führung war zu keinem Zeitpunkt frei von Spannungen gewesen. Mehrfach hatte Stepinac sein Mißfallen über Taten der Ustascha geäußert, welche der Sache Kroatiens abträglich wären und dem Land keine Freunde verschaffen würden. Ohne bereits etwas darüber zu wissen, zu welchen Resultaten die Unterredung des Erzbischofs mit dem Poglavnik geführt hatte, schickte Major Graf zu Eltz General von Pannwitz ein Fernschreiben des Wortlautes, daß einer Zurücknahme des Kosakenkorps nichts mehr im Wege stehe.

Bewußt hatte der Offizier eine Formulierung gewählt, die auch so verstanden werden konnte, daß seitens der Heeresgruppe E das Vorhaben abgesegnet worden sei. Die Gewissensbisse, welche er über diese bewußte Täuschung des Generals empfand, vermochte er nur mit dem Gedanken zu beruhigen, daß der dadurch entstandene Zeitgewinn für die Rettung des

Korps vielleicht eine entscheidende Rolle spielen könnte. Doch blieb das Unbehagen darüber, einen derartigen Trick angewandt zu haben, um General von Pannwitz in Sicherheit zu wiegen, daß der Rückzug der Kosaken an höchster Stelle seine Billigung gefunden habe.

Am Abend des 3. Mai 1945 suchte Graf zu Eltz noch einmal den kroatischen Erzbischof auf, um von ihm zu hören, ob mit einer Intervention des Vatikans zu rechnen wäre. Stepinac gab ihm den wenig tröstlichen Bescheid, daß es im Moment selbst dem erzbischöflichen Ordinariat nicht möglich wäre, sich mit dem Vatikan ins Benehmen zu setzen, da weder eine telefonische noch fernschriftliche Verbindung zustande gekommen sei.

Als der deutsche Major dem Erzbischof zu verstehen gab, er könne bei einer etwaigen Verlegung seines Sitzes aus Agram für sich und seine Mitarbeiter jederzeit auf deutsche Hilfe rechnen, versteinerte das Gesicht des Kirchenfürsten. Mit einem äußerst scharfen Ton in der Stimme wies er dieses Angebot zurück, von dem er sich schwer verletzt fühlte. Niemand aus dem erzbischöflichen Palais habe vor, Kroatien zu verlassen. Ihr Platz wäre gerade in dieser schweren Stunde des Volkes hier und nirgendwo anders. Auf die Entschuldigung des Grafen zu Eltz, daß es keineswegs in seiner Absicht gelegen hätte, ihn zu kränken, verlief der Rest des Gesprächs wieder in freundlichen Bahnen.

Auf dem Vorplatz des erzbischöflichen Palais begegnete Graf zu Eltz dem kroatischen Minister Mile Budak, der den Eindruck eines Mannes machte, der soeben eine schreckliche Botschaft vernommen hatte. Offenbar begriffen viele der kroatischen Führer erst in diesem Moment, daß die letzten Stunden des unabhängigen kroatischen Staates angebrochen waren.

Rittmeister von Gudenus hatte inzwischen die Fahrt in die Schweiz angetreten. Von Agram aus wollte er ohne Unterbrechung bis nach Graz durchfahren. Den 4. Mai über verblieb Eltz noch in Agram. Obwohl in den Straßen der Stadt ein reges Leben pulsierte, herrschte jedoch unter den Menschen nicht die sonst anzutreffende übliche Fröhlichkeit. Vielen Gesichtern war eine gewisse Besorgnis anzusehen. Durch die Stadt schwirrten allerlei Gerüchte. Da hieß es beispielsweise, daß die slowenischen Partisanen Tito die Freundschaft aufgekündigt hätten, weil sie seinen kommunistischen Weg nicht mitbeschreiten wollten.

Andere wollten wissen, daß sich Generaloberst Löhr aus freien Stücken dem Poglavnik unterstellt habe. Die Waffenbrüderschaft zwischen Deutschen und Kroaten sollte erhalten bleiben, komme was da wolle. Einige, die sich für besser informiert hielten, sprachen von einer bevorstehenden Umbildung des kroatischen Regimes, durch welche eine wesentliche Stärkung des erzbischöflichen Einflusses zu erwarten sei.

Am 5. Mai 1945 befand sich der Stab des XV. Kosaken-Kavallerie-Korps mit General von Pannwitz in Varaždinski, wohin er unter dem Druck der Partisanen ausgewichen war. Der Major informierte ihn hier ausführlich über alle in Agram geführten Gespräche, die im Grunde genommen nicht ein einziges handfestes Resultat erbracht hatten. Alles war irgendwie vage und verschwommen geblieben.

Doch schon nahmen wieder neue Gedanken Gestalt an. Pannwitz erhoffte sich etwas von einer Kontaktaufnahme zu dem britischen Feldmarschall Alexander, der zur Zeit des Bürgerkrieges in Rußland im Auftrage Englands das Kommando über die Baltische Landeswehr innegehabt hatte, als es darum ging, die Bolschewisten aus dem Baltikum herauszudrängen. Der dem Kosakenkorps angehörende Oberst von Renteln, dem die Aufgabe eines Verbindungsoffiziers zu dem Atamanen-Stab oblag, hatte seinerzeit den Posten eines Adjutanten bei Alexander bekleidet.

In der Korpsführung versprach man sich viel davon, diesen Mann jetzt zusammen mit Rittmeister Kunata Graf Kottulinsky, Bruder des erwähnten Grafen Rudolf Kottulinsky, den Engländern entgegenzuschicken. Wer sollte besser dazu in der Lage sein, das Herz des britischen Feldmarschalls für die Sache der Kosaken zu rühren, als sein alter Waffengefährte von Renteln. Am 7. Mai, als die Nachricht von der Waffenruhe mit den Westmächten eintraf und zugleich die Information, daß die kroatische Regierung Agram mit unbekanntem Ziel verlassen hätte, machten sich Oberst von Renteln und Rittmeister Graf Kottulinsky auf den Weg zu dem britischen Feldmarschall.

Schon am darauffolgenden Tag, dem 8. Mai 1945, überschlugen sich förmlich die Ereignisse. Titos Volksbefreiungsarmee wollte sich zum Ende des Krieges noch ein eigenes Geschenk bereiten und war darauf aus, das Kosakenkorps zu zwingen, auf jugoslawischem Boden die Waffen zu strecken. Jetzt hieß es für den Korpsstab, alles zu unternehmen, um nicht im letzten Moment noch Titos Leuten in die Hände zu fallen. Im Stabsquartier, das sich zu jenem Zeitpunkt in Ivanec befand, wurden umgehend alle Vorbereitungen zum Verlassen der Ortschaft eingeleitet.

Die einzelnen Fahrzeuge mit ihren schwerbewaffneten Insassen bildeten einen Konvoi, der über Trakoscan nach Windisch Feistritz aufbrach. Die Offiziere und Mannschaften hockten in den Fahrzeugen, die Maschinenpistolen auf den Knien, die Finger am Abzugshebel. Konzentriert galten alle Blicke den umliegenden Berghängen, Wäldern und Getreidefeldern.

Major zu Eltz hatte sein Fahrzeug vor dem des Generals eingeordnet und fühlte sich für dessen persönlichen Schutz verantwortlich. In den Abendstunden wurde Windisch Feistritz erreicht und im Schloß der Grafen von Attems Nachtquartier bezogen. Die Nachrichtenleute des Stabes stellten noch die notwendigen telefonischen Verbindungsleitungen her, was ihnen insofern keine Mühe bereitete, da zu dieser Stunde das Landestelefonnetz noch intakt war.

Gegen Mitternacht traf die Nachricht ein, daß Deutschland nun auch gegenüber der Sowjetunion kapituliert hätte, dennoch sollte das Korps alles in seinen Kräften Stehende unternehmen, um reichsdeutsches Gebiet zu erreichen. Plötzlich klingelte das Telefon erneut. Der Apparat im Zimmer des Majors Eltz war an das Telefon des Nebenraums angeschlossen, in welchem sich General von Pannwitz aufhielt. Eltz hob den Hörer ab und glaubte nicht richtig zu hören, als sich auf der anderen Seite ein General der jugoslawischen Volksbefreiungsarmee meldete. Ein hastiges Zeichen deutete Pannwitz an, mitzuhören.

Der Anrufer auf der anderen Seite verlangte, Kommandeur von Pannwitz zu sprechen. Ein kurzer Blick des Majors hinüber zu Pannwitz genügte, um sich darüber zu verständigen, daß Eltz das Gespräch allein bestreiten sollte. Der jugoslawische General, der ein einwandfreies Deutsch mit leicht serbokroatischem Akzent sprach, brachte seine Erwartung zum Ausdruck, daß die deutsche Seite sich unverzüglich an alle Kapitulationsbedingungen halten werde, die dem deutschen Heer auferlegt worden seien. Auf jeden Fall hätten weitere Truppenbewegungen zu unterbleiben.

Wörtlich erklärte der jugoslawische Offizier: „Nehmen Sie zur Kenntnis, daß die Truppen der jugoslawischen Volksbefreiungsarmee für den Fall, daß Sie sich nicht an die Kapitulationsbedingungen halten, den Befehl haben, gegen Sie schonungslos vorzugehen."

Major zu Eltz spürte, wie in ihm allmählich kalte Wut aufstieg. Ohne sich mit General von Pannwitz abzustimmen, sagte er seinem Gesprächspartner, dessen Namen er nicht verstanden hatte, daß dem XV. Kavallerie-Kosaken-Korps bis zur Stunde nichts von einer allgemeinen deutschen Kapitulation bekannt wäre und es außerdem nicht vorhabe, sich irgendwelchen räuberischen Banditen zu ergeben. Auch hätte das Korps von seiner Heeresgruppe nichts gehört, was es zu einer gegenteiligen Meinung veranlassen könnte. Die Kosaken seien deshalb entschlossen, unbeirrt von irgendwelchen Beeinflussungen oder Drohungen der jugoslawischen Seite ihren Marsch fortzusetzen. Sollten die Partisanen den Versuch unternehmen, sie daran zu hindern, würde eine solche Aktion mit harten militärischen Schlägen beantwortet werden.

Die Stimme des Majors überschlug sich förmlich bei diesen Sätzen; hochroten Gesichts und mit einem Kraftausdruck feuerte er den Hörer auf die Gabel. Pannwitz hatte alles mitangehört, doch war ihm nicht anzumerken, wie er darüber dachte. Später kam bei beiden Offizieren die Vermutung auf, der Partisanengeneral könnte offenbar vom Stab der deutschen Heeresgruppe E angerufen haben, die in diesem Augenblick die Kapitulation vollzog. Nur so ließ es sich erklären, woher die Partisanen Kenntnis von der Fernsprechverbindung des Kosakenstabes erhalten hatten.

Nach dem Telefongespräch mit dem jugoslawischen Partisanengeneral war an eine Fortsetzung der Nachtruhe nicht mehr zu denken. Es wurde der sofortige Aufbruch beschlossen. Mit abgeblendeten Lichtern fuhr die kleine Wagenkolonne los. Alle waren sich dessen bewußt, daß jetzt äußerste Vorsicht geboten war. Jeden Moment konnte von irgendeiner Seite ein Anschlag der Partisanen erfolgen.

Major zu Eltz hatte sich reichlich mit MP-Munition und Handgranaten versehen. Er war entschlossen, sein Leben so teuer wie möglich zu verkaufen. Doch wider alle Erwartungen verlief die Fahrt ohne Zwischenfälle. Probleme freilich anderer Art traten auf, als der Konvoi beim Morgengrauen die Straße Cilli–Unterdrauburg erreichte. Hier bot sich den Angehörigen des Kosakenstabes ein unbeschreiblicher Anblick. So ziemlich sämtliche Waffengattungen gaben sich hier ein Stelldichein, das heißt, die Fahrzeuge der zurückflutenden Einheiten standen Stoßstange an Stoßstange; niemand kam mehr vorwärts, alles ballte sich zu einem großen Knäuel zusammen.

Zu beiden Seiten der Straße türmte sich weggeworfenes Kriegsmaterial; eben noch hochbegehrt an der Front, jetzt nur noch als nutzloser Ballast empfunden. Wehrmacht, SS, kroatische Einheiten, rückwärtige Dienststellen, alle trugen jetzt so etwas wie ihren letzten Kampf aus, untereinander, jeder gegen jeden.

Unter Androhung von Waffengewalt verschaffte sich mancher Vorteile von nur wenigen Metern. Andere kippten rabiat Fahrzeuge, welche ihnen die Weiterfahrt versperrten, in die Straßengräben. Es herrschte ein heilloses Durcheinander. Etliche Angehörige von Dienststellen, die den ganzen Krieg über die Front nicht ein einziges Mal zu Gesicht bekommen hatten, gebärdeten sich besonders großmäulig. Immer wieder zückten sie gegenüber Feldgendarmen, welche sich vergebens um eine gewisse Ordnung bemühten, irgendwelche Papiere oder Sonderausweise. So manches ihrer Fahrzeuge war mit allem beladen, was sie aus irgendeinem Depot mit Heeresgut zusammengerafft hatten.

Überall war ein völliger Zerfall der Disziplin zu beobachten. Selbst auf Schwerverwundete wurde keine Rücksicht mehr genommen. Ihre eingekeilten Transportfahrzeuge saßen schon seit Stunden fest. Niemand machte Anstalten, hier zu helfen. Gleichgültig wandten sogar Offiziere ihre Gesichter ab; die in langen Kriegsjahren entstandene Frontkameradschaft löste sich vor aller Augen auf, und niemand schien dies überhaupt noch zu bemerken.

Major Graf zu Eltz und die anderen Kosakenoffiziere vermochten ihren Zorn kaum noch zu bändigen. Der Major stürmte los, griff sich einige der Feldgendarmen und machte sich dann gemeinsam mit ihnen daran, ein Mindestmaß an Ordnung in den Kolonnen herbeizuführen. Als erste Maßnahme veranlaßte er, daß aus den Besatzungen aller Fahrzeuge kleine Formationen zur Wiederherstellung einer gewissen Disziplin gebildet wurden. Durch den scharfen Befehlston und vielleicht auch durch ihre martialischen Erscheinungen sowie ihren unmißverständlichen Griff zur MP gelang es den Kosakenoffizieren, die wildesten Schreihälse einzuschüchtern und so manchen Widerspenstigen zum Verstummen zu bringen. Dies zeitigte allmählich Wirkung.

Es wurde darangegangen, eine Straßenseite für die Weiterfahrt der Verwundetentransporte freizumachen. Erst danach erhielten die übrigen LKWs und Kübelwagen die Genehmigung zur Weiterfahrt. So vermochte sich schließlich die gesamte Kolonne auf der Straße wieder in Bewegung zu setzen. Wenn die einzelnen Fahrzeuge auch nur sehr langsam vorankamen, so näherte sich dennoch Kolonne um Kolonne ihrem Ziel.

Etwa 15 Kilometer vor der Grenze zu Österreich tobte ein schweres Gefecht, in welches die 1. Kosakendivision vor ihrem Grenzübertritt noch einmal mit den Partisanen verwickelt worden war. Die Fahrzeuge selbst kamen jedoch unbeschadet durch die Gefahrenzone und erreichten Lavamünd. Hier wurde nun sofort beschlossen, einen Kontakt zu der britischen Armee herzustellen, die nach vorliegenden Informationen im Raum von Klagenfurt stehen sollte.

General von Pannwitz beeilte sich jetzt, ein Schreiben an den ihm namentlich unbekannten Befehlshaber der englischen Armee abzufassen. Dieser Brief, geschrieben am 9. Mai 1945, trug folgenden Wortlaut:

„Sehr geehrter Herr General! Der Major Graf zu Eltz meldet sich bei Ihnen in meinem Auftrag, um das Schicksal der Reste zweier Völker in Ihre und damit in die Hand der Westmächte zu legen. 25 Jahre haben die Kosaken und Kalmücken in den Ländern zwischen dem Kaspischen und dem Schwarzen Meer ihre Freiheit gegen den Bolschewismus verteidigt und sind zum großen Teil als Verbannte in den nördlichen Gebieten der Sowjetunion zugrunde gegangen.

Die Reste dieser Völker haben in den Jahren 1942 und 1943 gemeinsam mit den deutschen Truppen, mit Frauen und Kindern, ihre Heimat verlassen und befinden sich jetzt, soweit es sich um waffenfähige Männer handelt, in den Reihen meines Korps. Frauen, Kinder und nichtwehrfähige Männer wurden teils in Deutschland, teils in Oberitalien untergebracht. Eine Kapitulation vor der Roten Armee würde für Kosaken und Kalmücken schreckliche Folgen haben, da die Regierung der Sowjetunion die endgültige Vernichtung beider Völker mehrfach ganz klar angedroht hat.

Das deutsche Volk hat diesen Krieg verloren und erleidet nunmehr das Schicksal des Besiegten. Die Kosaken und Kalmücken jedoch sind lediglich Bundesgenossen Deutschlands im speziellen Kampf gegen den Bolschewismus gewesen. Sie kämpften gegen eine Staatsform, die ihnen unerträglich erschien, aber nicht aus irgendeinem anderen Grunde. Aus dieser Sachlage heraus habe ich, in Voraussicht der kommenden Ereignisse, mehrere Offiziere zu den alliierten Kommandostellen entsandt, um das Interesse der Westmächte für die Reste dieser beiden kleinen Völker zu erwecken, die für nichts anderes als für ihre politische Freiheit gekämpft haben.

Ich bitte deshalb, nicht in meinem, noch auch im Interesse des deutschen Verbindungspersonals und der Offiziere meines Korps, Major Graf zu Eltz anzuhören. Wenn ich darüber hinaus im Interesse der mir unterstehenden Volksgruppe zu näheren Information Ihnen zur Verfügung stehen soll, so bitte ich Ort und Zeitpunkt zu bestimmen. Gleichzeitig glaube ich die Versicherung abgeben zu können, daß das Kosaken-Kavallerie-Korps, solange ich persönlich seine Führung innehabe, diszipliniert hinter mir steht und jedem von mir gegebenen Befehl folgen wird, da auch ich mich mit ganzem Herzen für dieses unglückliche Volk eingesetzt habe.

Gez. von Pannwitz (Generalleutnant)"

Nachdem Pannwitz dieses Schreiben dem Major ausgehändigt und ihm alles Glück für seine Mission gewünscht hatte, von der so viel abhing, trat der

Offizier in Begleitung seines Fahrers Behrens und des Offiziersdieners Kanz seine schwierige Fahrt an. Sie sollte zunächst nach Völkermarkt führen, doch als die drei unterwegs die Warnung erhielten, daß Titos Partisanen sich dort schon vieler Fahrzeuge bemächtigt und die Insassen verschleppt hätten, entschied der deutsche Offizier, bei Griffen abzubiegen, um unter Umgehung von Völkermarkt nach Klagenfurt zu gelangen.

Kurz vor Griffen näherte sich dem Fahrzeug eine englische Panzerabteilung. Obwohl an seinem Auto eine weiße Flagge befestigt war, sah Eltz dem ersten Zusammentreffen mit Vertretern einer der westlichen Siegermächte mit gemischten Gefühlen entgegen. Die Panzer hielten an, aus einer der Luken stieg ein britischer Offizier heraus. Darauf verließ auch der Major seinen Wagen und ging auf den Engländer zu. Eltz sprach die Bitte aus, daß man ihn zu dem Kommandeur dieses Abschnitts bringen möge. Der britische Offizier nickte wie selbstverständlich, betrachtete dabei die ungewöhnliche Uniform des Deutschen, die ihn als einen Angehörigen des Kosakenkorps auswies.

Dem Offizier war nicht anzumerken, ob er Bescheid wußte, mit wem er es hier überhaupt zu tun hatte. Jedenfalls erteilte er den Befehl, daß zwei seiner Panzer das Auto eskortieren sollten. Dies bot zugleich Schutz vor den überall in der Gegend umherstreifenden Partisanen. Erst nach langer Fahrt – die Dunkelheit brach bereits herein – wurde ein britisches Militärlager erreicht, das im freien Gelände auf einer kleinen Anhöhe errichtet worden war. Obwohl Eltz nicht genau wußte, wo er sich befand, nahm er an, daß es nördlich der Straße zwischen Griffen und Völkermarkt sein könnte.

Vor den in einer Front abgestellten Panzern erstreckte sich eine Rasenfläche, auf der mehrere Tische und Bänke plaziert waren. Ein jüngerer englischer Offizier bat ihn, dort Platz zu nehmen. Als sich Major Graf zu Eltz dorthin begab, traten ihm vor Erstaunen fast die Augen aus dem Kopf. Denn wer kam ihm hier als erster entgegen? Oberst von Renteln, der vor zwei Tagen aus dem letzten Stabsquartier des Korps in Ivanec zusammen mit dem Grafen Kottulinsky aufgebrochen war, um einen Kontakt zu dem britischen Feldmarschall Alexander herzustellen.

Eltz bestürmte den Oberst förmlich mit Fragen, wie er in dieses doch ziemlich unscheinbare Feldlager der Engländer geraten sei, wo er doch eigentlich einen Kontakt zu Feldmarschall Alexander hatte aufnehmen wollen. Weitere Fragen galten dem Grafen Kottulinsky und was sich überhaupt inzwischen alles abgespielt habe.

Erst jetzt bemerkte Eltz, daß sich der Oberst in einem mehr als merkwürdigen Zustand befand. Er schwieg zu allen Fragen, wirkte so, als ob er überhaupt nicht verstünde, was man von ihm wollte. Doch dies war nicht das einzig Seltsame, was dem Major auffiel. Mehr noch wunderte er sich darüber, daß keiner der Engländer irgendwelche Anstalten machte, ihn und seine Begleiter zu entwaffnen. Auch interessierte sich niemand für ihr Auto, welches nach Durchquerung des Partisanengebietes noch immer vollbeladen mit Handgraten war.

Einzelne Engländer warfen neugierige Blicke auf die hohen Offiziere sowie deren Uniformstücke, die so wenig mit dem üblichen Bild eines Wehrmachtsangehörigen übereinstimmten. Sichtlich irritiert waren sie auch über die Ärmelaufnäher, die auf einem blauen Untergrund gekreuzten Säbel.

Da ihnen ansonsten niemand besondere Beachtung schenkte und sich nichts weiter tat, streckte sich der Major auf der Wiese aus, rollte sich in seinen Mantel ein und überließ sich dem Gefühl der Erschöpfung, das ihn jetzt nach den Anstrengungen der letzten beiden Tage überwältigte. Aber an einen länger anhaltenden Schlaf war nicht zu denken. Die Nässe des Bodens und die sich ausbreitende Kühle der Nacht bedeuteten eine zusätzliche Qual für seinen durch langen Schlafentzug schon so gemarterten Körper.

Immer wieder quälten ihn neue Gedanken. Zwölf Jahre ununterbrochener Soldatenzeit lagen nunmehr hinter ihm. Was hatten sie gebracht? Was war davon in dem Buch seines Lebens als wertvoll zu verzeichnen, oder stellte alles nur vertane Zeit dar? Wie sollte er die bevorstehende Übergabeverhandlung mit den Engländern führen, wie ihnen begreiflich machen, warum die Kosaken auf seiten der deutschen Wehrmacht gekämpft hatten?

Immer neue Gedanken stürmten auf ihn ein. Ob es ihm wohl gelingen würde, die richtigen überzeugenden Worte zu finden? War es überhaupt noch realistisch, daran zu glauben, die Engländer würden die Kosaken als normale Kriegsgefangene betrachten und dementsprechend behandeln? Graf zu Eltz spürte, wie ihn allmählich ein Gefühl der Verzweiflung ergriff. Es kamen ihm jetzt auch schwere Bedenken, ob er überhaupt der richtige Verhandlungspartner für die Engländer sein könnte, da man ihn doch vor einiger Zeit im britischen Rundfunk einen Kriegsverbrecher genannt hatte.

Bei Anbruch des Tages stapfte er auf der Wiese hin und her, um die Müdigkeit aus seinen Gliedern zu vertreiben. Noch immer war es bitter kalt, und erst nachdem die Sonne aufgegangen und den Sieg über den Morgennebel davongetragen hatte, verlor sich das unbehagliche Gefühl in seinem Körper.

Auch das britische Lager war inzwischen erwacht, Mannschaften und Offiziere machten ihre Morgentoilette, und auch Eltz versuchte sich ein einigermaßen manierliches Aussehen zu geben, denn wenn er nun bald einem hohen britischen Offizier gegenüberstehen würde, sollte der von ihm nicht den Eindruck eines verdreckten Kosaken erhalten.

Inzwischen war auch Oberst von Renteln von irgendwoher aufgetaucht, doch ein Blick auf sein wie erloschen wirkendes Gesicht hielt den Major davon ab, ihm noch einmal die gleichen Fragen vom Vortag zu stellen. Irgend etwas war mit dem Oberst geschehen, doch um es herauszubekommen, reichte die Zeit nicht.

Der britische Offizier erschien, der ihn am gestrigen Tag hierher geführt hatte. Er bot Tee und Kekse an, dann wurde die Fahrt fortgesetzt, ohne daß sich der Brite äußerte, wohin es gehen würde. Die Deutschen stiegen daraufhin wieder in ihr Auto, in welches noch immer niemand einen Blick geworfen hatte. Ein britischer Panzerspähwagen übernahm jetzt die Spitze. Der kleine Konvoi bahnte sich seinen Weg durch Gruppen herumstreunender jugoslawischer Partisanen, die wild mit ihren Maschinenpistolen fuchtelten, Jagd auf einzelne Wehrmachtsangehörige machten und jeden, der ihnen in die Hände fiel, bis aufs Hemd ausplünderten.

Mehrmals versuchten sich die Partisanen bei den Engländern anzubiedern, wollten die englischen Offiziere wie ihresgleichen begrüßen, doch jedesmal holten sie sich eine eisige Abfuhr. Die Engländer setzten angewiderte Mienen auf, wollten mit diesen Bundesgenossen offensichtlich nichts zu tun haben.

Nachdem Völkermarkt passiert worden war, ließ das wüste Treiben der Partisanen etwas nach. Major Eltz hatte angenommen, daß in Klagenfurt Halt gemacht werden würde, doch die Fahrt ging weiter über die Wörthersee-Straße in westlicher Richtung. Jetzt begegneten ihnen immer mehr britische Fahrzeuge, ein Zeichen dafür, daß man sich dem eigentlichen Ziel zu nähern begann.

Am Ortsrand von Velden war eine militärische Sperre errichtet. Nach ihrem Passieren gelangten die Fahrzeuge auf eine große Wiese, auf welcher angehalten wurde. Während sich der britische Begleitoffizier der Mitte dieses riesigen Feldlagers zuwandte, wurde den Deutschen bedeutet, daß sie in der Nähe ihres Autos warten sollten. Anfänglich nahm der Major an, bereits in der nächsten Viertelstunde einem hohen englischen Kommandeur gegenüberzustehen, doch es verging eine Stunde nach der anderen, ohne daß sich etwas tat.

So nutzte Graf zu Eltz die Zeit, um sich mit Oberst von Renteln darüber zu verständigen, wie am besten zu verfahren sei. Als der ranghöhere Offizier sollte der Oberst den Engländern zunächst kurz den Zweck ihres Kommens erläutern, um dann die eigentliche Führung des Gesprächs dem Major zu überlassen. Eltz wußte noch immer nicht, was die bisherige Verstörtheit bei dem Oberst ausgelöst hatte, und so schien es ihm auf alle Fälle angebracht, selbst die Initiative in die Hand zu nehmen.

Beide Offiziere einigten sich darauf, nichts für sich selbst zu erbitten, sondern sich ausschließlich für das Schicksal der ihnen anvertrauten Kosaken und Kalmücken einzusetzen. Nachdem sie mit ihren Überlegungen so weit gekommen waren, erschien ein deutsch sprechender Offizier und führte sie tiefer in das Feldlager hinein, bis zu einem im Freien aufgestellten Tisch, an dessen Längsseite drei Offiziere Platz genommen hatten. Einer von ihnen trug die Rangabzeichen eines Colonels.

Die Parlamentäre des Kosakenkorps wurden ohne ein einziges Wort der Begrüßung oder eine Geste, die das gleiche ausgedrückt hätte, aufgefordert, näher heranzutreten. Die Atmosphäre war von Beginn an mit derart viel

Feindseligkeit aufgeladen, daß sich Major zu Eltz kaum noch etwas von dieser Unterredung versprach. Auch waren ihm die verächtlichen Blicke der britischen Offiziere nicht entgangen. Gleich zu Anfang verschärfte sich durch eine Ungeschicklichkeit des Obersten von Renteln, der einem der britischen Offiziere die Hand zur Begrüßung über den Tisch entgegengestreckt hatte, die Situation noch mehr.

Von diesem Moment an war der Oberst Luft für die Briten. Der Colonel wandte sich nunmehr an den Grafen zu Eltz und ließ ihm durch den deutschsprechenden Offizier die Frage stellen, was er hier eigentlich wolle. Eltz trat näher an den Tisch heran, salutierte kurz und erklärte dann, daß er im Namen seines Kommandierenden Generals die Kapitulation des XV. Kosaken-Kavallerie-Korps anbieten wollte. Im Anschluß an diese Worte überreichte er den ihm mitgegebenen Brief des Generals von Pannwitz, nahm all seinen Mut zusammen und setzte hinzu, daß der einzige Grund für ihr Kommen ausschließlich in der Sorge um das weitere Schicksal der Kosaken und Kalmükken zu erblicken sei, die sich nach jahrelangem verzweifeltem Kampf gegen den Bolschewismus in ihrer grenzenlosen Not der deutschen Wehrmacht bei deren Rückzug aus Rußland angeschlossen hätten. Für alles, was dann geschehen sei, würde die deutsche Führung die alleinige Verantwortung tragen.

Der Colonel legte den Brief ungelesen zur Seite und begehrte jetzt zu wissen, wie stark die Kosakenregimenter wären und wo sie sich befänden. Eltz unterrichtete die britischen Offiziere, daß außer dem Stab des Korps erst Teile der 1. Division die Grenze überschritten hätten, während sich die restlichen Regimenter noch auf dem Rückmarsch befänden. Alle diese Antworten riefen im Gesicht des Briten keinerlei Regung hervor. Zuletzt wollte er erfahren, warum sich die Kosaken nicht gegenüber der jugoslawischen Armee ergeben hätten.

Graf zu Eltz legte sich jetzt keinerlei Zurückhaltung mehr auf und erklärte sinngemäß, daß die Kosaken sich eher erschlagen ließen, als sich den Kommunisten Titos zu ergeben. Das Armeekorps bestehe aus rund 40.000 gut bewaffneten russischen Männern, die bisher ausschließlich im Osten gegen die Bolschewisten gekämpft hätten. Jetzt sei es ihre Absicht, im Vertrauen auf eine menschliche Behandlung seitens der westlichen Alliierten ihre Waffen niederzulegen. Damit war das Gespräch beendet. Den deutschen Offizieren wurde bedeutet, sich etwas abseits zu begeben und dort auf eine Entscheidung zu warten.

Major zu Eltz bemerkte nach dieser Unterredung mit dem britischen Colonel, wie angespannt seine Nerven waren. Die Kälte des Tones, welcher ihm gegenüber angeschlagen worden war, hatte ihm mehr zugesetzt, als er sich einzugestehen vermochte.

Die englischen Offiziere hatten sich zum Mittagessen zurückgezogen. Um die kleine Gruppe der Deutschen kümmerte sich niemand, sie wurde ganz offensichtlich ignoriert. Allein schon diese Haltung versprach nichts Gutes.

Als nach langer Zeit einer der britischen Offiziere zurückkehrte, war bereits seinem Gesicht anzusehen, daß die Entscheidung negativ ausgefallen war. Der britische Divisionskommandeur ließ mitteilen, daß er nicht gewillt sei, die Kapitulation der Kosaken entgegenzunehmen. Die englische Armee weise statt dessen den Führungsstab der Kosaken an, sich unverzüglich zurück nach Agram zu begeben, um dort im Hauptstab der Titoverbände die Bedingungen für eine Kapitulation festzulegen.

Obwohl er sich keinen Erfolg mehr davon versprach, raffte sich der deutsche Offizier noch einmal zu einer Entgegnung auf. Er versuchte dem Briten klar zu machen, worin die Konsequenzen eines solchen Schrittes bestehen würden. Die Angehörigen der Kosakenregimenter dürften dann den Eindruck gewinnen, von deutscher Seite ihren Feinden ans Messer geliefert worden zu sein. Es sei zu befürchten, daß sic unter solchen Umständen ihre Waffen nicht niederlegen, sondern aus ihrer abgrundtiefen Verzweiflung heraus den Kampf fortsetzen würden.

Der britische Offizier hörte sich dies unbewegten Gesichts an. Als Major Graf Eltz auch noch einmal darauf zu sprechen kam, daß Oberst von Renteln einst Adjutant des Feldmarschalls Alexander im Bürgerkrieg nach der Oktoberrevolution 1917 gewesen sei und doch wohl die berechtigte Annahme bestehe, daß dieser dem Kosakenkorps nicht die kalte Schulter zeigen würde, zuckte der englische Offizier nur mit den Achseln und meinte, daß das alles keinen Zweck mehr habe. Obendrein befände sich der Feldmarschall gegenwärtig in Wien, und es sei kaum anzunehmen, daß er sich jetzt mit einer solchen Angelegenheit beschäftigen würde.

Eltz bat nunmehr darum, ihm ein Laissez-passer auszustellen. Ohne ein solches Dokument, welches eine Sicherheit für seine Person gewährleiste, sei eine Rückfahrt durch das völlig von Partisanen beherrschte Gebiet zum Kosakenstab nicht denkbar. Der Brite zeigte hierfür offensichtlich Verständnis, und so erhielt der deutsche Offizier ein Schreiben, welches ihm für 48 Stunden Bewegungsfreiheit und den Schutz der britischen Armee im Raum von Griffen zusicherte.

Als sich Eltz bereits umwandte, um zu seinen Begleitern zurückzugehen, sprach ihn der Brite noch einmal kurz an: „Sehen Sie zu, daß Sie verschwinden, die Auslieferung der Kosaken an die Sowjetunion ist definitiv beschlossen und unvermeidlich.“ Nun galt es, keine Zeit mehr zu verlieren. Generalleutnant von Pannwitz mußte so schnell wie möglich erfahren, welches Schicksal den Kosaken bevorstand. Die Fahrt zurück durch Gegenden, in welchen die Partisanen auftraten, als würden sie bereits eine Besatzungsmacht darstellen, verlief dank des Dokuments reibungslos. Pannwitz erwartete seine Parlamentäre an einer Straße in Griffen und ließ sich unverzüglich berichten, welche Absprachen getroffen worden seien. Als ihm Eltz mitteilte, daß die Auslieferung der Kosaken beschlossene Sache sei, wollte er dies nicht wahrhaben. Er habe die Zwischenzeit dazu benutzt und selbst mit verschiedenen englischen Stellen Kontakt aufgenommen. Sein Eindruck sei es gewesen, daß nichts auf eine Auslieferung hindeute.

In dem mit großer Erregung geführten Disput widersprach ihm Eltz mehrmals, vermochte Pannwitz jedoch nicht zu überzeugen. Schließlich schlug der Major vor, daß er mit Hilfe seiner von den Engländern erhaltenen Legitimation den Versuch machen wollte, Verbindung zu den Amerikanern aufzunehmen, die nach letzten Informationen bei Judenburg stehen sollten. Obwohl die Fahrt dorthin trotz des Dokuments nicht ganz ungefährlich sein würde, mußte doch in diesem Gebiet auch bereits mit sowjetischen Truppen gerechnet werden, war Eltz gewillt, noch einmal alles auf eine Karte zu setzen.

Später sagte er einmal, daß er sich zeit seines Lebens schwerste Vorwürfe gemacht hätte, wenn von ihm irgend etwas versäumt worden wäre, was noch so etwas wie eine letzte Chance hätte eröffnen können.

Die Fahrt stand unter keinem guten Stern. Allein schon das Vordringen bis nach Wolfsberg gestaltete sich angesichts zahlreicher flüchtender Kolonnen, die aus dem Lavanttal in südlicher Richtung strebten, äußerst schwierig. In Wolfsberg hieß es, daß sowjetische Panzerverbände bereits in Zeltweg gesichtet worden seien. Es ließ sich jedoch nicht feststellen, ob dies der Wahrheit entsprach oder nur eines der vielen Gerüchte war, die durch die Stadt schwirrten.

Doch bereits wenige Kilometer hinter Wolfsberg erblickte Major Eltz plötzlich eine große Anzahl von Panzern, die ihm auf der eigenen Fahrspur entgegenkamen. Ein nochmaliger Blick überzeugte ihn, daß er es mit sowjetischen Kampfwagen zu tun hatte. Im letzten Augenblick gelang es dem Deutschen, das Fahrzeug zu wenden und nach Griffen zurückzurasen, wo Pannwitz dann darüber informiert wurde, daß das Vorhaben gescheitert sei.

Eltz mochte jedoch noch immer nicht aufgeben und wollte noch einen Versuch wagen, über den Katschberg nach Westen zu gelangen. Kurz nach Völkermarkt ging es nicht mehr weiter. Wüste Partisanenhaufen drangen auf die einzelnen Fahrzeuge ein, zerrten die Insassen von den Sitzen und plünderten sie bis aufs Hemd aus. Wer sich ihnen zu widersetzen wagte, den schlugen sie erbarmungslos zusammen.

Die Partisanen, die sich hier als Straßenräuber betätigten, hatten nichts mit denen gemein, die früher den Kosaken im Kampf gegenübergestanden hatten. Auch dies waren oftmals skrupellose Gesellen gewesen, doch besaßen sie noch so etwas wie einen Rest an militärischer Zucht. Die jetzigen aber, welche Völkermarkt und Umgebung terrorisierten, stellten ein rein kriminelles Gesindel dar. Sie trugen nicht ein einziges Uniformstück, das sie als Angehörige der jugoslawischen Volksbefreiungsarmee ausgewiesen hätte.

Es schien, als ob auf einmal die ganze Unterwelt ihr Herz für die Sache der Partisanen entdeckt hätte. Männer, aber auch Frauen, deren Physiognomie auf jahrelange Alkoholexzesse hindeutete, bezeichneten sich jetzt als Angehörige irgendeiner Partisanenbrigade und betrieben Wegelagerei größten Stils.

Nur mit Müh und Not gelang es dem Major, eine dieser völlig verwahrlosten Gestalten davon abzubringen, über ihn herzufallen.

Von Minute zu Minute wurden die Zustände auf der Straße immer schlimmer. Die Banditen gerieten in Streitereien über ihr Raubgut, das sie auf dem Straßenboden zu großen Haufen aufgeschichtet hatten. Wie die Aasgeier stürzten sie sich jetzt auf die Beute, schleuderten Gegenstände, die ihnen nicht zusagten, mit wutverzerrten Gesichtern auf die Fahrbahn, gingen mit den Fäusten aufeinander los, bis sich dann ihr Haß wieder auf die soeben Ausgeplünderten entlud. Dennoch schaffte es der Major mit seinen Begleitern, dem Gesindel noch einmal zu entkommen.

Doch schon an der nächsten Straßenkreuzung begann nicht nur alles von vorn, sondern es erwartete sie noch weitaus Schlimmeres. Jeder, der es irgendwie bis hierher geschafft hatte, wurde nun von einer anderen Partisanengruppe gezwungen, sein Fahrzeug zu einem Lager zu steuern, das auf einem freien Feld neben der Straße errichtet worden war. Gestalten taumelten auf sie zu, die aussahen, als wären sie geradewegs der Hölle entstiegen. Sie begannen sofort auf die meisten Ankömmlinge einzuschlagen.

Der Passierschein des deutschen Offiziers beeindruckte sie nicht im geringsten. Mit einer verächtlichen Handbewegung schoben sie ihn zur Seite. Major Eltz warf einen verzweifelten Blick um sich, ob es nicht doch noch irgendwo einen Ausweg gab. Da entdeckte er in der Nähe der Hauptstraße plötzlich einen englischen Offizier, der angewidert auf diesen Ausbruch menschlicher Raserei starrte, der sich ringsherum abspielte. Dieser Mann könnte so etwas wie ein Schutzengel für ihn werden, durchfuhr es Eltz, sofern es nur gelänge, ihn zu erreichen.

Wild entschlossen stieß der Offizier die ihn umringenden Partisanen zur Seite und hastete mit einigen weiten Sprüngen auf den Engländer zu. Er hoffte nur, daß keiner der Partisanen auf die Idee käme, hinter ihm dreinzuschießen. Dies unterließen sie zwar, aber jagten mit von Wut entstellten Gesichtern dem Flüchtenden hinterher. Der schaffte es jedoch, den britischen Offizier zu erreichen, und konnte ihm gerade noch seinen Passierschein entgegenstrecken, als die Meute heran war und ihn zu Boden reißen wollte, was der Engländer jedoch verhinderte.

Sie überschütteten ihn mit einem Schwall unflätiger Worte, was den englischen Offizier in Harnisch versetzte. Ein kurzes Zeichen von ihm, und es tauchte ein bisher nicht sichtbar gewesener Panzerspähwagen auf. Der Engländer befahl jetzt den Partisanen, ihn zu ihrem Kommandeur zu bringen. Sie führten den britischen Offizier in ein nahegelegenes Haus, das der Chef der Partisanen für sich requiriert hatte. Der Brite hieß alle draußen zu warten und kehrte nach einiger Zeit mit dem Passierschein des Majors in der Hand wieder zurück.

Mit einem verschmitzten Lächeln händigte er ihm das Dokument wieder aus, auf dessen Rückseite jetzt in serbokroatisch zu lesen stand: „Mozete propostiti ova kola napred“ (Ihr könnt diesen Wagen durchlassen). Darüber hinaus hatte sich der Partisanenchef noch bemüßigt gefühlt, das Dokument mit dem Zusatz zu versehen: „Smrt fasismu – sloboda narodu“ (Tod dem Faschismus – Freiheit dem Volk).

Die letzte Befürchtung des Majors, daß sich wohl inzwischen von dem zurückgelassenen Auto im Lager der Partisanen keine Spur mehr finden würde, bestätigte sich glücklicherweise nicht. Der Brite trieb es in erstaunlich kurzer Weise auf. So konnte dann dank dieser völlig uneigennützigen Hilfe eines englischen Offiziers endlich nach all diesen Zwischenfällen die Fahrt fortgesetzt werden.

Allerdings ging es auch jetzt noch nicht sehr schnell voran. Immer wieder geriet das Auto in britische Militärkontrollen, dauerte es stets längere Zeit, bis endlich die Weiterfahrt gestattet wurde. Schließlich kam jedoch Villach in Sicht. Die Straßen der Stadt waren von vielen Militärfahrzeugen überfüllt, die alle in verschiedenen Richtungen unterwegs waren und es über Gebühr eilig hatten. Zwischen all diesen Fahrzeugen bewegten sich immer wieder lange Kolonnen marschierender Engländer.

Erst nachdem die Ausfahrtsstraße nach Spittal erreicht worden war, ging die Weiterfahrt wesentlich schneller vonstatten. Doch die aufkeimende Hoffnung, daß man nun wahrscheinlich das Schlimmste hinter sich habe, zerschlug sich, als außerhalb der Stadt eine vom britischen Militär errichtete Sperre auftauchte. Sie bestand aus spanischen Reitern und erstreckte sich über die ganze Fahrbahnbreite.

Ein junger Offizier, besessen von Diensteifer, erklärte kurzerhand die drei Deutschen in ihrem Fahrzeug zu Kriegsgefangenen der britischen Armee und nannte ihnen die nächste Sammelstelle, wohin sie sich begeben sollten. Doch Eltz ließ sich von dem Pflichtbesessenen nicht sonderlich beeindrucken, hielt ihm sein Laissez-passer unter die Augen, was in dem Engländer eine völlig Wandlung hervorrief.

Mit dem gleichen Diensteifer, den er zuvor an den Tag gelegt hatte, bemühte er sich jetzt, seinen „Gefangenen“ auf jede erdenkliche Weise gefällig zu sein. Dies ging soweit, daß er Benzin auftrieb und den Tank des Wagens nachfüllen ließ. Ebenso wurden Verpflegungsbeutel herangeschafft, kurzum alles getan, um eine schnelle Weiterfahrt zu ermöglichen.

Während allmählich das Tageslicht zu schwinden begann, verebbte der letzte Verkehr auf der Chaussee. Das friedliche Bild der Landschaft, die sich ringsum ausbreitete, schien den Krieg mit all seinem grausamen Erleben in eine weitere Ferne zu entrücken. Vieles löste sich in diesem Augenblick in der Seele des deutschen Offiziers, von dem er geglaubt hatte, daß er es zeit seines Lebens als ewige Last mit sich herumschleppen müßte.

Eine Kontaktaufnahme zu den Amerikanern kam nicht mehr zustande. Eine zufällige Begegnung mit dem Wehrmachtsgeneral von Grolman in Mauterndorf (Grolman wurde später der erste deutsche Bundeswehrbeauftragte) brachte Eltz davon ab, sein Vorhaben weiter zu verfolgen. General von Grolman ließ ihn wissen, daß die Amerikaner den Tauernpaß hermetisch abgeriegelt hätten und es deshalb kaum gelingen dürfte, bis zu einem ihrer verantwortlichen höheren Offiziere vorzudringen, zumal das dem Major ausgestellte englische Schriftstück inzwischen seine Gültigkeit verloren hatte. Er schlug ihm vor, jetzt einmal an sich selbst zu denken und in der 4. Kavalleriedivision der Wehrmacht, die bereits ihre Kapitulation vollzogen hatte, unterzutauchen.

Es fiel dem I c des XV. Kosaken-Kavallerie-Korps, Major Erwein Karl Graf zu Eltz, nicht leicht, für sich persönlich jetzt einen Ausweg zu wählen, der all den anderen verwehrt blieb. Tagelang quälte ihn der Gedanke, versagt zu haben. Er zog sogar in Betracht, sich zum Stab des Korps noch einmal durchzuschlagen. Das Gefühl, die anderen nicht in einem Moment allein lassen zu dürfen, da es um deren Leben ging, war groß, doch letztlich überwog die Vernunft, daß dies lediglich ein sinnloses Opfer darstellen würde, helfen konnte er doch niemandem mehr.

Die Kosaken waren dem Untergang geweiht. Die Tragödie war nicht mehr aufzuhalten, sie vollzog sich in mehreren Akten, alle gleich schmerzvoll für die davon Betroffenen. Generalleutnant Helmuth von Pannwitz hatte sich nicht nur auf seine Emissäre verlassen, sondern auch von sich aus versucht, auf jede erdenkliche Weise mit den Engländern in Kontakt zu treten. Zu einer ersten Verbindungsaufnahme war es gekommen, nachdem Teile mehrerer Kosakenregimenter Lavamünd erreicht und hier die Brücke überquert hatten, die zum nördlichen Ufer der Drau führte. Sie befanden sich dort auf österreichischem Gebiet, das zu diesem Zeitpunkt gerade von der 11. Britischen Panzerarmee besetzt worden war.

Da es zwischen den alliierten Streitkräften Absprachen über die Errichtung von Demarkationslinien gegeben hatte, mußte Pannwitz vor dem vollständigen Übertritt aller seiner Regimenter um eine Erlaubnis im Stab der englischen Division ersuchen, bevor dann als nächster Schritt eine Waffenniederlegung erfolgen konnte. Zu diesem Zweck suchte er den Kommandeur der 11. Panzerarmee, General Archer, auf und trug ihm die Bitte vor, mit seinen Truppen die englischen Linien überschreiten zu dürfen.

Die Atmosphäre dieser Unterredung, die lediglich einige Minuten währte, war frostig. Der britische Offizier vermied jeglichen Blickkontakt mit Pannwitz, stimmte durch ein knappes Nicken dem von Pannwitz geäußerten Wunsch zu und betrachtete dann von sich aus die Unterredung für beendet an. Den Versuch des Generalleutnants, auf sein eigentliches Anliegen, die Zukunft der Kosaken zu sprechen zu kommen, wies Archer von sich. Darüber würde an anderer Stelle entschieden werden, deutete er kurz an und ließ Pannwitz dann einfach stehen.

Etwa zur gleichen Zeit bereitete dem Befehlshaber der 8. Britischen Armee, General Richard McCreery, zunehmend Sorge, daß die jugoslawischen

Partisanen offensichtlich die Absicht hegten, auf österreichischem Boden so etwas wie vollendete Tatsachen zu schaffen und ein Stück des Landes unter ihre Herrschaft zu stellen. Die Titoleute glaubten, durch ihre Kriegsbeteiligung auf seiten der Alliierten einen Anspruch hierauf zu besitzen. Dem wollte der englische General jedoch ein Ende bereiten, nachdem ihm zu Ohren gekommen war, daß die Partisanen mit dem Gedanken spielten, eigenmächtig Klagenfurt zu besetzen.

Dem Stab dieses britischen Generals gehörte auch ein Offizier an, dem beste Kontakte zu Titos Leuten nachgesagt wurden, hatte er doch eine Zeitlang als britischer Verbindungsoffizier bei den jugoslawischen Partisanen geweilt. Major Charles Villiers, so sein Name, erhielt von dem General den Auftrag, sich auf den Weg zu den Partisanen zu machen und sie zu disziplinieren. Rittmeister von Mossner, Schwadronschef im Terek-Kosakenregiment, gehört zu den Zeitzeugen, die sich noch gut daran erinnern, wie gespannt damals die Lage war. Gewisse englische Militärs zogen für kurze Zeit in Erwägung, sich der Hilfe eines der Kosakenregimenter zu bedienen und gegen die auf österreichischem Boden operierenden jugoslawischen Partisanen Gewalt anzuwenden. Dies ist ein weithin unbekannt gebliebener Abschnitt der Zeitgeschichte.

Was nun Major Villiers angeht, so stieß dieser auf seinem Weg zwischen Völkermarkt und Wolfsberg nicht auf Partisanen, sondern auf Angehörige des XV. Kosakenkorps. Er forderte die Kosaken auf, ihn zu ihrem Kommandeur zu führen. Kurze Zeit darauf stand er General von Pannwitz sowie weiteren Offizieren des Kosakenstabes gegenüber. Der britische Offizier ließ sich seine Überraschung nicht anmerken, spielte sich als Abgesandter des britischen Generals McCreery auf, der als Befehlshaber der 8. Britischen Armee die sofortige Kapitulation des gesamten Kosakenkorps verlange.

Pannwitz erklärte sich hierzu bereit, stellte jedoch erneut die Bedingung, daß im Zuge dieser Kapitulation festgelegt werden müsse, es dürfe zu keiner Auslieferung der Kosaken an die Sowjetunion kommen. Villiers' kurz angebundene Antwort lautete, daß er keinerlei Vollmacht besitze, sich auf irgendwelche Zugeständnisse einzulassen.

Am 10. Mai 1945 begab sich Pannwitz nach Völkermarkt, wo er mit dem britischen Major Henry Howard, dem Kommandeur des 1. King's Royal Rifle Corps, letzte Absprachen über die beabsichtigte Waffenübergabe traf.

In langen Marschkolonnen bewegten sich am 12. Mai 1945 die einzelnen Kosakenregimenter auf Völkermarkt zu. Dabei spielte sich ein Vorfall ab, der noch einmal ein Stück kosakischer Denkart und ihre starke Verbundenheit untereinander auf eine ungemein beeindruckende Weise zum Ausdruck brachte. Als die aus Sibirien stammenden Kosaken an einer britischen Panzereinheit vorbeizogen, sprang plötzlich von einem dieser Panzer ein Rotarmist herunter, den die Engländer als Versprengten aufgelesen hatten. Es war ein junger Bursche, der jetzt voller Zorn die Fäuste ballte, wilde Flüche gegen die Kosaken ausstieß, sie als gemeine Verräter beschimpfte, welche der Sowjetunion Schande angetan hätten.

Ein paar ältere Kosaken betrachteten sich den jungen Heißsporn gelassen, forderten ihn dann auf, sich doch einmal für ein paar Minuten am Wegesrand auf einen Baumstumpf zu setzen, weil sie mit ihm die Angelegenheit in völliger Ruhe besprechen wollten. Nur widerwillig entschloß sich der Rotarmist hierzu. Daraufhin wandte sich ihm einer der Kosaken, ein Mann von besonders beeindruckender Erscheinung, zu. Er stellte ihm zunächst die Frage, wo er denn geboren wäre und wer seine Eltern und Großeltern gewesen seien. Es ergab sich, daß der Fragende wie der Befragte gleichermaßen einer alteingesessenen Kosakenfamilie entstammten. Nachdem hierüber Klarheit hergestellt worden war, führte der Ältere von beiden seine letzte persönliche Attacke in diesem Krieg: „Was glaubst du wohl, wofür dein Vater und auch dein Großvater die ganze Zeit über gekämpft haben? Dies war für die Freiheit der Kosaken! Für was aber hast du bisher gekämpft? Für Stalin, für die Knechtschaft. Kein ehrliches Wort durfte ein Kosak jemals in der Sowjetunion aussprechen, wo jeder des anderen Spitzel und Feind ist!"

Das Gesicht des jungen Rotarmisten nahm eine immer größere Blässe an, ihm war anzumerken, daß ihn die eindringlichen Worte des älteren Kosaken aus dem sibirischen Regiment mitten ins Herz getroffen und seine Seele tief aufgewühlt hatten. Plötzlich sprang er auf, schleuderte seine Mütze mit dem Sowjetstern zu Boden und rief mit laut schallender Stimme: „Ich bin ein Kosak, ich gehöre zu euch!"

Diese bewegende Szene spielte sich an dem Tag ab, an dem das XV. Kosaken-Kavallerie-Korps in Völkermarkt seine Kapitulation vollzog. Doch wie diese Kapitulation vor sich ging, dürfte in der Geschichte des Zweiten Weltkriegs ohne Beispiel dastehen. Nicht eine kampfesmüde, geschlagene Truppe zog da in Völkermarkt ein, sondern noch einmal breitete sich Stolz in den Reihen aus, wollten die Kosaken ein letztes Mal jedermann zeigen, daß sie sich als unbesiegt empfanden.

Dem Kommandeur der 1. Division, Oberst Constantin Wagner, ist eine Schilderung zu verdanken, auf welche ergreifende Weise noch einmal die Kosaken aller Regimenter dem Führer des Korps, Generalleutnant von Pannwitz, eine letzte Ehrenbezeugung erwiesen, die selbst britische Offiziere, die diesem Vorgang beiwohnten, in ihren Bann zog, da sie derartiges nicht erwartet hatten.

Wagner über die letzte Demonstration einer Truppe, welche der Kampf gegen die Bolschewisten an die Seite Deutschlands geführt hatte:

„Wir sehen die Armschilder des Regiments Don 1, Sibir 2, Kosakenabteilung 69 und der I. reit. Kosaken-Artillerie 55. Plötzlich scharfe Kommandos. Die Kosaken biegen, wie so oft geübt, herunter von der Marschstraße, ordnen die Eskadronen, halten und sitzen ab. Die Trosse schließen auf. Deutsche und russische Kommandolaute erklingen. Donkosaken-Reiterregiment 1 und Sibirkosakenregiment 2. Parademarsch in

Linie im Galopp und eskadronsweise anreiten. Das Trompeterkorps des XV. Kosaken-Kavallerie-Korps auf Schimmeln reitet an und schwenkt vorschriftsmäßig gegenüber dem Kommandierenden General von Pannwitz ein. Neben ihm stehen die übrigen Kommandeure, Mitglieder seines Stabs sowie einige britische Offiziere.

Und dann kommen sie herangebraust. Regimentskommandeure und Schwadronschefs vor der Front, die Reiter vom Don und Teile der sibirischen Kosaken. Viele Sättel sind in drei Kriegsjahren leer geworden, allein jeder bis zum letzten Kosaken möchte noch einmal dem geliebten „Gospodin General" in die Augen sehen. In Marschkolonnen zu Vieren schwenken die Eskadronen nach dem Vorbeimarsch auf die Straße Griffen–Völkermarkt ein. Niemand spricht ein Wort. Auch die anwesenden britischen Offiziere schweigen. Konnte eine Truppe eines nach sechs Kriegsjahren geschlagenen Heeres besser ihren Kommandeur ehren? War dies eine aus fremdstämmigen Landsknechten zusammengesetzte Truppe? Geschlagen, demoralisiert, unzuverlässig? Das war die Ehrung, welche die erste Kosaken-Kavallerie-Division ihrem in vielen Gefechten bewährten und ausgezeichneten Führer, dem General von Pannwitz, überbrachte."

Im Anschluß an diese letzte Parade wurden entlang der Straße Griffen–Völkermarkt von den einzelnen Regimentern die Waffen niedergelegt. Einen Teil durfte jedoch die Division behalten, dies hatten die Briten sogar ausdrücklich gewünscht, damit die Kosaken den in Kärnten umherstreifenden jugoslawischen Partisanen nicht wehrlos ausgeliefert sein sollten.

Die Angehörigen der Division wurden nunmehr auf den Raum Klagenfurt – St. Veit – Weitensfeld – Sirnitz – Dürnfeld aufgeteilt, in welchem sich die Kosaken zunächst noch völlig frei bewegen konnten. Der Kosakenstab des Korps bestand weiter, er war auf einem Gutshof in Brückl untergebracht, wurde einige Zeit darauf nach Mölbling bei Althofen verlegt.

Der 2. Kosaken-Kavallerie-Division war für ihre Unterkunft der Raum Neumarkt – Althofen zugewiesen worden. Pannwitz war es noch kurz vor Kriegsende gelungen, Kosakeneinheiten, welche zum XV. Korps gehörten, aber an der Westfront eingesetzt gewesen waren – dies betraf beispielsweise das Ersatzregiment, das in Abwehrkämpfen in den Vogesen stand, sowie die Truppe der Jungkosaken –, zunächst zum Truppenübungsplatz Döllersheim verlegen zu lassen. Am 13. Mai 1945 stießen diese Einheiten dann zu den übrigen Regimentern, die sich im Raum Völkermarkt ergeben hatten.

Über das weitere Schicksal der Kosaken war bis zu diesem Zeitpunkt von britischer Seite noch nicht ein einziges klares Wort gefallen. Es gab eine Anzahl unverbindlicher Erklärungen, viele davon so verschwommen, daß man aus ihnen das eine oder andere herauslesen konnte. Aus etlichen dieser Erklärungen glaubten die Kosaken jedoch Hoffnung schöpfen zu können.

Die von General von Pannwitz in diesen Tagen bekundete Haltung, noch immer Zuversicht auszustrahlen, hat zu vielerlei Mißdeutungen Anlaß gegeben. Einige seiner Kritiker aus den Reihen des Offiziersstabes – so insbesondere Graf Salm – warfen ihm später eine gewisse Naivität vor hinsichtlich des ihm von britischer Seite abgegebenen Versprechens, daß eine Auslieferung des Kosakenkorps an die Sowjetunion nicht in der Absicht der Engländer liege. Ob er wirklich so leichtgläubig war, entzieht sich der Beurteilung. Pannwitz ging es in dieser Zeit vor allem darum, die Kosaken zusammenzuhalten, weil er sich eine positive Lösung für das Korps nur unter der Voraussetzung vorstellen konnte, daß die Einheiten nicht auseinanderliefen.

Gegenüber Constantin Wagner deutete er einmal an, daß die Engländer offenbar geneigt zu sein schienen, das Korps in seiner Gesamtheit möglicherweise im persischen Raum zu stationieren. Ob hier der Wunsch der Vater des Gedankens war, läßt sich heute nicht mehr nachvollziehen. Immerhin steht fest, daß er sich durch die ersten gescheiterten Versuche seiner Offiziere, die Engländer zu einer Stellungnahme zugunsten der Kosaken zu bewegen, nicht entmutigen ließ.

Er versäumte nicht einen einzigen Tag, bei hohen englischen Offizieren immer wieder darauf hinzuweisen, was es für ein Verhängnis wäre, die Kosaken an Stalin auszuliefern, der ein Blutgericht über sie abhalten würde. In solchen Gesprächen mit englischen Offizieren hielt er leidenschaftliche Plädoyers für seine Kosaken, die zu kämpfen verstünden wie kaum eine andere Einheit. Man sollte sich ihrer Fähigkeiten bedienen, da die Auseinandersetzungen mit dem sowjetischen System früher oder später auch den westlichen Alliierten zu schaffen machen würden.

Immer wieder ersuchte er die britischen Militärs, das Korps entweder selbst zu übernehmen oder es den Amerikanern zur Verwendung anzubieten. Es ist aus heutiger Sicht durchaus denkbar, daß es damals den einen oder anderen weitblickenden englischen Offizier gegeben haben dürfte, der innerlich die Ansichten des Generals von Pannwitz teilte, jedoch gegen die Willfährigkeit der britischen Regierung, die sich geradezu schamlos in Stalins Arme warf, nichts auszurichten vermochte.

Der britische Offizier Edward Renton, der gleichfalls zum Stab des Generals McCreery gehörte, unternahm sogar einmal den Versuch, sich für Pannwitz zu verwenden. Er drang hierbei sogar bis zu dem Brigadegeneral im britischen Generalstab, Toby Low, dem späteren Lord Aldington, vor. Doch was bekam er zu hören? Der britische General forderte von ihm, selbst das geringste Versprechen zu unterlassen. Man sei aber daran interessiert, daß die Kosaken an ihren jetzigen Plätzen verblieben und sich nicht in alle Winde zerstreuen würden.

Damals hätte mancher dies vielleicht noch so interpretiert, als ob die Briten sich noch nicht schlüssig geworden wären, ob und wo sich für die Kosaken eine neue Verwendung auftun würde. Aus der Sicht nach über einem halben Jahrhundert steht jedoch soviel fest, daß es niemals um etwas anderes als die Auslieferung der Kosaken an die Sowjetunion gegangen ist. Die Sorge des Brigadegenerals galt einzig und allein der Absicht, die Kosaken bis zum Zeitpunkt ihrer Auslieferung über ihr weiteres Schicksal im unklaren zu lassen.

Es sollte nicht unerwähnt bleiben, daß der Kommandeur der 6. Britischen Panzerarmee, Generalmajor Murray, den deutschen Offizieren des Rahmenpersonals Mitte Mai 1945 eine ziemlich eindeutige Warnung zukommen ließ, sie sollten sich wenigstens selbst in Sicherheit bringen. Murray bestellte die Offiziere des Kosakenstabs zu sich nach Klagenfurt und teilte ihnen dort mit, daß aller Wahrscheinlichkeit nach die Auslieferung der Kosaken an die Sowjetunion bevorstehe. Noch lägen aber hierzu keine entsprechenden Befehle vor, doch müßten sie mit dem Ernstfall rechnen, denn viele Indizien deuteten bereits darauf hin.

Wenn Pannwitz auch von dem Gehörten ziemlich betroffen war, so vermochte dies jedoch nichts an seinen Entschlüssen zu ändern. Es ist nicht die Vermutung von der Hand zu weisen, daß solche der Führung des Kosakenkorps mehrmals zugegangenen Informationen Teil eines Planes waren, um die deutschen Offiziere zu veranlassen, sich davonzustehlen, was bei den Kosaken dann unweigerlich den Eindruck hätte hervorrufen müssen, daß sie doch nichts weiter als eine Söldnertruppe in den Diensten der Deutschen gewesen wären.

Mochte in England zu jener Stunde auch schon längst die letzte Entscheidung über das Schicksal des Kosakenkorps gefallen sein, so darf jedoch angenommen werden, daß es ein gewisses Unbehagen bei der britischen Seite hinsichtlich des Schicksals der deutschen Offiziere in den Kosakeneinheiten gegeben haben könnte. Die Genfer Konvention ließ es grundsätzlich nicht zu, Kriegsgefangene gleich einer Ware an eine andere Macht weiterzureichen.

Welche Qualen dies alles bei Helmuth von Pannwitz verursachte, geht aus dem letzten Brief hervor, den er von Mölbling bei Althofen an seine Frau richtete. Sieghard von Pannwitz, der Sohn des Generals, teilte auf Befragung dem Autor folgendes mit: „Mein Vater hatte in den Tagen der Übergabe an die Engländer einen Offizier mit persönlichen Sachen von ihm zu meiner Mutter geschickt, die mit uns Kindern gar nicht so weit weg in Altaussee im Salzkammergut lebte. Der letzte Brief meines Vaters stammte vom 18. Mai 1945, den sie allerdings erst viel später durch einen Engländer erhielt. In diesem Brief heißt es u. a.:

„Ich habe mich in diesen ganzen schrecklichen Wochen nicht unterkriegen lassen und werde auch weiter den Kopf hoch behalten. Ich werde mit frischem Mut an die Arbeit gehen und gebe mich und Euch und unsere Zukunft noch lange nicht verloren... Nun von uns: Der ganze totale Zusammenbruch war schrecklich. Ich habe unter den größten Schwierigkeiten, immer kämpfend und nach allen Seiten um mich schlagend, das Korps von der Drau durch Kroatien nach Kärnten geführt. Ich verhandle nun dauernd schon mit den Engländern wegen Übernahme des Kosakenkorps. Ob das mal möglich ist, kann man noch nicht sagen. Aber es wird schon deshalb unmöglich sein, weil fast alle Deutschen weg wollen und ich ja mit einer Handvoll Deutschen das Korps nicht führen kann.

Der große Kitt und die Idee, die Deutsche und Kosaken zusammenhielt, war der gemeinsame Kampf gegen den Bolschewismus. Nun ist alles aus. Ich werde, solange es geht, versuchen, den Kosaken zu helfen, damit sie nicht ins Verderben rennen. Die große Masse sind anständige brave Kerle, die bis zuletzt, als schon alles wankte, treu ihre Pflicht taten. Die 1. Kosakendivision kam voll bewaffnet in musterhafter Ordnung (die 2. Division und Plastun-Brigade kämpften sich noch durch damals) bei den Engländern an. Ich ließ die Division das letzte Mal an mir vorbeimarschieren. Das Schimmeltrompeterkorps vorneweg und dann die drei Reiter-Regimenter. Mit Pelzmützen – sechs Pferde nebeneinander. Es war ein prachtvoller Anblick inmitten von Chaos und Unordnung. Ich konnte mir kaum das Weinen verkneifen, ahnte ich doch, daß es vielleicht das letzte Mal ist und in Kürze meine ganze Arbeit zusammenbricht. Der Prinz-Eugen-Marsch war der letzte Marsch und damit starb das Kosaken-Kavallerie-Korps.

Zwei Stunden später erzwangen die Engländer unter dem Druck der Tito-Armee unsere Entwaffnung, bis auf zehn Prozent Handwaffen. Es war ein schrecklicher Anblick – die Abgabe der Waffen und aller Geschütze. Nachher mußten die Kosaken durch eine von Tito besetzte Stadt und wurden total ausgeplündert. Den Trompetern die Instrumente gestohlen, den Offizieren und Leuten die Uhren, die wenigen Engländer konnten und wollten es nicht verhindern. Das gab uns den Rest!“

DER SCHLUSSAKKORD

Wenige Tage vor dem Schlußakkord spielte sich ein äußerst merkwürdiger Vorgang auf dem Marktplatz in Althofen ab. Auf Geheiß der Engländer waren die einzelnen Kosakenregimenter aufgefordert worden, eine nochmalige Entscheidung darüber zu treffen, wen sie als ihren höchsten Befehlshaber ansahen. Es sei daran erinnert, daß erst einige Wochen zuvor im kroatischen Virovitica auf einem großen Kosakenkongreß einstimmig Helmuth von Pannwitz zum Feldataman aller Kosakenheere ernannt worden war. Wiederum legten die Kosaken ein Bekenntnis zu ihm ab, indem sie ihm auch jetzt nach der inzwischen erfolgten Kapitulation ihr einmütiges Vertrauen aussprachen und ihn erneut als Obersten Feldataman wählten.

In dieses Geschehnis ist vieles hineininterpretiert worden, zumal ein britischer Colonel an der Zusammenkunft der Kosaken teilnahm und eine Ansprache an sie richtete, in welcher er versicherte, daß sie allen Gerüchten über eine Auslieferung ihrer Regimenter an die Sowjetunion keinerlei Glauben schenken sollten; vielmehr würde England ihnen künftig Schutz gewähren.

Die Kosaken nahmen diese Erklärung mit großem Jubel auf. Dies spielte sich am 24. Mai 1945 ab. Was aber lag dem in Wirklichkeit für eine Absicht zugrunde?

Helmuth von Pannwitz, der zu diesem Zeitpunkt nicht wissen konnte, daß einen Tag zuvor in Wien Vertreter des britischen Armeekommandos der Roten Armee gegenüber ihre Bereitschaft bekundet hatten, sämtliche Kosaken, Männer, Frauen und Kinder, die sich im britisch besetzten Teil Österreichs befanden, an die Russen auszuliefern, hatte sich durchaus darüber Gedanken gemacht, was mit dieser Zurschaustellung eines erneuten Treuegelöbnisses der Kosaken hinsichtlich seiner Person bezweckt worden war.

Er ließ sich keineswegs Sand in die Augen streuen, dafür spricht seine am nächsten Tag ergangene Anweisung, das deutsche Rahmenpersonal sofort aus den Kosakeneinheiten herauszuziehen und es in einer gesonderten Einheit zusammenzufassen. Für sich selbst hatte er seit langem entschieden, das Schicksal seiner Kosaken bis zum letzten Atemzug zu teilen. Von den einzelnen deutschen Offizieren des Rahmenpersonals mochte er aber nicht Ähnliches verlangen. Er fühlte sich für sie in einem großen Maße verantwortlich, wollte die Engländer dazu veranlassen, wenigstens ihnen den Schutz der Genfer Konvention angedeihen zu lassen.

Pannwitz hatte den tieferen Sinn dessen, was sich am 24. Mai 1945 auf dem Marktplatz in Althofen abgespielt hatte, durchaus begriffen. Es war nichts anderes als ein Schachzug zur Ruhigstellung aller Angehörigen des XV. Kosaken-Kavallerie-Korps gewesen, von den Briten raffiniert auch zur Täuschung seiner eigenen Person inszeniert. Pannwitz begriff zweifellos von diesem Augenblick an, daß all seine Versuche, das Korps zu erhalten, nichts gefruchtet hatten. Er machte sich auch keine Illusionen darüber, daß die Sowjets seinen Kopf wollten. Den Kommandeur der 1. Kosaken-Kavallerie-Division, Oberst Wagner, ließ er ausdrücklich mitteilen, daß alle Deutschen im Korps ihres Fahneneides entbunden seien und somit über sich selbst entscheiden könnten. Er fügte dann noch hinzu, daß er selber bei den Kosaken verbleiben wollte, wovon ihn niemand werde abbringen können.

Wie richtig der Generalleutnant die Situation eingeschätzt hatte, zeigte sich zwei Tage darauf, am 26. Mai 1945. An diesem Tag teilten ihm britische Offiziere mit, daß er des Oberbefehls über sein Kosakenkorps enthoben sei. Über ihn wie weitere 144 deutsche Offiziere und 690 Mannschaftsgrade sei auf Beschluß der britischen Armeeführung Arrest verhängt worden.

Pannwitz nahm diese Nachricht so auf, wie jemand, der davon nicht mehr überrascht werden konnte. Die Briten forderten ihn auf, sein Quartier in Mölbling bei Althofen zu verlassen und sich mit den Offizieren seines Stabes nach Mülln zu begeben, wo ihnen als neue Unterkunft ein Schulgebäude zur Verfügung gestellt wurde, welches unter britischer Bewachung stand.

Ein Teil der Offiziere wie auch der Mannschaften entschloß sich nach Erhalt dieser Nachricht von der Ablösung des Generals zur sofortigen Flucht. Auf abenteuerlichsten Wegen versuchten sie vor allem erst einmal aus dem Kärntner Raum herauszukommen. Eine Anzahl von ihnen trachtete danach, in die amerikanische Besatzungszone Österreichs zu gelangen, wo sie in einem der dort eingerichteten Kriegsgefangenenlager für Wehrmachtsangehörige Unterschlupf suchen wollten, um die Herkunft aus dem XV. Kosaken-Kavallerie-Korps zu verschleiern.

Am 27. Mai 1945 überschlugen sich die Ereignisse. Am Morgen dieses Tages erhielt der Kommandeur der 1. Kosaken-Division in seinem in Sirnitz befindlichen Stabsquartier überraschend den Besuch des britischen Generals Archer. Der teilte ihm mit, daß von britischer Seite beschlossen worden sei, sämtliche Kosakenregimenter im Laufe des morgigen Tages in das eingezäunte Lager Weitensfeld zu verlegen, und zwar getrennt nach Deutschen und Kosaken, die Offiziere abgesondert von den Mannschaften.

Oberst Constantin Wagner schwante Böses. Er drang jedoch nicht weiter in den Briten, sondern beschloß die Zeit zu nutzen, alle zu warnen, es ihnen freizustellen, wie sie auf diese Nachricht reagieren wollten. Doch infolge der schlechten Kommunikationsverbindungen, die zwischen den einzelnen Gliederungen der Division bestanden, erreichte die meisten diese Warnung überhaupt nicht oder erst viel zu spät.

Als zwei Stunden verstrichen waren, erschien der britische General noch einmal, um sich zu vergewissern, daß der deutsche Offizier alle entsprechenden Schritte eingeleitet hatte. Dabei kam es zu folgendem Dialog. Archer: „Haben Sie noch irgendwelche Fragen?“ Wagner: „Zur Verlegung der Division nicht. Darf ich sonst noch einige Fragen stellen?“ Archer: „Bitte sehr.“ Wagner: „Der erste Schritt ist also das eingezäunte Lager, der zweite Schritt ist die Auslieferung an die Sowjetunion, der dritte ist die Fahrt in die sibirischen Bergwerke.“ Archer: „Wir sind doch beide Soldaten, Sie müssen verstehen, es gibt doch manchmal politische Erwägungen.“

Oberst Wagner hatte verstanden. Das Kosakenkorps war von einer der westlichen Siegermächte, nämlich England, ohne jegliches Bedenken den Sowjets und damit dem Verderben preisgegeben worden. Constantin Wagner traf daraufhin für sich persönlich die Entscheidung, sich nicht in die Sowjetunion ausliefern zu lassen. Die Situation glich der wie in der Fruška Gora, der deutsche Offizier verschwand nach Partisanenart in den umliegenden Bergen Kärntens.

Eine Verbindung zu General von Pannwitz kam nicht mehr zustande. Britische Panzerspähwagen waren am gleichen Tag vor seinem Quartier in Mülln vorgefahren. Aus einem dieser Fahrzeuge kletterte der Kommandeur der britischen 46. Infanteriedivision, General Stephan War, und erklärte Helmuth von Pannwitz, daß seine Überführung in die Kriegsgefangenschaft beschlossen worden sei.

Von diesem Moment an durfte sich Pannwitz nicht mehr frei bewegen, mußte eine Leibesvisitation über sich ergehen lassen und hinnehmen, daß ihm die meisten seiner persönlichen Gegenstände abgenommen wurden. Lediglich die Begleitung eines Offiziers und seines Burschen wurde ihm gewährt. Wenig später erfolgte dann der Abtransport des Generals, seines Ordonnanzoffiziers Oberleutnant Krauss sowie des Stabsgefreiten Berger. Die Fahrt ging nach Griffen, in ein früheres Lager des Reichsarbeitsdienstes.

Am 28. Mai 1945 erfolgte in Judenburg, auf der Brücke, welche den Fluß Mur überspannt, die Übergabe des Generals von Pannwitz sowie einer Anzahl weiterer deutscher Offiziere des XV. Kosaken-Kavallerie-Korps an die Rote Armee. Es waren ausschließlich Einheiten des sowjetischen Geheimdienstes NKWD sowie der SMERSCH, welche die Ausgelieferten entgegennahmen und in eine zum provisorischen Gefangenenlager umfunktionierte Fabrikhalle in einem ehemaligen Eisenwerk brachten.

Einer der deutschen Offiziere, die zusammen mit Pannwitz diesen bitteren Weg in die Unfreiheit beschritten, war Rittmeister Friedrich Weil. Nach achtjähriger Leidenszeit, die er in sowjetischen Straflagern verbrachte und die seine körperlichen Kräfte aufzehrten, kehrte er zurück. Von ihm wissen wir, daß er in dem Lager Judenburg noch einmal Gelegenheit hatte, einige wenige Worte mit Helmuth von Pannwitz zu wechseln. Er wurde damals in einem langen Gang an der einen Seite der Fabrikhalle entlanggeführt und

Abmarsch nach Slatina zur Sicherung des Gefechtsstandes von Generalleutnant von Pannwitz, März 1945.

Teile des Regimentsstabes der Terekkosaken am 11. Mai 1945 an der slowenisch-kärntner Grenze.

Bild oben:
Die Weite der Drauebene, Schauplatz harter Kämpfe zwischen Kosaken und Rotarmisten.

Bild unten links:
Ernst Walter von Mossner heute in seinem Haus in Konstanz am Bodensee.

Bild unten rechts:
Viele stolze Erscheinungen fanden sich unter den Anführern der Kosaken, hier ein Ataman in Mielau.

Während einer Parade im Mai 1944 auf dem Jelačić Platz in Agram (heute Zagreb) v. l. n. r.: General Glaise von Horstenau, Generalleutnant Helmuth von Pannwitz, in der Mitte: Oberst von Bosse, salutierend: Oberstleutnant Paul Frhr. von Wolff.

Ein Kosak nimmt sein Pferd als Deckung im Gefecht.

Bild oben links:
General von Pannwitz in Kosakenuniform.

Bild oben rechts:
General von Pannwitz während eines Einsatzes in Kroatien.

Bild unten:
Pannwitz bei der Auszeichnung einer Wehrmachtseinheit.

stand dann plötzlich Pannwitz gegenüber. Weil berichtete: „General Pannwitz kam auf mich zu und sagte: ‚Wir wollten es nicht wahrhaben. Es tut mir sehr weh, daß ihr, meine Kameraden, mit mir leiden sollt.' Am nächsten Morgen vor dem Abtransport aus Judenburg kam ich gerade dazu, als ein sowjetischer Posten dem General die Weisung erteilte, die Halle auszufegen. Ich lief zu ihm hin, wollte ihm den Besen aus der Hand nehmen, doch Pannwitz wehrte ab. Er faßte meine beiden Hände und meinte: ‚Geh zu den anderen, immer beisammenbleiben! Grüß die Kameraden.'"

Dies waren die letzten Worte, die von Helmuth von Pannwitz übermittelt sind. Dem Vernehmen nach wurde er mit den Kosakenoffizieren Krasnow, Schkuro, der am 26. Mai in Lienz von britischer Militärpolizei festgesetzt worden war, sowie Domanow zunächst in das Gefängnis Baden bei Wien gebracht. Während die Kosaken, bis auf Domanow alle Emigranten, nach Moskau geflogen wurden, hat der damalige Chefredakteur der sowjetamtlichen „Täglichen Rundschau" in Berlin-Friedrichshain 1953 im Kollegium dieser Zeitung eine Andeutung gemacht, daß Pannwitz noch längeren Verhören auf österreichischem Boden durch Agenten der SMERSCH unterzogen wurde, bis er dann in die Lubjanka nach Moskau kam.

Bis zu seiner Hinrichtung, die am 16. Januar 1947 erfolgte – es kann davon ausgegangen werden, daß das Urteil bereits einige Tage vorher vollstreckt wurde –, erhielt die Familie von Pannwitz nicht ein einziges Lebenszeichen mehr von ihm. Helmuth von Pannwitz wurde in der Lubjanka in totaler Isolationshaft gehalten. Die meisten seiner Verhöre führte Berijas Stellvertreter, der nicht minder berüchtigte NKWD-Chef General Merkulow, durch, Hauptverantwortlicher für die Ermordung Tausender polnischer Offiziere in Katyn.

Die Vernehmungsoffiziere bemühten sich vor allem darum, Pannwitz als einen blutigen Henker aus den Reihen der Waffen-SS darzustellen, der persönlich in Jugoslawien den Befehl zur Ermordung gefangengenommener Partisanen erteilt hatte. Dies war die Rolle, für die er in dem Prozeßverfahren präpariert werden sollte, das die Sowjetunion gegen ihn vorbereitete.

Bis zum heutigen Tag hat Rußland niemandem gestattet, einen Blick in die Vernehmungsprotokolle sowie in das Protokoll der durchgeführten Gerichtsverhandlung zu werfen, von der auch nicht bekannt ist, wann sie überhaupt stattfand.

Als am 16. Januar 1947 über Rundfunksender die sowjetische TASS-Meldung von der Hinrichtung des Generals von Pannwitz sowie der anderen Kosakenoffiziere verbreitet wurde, war dies die erste Nachricht, welche die Familie von Pannwitz nach eineinhalb Jahren erreichte, die seit der Auslieferung des Generals an die Sowjetunion vergangen waren. Sieghard von Pannwitz war damals gerade fünf Jahre alt, als diese Meldung über Äther ausgestrahlt wurde. Die Nachrichtenagentur ADN übernahm die TASS-Meldung und verbreitete sie überall in den Zeitungen der sowjetischen Besatzungszone. Ihr Wortlaut besagte:

„Moskau, den 16. Januar (ADN). Vor dem Militärkollegium des Obersten Gerichts der UdSSR fand ein Prozeß gegen die verhafteten Agenten des deutschen Spionagedienstes statt. Angeklagt waren: der Führer weißgardistischer Truppenteile während des Bürgerkrieges 1918–1921 Ataman P. N. Krasnow, der Generalleutnant der Weißen Armee A. B. Schkuro, der Kommandeur der Wilden Division und Generalmajor der Weißen Armee Sultan Girej Klytsch, der Generalmajor der Weißen Armee S. N. Krasnow, der Generalmajor der Weißen Armee T. I. Domanow und der SS-General der deutschen Armee Helmuth von Pannwitz.

Sie waren als Agenten des deutschen Spionagedienstes tätig gewesen, kämpften während des Zweiten Weltkrieges mit den von ihnen zusammengestellten weißgardistischen Truppenteilen gegen die Sowjetunion und übten eine aktive Spionage, Diversions- und Terrortätigkeit gegen die Sowjetunion aus.

Die Angeklagten bekannten sich in allen ihnen zur Last gelegten Anklagepunkten schuldig. Gemäß § 1 des Erlasses des Präsidiums des Obersten Sowjets der UdSSR vom 19. April 1943 verurteilte das Militärkollegium des Obersten Gerichts sämtliche Angeklagten zum Tode durch den Strang. Das Urteil ist bereits vollstreckt worden."

Während der gesamten Zeit seiner Inhaftierung in der Sowjetunion durfte General von Pannwitz nicht einen einzigen Brief an seine Familie richten. Es ist nicht bekannt, ob er vor seiner Hinrichtung irgendein Abschiedswort sprach.

Im Jahre 1996 erfolgte die Rehabilitierung des Generalleutnants von Pannwitz durch das Oberste Russische Militärgericht. (Sie ist inzwischen unter fadenscheinigen Gründen wieder aufgehoben worden). Sieghard von Pannwitz teilte dem Autor hierzu noch folgendes mit: „Die Rehabilitierung meines Vaters wurde uns auf dem Postweg mit einem sachlich gehaltenen Anschreiben mitgeteilt. Ich bin damals noch zu dem russischen Konsulat nach Hamburg gebeten worden, bei dem man mir einige Fotos aus dem Besitz meines Vaters, die uns Kinder darstellten, übergeben hat. Es gab noch ein zusätzliches Foto, das meinen Vater wahrscheinlich kurz vor seinem Tode zeigt. Man hatte ihn dafür nochmals seine Uniform anziehen lassen. Allerdings ohne Schulterstücke und Hoheitsabzeichen. Dieses Foto hat mich sehr erschüttert, da man erkennen konnte, daß es unter Zwang zustande gekommen ist."

Der Enkel des mit Pannwitz zusammen hingerichteten Generals Krasnow, Nikolai, der ebenfalls ausgeliefert worden war und über zehn Jahre in sowjetischen Haftlagern verbrachte, kam nach seiner Freilassung durch Chruschtschow 1955 nach Deutschland, wo er sich allerdings nur kurze Zeit aufhielt. Er berichtete, daß in der Lubjanka ein Museum des NKWD existierte, wo es beispielsweise über die Taten der Roten Kapelle – die größte sowjetische Spionageorganisation in Westeuropa während der Jahre des Zweiten Weltkrieges – sowie über die Tätigkeit des „Kundschafters" Richard Sorge ausführliche Darstellungen gibt. In diesem Museum seien auch die Uniformen von Krasnow, Schkuro, Domanow sowie die des Generals von Pannwitz ausgestellt gewesen.

Bis zum XX. Parteitag der KPdSU, auf welchem bekanntlich Chruschtschow seine Abrechnung mit Stalin hielt, verkörperte dieses Museum eine Art Lehrkabinett für angehende sowjetische Geheimdienstoffiziere. Was dann mit dem Museum und seinen Exponaten geschah, läßt sich nicht ermitteln, da der russische Inlandsgeheimdienst als Nachfolgeorganisation des KGB es noch immer vorzieht, über vieles aus der sowjetischen Vergangenheit striktes Stillschweigen zu bewahren.

DIE GROSSE TÄUSCHUNG

In den Kosakenlagern rings um Lienz, in welchen die Leute Domanows untergebracht waren, sorgte am 27. Mai 1945 der Befehl, sofort alle Waffen abzugeben, für große Unruhe. Bislang war den Kosaken ausdrücklich von den Engländern das Recht zugestanden worden, ihre Waffen behalten zu dürfen, um sich damit notfalls gegen Gewalttaten der das Land verunsichernden Tito-Partisanen zur Wehr setzen zu können,

Major Davis hatte den Kosaken diesen Befehl überbracht. Obwohl der britische Offizier die Wahrheit kannte, daß den Kosaken Schlimmes bevorstand, täuschte er sie hierüber und gab die Versicherung ab, alle würden schon demnächst bessere englische Waffen erhalten. Noch einmal schenkten ihm die Kosaken Glauben, meinten jetzt sogar, daß dies wahrscheinlich einen ersten Schritt der Engländer darstelle, sie in die Dienste der britischen Krone zu nehmen.

So lieferten sie dann, ohne sich dem Befehl zu widersetzen, Gewehre, Pistolen und Munition ab. Major Davis war ihnen stets auf freundliche Weise begegnet, so daß sie ihm nichts Hinterhältiges zutrauten. Was hätten sie wohl getan, wäre ihnen bekannt gewesen, daß Brigadegeneral Musson seinen Befehl zur Entwaffnung der Kosaken mit dem Zusatz versehen hatte: Wenn es nötig wird zu schießen, werdet ihr dies tun und als eure Kriegspflicht ansehen.

Nachdem dieses Täuschungsmanöver gelungen war, machte sich Davis auf den Weg zu Domanow in dessen Lienzer Quartier. In seiner Begleitung befand sich der Kosakenleutnant Butlerow, dem die Aufgabe eines Dolmetschers oblag.

Davis überbrachte eine „Einladung“ an alle Kosakenoffiziere des Korps Domanow, sich am nächsten Tag zu einer Konferenz in der Nähe von Oberdrauburg einzufinden. Feldmarschall Alexander werde dort anwesend sein und beabsichtige, den Kosaken eine wichtige Mitteilung über ihre Zukunft zu machen. Während Domanows Gesicht keine Reaktion zeigte, verbarg Butlerow nicht sein Mißtrauen. Er hatte sich durch seine Dolmetschertätigkeit ein wenig mit dem englischen Offizier angefreundet und kannte deshalb keine Scheu, ihm offen die Frage zu stellen, was sich hinter diesem Befehl verberge.

Sein Mißtrauen wurde vor allem durch die Tatsache geweckt, daß der Feldmarschall fast 60 Lastkraftwagen ankündigte, welche etwa 2.000 Kosakenoffiziere abholen sollten. Wäre es nicht wesentlich bequemer für ihn, stellte der Kosakenoffizier Überlegungen an, sie direkt an Ort und Stelle, nämlich in dem größten vorhandenen Lager, in Peggetz, zusammenrufen zu lassen? Davis versuchte solche Befürchtungen zu zerstreuen. Doch Butlerow gab sich damit nicht zufrieden, verlangte von ihm das Ehrenwort eines britischen Offiziers, daß abends alle wieder in ihre Lager zurückkehren würden. Der Brite besänftigte ihn noch einmal: „Aber selbstverständlich."

Nachdem Ataman Domanow seine Offiziere von dem Befehl des Feldmarschalls in Kenntnis gesetzt hatte, brachten viele ihre Zweifel zum Ausdruck, was das Ganze wohl zu bedeuten hätte. Doch da die meisten Kosakenoffiziere noch immer an die Ehrenhaftigkeit Feldmarschall Alexanders glaubten und obendrein wußten, daß Krasnow ihm ja einen Brief geschrieben hatte, nahmen sie an, die Zusammenkunft sei aufgrund dieser Tatsache angesetzt worden.

Auch an General Krasnow erging die Aufforderung zur Teilnahme an dieser Konferenz. Bevor er sein Auto bestieg und von seiner Frau Lydia Abschied nahm, versicherte er ihr, daß sie sich nicht zu beunruhigen brauche, spätestens gegen 8 Uhr abends werde er zurück sein. Wenn er jetzt endlich Gelegenheit bekäme, mit dem Feldmarschall persönlich zu sprechen, so würde dies für die Kosaken sicherlich viel Gutes bringen. Es waren die letzten Worte, die sie von ihm hören sollte.

Gegen 13 Uhr waren auf dem Kasernengelände Peggetz 1.475 Kosakenoffiziere angetreten. Gemäß dem Anlaß, einer Begegnung mit dem Kommandierenden der britischen Truppen, hatten sie ihre besten Uniformen angelegt, geschmückt mit vielen Auszeichnungen, welche ihnen schon während der Zarenzeit verliehen worden waren. Allen war feierlich zumute, die anfänglich gehegten Befürchtungen schienen gegenstandslos geworden zu sein.

Vor dem Eingang der Kaserne waren die Fahrzeuge vorgefahren, die nun gruppenweise von den Offizieren bestiegen wurden. Unter den Planen der LKWs war es stickig, die Euphorie des ersten Augenblicks schwand dahin. Viele der Kosaken schauten eher bedenklich denn hoffnungsvoll drein. Auch irritierte sie die Schweigsamkeit der mit ihnen fahrenden schwerbewaffneten britischen Begleiter.

Die Besorgnis nahm weiter zu, als der Konvoi nach etwa 12 Kilometern einen kurzen Halt einlegte und die Kosakenoffiziere beobachteten, wie plötzlich britische Panzerfahrzeuge auftauchten und von da an den Konvoi auf seiner Weiterfahrt entlang der Drau begleiteten. Die Kolonne nahm jetzt ihren Weg über Greifenburg und Steinfeld bis nach Möllbrücke, von wo aus dann die Fahrt in südöstlicher Richtung weiterging.

Mittlerweile sprachen einige der Kosakenoffiziere offen ihren Verdacht aus, daß diese angebliche Konferenz nichts anderes als eine Falle darstellen könnte, in die sie blindlings hineintapsen würden. Fünf Offiziere zogen jeglicher Debatte darüber, was eventuell eintreten könnte, die Flucht vor. Sie sprangen dort, wo sich dichter Wald bis an die Straße heranschob, von den LKWs hinunter und verschwanden sofort. Obwohl ihre Flucht bemerkt worden war, hielt weder der Konvoi an, noch reagierten die bewaffneten Posten in irgendeiner Weise.

Nichts sollte im letzten Moment noch das Gespinst der Täuschung zerreißen, in welches sich die Kosakenoffiziere verfangen hatten, als sie noch ohne allzu großen Argwohn auf die LKWs geklettert waren. Während die lange Wagenkolonne ihre Fahrt in Richtung der Stadt Spittal fortsetzte, war Ataman Domanow auf britisches Geheiß mit seinem Wagen bei dem Gefechtsstand der 36. Infanteriedivision nahe Oberdrauburg eingetroffen. Brigadegeneral Geoffrey Musson reichte weder dem Ataman noch dem ihm begleitenden Dolmetscher die Hand, noch bot er ihnen einen Sitzplatz an.

Völlig ausdruckslosen Gesichts machte er ihnen die Mitteilung, daß die Anordnung eingegangen sei, sofort sämtliche Kosaken den sowjetischen Truppen zu übergeben. „Es tut mir leid, Ihnen dies sagen zu müssen, doch ich habe kategorischen Befehl erhalten. Guten Tag."

Aschfahlen Gesichts drehte sich Domanow um. Butlerow, noch das Ehrenwort des Major Davis in den Ohren, daß mit der Konferenz alles seine richtige Bewandtnis habe und sie am Abend wieder in den Kreis ihrer Familien zurückgekehrt sein würden, folgte dem Ataman wankenden Schrittes.

Indessen hatten die ersten Lastkraftwagen mit den Kosakenoffizieren Spittal erreicht, wo sie in ein stark umzäuntes Lager einfuhren. Domanow war zusammen mit Butlerow unter englischer Bewachung bereits einige Zeit früher dort eingetroffen. Am Morgen des 28. Mai hatte der mit der Durchführung dieser als äußerst heikel empfundenen Aktion betraute Kommandeur des 1. Kensington-Regiments, Oberst Bryar, seine Leute instruiert, daß man angesichts der befohlenen Auslieferung der Kosaken auf Widerstand jeglicher Art gefaßt sein müßte. Jeder derartige Versuch sollte notfalls unter Anwendung von Waffengewalt gebrochen werden. Es müsse auch mit Selbstmordversuchen von Kosakenoffizieren gerechnet werden. Sollten sie nicht abzuwenden sein und keine Gefahr für die Wachmannschaften heraufbeschwören, sei es das Beste, sie einfach hinzunehmen.

Jedes der im Lager von Spittal angekommenen Fahrzeuge wurde sofort von den Wachsoldaten auf Waffen untersucht. Unterdessen war auch Kosakenveteran General P. N. Krasnow in Begleitung seines Sohnes, des Generals Semjon Krasnow, erschienen. Der Kosaken bemächtigte sich eine immer größer werdende Unruhe. Auch die wenigen noch Vertrauensseligen begannen jetzt zu ahnen, daß sie hier nichts Gutes erwartete.

Oberst Bryar ließ Domanow und Krasnow sowie General Tichozky rufen. Der von den Strapazen der Fahrt angestrengte Krasnow sah sich nicht imstande, diesem Befehl nachzukommen. Der britische Kommandeur wandte sich deshalb an die beiden Kosakengeneräle und teilte ihnen noch einmal mit, was Domanow schon wußte, General Tichozky jedoch völlig unvorbereitet traf. Gemäß den Vereinbarungen zwischen britischen und sowjetischen Militärbehörden sei die sofortige Auslieferung aller Kosakenregimenter wie auch der Kaukasier sowie der Kalmücken verfügt worden. Es seien alle Vorbereitungen seitens der britischen Seite getroffen worden, damit diese administrative Maßnahme umgehend in die Wege geleitet werden könnte. Der Abtransport aus Spittal sei für den Morgen des nächsten Tages, des 29. Mai 1945, festgesetzt worden.

Auf Befehl der britischen Generalität habe Domanow sofort diese erlassene Anordnung seinen Leuten mitzuteilen. Ataman Domanow stellte lediglich noch eine einzige Frage. Er wollte wissen, wann diese Vereinbarung eigentlich zustande gekommen sei. Die Antwort lautete: Am 23. Mai.

General Tichozky, der sich bei dem Vernehmen dieser unheilvollen Botschaft nur noch mühselig hatte auf den Beinen halten können, brach jetzt zusammen. Domanow aber übernahm es, seinen Offizieren die schreckliche Wahrheit mitzuteilen. Er kam sich wie der Verkünder eines Todesurteils vor. Als er die Kosaken wissen ließ, was geschehen sollte, brach ein einziger Schrei des Entsetzens aus. Danach griff Verzweiflung um sich; es wurden Beschuldigungen gegen die Kosakengeneräle laut, daß es auf ihre Leichtgläubigkeit zurückführen sei, wenn sich jetzt alle in einer derart aussichtslosen Lage befänden.

All die vielen Versicherungen aus der letzten Zeit, welche die Engländer ihnen gegenüber bekundet hatten, stellten sich jetzt als eine einzige ungeheure Lüge heraus. Wut flammte auf, einige rissen sich die Schulterstücke herunter, schleuderten erhaltene Tapferkeitsauszeichnungen von sich. Der greise General Krasnow, der noch einmal über sich hinaus wuchs, brachte es fertig, wieder so etwas wie Disziplin in den Reihen der Wütendenden herzustellen.

„Wenn es uns schon bestimmt sein soll, durch die Bolschewisten umgebracht zu werden, dann laßt uns wenigstens dem Tod mit Würde entgegenblicken“, rief er ihnen zu. Allmählich trat wieder Ruhe ein. Viele senkten beschämt die Köpfe. Auch in dieser so schweren Stunde ihres Lebens war der Respekt gegenüber dem alten Ataman groß.

Krasnow setzte eine Bittschrift auf, die er an den Papst, das Internationale Rote Kreuz in Genf, Feldmarschall Alexander sowie den britischen König Georg VI. richtete. Darin erklärte er sich namens aller hohen Führer der Kosakenschaft bereit, das Schicksal zu akzeptieren, sofern ihnen jemand dafür eine Schuld anlasten wollte, daß sie sich auf der deutschen Seite am Krieg gegen die Sowjetunion beteiligt hätten. In seinem und im Namen seiner Kameraden bat er jedoch, gegenüber allen einfachen Kosaken und ihren Familien Gnade walten zu lassen.

So wie die vorhergehenden Briefe Krasnows an Feldmarschall Alexander angeblich niemals ihren Adressaten erreichten, findet sich nirgendwo ein Beweis dafür, daß seine Bittschrift überhaupt das Lager in Spittal verlassen hat.

In der Frühe des nächsten Tages hielt ein Kosakenpriester einen ergreifenden Gottesdienst für die Todgeweihten ab. Die Offiziere knieten vor einem schlichten Holzkreuz nieder, um zum letzten Mal einen christlichen Segen zu empfangen. Gegen 6.30 Uhr sollte die Abfahrt der ersten Offiziere erfolgen. Die Briten forderten Domanow mit seinem Stab auf, den Beginn zu machen und durch das Besteigen des ersten Fahrzeuges ihren Leuten zu signalisieren, daß sie sich mit der gegebenen Situation abgefunden hatten.

In diesem Augenblick, wo die Kosaken für ihre Leben nichts mehr zu erwarten hatten, gaben sie ihre Fügsamkeit auf. Domanow wie auch die übrigen Offiziere seines Stabes weigerten sich, auch nur noch einem einzigen englischen Befehl Folge zu leisten. Viele der Kosaken kauerten sich auf dem Boden nieder und hielten sich dort umklammernd fest.

Die Engländer zauderten nicht einen Moment, den ihnen erteilten Befehl zur Anwendung von Gewalt in die Tat umzusetzen. Mit Gewehrkolben und Holzknüppeln droschen sie auf die wehrlosen Kosaken ein. Einige der englischen Soldaten, auch dies sei nicht verschwiegen, bedienten sich ihrer Bajonette und stachen auf die sich am Boden windenden Körper ein. Schließlich zerrten die Briten die von ihnen Mißhandelten zu den Fahrzeugen und warfen sie dort wie Schlachtvieh auf die Verladeflächen.

Beinahe wäre auch der greise General Krasnow Opfer eines solchen Willküraktes geworden. Einige Soldaten, die bereits vorhatten, ihm ebenfalls Gewalt anzutun, wurden durch das Eingreifen junger Kosakenoffiziere daran gehindert. Sie trugen den 76jährigen Veteranen des Bürgerkrieges zu einem der Lastwagen, wo der Fahrer die Einsicht besaß, ihm einen Platz neben sich zu überlassen. In einem der anderen Lastwagen wurde General Schkuro eingepfercht, dem die kleinste Bewegung unerträgliche Schmerzen verursachte.

Am Nachmittag des 29. Mai meldete Oberst Bryar dem Brigadegeneral Musson, daß bis auf wenige Zwischenfälle die Aktion reibungslos verlaufen sei. War sie dies wirklich? Eine Inspektion in dem Lager bot ein grausiges Bild. In einer der Baracken hatten sich mehrere der Kosakenoffiziere mittels Glasscherben die Puls- oder Halsschlagadern aufgeschnitten. Um ihre Körper breitete sich eine riesige Blutlache aus. Andere hatten sich mit um den Hals geschlungenen elektrischen Schnüren an den Fenstergriffen erhängt.

Auf den Fahrzeugen aber, die sich mit ihrer menschlichen Fracht im wahnsinnigen Tempo nach Judenburg bewegten, lagen viele Kosakenoffiziere wie betäubt von dem Geschehen, das sie innerhalb von 24 Stunden aus der Bahn ihres bisherigen Lebens geworfen hatte. Erst allmählich dachten sie wieder an das Naheliegende, entledigten sich aller Dokumente sowie sonstiger Gegenstände, welche dem NKWD irgendeinen Aufschluß über ihre Stellung in den Kosakeneinheiten des Generals Domanow hätten geben können. Alles, was ihnen einstmals etwas bedeutet hatte, landete jetzt im Staub der Straße.

Vor der über die Mur führenden Brücke in Judenburg hielten die LKWs. Das Golgatha der Kosakenoffiziere nahm seinen Anfang. Langsam schob sich ein Fahrzeug nach dem anderen auf der rechten Fahrbahn über die Brücke, zu deren einen Seite sich britische Panzerfahrzeuge postiert hatten, während auf der anderen Seite Rotarmisten mit angeschlagener MP auf die Entgegennahme der englischen „Geschenkladung“ warteten.

Angesichts des Unausweichbaren spielten sich noch einmal erschütternde Szenen ab. Ein Kosakenoffizier sprang von einem vor der Brücke verharrenden Fahrzeug und stürzte sich dann einen Steilhang hinunter, wo er auf einem Felsstück aufschlug. Major Goff, einer der britischen Begleitoffiziere von den 2. Lancashire Fusiliers, gehörte zu den wenigen Augenzeugen, welche während der Auslieferung der Kosaken die sowjetische Demarkationslinie überschreiten durften und hier einige Beobachtungen anstellten. Aufgrund eines von der britischen Armee erlassenen Schweigebefehls über irgendwelche Vorgänge im Zusammenhang mit der Übergabe der Kosaken zog er es vor, lange Zeit hierüber kein Wort zu verlieren.

Später war dann aus seinem Mund zu erfahren, wie er miterlebte, daß einer der Kosakenoffiziere kurz vor seiner Übernahme durch die Rotarmisten ein Rasiermesser aus der Tasche zog und sich die Kehle aufschlitzte. Als er einem der sowjetischen Offiziere die Frage stellte, was denn mit all den Kosaken jetzt passieren würde, machte dieser Offizier eine Geste des Erhängens.

In den Nächten waren von der anderen Seite der Mur immer wieder Gewehrsalven zu hören. Es fiel den Engländern nicht schwer, sich auszumalen, was sich dort jetzt abspielte. So mancher britische Soldat, der an der Auslieferung der Kosaken beteiligt gewesen war, empfand später Scham darüber, wozu er seine Hand gereicht hatte.

LÜGEN BIS ZUM BITTEREN ENDE

Nach der auf so hinterhältige Weise erfolgten Auslieferung der Kosakenoffiziere des Korps Domanow an die Russen wurde Major Davis immer wieder von Familienangehörigen die Frage gestellt, wann die Männer endlich entsprechend seiner Zusicherung von der Konferenz zurückkehren würden. Davis, unter starkem seelischem Druck stehend, gebrauchte zunächst noch die Ausrede, daß sie vermutlich in ein anderes Lager gebracht würden. Schließlich aber ertrug er nicht mehr die vielen vorwurfsvollen Blicke der verzweifelten Frauen und gestand ihnen jetzt die grausame Wahrheit ein.

Später äußerte er sich einmal über den schlimmsten Augenblick seines Lebens: „Die Kosakenfamilien nahmen mit Entsetzen auf, was ich ihnen sagte. Sie konnten einfach nicht glauben, daß gerade ich ihnen so etwas antun würde, denn sie hatten ja volles Vertrauen zu mir." Nachdem sich die schreckliche Kunde in den Kosakenlagern verbreitet hatte, was den Offizieren Furchtbares geschehen war, breitete sich lähmendes Entsetzen aus. Ein einfacher Kosak namens Kusma Polunin übernahm die Führerschaft der sich wie verwaist fühlenden Menschen, die vor Angst nicht mehr aus noch ein wußten. Gruppe für Gruppe suchte er die Kosaken auf, versuchte ihnen ein wenig Mut zuzusprechen: „Brüder, wir ergeben uns nicht, selbst wenn wir sterben müssen."

Am 31. Mai 1945 trat Major Davis seinen schwersten Gang an. Er erschien in dem Lager Peggetz, wo rund 4.000 Angehörige der verschleppten Kosakenoffiziere ihres bitteren Schicksals harrten. Davis entledigte sich eines Auftrages, welchen ihm Brigadegeneral Musson erteilt hatte. „Morgen müßt ihr alle wieder zurück in eure Heimat", erklärte er den zusammengeströmten Frauen und Kindern sowie vielen hochbetagten Großeltern. Ein einziger Aufschrei war die Antwort. Der britische Offizier stand nur noch stumm da, reagierte weder auf heftige Vorwürfe noch auf die flehentlichen Bitten, doch etwas zu tun, um ihnen zu helfen.

Als er es nicht mehr ertrug, die Verzweiflung der Menschen mit ansehen zu müssen, verließ er das Lager Peggetz, sich, wie er später eingestand, seiner erbärmlichen Rolle und der Feigheit seines Tuns schämend. Ein Leben lang quälte ihn der Gedanke, Mitschuldiger eines Verbrechens geworden zu sein. Zunächst hieß es dann, daß die Repatriierung in die Sowjetunion am 31. Mai erfolgen solle. Im Lager Peggetz wurde den Kosaken ein Schriftstück vorgelesen, das einen sowjetischen Überbringer gehabt hatte. Darin hieß es: „Kosaken! Eure Offiziere haben Euch verraten und auf Abwege geführt. Sie sind verhaftet worden und werden nicht zurückkehren. Ihr könnt jetzt, da Ihr sie nicht mehr zu fürchten braucht und auch nicht mehr ihrem Einfluß oder Druck ausgesetzt seid, ihre Lügen frei erörtern und Eure Wünsche und Ansichten äußern."

Viele Kosaken protestierten daraufhin laut gegen diese völlige Entstellung der Wahrheit. Im weiteren Verlauf des Tages wandelte sich das Bild in allen Lagern. Überall tauchten jetzt schwarze Fahnen auf. Wann immer sich ein britischer Armeeangehöriger in den Lagern blicken ließ, stürzten Kosaken auf ihn zu, um an Hand von Dokumenten zu beweisen, daß sie seit ihrer Emigration vor mehr als zwei Jahrzehnten keine sowjetischen Staatsbürger mehr seien. Meist war darauf ein Achselzucken die einzige Antwort.

Eine Anzahl von Kosaken appellierte in einer Botschaft an den britischen Oberst Malcolm: „Wir ziehen den Tod der Rückkehr nach Sowjetrußland vor, wo wir zur langwierigen und systematischen Ausrottung verurteilt sind. Wir, Ehemänner, Frauen, Mütter, Brüder, Schwestern und Kinder beten für unsere Rettung." Zur Mittagszeit wurde allgemein die Essensaufnahme verweigert. Die Engländer ließ dies völlig gleichgültig. Fast ununterbrochen fanden Gottesdienste statt, versuchten Priester die Kosaken seelisch zu stärken und auf das vorzubereiten, was sie erwartete.

Noch einmal belog Major Davis die Kosaken, als er ihnen die Mitteilung überbrachte, daß der Abtransport wegen des Fronleichnam-Tages auf den 1. Juni verschoben worden sei. Was wie eine Rücksichtnahme auf das religiöse Empfinden der Menschen aussah, hatte in Wirklichkeit etwas damit zu tun, daß die Rote Armee um einen Aufschub ersucht hatte, da sie sich aus organisatorischen Gründen, wie es hieß, nur zu einer täglichen Übernahme von etwa 2.000 Menschen imstande sah.

So wurden dann am 31. Mai zunächst nur Kaukasier nach Judenburg abtransportiert. Die Kosaken benutzten die letzte Gnadenfrist, die ihnen so eingeräumt worden war, dazu, um von allem Abschied zu nehmen, was ihnen im Leben etwas bedeutet hatte. Von Freunden und anderen ihnen Nahestehenden, denn schon bald war zu befürchten, daß man sie auseinanderreißen würde. Die Großeltern würden nicht bei den Jüngeren verbleiben dürfen, die Männer nicht bei den Frauen, und auch das Schicksal der Kinder war mehr als ungewiß. Jede Umarmung wurde von Weinen begleitet. Letzte zärtliche Gebärden galten auch den Pferden, zu denen diese Menschen stets ein besonders enges Verhältnis gehabt hatten und von denen es sich nun ebenfalls für immer zu trennen galt.

In der Nacht vom 31. Mai zum 1. Juni 1945 schlief niemand in den Kosakenlagern. Einige sortierten alles aus ihren Sachen, was sie sowieso nicht mitnehmen konnten. Andere verbrachten diese Stunden in liebevoller Umarmung. Priester nahmen vielen die Beichte ab. Manche Kosakenfamilie aber entschloß sich auch umgehend zur Flucht in die Berge. Einige von ihnen fanden in den Wäldern den Tod, andere irrten tagelang umher.

Mehr als ein Fall ist bekannt, daß österreichische Bergbauern solchen Menschen auf ihren Höfen eine Zuflucht boten. Auf einer Kosakenversammlung in den Nachtstunden wurde der Beschluß gefaßt, sich der Zwangsrepatriierung zu widersetzen. Niemand sollte später behaupten dürfen, daß sie sich freiwillig in die Hände ihrer Henker begeben hätten. Alle Kosaken auch aus den umliegenden Lagern sprachen miteinander ab, sich am frühen Morgen des 1. Juni 1945 im Lager Peggetz einzufinden, um dort noch einmal demonstrativ den Willen zum Ausdruck zu bringen, sich der Rückführung in die Sowjetunion zu verweigern.

Freitag, der 1. Juni 1945, brach an. Gegen 7.15 Uhr hatten sich etwa 4.000 Kosaken zur Abhaltung eines feierlichen Gottesdienstes auf dem Lagerplatz eingefunden, wo ein provisorischer Altar errichtet worden war. Zwölf Priester zelebrierten eine Messe, schritten im festlichen Ornat die Reihen der vor ihnen Niederknienden ab, reichten ihren Lippen das Kreuz, welches voller Inbrunst geküßt wurde.

Immer wieder falteten sich die Hände zu flehentlichem Gebet. Ein tausendstimmiger Chorus stieg wie ein letztes ausgesandtes Signal empor. Die in sich Versunkenen hatten nicht bemerkt, daß Major Davis für wenige Augenblicke Zeuge ihrer Frömmigkeit geworden war, die es ihm um so schwerer machte, jetzt jene Befehle auszuführen, die ihm seine Vorgesetzten aufgetragen hatten.

Der Brite ließ den Anwesenden mitteilen, daß sie nunmehr den Gottesdienst beenden und sich zum Abtransport fertig machen sollten. Niemand der betenden Kosaken kümmerte sich um diese Anweisung. Oberst Malcolm, Davis' unmittelbarer Vorgesetzter, der inzwischen ebenfalls in Peggetz eingetroffen war, erteilte seinem Untergebenen den Befehl, sofort mit dem „Theater" Schluß zu machen und der Widerspenstigkeit der Kosaken ein Ende zu setzen.

Vor dem Lager wurden die Motoren der wartenden Lastkraftwagen angeworfen. Der britische Offizier schickte nun einen Zug seiner Einheit mit dem Befehl an die Kosaken, sofort die Fahrzeuge zu besteigen. Die Kosaken schenkten dem keinerlei Gehör. Als die Soldaten weiter auf sie vorrückten, ließen sich die Kosaken auf dem Boden nieder und faßten sich bei den Händen.

Oberst Malcolm, der seinerseits wieder einen Befehl seines Vorgesetzten, des Feldmarschalls Alexander, zu befolgen hatte, notfalls die Auslieferung der Kosaken mittels Gewalt durchzusetzen, warf Major Davis einen herrischen Blick zu. Dieser begriff sofort, was jetzt von ihm erwartet wurde. Von zwei Seiten stürmten die Engländer plötzlich auf die wehrlose Menschenmenge ein, schlugen mit Holzknüppeln wahllos um sich, egal wohin und wen sie trafen, zertrümmerten den Altar, zerschlitzten mit Bajonetten mehrere Ikonen, zerfetzten Meßgewänder, nahmen vor allem die Priester aufs Korn, welche sie als die Rädelsführer des Aufbegehrens der Kosaken ansahen.

Je mehr die britischen Soldaten auf die Menschen einschlugen, desto größere Hysterie griff um sich. Frauen und Kinder schrien mit gellenden Stimmen, wer wegstürzte, um den Schlägen der Soldaten zu entgehen, fiel auf andere nieder, Menschen wurden erdrückt, erstickten, vermochten sich nicht mehr aus der Umklammerung der sich Zusammenballenden zu lösen.

Panik toste wie ein Orkan durch das Lager Peggetz. Gerüche von Blut, Angst und Schweiß vermischten sich miteinander. Von denen, die nach dem Massaker dieser Gewalt gekrümmt auf dem Boden lagen, ließ sich nicht erkennen, ob noch Leben in ihnen war oder ein gnädiger Tod sich ihrer erbarmt hatte.

Allmählich gelang es den britischen Soldaten, immer mehr Kosaken zu packen und zu den LKWs zu schleppen, wo sie dann regelrecht auf die Ladeflächen der Fahrzeuge geschleudert wurden. Sobald einer der Wagen vollgestopft mit Menschen war, raste er los, brachte seine „Fracht" zu einem Zug, der aus mehreren Dutzend vergitterten Waggons bestand. In der Mitte des Zuges war auf dem Dach eines der Waggons ein Maschinengewehr postiert. So ging es dann nach Judenburg, wo die Angehörigen des NKWD mit süffisantem Gesichtsausdruck ihre Gefangenen übernahmen, von denen so viele durch die Engländer übel zugerichtet worden waren.

In dem Lager Peggetz hatte sich das Drama inzwischen weiter zugespitzt. Die von den Engländern wie eine Herde Vieh zusammengetriebenen Menschen waren gegen einen Lagerzaun gepreßt worden, der dem Druck nicht standhielt. Als er zusammenbrach, flohen viele ins Freie. Hier waren inzwischen überall Panzer aufgefahren. Die jungen Schützen darauf, von dem Geschrei und den sich immer mehr ausbreitenden chaotischen Zuständen völlig frustriert, eröffneten das Feuer auf die Fliehenden, obwohl der Befehl gelautet hatte, lediglich Warnschüsse in die Luft abzugeben.

Die Soldaten drehten jedoch durch, und es gab eine Vielzahl von Getroffenen. Kosaken, denen es gelungen war, an den Panzern vorbeizugelangen, liefen wie gehetzt in Richtung der Drau, wo sie in den Fluß sprangen, der zu dieser Jahreszeit Hochwasser führte. Wer will sagen, ob sie auf diese Weise zu entkommen hofften oder einfach nur den Tod suchten?

Den ganzen 1. Juni über wurde in den verschiedenen Kosakenlagern, die sich entlang der Drau erstreckten, vom britischen Militär Treibjagd auf Menschen veranstaltet. Es ist müßig, nachdem mehr als ein halbes Jahrhundert über dieses schreckliche Geschehen vergangen ist, die Gesamtzahl der Toten feststellen zu wollen, die einem Willkürakt schlimmster Art zum Opfer fielen, mit welchem sich die britische Armee zum Handlager der Sowjets hergegeben hatte. Wie viele Kosaken raffte eine englische Kugel dahin, wie viele setzten aus tiefster Verzweiflung darüber, von den Engländern Stalins grausamen Schergen überantwortet zu werden, ihrem Leben selbst ein Ende?

Wir können es nicht sagen. Wir wissen nur, daß sehr, sehr viele auf dem Kosakenfriedhof in Peggetz bei Lienz als unbekannte Kosaken in einem großen Massengrab ihre letzte Ruhestätte fanden. Wenn uns auch die Namen der hier beigesetzten Toten unbekannt sind, sie sind so wenig vergessen wie das, was sich hier einst abspielte.

Aus einer Fülle von Einzelschicksalen setzt sich mosaikartig ein Bild des damaligen Geschehens an der Drau zusammen. Es gab junge Kosakenmütter, die ihre Kinder noch einmal herzten und liebkosten und sich dann mit ihnen zusammen in die Fluten der Drau warfen. Die Ärztin Praskowia Woskoboinikowa zog es vor, mit ihrer gesamten Familie, die aus der Mutter, ihrer Schwester sowie mehreren Kindern bestand, lieber vom Fluß verschlungen als an die Sowjetmacht ausgeliefert zu werden.

Der vom Kuban stammende Kosak Danel Kolomeic, dem aus einem der Lager die Flucht gelungen war, schleppte sich mit letzter Kraft hinauf in die Dolomiten. Hier entdeckte ein Bergbauer den zu Tode Erschöpften, nahm ihn bei sich auf und pflegte ihn erst einmal gesund. Als sich eines Tages englische Soldaten auf der Suche nach entflohenen Kosaken dem Gehöft des Bergbauern näherten, verkroch sich Kolomeic wie ein Tier in eine Höhle, wo er solange verblieb, bis die Briten wieder abgerückt waren.

Auch der früher am Don beheimatete Kosak Sergej Proserow hielt sich tagelang im Wald verborgen, wo er sich schließlich schwerkrank nicht mehr fortzubewegen vermochte. Dort fand ihn ein Bergbauer, der sich seiner aufopferungsvoll annahm. Eine Zeitlang half ihm der Kosak bei der Verrichtung von Feldarbeiten, bis ihn dann englische Militärpolizei überraschte und in ein Gefängnis nach Lienz schaffte. Von hier aus sollte er der sowjetischen Besatzungsbehörde übergeben werden, doch gelang es ihm vorher, aus dem Gefängnis auszubrechen. Dann verlor sich über lange Zeit seine Spur. Eines Tages meldete er sich aus Kanada, wo er inzwischen eine Familie gegründet hatte. Er schrieb an einen Freund: „Zahlreiche Bauern aus Österreich haben mir und einigen anderen das Leben gerettet. Wir haben ihnen alles zu verdanken.“

Johann Klocker aus Lavant stellte zu der Zeit, da sich all dies abspielte, über viele Tage einen Topf mit Essen sowie weitere Nahrungsmittel an einem Waldrand ab. Eines Tages fand er dort einen Zettel vor: „Danke und auf Wiedersehen.“ Der Bauer Josef Unterweger, der sein Zuhause in Jungbrunn hatte, berichtete, was sich dort in einem Kosakenquartier abspielte, als ein englischer Panzer vorfuhr, um die Bewohner mit Gewalt wegzubringen. In dem Moment, als die Engländer sich Zugang zu dem Haus verschafften, zog ein Kosakenoffizier seine Pistole und erschoß sich. Seine entsetzten Kameraden nahmen den Leichnam auf die Schulter und schritten so den britischen Soldaten entgegen. Es war ein gespenstisches Bild, das sich dem Bauern für alle Zeiten einprägte.

Bartholomäus Plautz aus Nikolsdorf war die traurige Aufgabe übertragen worden, mit seinem Pferdefuhrwerk die vielen Toten im Drautal zu bergen. Er berichtete von aufgefundenen Kosakenfrauen, welche zunächst ihre Kinder getötet und sich dann selbst die Kehlen durchgeschnitten hatten. „Man vermochte fast niemanden zu identifizieren. Ich habe nie wieder solches Grauen empfunden."

Anton Greil, bis zum Jahre 1960 Bürgermeister von Görtschach, hatte Anfang Mai 1945 davon erfahren, daß ein großer Zug von Kosaken aus Norditalien über den Plöckenpaß seinen Weg nach Österreich nahm. Er bestieg sein Fahrrad und fuhr den Kosaken entgegen. Als er auf die ersten traf, sagten sie ihm, daß sie einen Weideplatz für ihre Pferde und Kühe sowie einen Lagerplatz für die Menschen suchten. Greil half ihnen, so gut er dies vermochte. Eine Kosakenfamilie, zu der auch ein junger Hauptmann gehörte, nahm er bei sich selbst auf. Von ihnen erfuhr er viel über die Lebensweise der Kosaken und ihren seit dem Bürgerkrieg währenden Kampf gegen das kommunistische System Sowjetrußlands.

Als dann der von den Engländern erlassene Befehl eintraf, daß die Offiziere sich zu einer Konferenz mit Feldmarschall Alexander begeben sollten, wandte sich der Kosakenoffizier zu seinem gütigen Quartierswirt und meinte traurig: „Gospodin, niemand wird diese Besprechung überleben." Darauf verschaffte ihm Anton Greil Zivilkleidung und staffierte ihn so aus, daß er einem echten Bauern glich. Er führte ihn und seine Familie dann zu einer Stelle, von wo aus er ihnen einen Weg zeigte, der über die Berge hinaus aus dem Drautal führte. Lange Zeit später erfuhr er, daß auch viele andere Bauern auf die gleiche Weise Kosaken behilflich gewesen waren, sich der Auslieferung zu entziehen.

Eines Tages erhielt er von seinem „Schützling" einen Brief aus Kanada, in welchem ihm der Kosak schrieb, daß er ihm niemals vergessen würde, was er für ihn und seine Familie getan habe. Eine junge Kosakin, von Verzweiflung übermannt, streckte einem Kärntner Bauern ein Bündel entgegen, aus welchem das Wimmern eines Säuglings zu vernehmen war. In gebrochenem Deutsch sagte sie zu ihm, daß in böser Stunde eine Kosakenfrau an die Seite ihres Mannes gehöre, um dessen Schicksal zu teilen. „Wir wollen, daß das Kind überlebt. Seien Sie gut zu ihm." Dann wandte sie sich mit schmerzerfülltem Gesicht ab. Die Bauernfamilie zog das Kind wie ihr eigenes auf. Was aus der leiblichen Mutter geworden ist, erfuhr sie niemals.

Die Kosakin Ignatia Jewdoxid tötete mit einem Brotmesser zuerst ihr Kind, nahm es dann in die Arme und stürzte sich mit ihm in die Drau. Sie tat dies, nachdem sie erfahren hatte, daß ihr Mann Pjotr, ein Kosakenoffizier, aus Spittal nie wieder zurückkehren würde.

Am 7. Juni 1945 meldete der britische General Keightley Feldmarschall Alexander: „Übergabe der Kosaken beendet, mit Ausnahme der Herumstreunenden, die noch eingefangen werden müssen." Am 15. Juni 1945 endete die Zwangsrepatriierung im Drautal. Insgesamt waren in dem Zeitraum seit 1. Juni etwa 50.000 Kosaken einschließlich jener, die dem XV. Kosaken-Kavallerie-Korps angehört hatten, dem sowjetischen NKWD ausgeliefert worden.

Der qualvolle Weg der jetzigen Gefangenen Stalins führte über Graz – Wien – Budapest – Ploeşti – Kiew – Brjansk – Swerdlowsk – Nowosibirsk – Prokopjewsk – Klemerowo nach Sibirien, wo der größte Teil von ihnen in den Stätten des Gulags zugrunde ging. Nur ein geringer Prozentsatz dieser Menschen überstand die grauenhafte Lagerhaft von zehn oder 15 Jahren.

Im Raum von Judenburg blieben etwa zehntausend herrenlose Kosakenpferde zurück. Einen Teil von ihnen ließen britische Offiziere als Beutegut nach England verschiffen. Über diese Kosakenpferde wurde dort viel gesprochen. Die britische Presse schenkte diesen Pferden Aufmerksamkeit. Über ihre einstigen Besitzer, die Kosaken vom Kuban, Don, Terek und aus Sibirien, wurde nicht ein einziges Wort verloren. Die hatte man schlichtweg vergessen.

ANTHONY EDEN ALS HANDLANGER STALINS

Es ist schwer vorstellbar, daß der US-Spionagechef Allan Dulles damals nicht gewußt haben soll, welche Abmachungen die Westmächte mit Stalin hinsichtlich der Auslieferung aller osteuropäischen Freiwilligenverbände, die ein Zweckbündnis mit Deutschland eingegangen waren, getroffen hatten. Über lange Jahre wurde von so manchem Historiker die Meinung vertreten, daß erst auf der Konferenz von Jalta die Entscheidung darüber gefallen sei, welche letztlich auch zur Auslieferung der Kosaken in die Sowjetunion führte.

Dies widerspricht jedoch der geschichtlichen Wahrheit. Es bedurfte erst eines Buches des in England geborenen Grafen Nikolai Tolstoy, eines Urgroßneffen des russischen Dichters Leo Tolstoi, um der Öffentlichkeit vor Augen zu führen, was für ein schändliches Spiel besonders britische Politiker, aber nicht nur sie allein, mit den Kosaken und anderen Ostvölkern getrieben hatten, in dessen Verlauf Zehntausende von ihnen den Tod fanden.

Das in dem Londoner Verlag „Hodder and Stoughton" unter dem Titel „Victims of Yalta" – die Opfer von Jalta – erschienene Buch konfrontierte die Leser mit Vorgängen geradezu ungeheuerlicher Art. Vielen erschien es, als sei da eine riesige Schmutzfontäne durch eine Eruption in die Höhe geschleudert worden. Geradezu fassungslos nahm man auf, zu was für einem abgefeimten Spiel sich Staatsbeamte hergegeben hatten, deren Moral und Anstand in Zweifel zu ziehen niemand zuvor auf die Idee gekommen wäre.

Das Buch des Grafen Tolstoy wurde zum Auslöser weiterer Eingeständnisse, die von den größeren Londoner Tageszeitungen als eines der schmachvollsten Kapitel in der Kriegs- und Nachkriegsgeschichte des Vereinigten Königreichs bezeichnet wurden. Als zuvor Anatol Petrowsky, Rittmeister im XV. Kosaken-Kavallerie-Korps, in einem Buch, betitelt „Unvergessener Verrat – 1945", erstmals im Jahre 1963 geschildert hatte, wie durch die englische Unterwerfung gegenüber Stalin ihm die Kosaken regelrecht als Opfer preisgegeben wurden, obwohl sich deren Schicksal erahnen ließ, war diese Publikation ohne jegliche Resonanz geblieben. Nur wenige britische Zeitungen widmeten diesem Buch überhaupt eine Besprechung, und der Tenor war immer der gleiche, daß die darin angeführten Fakten wohl einer ernsthaften

Überprüfung nicht standhalten würden. Jemandem, der auf seiten Deutschlands gekämpft habe, könne man einfach keinen Glauben schenken.

Graf Tolstoy indessen, dem nicht die geringste Sympathie mit dem nationalsozialistischen Regime Deutschlands nachzusagen war, traf voll den Nerv, der ein Stück englischer Scheinheiligkeit zerfetzte. Die Öffentlichkeit bestand nunmehr auf ihrem Recht, zu erfahren, was sich damals alles in Wirklichkeit zugetragen habe und wer dabei seine Hand im Spiel gehabt hatte.

So sollen hier einmal die Einzelheiten aufgezeigt werden, welche in den Maitagen 1945 zu dem Drama der Kosaken in Kärnten und der Steiermark führten. Am 16. September 1944, also fünf Monate vor der Konferenz von Jalta, die am 11. Februar 1945 stattfand und über die deutsche Nachkriegsordnung befinden sollte, richtete Alexander D. Kirk, Ratgeber im Stab des Alliierten Oberkommandos in Caserta, ein Fernschreiben an den amerikanischen Außenminister Cordell Hull folgenden Wortlauts:

„Nach einer Information, die das Hauptquartier der Alliierten Streitkräfte vom britischen Kriegsministerium erhalten hat, ist jetzt ein Übereinkommen mit der Sowjetunion über die jetzige und zukünftige Repatriierung von Sowjetbürgern geschlossen worden, und zwar unabhängig von der Frage, ob diese nach Rußland zurückkehren wollen oder nicht. Erklärungen von Sowjetbürgern über ihre Absicht, zurückzukehren oder nicht, werden nicht mehr zur Kenntnis genommen."

Die Wahrheit gebietet an dieser Stelle die Einlassung, daß der zu diesem Zeitpunkt von seinem Posten in London nach Moskau versetzte US-Botschafter Averell Harriman unmittelbar, nachdem er von seiner Regierung über diesen ganz offensichtlich von den Engländern vorgenommenen Alleingang konsultiert worden war, erhebliche Bedenken anmeldete. Er brachte unmißverständlich zum Ausdruck, daß eine solche Vereinbarung zweifellos einen Verstoß gegen internationale Rechtsvorschriften bedeuten würde. Er führte aber auch ein moralisches Argument ins Feld, daß es bislang stets amerikanische wie auch britische Tradition gewesen sei, politischen Flüchtlingen Schutz und Beistand zu gewähren. Dies alles würde bei einer Verwirklichung derartiger Absichten in Gefahr geraten, so daß hieraus für alle Zeiten schwerer Schaden hinsichtlich der Glaubwürdigkeit der westlichen Regierungen entstehen könnte.

Harriman war zweifellos mit dem Inhalt der Genfer Konvention sowie der Haager Landkriegsordnung bestens vertraut, die in bezug auf den Begriff Kriegsgefangene keinerlei Aufteilung in irgendwelche Kategorien vornahm. Von erheblichem zeitgeschichtlichem Interesse dürfte es auch sein, daß Alexander D. Kirk mit seiner Mitteilung an die Amerikaner die Katze bereits vier Wochen vorher aus dem Sack gelassen hatte. Denn erst als einen Monat später der britische Premierminister Winston Churchill gemeinsam mit seinem Außenminister Anthony Eden zu einem Besuch Stalins nach Moskau aufbrach, der vom 11. bis zum 16. Oktober 1944 währte, wurde dort ein Bubenstück sondergleichen in Szene gesetzt.

Die gegenüber den Amerikanern am 16. September 1944 gemachte Behauptung, daß es bereits ein Repatriierungsabkommen hinsichtlich sowjetischer Bürger mit Stalin gäbe, war ein reiner Bluff gewesen.

Eden hatte gerade zwei Wochen vorher erstmals im britischen Kabinett die Angelegenheit zur Sprache gebracht und darauf verwiesen, daß seitens der Russen eine entsprechende Forderung erhoben worden sei. Der britische Außenminister plädierte dann in dieser Kabinettssitzung dafür, der Forderung der Russen nachzukommen. Dies fand die Billigung aller Kabinettsmitglieder.

Damals hielt es Eden sogar noch für angebracht, den Amerikanern keinen reinen Wein einzuschenken. Offenbar war er sich durchaus der Tatsache bewußt, daß seine Absicht, Stalins Auslieferungsbegehren zu entsprechen, die reinste Verhöhnung des Rechts, des „Rule of Law and Order", darstelle. So erhielt Paul Gore-Booth, Angehöriger der britischen Botschaft in Washington, aus London die Anweisung, das amerikanische Außenministerium erst einmal über die britische Haltung zu täuschen. Gore-Booth versicherte daraufhin beflissen gegenüber dem US-Außenministerium, daß die britische Regierung noch keine endgültige Entscheidung über die Zurückführung von in Kriegsgefangenschaft geratenen Sowjetbürgern in die UdSSR getroffen habe.

Zwei Wochen später bekamen dann die Amerikaner von englischer Seite genau das Gegenteil zu hören, und das eine war so falsch wie das andere. Erst während des Aufenthaltes in Moskau wurden mit Stalin die Einzelheiten festgelegt. Der sowjetische Außenminister Molotow erklärte hierbei an Eden gewandt: „Einige Sowjetbürger könnten nicht gewillt sein, zurückzukehren, weil sie den Deutschen halfen, doch die Sowjetregierung fordert die Repatriierung aller ihrer Staatsangehörigen." Eden erwiderte darauf, daß er nichts dagegen einzuwenden habe. So wurden gewissermaßen mit einem einzigen Federstrich etwa zwei Millionen Menschen der Unfreiheit überantwortet – ein Zugeständnis, das für viele, die in Stalins Hände gerieten, den Weg in den Tod bedeutete.

Während das State Department in Washington noch eine gewisse Zeit Unschlüssigkeit bekundete, ob das britische Vorpreschen in Moskau und das hierbei Stalin gegebene Versprechen der Auslieferung sowjetischer Staatsbürger auch amerikanische Zustimmung erfahren sollte, waren die Engländer längst dabei, sich ihrer letzten Skrupel zu entledigen.

Der Rechtsberater des Foreign Office, Patrick Dean, arbeitete für die britische Regierung ein Memorandum aus, welches in der Feststellung gipfelte: „Wir kümmern uns nicht darum, daß diese Leute möglicherweise erschossen oder härter bestraft werden als unter britischem Recht."

Es wirft ein bezeichnendes Licht auf die damalige englische Haltung, daß die Operation zur zwangsweisen Auslieferung von Menschen den Decknamen „Keelhaul" erhielt. Dies war ein kaum noch zu überbietender Zynismus. Keelhaul, zu deutsch „Kielholen“, entstammte einem Begriff der britischen Seefahrt, der Jahrhunderte zuvor für eine der grausigsten Strafen geprägt worden war, die man gegenüber renitenten Seeleuten anzuwenden pflegte, welche einem Befehl des Kapitäns nicht Folge geleistet hatten. Der betreffende Matrose wurde mit einer Leine an die Rahe eines Segelschiffes gefesselt, dann über Bord geworfen und mittels dieser Leine unter dem Schiffskiel auf die andere Schiffsseite „durchgeholt“.

Eine derartige Tortur überstanden nur die wenigsten der hiervon Betroffenen. Entweder zerschmetterte der Körper des Matrosen am Schiffsrumpf oder ihm wurde bei dieser grausigen Bestrafung die Haut in Fetzen vom Leib gerissen, so daß er noch im Wasser verblutete. Nunmehr sollten also Kosaken, Ukrainer, Letten, Litauer, Esten, Kaukasier, Turkmenen und Menschen vieler weiterer Völkerschaften, welche nichts anderes getan hatten, als den Kampf für ihre Freiheit von einem unmenschlichen System aufzunehmen, mittels der Operation „Kielholen“ gewaltsam stalinscher Willkür ausgeliefert werden.

Zu ihrer Rechtfertigung bedienten sich die Engländer später des Arguments, daß es ihnen darum gegangen sei, nicht die Heimkehr der britischen Kriegsgefangenen zu gefährden, die nach dem schnellen Vordringen der Roten Armee in Ostdeutschland in den sowjetischen Einflußbereich geraten waren. Selbst wenn man sich diese Auffassung zu eigen machen wollte, so beantwortet sie jedoch nicht die Frage, warum noch zwei Jahre später, als längst der letzte englische Kriegsgefangene wieder daheim war, noch immer die zwangsweise Repatriierung von Menschen in die Sowjetunion vorgenommen wurde und warum auch das deutsche Rahmenpersonal des XV. Kosaken-Kavallerie-Korps, also deutsche Staatsbürger, ausgeliefert wurden.

Am 5. Februar 1945, eine Woche vor Beginn der Konferenz in Jalta, richtete Anthony Eden einen Brief an den amerikanischen Außenminister E. Stettinius, worin es hieß: „Es ist mir klar, daß es nur eine wirkliche Lösung des Problems der Sowjetbürger gibt, die in britische oder amerikanische Hand gefallen sind, sie so schnell wie möglich zu repatriieren. Wir haben 11.000 von Großbritannien und 7.000 aus dem Mittelmeerraum in die Sowjetunion geschickt.“

Daraus geht hervor, daß England also bereits geraume Zeit vor der Jalta-Konferenz, während der dieses Thema erstmals auch im Beisein der Amerikaner zur Sprache kommen sollte, sich gegenüber Stalin so etwas wie eines vorauseilenden Gehorsams befleißigt hatte. Über lange Zeit wurde in der Nachkriegsphase die Behauptung aufgestellt, daß die Auslieferung von Angehörigen der Ostvölker an Stalin buchstabengetreu dem gemeinsam unterzeichneten Abkommen von Jalta entsprochen habe. Ein Blick in das Abkommen von Jalta genügt jedoch, um einer weiteren Unwahrheit auf die Spur zu kommen.

Im Paragraph 8 des Abkommens heißt es nämlich: „Die Vertragspartner stimmen darin überein, daß sich das Abkommen über die Auslieferung nicht auf solche Staatsbürger der Vertragspartner bezieht, die als Angehörige oder Begleiter der Feindmächte gefangengenommen wurden und den Schutz einer zuständigen internationalen Konvention in Anspruch nehmen."

Dies aber bedeutet im Klartext, daß die Engländer mit ihrer Auslieferung der Kosaken an die Sowjetunion weit über das hinausgegangen sind, was ihnen die Beschlüsse von Jalta abverlangten. Es bestand für sie also überhaupt keine Veranlassung, sich zum Erfüllungsgehilfen von Stalin zu machen, wenn sie dies nicht aus freien Stücken heraus selbst wollten.

In dem gesamten Jalta-Abkommen findet sich übrigens auch nicht eine einzige Klausel, die besagt, daß bei einer etwaigen Widersetzung gegen die Repatriierung der Betreffende unter Anwendung von Mitteln der Gewalt hierzu gezwungen werden sollte. Somit steht eindeutig fest, daß es für die gegen Ende Mai 1945 im Raum von Kärnten und Steiermark erfolgte Übergabe der Kosaken-Verbände, die sich als britische Kriegsgefangene betrachteten, keinerlei rechtliche Handhabe gab.

Dies kommt auch in dem „Rapport du Comité international de la Croix-Rouge", einem Bericht des internationalen Roten Kreuzes zum Ausdruck, worin es unmißverständlich heißt: „Dadurch, daß diese Soldaten Militäruniformen trugen, die auch von den alliierten Truppen als deutsch angesehen worden waren, besaßen sie unterschiedslos den Status von Kriegsgefangenen mit allen sich hieraus ergebenden Konsequenzen."

Der zunächst als Aktion „Keelhaul" bezeichneten Auslieferungsaktion wurde später die Tarnbezeichnung „Ostwind" gegeben. Die Abschwächung des Begriffs darf als Indiz dafür angesehen werden, daß den Engländern zumindest nach außen hin daran gelegen war, zu kaschieren, was der von ihnen praktizierten Gewaltanwendung gegenüber den Kosaken auch noch den Anstrich der Verhöhnung verliehen hätte. Doch eine derartige „kosmetische" Korrektur änderte absolut nichts an dem Geschehen als solchem.

In einem von Lord Bethell 1974 veröffentlichten Buch „Das letzte Geheimnis" holte der Verfasser die ganze Verlogenheit ans Tageslicht, mit welcher man in England über Jahrzehnte dieses düstere Kapitel seiner Geschichte wie in einem Kokon eingesponnen hielt. Das schlechte Gewissen trieb viele der damaligen Politiker um. Beispielsweise Lord Brimelow, seinerzeit Referent im Außenamt, der die Zeit des christlichen Weihnachtsfestes dazu nutzte, um eine ziemlich unchristliche Epistel zu Papier zu bringen. „Wir sind der Auffassung, daß alle sowjetische Bürger repatriiert werden müssen, notfalls mit Gewalt."

Als 23 Jahre später sowjetische Truppen die Freiheitsbekundungen während des Prager Frühlings 1968 mit Gewalt unterdrückten, ergrimmte dies Seine Lordschaft derart, daß er die sowjetische Okkupation als ein Schandstück sondergleichen geißelte. Trübung der Erinnerung oder schamlose Heuchelei? Auch ein anderer hätte sich eine solche Sezierung seines Gedächtnisses gefallen lassen müssen. Der britische Staatsminister Christopher

Mayhew versicherte am 21. Mai 1947 im Brustton der Überzeugung, daß es bei der Operation „Ostwind" auch nicht einen einzigen Selbstmord gegeben habe. Ein Blick in die Akten des Foreign Office hätte ihn eines anderen belehren können. Vielleicht machte er sich aber auch nur die Worte Edens zu eigen: „Wir können uns in dieser Sache keine Sentimentalität leisten. Wir wollen sie hier nicht haben."

Als Anthony Eden im Juli 1945 nach der verlorenen Wahl der Konservativen Partei in England den Platz des Außenministers räumen mußte, forderte sein Nachfolger Ernest Bevin von ihm einen Bericht über die Aktion „Ostwind" an. Bevin wollte vor allem herausfinden, ob die Repatriierung sowjetischer Staatsbürger bis dahin reibungslos verlaufen sei. Eden kannte auch nicht einen Moment Skrupel, seinen Nachfolger im Amt nach Strich und Faden zu belügen. In seinem Bericht lautete die entscheidende Passage, daß in keinem einzigen Fall gewaltsame Methoden eingesetzt worden seien, um Russen zur Heimkehr zu bewegen.

Bevin schenkte dem Glauben und gab nach einem gewissen Zögern die Anweisung, für weitere 18 Monate die Repatriierung fortzusetzen. Dies löste unter den völlig verzweifelten Insassen der britischen Internierungslager eine Selbstmordwelle aus. Diese nahm derartige Formen an, daß im britischen Außenministerium die Alarmglocken zu schrillen begannen. Doch wurde auch in einem solch brisanten Moment eine sofortige Beendigung der Zwangsrepatriierung nicht in Erwägung gezogen. Statt dessen hielt man die Beamten des Außenministeriums an, alles zu tun, um jegliches Aufsehen dieser Vorgänge in der Öffentlichkeit zu vermeiden. So stand weiterhin Abschottung auf der Tagesordnung, anstatt die unselige Aktion, die Tausende von internierten Russen in Angst und Panik versetzte, sofort einzustellen.

Übrigens verdient es in Erinnerung gerufen zu werden, daß Anthony Eden nicht nur erneut in der Zeit von 1951 bis 1955 den Posten eines britischen Außenministers bekleidete, sondern daß er am 6. April 1955 als Nachfolger Winston Churchills englischer Premierminister wurde. Nach seinem Ausscheiden aus der Politik im Jahre 1957 wurde er aufgrund seiner „Verdienste" vom britischen Königshaus in den Adelstand erhoben und avancierte zum Earl of Avon. Bis zu seinem Tod lehnte er es ab, Auskunft darüber zu geben, was ihn bewogen habe, ungezählte Menschen gleich einem Stück Vieh ins Schlachthaus zu treiben.

Graf Tolstoy brandmarkte Eden als einen Zulieferanten der sowjetischen Vernichtungsmaschinerie. Er war es auch, der enthüllte, daß sich unter den in Österreich ausgelieferten Russen Tausende von zaristischen Flüchtlingen befanden, die niemals in der Sowjetunion gelebt hatten, folglich auch keine sowjetischen Staatsbürger waren. Sie fielen mithin überhaupt rechtlich nicht unter das Jalta-Abkommen, wurden aber dessen ungeachtet von den Engländern dem sowjetischen militärischen Abschirmdienst SMERSCH (Tod den Spionen) übergeben.

Auch jemand, der am 21. Mai 1945 den entscheidenden Befehl zur Auslieferung der Kosaken erteilt hatte, Brigadegeneral Toby Low, später gleichfalls wegen „besonderer Verdienste" in den Adelsstand erhoben und den Namen Lord Aldington führend, zog sich auf Befragung zu seiner damaligen Handlungsweise mit der Behauptung aus der Affäre, er habe bedauerlicherweise eine Gedächtnisstörung erlitten, was gerade diesen Zeitpunkt betreffe. Lord Aldington starb im Jahre 2000.

Gedächtnisschwund scheint im England der 70er Jahre wie ein Virus grassiert zu haben. Als etwa Graf Tolstoy beim britischen Außenministerium Nachforschungen über Akten anstellte, welche die Repatriierung von Sowjetbürgern zum Inhalt hatten, vermochte sich niemand mehr zu erinnern, wo sie geblieben waren. Nachdem sich Tolstoy damit nicht abspeisen ließ, hieß es plötzlich, übereifrige Beamte hätten unseligerweise alle Aktenstükke 1969 dem Reißwolf übergeben.

Jetzt setzte sich die Londoner Tageszeitung „Times" wie ein Jagdhund auf die Fährte. Mit Erfolg, denn sie stöberte einen Mann auf, der ehemals dem britischen Geheimdienst angehört hatte. Der frühere Major Denis Hills war im Besitze von Kopien der 1969 vernichteten Akten, die er dem Blatt zur Verfügung stellte. So kam ein entscheidendes Stück Wahrheit an den Tag. Die zahllosen Selbstmorde der für eine Repatriierung vorgesehenen Menschen fanden durch diese Dokumente ebenso ihre Bestätigung wie die Tatsache, daß unter den Ausgelieferten auch 3.000 Weißrussen gewesen waren, die seinerzeit nach der Oktoberrevolution der Sowjetunion den Rücken gekehrt hatten.

Auch eine Anzahl von Kroaten wurde Stalins Häschern übergeben. Sie waren vor der Roten Armee nach Österreich geflohen und später dann zu Ustascha-Angehörigen abgestempelt worden. Diese Beschuldigung entsprach jedoch nicht der Wahrheit. Stalin reichte sie an seinen damals noch getreuen Gefolgsmann Tito weiter, was Milovan Djilas, einer der Tito-Vertrauten, der sich später von ihm abkehrte, in seinen Memoiren bestätigte. Selbst etliche Osteuropäer, die auf britischer Seite gestanden hatten, wie beispielsweise ein junger Pole in der Anders-Armee, waren in den Sog der Auslieferung geraten. Niemand machte sich die geringste Mühe, das wechselhafte Schicksal der Betroffenen überhaupt einmal anzuhören. Hier herrschte einzig das Prinzip: mitgefangen, mitgehangen.

Für einen Augenblick wurde England durch Männer wie Lord Bethell oder den Grafen Tolstoy, denen ihr Gewissen diktierte, endlich das Gespinst der Lüge zu zerreißen, welches Englands Ehre befleckte, wachgerüttelt. Doch wer die Hoffnung gehegt hatte, daß es jetzt zu einer gründlichen Aufarbeitung der Vergangenheit kommen würde, sah sich getäuscht. Auch die neuen Administrationen im Land wollten von der Vergangenheit nichts wissen.

Während die Entrüstung über die Vergehen Hitler-Deutschlands längst zu einem Dauerthema in der britischen Öffentlichkeit geworden war, mochte niemand im eigenen Unrat wühlen. Die Nürnberger Postulate waren ausschließlich für Deutschland gedacht; derartige moralische Kategorien konnten doch nicht als Meßlatte der britischen Politik genommen werden. So kam es ganz im Sinne dieses Denkschemas im britischen Unterhaus zu der Erklärung des damaligen Außenministers Owen, daß es nichts einbringe, die Vergangenheit aufzurühren. Die Lords im Oberhaus meinten gänzlich unberührt von dem Wirbel in der britischen Presse: „Es ist nicht unsere Aufgabe, uns mit Vorwürfen gegen frühere Regierungen zu befassen."

Die konservative britische Zeitschrift „Spectator" zog das Resümee: „Wir Briten sind eben doch nichts Besonderes, und es gibt keine Schandtat, zu der wir nicht fähig wären." Wie ein Menetekel an der Wand nahmen sich Sätze der „Times" aus: „Wenn eine Nation ihre Verbrechen unter den Teppich kehrt, erhöht sich das Risiko, daß sich diese Verbrechen wiederholen. Sie verewigt auch ein falsches Bild ihrer selbst, was wiederum die anderen Wahrzeichen verzerrt."

STÄRKER ALS DAS VERGESSEN IST DIE ERINNERUNG

Das Drama, welches sich damals in der Hauptsache auf österreichischem Boden abspielte, doch nicht nur hier allein, scheint weltweit niemanden mehr zu interessieren. So manches andere Ereignis, das auch mit Verrat und menschlicher Schwäche zu tun hat, der Feigheit, sich gegen ein Unrecht aufzulehnen, ist inzwischen über die Bühne der Weltgeschichte gegangen. Vieles davon entschwindet alsbald dem Gedächtnis der Völker. Die Schnelllebigkeit der Zeit läßt kaum einen Ruhepunkt für Besinnung auf Vergangenes.

Ist das Schicksal, welches die Kosaken in Lienz und Judenburg ereilte, tatsächlich und überall der Vergessenheit anheimgefallen? Wer einmal Zeuge einer jener ergreifenden Feierstunden geworden ist, die seit einer Reihe von Jahren schon in Tristach bei Lienz, nahe dem Schauplatz der furchtbaren Geschehnisse des Jahres 1945, abgehalten werden, der spürt dabei, daß es noch immer Menschen gibt, die sich ihrer inneren Verpflichtung bewußt sind, als Mahner unseres Gewissens aufzutreten.

So ist weder die Sache vergessen, für welche Helmuth von Pannwitz und seine Kosaken sich einsetzten, noch er selbst, der bis zur letzten Minute seines Lebens ihr Schicksal teilte. Wer zählt all die Verdächtigungen, Verleumdungen und Lügen, die sich nach seinem Tod gleich einem Schmutzkübel über ihn ergossen. Seine durch das Oberste Militärgericht der Russischen Föderation ergangene posthume Rehabilitierung schien einen Schlußstrich unter all die Schmähungen zu setzen, die einem Mann galten, dessen Seele so rein wie ein Diamant war.

Doch die Hoffnung trog, denn aus Rußland traf die Nachricht ein, daß die Rehabilitierung zurückgezogen worden sei. Da kaum anzunehmen ist, daß sich plötzlich nach mehr als einem halben Jahrhundert neue Fakten ergeben haben könnten, welche eine veränderte Beurteilung seines Falles bedingen, lassen sich nur Vermutungen über den Meinungswandel in Moskau anstellen. Tatsache ist, daß sich Rußland mit seiner sowjetischen Vergangenheit bis zum heutigen Tage schwer tut. Außer in einer Anzahl von Büchern sowie anderen Publikationen ist eine grundsätzliche Abrechnung mit dem unheilvollen Gestern ausgeblieben.

Keiner der Täter empfindet sich überhaupt als solcher; niemand verbirgt schamvoll sein Haupt angesichts der schweren Schuld, die ihn eigentlich niederdrücken müßte. Viele der Opfer, sofern sie den Exodus des stalinistischen Systems überlebten, besitzen nicht die Kraft, das heutige Rußland zu zwingen, einmal restlos wegzukehren, was sich immer noch als dicke Schmutzschicht auftürmt.

Obwohl die Kosakenführer wie Krasnow, Schkuro, Domanow, aber auch General Wlassow und seine Leute letztlich durch ihren Kampf das gleiche herbeiführen wollten, was fünf Jahrzehnte später dann Wirklichkeit wurde, nämlich das mit dem Blut von Millionen Menschen befleckte sowjetische Regime auf den Kehrichthaufen der Geschichte zu befördern, unterließ es Rußland bisher, diesen Menschen ihre Würde zurückzugeben.

Man beharrt weiter auf den einstigen kommunistischen Behauptungen, daß die Kosaken wie auch die Russische Befreiungsarmee Verrat begangen hätten, als sie sich auf die Seite der Deutschen gegen Stalin stellten.

In einer gegenwärtig in Rußland zu beobachtenden nationalistischen Kampagne fließen bereits wieder zahlreiche Relikte aus der kommunistischen Ära ein. Hierin dürfte wohl der wahre Hintergrund zu erblicken sein, warum Helmuth von Pannwitz zurück an den Pranger geholt wurde. Denn seine Rehabilitierung hätte Rußland über kurz oder lang vor die Entscheidung gestellt, wie es künftig mit den Führern der Don-, Kuban- und Terekkosaken sowie mit General Wlassow umzugehen gedenkt.

Sind sie vielleicht weitaus ehrenwerter als so viele aus der alten Nomenklatura, die heute schon wieder erneut führende Positionen bekleiden? So bleibt noch vieles zu tun, damit sich die Wahrheit Bahn bricht. Es ist dies eine Aufgabe, welcher sich vor allem die Kameradschaft des XV. Kosaken-Kavallerie-Korps annimmt. Sie setzt sich aus Überlebenden des deutschen Rahmenpersonals, Familienangehörigen der inzwischen Verstorbenen, Kosaken, die nach ihrer Auslieferung in die Sowjetunion und dem oftmals mehr als ein Jahrzehnt währenden Martyrium in den Gulags wieder in Freiheit kamen, und auch zahlreichen Sympathisanten zusammen.

Wenn es auch nur eine verhältnismäßig kleine Schar von Menschen ist, die dieser Kameradschaft angehören, so bringen sie es doch immer wieder zuwege, die Öffentlichkeit auf ihr Anliegen aufmerksam zu machen.

Als sich beispielsweise am 14. Oktober 1998 der hundertste Geburtstag des Obersten Feldatamanen und Kommandierenden Generals des XV. Kosaken-Kavallerie-Korps Helmuth von Pannwitz jährte, bildete dies den Auftakt zu mancherlei Initiativen. Die wohl bedeutendste fand in St. Petersburg statt, bei der auf einem wissenschaftlichen Symposium anläßlich der vor 80 Jahren erfolgten Wahl des Generals Krasnow zum Ataman der Don-Heere und des Pannwitz-Geburtstages die Gelegenheit benutzt wurde, um die jüngste Geschichte der Kosaken einer umfassenden Bewertung zu unterziehen.

Der durch dieses Symposium gegebene Anstoß zeitigte im selben Jahr noch einen weiteren Erfolg, kam es doch am 6. Juni erstmals seit dem Zusammenbruch der Sowjetunion in Moskau zu einer Gedenkstunde für die umgebrachten Kosakenatamane Pannwitz, Krasnow und Schkuro in der Kirche Allerheiligen.

Auf einem zu dieser Kirche gehörenden Friedhof hatten Kosaken eine Ehrenwache an einem Stein bezogen, der zum Gedächtnis der Gefallenen des XV. Kosaken-Kavallerie-Korps sowie der Russischen Befreiungsarmee (ROA) mit den Bildnissen ihrer führenden Offiziere versehen war.

In Rußland gab es seitdem, wie schon angedeutet, nach den ersten Anzeichen eines gewissen Stimmungsaufbruchs eine Reihe von Rückschlägen, durch welche sich jedoch die Veteranen des Kosaken-Korps nicht entmutigen ließen.

In Rostow am Don existiert inzwischen ein Museum, das anhand zahlreicher Exponate die Geschichte der Kosaken unter Einbeziehung ihres Kampfes im Bürgerkrieg bis zu ihrer Parteinahme gegen Stalin 1943/44 durch ihren Beitritt in das von Helmuth von Pannwitz geführte Kosaken-Korps widerspiegelt.

Die Wiedergeburt des Kosakentums kommt auch in der Gründung einer Anzahl von Organisationen zum Ausdruck, deren größte die Kosaken-Union ist. Selbst eine neue Form der Fähnrichs-Ausbildung gibt es inzwischen, bei der Veteranen den Jungkosaken über den Kampf ihrer Väter an der Seite der deutschen Wehrmacht berichten.

Im Jahre 2001 wurden in Moskau dort, wo zuvor die ergreifende Gedenkstunde für Pannwitz, Krasnow und die anderen Kosakenführer stattgefunden hatte, zwei Gedenksteine des Bildhauers Nikolai Pawlow aufgestellt. Eines dieser Denkmale ist den Angehörigen des Kosaken-Korps, den Gefallenen wie Überlebenden gewidmet. Das zweite Denkmal dient dem Gedanken der Völkerverständigung und erinnert an die Toten beider Weltkriege.

Ein bereits früher aufgestelltes Denkmal würdigt die Russische Befreiungsarmee, ohne indes den Namen des Generals Wlassow zu erwähnen. Zweifellos stellt dies kein Versehen dar, sondern trägt der sich erneut wandelnden Stimmung in Rußland Rechnung.

Die indes größte Gedenkstätte, welche dem Freiheitskampf der Kosaken unter Führung des Generalleutnants von Pannwitz eine gebührende Beachtung einräumt, befindet sich in Tristach bei Lienz, wo sie auf Veranlassung der Traditionsgemeinschaft bereits im Jahre 1983 errichtet wurde. Alle zwei Jahre, am 1. Juni, dem Tag, an dem sich dort die Tragödie der Kosaken abspielte, finden sich an diesem Ort die Angehörigen der Traditionsgemeinschaft mit vielen österreichischen Persönlichkeiten sowie Vertretern von Soldatenverbänden zu einer Ehrung der Toten ein.

Es entbehrt nicht der Erschütterung, wenn sich anschließend an eine solche Feierstunde greise Kosaken zur Drau begeben, um dort einen Kranz in den Fluß zu werfen, mit dessen Namen sich für alle Zeiten die Tragödie der Kosaken verbindet.

Es ehrt die Menschen Österreichs, daß sie sich so etwas wie eine freiwillige Pflicht auferlegt haben, an den Toten eine Schuld abzutragen, zu der sich diejenigen, welche sie in Wahrheit zu verantworten haben, bis zum heutigen Tag nicht bekennen mögen.

DER AUTOR

Werner H. Krause, 1938 in Berlin geboren. Nach Zeitungsvolontariat journalistische Tätigkeit für verschiedene Blätter. Vom Ministerium für Staatssicherheit der ehemaligen DDR in den 70er Jahren wegen Verbindung zu oppositionellen Kreisen festgenommen. Nach einjähriger Isolationshaft im Stasi-Gefängnis Berlin-Hohenschönhausen zu einer mehrjährigen Zuchthausstrafe verurteilt. Später Mitarbeiter im Axel-Springer-Verlag, hier insbesondere in der Ostredaktion der Berliner Morgenpost. Geschäftsführer der Union der Opferverbände kommunistischer Gewaltherrschaft von 1997–1999. Derzeit stellvertretender Vorsitzender der Landsmannschaft Berlin-Mark Brandenburg sowie Chefredakteur der Märkischen Zeitung. Zahlreiche Veröffentlichungen über das stalinistische System, zuletzt im Help-Almanach „Das gestohlene Leben" über Haft und Verfolgung in der DDR, sowie Publikationen über das Schicksal der deutschen Heimatvertriebenen.

LITERATUR

I. Ungedruckte Quellen

Bundesarchiv-Militärarchiv, Freiburg/Breisgau:
RH 58 Kosaken
MSg 149/30 Sammlung Vladimir Pozdnjakoff: Kosakenverbände
MSg 212 Kosaken-Kavallerie-Korps

Einzelakten/Manuskripte im BA-MA Freiburg:
Alexander von Bosse, Das Kosaken-Korps, Historical Division, H.Qu. US-Army, Europe, Foreign Military Studies, P-064.
Regimentsgeschichte des XV. Kosaken-Kavallerie-Korps. (Aufgezeichnet aufgrund des Materials von Heinrich Detloff von Kalben und Constantin Wagner.) Manuskript, o. O. 1977.
Kriegstagebuch des Majors Erwein Karl Graf zu Eltz.
Erklärung des früheren Oberstabsintendanten des XV. Kosaken-Kavallerie-Korps, Klaus Hecht, gegenüber der Traditionsgemeinschaft des XV. KKK (1986).

Archiv des Verfassers:
a) Zeitzeugenbefragungen:
Ernst Walter von Mossner, ehemals Rittmeister und Chef der „Schimmelreiterschwadron" im Terekkosaken-Regiment 6, August 2002; aufgezeichnet auf Kassetten.
b) Briefwechsel:
Ernst Walter von Mossner
Sieghard von Pannwitz

Archiv Sieghard von Pannwitz:
Schreiben des Obersten Militärgerichts der Russischen Föderation vom 23. April 1996 betr. die Rehabilitierung des Generalleutnants Helmuth von Pannwitz. (Az.: 625-47 der Militärstaatsanwaltschaft; Or. russ. und deutsch).

Archiv Ernst Walter von Mossner:
Briefwechsel Ernst Walter von Mossner und Oberst von Kalben.

II. Gedruckte Quellen und Literatur

Nicholas Bethell, The Last Secret: Forcible Repatriation to Russia, 1944–1947, London 1974.
Philip Henry Buss, The Non-Germans in the German Armed Forces 1939–1945, PhD University of Kent, Canterbury 1974.
Robert Conquest, Stalins Völkermord. Wolgadeutsche, Krimtataren, Kalmücken, Wien 1970.
Alexander Dallin, Deutsche Herrschaft in Rußland 1941–1945. Eine Studie über Besatzungspolitik, Düsseldorf 1958.
Milovan Djilas, Gespräche mit Stalin. Frankfurt am Main 1962.
Sir Anthony Eden (= Lord Avon), The Eden Memoirs, 2 Bände, London 1962–1965.
Julius Epstein, Operation Keelhaul: The Story of Forced Repatriation from 1944 to the Present, Old Greenwich/Connecticut 1973.

Claus Grimm, Internierte Russen in Liechtenstein, in: Jahrbuch des Historischen Vereins für das Fürstentum Liechtenstein 71 (1971), S. 41–100.
Hans von Herwarth, Zwischen Hitler und Stalin. Erlebte Zeitgeschichte 1931 bis 1945, Frankfurt am Main – Berlin – Wien 1982.
Joachim Hoffmann, Die Tragödie der „Russischen Befreiungsarmee“ 1944/45. Wlassow gegen Stalin, München 2003.
Heinrich Detloff von Kalben, Zur Geschichte des XV. Kosaken-Kavallerie-Korps (10 Teile), in: Deutsches Soldatenjahrbuch 1963, S. 66–82; 1964, S. 112–127; 1965, S. 210–224; 1966, S. 234–241; 1967, S. 188–196; 1968, S. 113–124; 1969, S. 209–213; 1970, S. 106–111; 1971 (von Oberst a.D. Constantin Wagner), S. 237–242.
Rudolf Karmann, Der Freiheitskampf der Kosaken, Puchheim 1985.
Alexander Kerenski, Die Kerenski-Memoiren. Rußland und der Wendepunkt der Geschichte, Wien 1966.
Erich Kern, General von Pannwitz und seine Kosaken, Göttingen 1963.
Oberst Leonid Pawlowitsch Kopalin [fr. Militärstaatsanwaltschaft für die Rehabilitierung der verurteilten deutschen Soldaten und Offiziere], „Zeitgeschichte der Kosaken“, in: Krasnaja Swesda vom 21. Oktober 1995, S. 4 (Or.: russisch).
P. N. Krasnow, Vom Zarenadler zur roten Fahne, Berlin 1924.
Philip Longworth, Die Kosaken. Geschichte und Legende, Wiesbaden 1971.
Josef Mackiewicz, Tragödie an der Drau, München 1988.
„Moskau rehabilitiert deutsche Generäle“, in: Frankfurter Allgemeine Zeitung vom 8. Juni 1996.
Patrick von zur Mühlen, Zwischen Hakenkreuz und Sowjetstern. Der Nationalismus der sowjetischen Orientvölker im Zweiten Weltkrieg, Düsseldorf 1971.
Hans Werner Neulen, An deutscher Seite. Internationale Freiwillige von Wehrmacht und Waffen-SS, München 1985.
Nigel Alex. Nicolson, The Life of Field Marshal Earl Alexander of Tunis, London 1973.
Gerald Reitlinger, Ein Haus auf Sand gebaut. Hitlers Gewaltpolitik in Rußland 1941–44, Hamburg 1962.
Report of the International Committee of the Red Cross on its Activities During the Second World War, Genf 1948.
Karl Schlögel (Hrsg.), Russische Emigration in Deutschland 1918–1945. Leben im europäischen Bürgerkrieg, Berlin 1995.
Percy Ernst Schramm, Helmut Greiner (Hrsg.), Kriegstagebuch des Oberkommandos der Wehrmacht (Wehrmachtsführungsstab) 1940–1945, 8 Bände, Herrsching 1982.
Pavlo Shandruk, Arms of Valor, New York 1959.
Alexander Solschenizyn, Der Archipel Gulag, Band 2, Reinbek 1987.
Sven Steenberg, Wlassow – Verräter oder Patriot? Köln 1968.
Wilfried Strik-Strikfeldt, Gegen Stalin und Hitler. General Wlassow und die russische Freiheitsbewegung, Mainz 1970.
Hermann Teske (Bearb.), Ernst Köstring. Der militärische Mittler zwischen dem Deutschen Reich und der Sowjetunion, Frankfurt am Main o. J. (1965).
Jürgen Thorwald, Wen sie verderben wollen. Bericht des großen Verrats, Stuttgart 1952.
Jürgen Thorwald, Die Illusion. Rotarmisten in Hitlers Heeren, München 1974.
Nikolai Tolstoy, Victims of Yalta, London 1977; deutsch: Die Verratenen von Jalta, München 1977.
Die Wehrmachtsillustrierte „Signal“, 1944 (Heft 2, Seite 124 f.), Faksimile-Nachdruck, Hamburg 1977.
[Bischof] Wladimir, Die Kosakentragödie in Lienz 1945, in: Der Heimkehrer (Bonn) vom 15. April 1978, S. 3 (übersetzt aus dem Kosaken-Journal „Rodimi Kraj“ / Caracas, Venezuela, Nr. 42/1972).
„Zeitgeschichte der Kosaken“, in: Der Spiegel 1963, Nr. 24 vom 10. Juni 1963, S. 78.